—— 韓国語能力試験 ——

TOPIK II

徹底攻略 新装版

出題パターン別対策と模擬テスト3回

オ・ユンジョン、ユン・セロム著

HANA

新装版について

本書は、2018年に出版された『TOPIK Ⅱ 徹底攻略 出題パターン別対策と模擬テスト3回』の聞き取り音声をダウンロード提供のみに変更した新装版です。MP3音声CD-ROMは付属しておりません。

音声ダウンロードについて

本書の音声は、小社ホームページ (https://www.hanapress.com) からダウンロードできます。トップページの「ダウンロード」バナーから該当ページに移動していただくか、右記QRコードからアクセスしてください。

※本書の情報は、2023年3月末現在のもので、変更される可能性があります。TOPIKの受験料や試験日、試験会場、実施情報については、TOPIK日本公式サイトなどで、必ず最新の情報をご確認ください。

はじめに

　韓国語能力試験（TOPIK）は韓国語を母国語としない在外韓国人と外国人の韓国語使用能力を測定・評価し、学業と就職に活用してもらうための試験です。1997年の最初の施行以後、韓国語を学ぼうとする外国人たちが増えるにつれてTOPIKの受験者も絶えず増加しています。

　ところがTOPIKを受験する人が増えれば増えるほど、なじみのない問題パターンとテーマに戸惑い、普段の実力を発揮できないケースがたくさん見られるようになりました。こうしたことから、受験者たちがTOPIKについてよく知り、TOPIKに対する感覚を育てられるようにと、本書を準備することになりました。

　本書は、実際に出題された過去問題を参考にしながら、TOPIK Ⅱの問題パターンを効果的に学習できるように構成されています。重要な語彙や表現は、表や絵を使い簡潔に整理して提示しました。さらに、領域別の模擬テストと実戦さながらの模擬テストを3回分用意し、試験の準備を完璧に行えるように配慮しました。

　TOPIK Ⅱの受験に備える読者の皆さまが、本書を大いに活用され良い試験結果を得られることを願ってやみません。

著者一同

目　次

本書の構成

問題パターン別対策

この項ではTOPIK IIの過去問題分析に基づいた問題のパターンについて説明しています。さらに、パターンごとに、実際に使われた過去問題と練習問題を解き、問題に慣れることができます。

出題パターンをまず確認する

過去問題を解く

さらに練習問題を解く

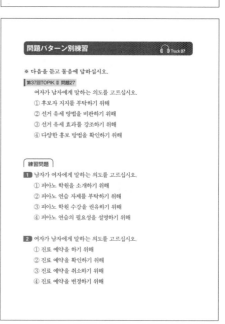

6

「解答・解説・訳」で、正解と解説、問題文の訳を確認

問題文の訳のほか、聞き取り問題の音声スクリプトもここに掲載されています。

解答・解説・訳

■第37回TOPIK Ⅱ 問題3

男子：30代女性を対象に化粧品購入場所を調査した結果、化粧品専門売り場を最も多く利用していることが分かりました。その次にデパートと大型マートが続きましたが、デパートの利用客は去年に比べて大きく減ったことが調査で分かりました。

1 男子：みなさんは1日にご飯をどれくらい召し上がりますか？ ある報告書によると、一人当たり1年に消費する米の量は1970年以降、毎年変わることなく減少しています。これはさまざまな食品によって、米の代わりに他の食品を摂取するためだと分かりました。ご飯の代わりに摂取する食品の種類としてはパンが最も多く、ラーメンとコーヒーが後に続きました。

領域別「復習テスト」

各領域の「問題パターン別対策」の最後には、代表的なパターンの問題を集めた「復習テスト」があります。「聞き取り」「書き取り」「読解」の各領域の学習のまとめとして、復習も兼ねて解いてみてください。

「復習テスト」

「模擬テスト」3回

TOPIK IIのテーマやパターンを忠実に再現した、本番さながらの模擬テストを3回分準備しました。実際の試験時間通りに問題を解いてみましょう。

「模擬テスト」

「模擬テスト 解説・訳」

模擬テストを全て解いたら採点を行い、自分の課題が何であるかについて確認しましょう。問題ごとにポイントを押さえて丁寧に解説したほか、問題文の訳、聞き取り問題の音声スクリプトもここに掲載しました。
また、書き取り問題の解答例は、原書では学習者の解答を添削する形式になっていますが、本書では学習の便宜のため形式を変更いたしました。

TOPIK II　듣기 (1번~50번)

※ [1~3] 다음을 듣고 알맞은 그림을 고르십시오. (각 2점)

1.

模擬テスト1　解説・訳 ※聞き取り問題は解説の前に音声のスクリプトを掲載しました。

［聞き取り］

[1~3] 다음을 듣고 알맞은 그림을 고르십시오.

1. 남자 : 지금 회의실에 가시는 거죠? 제가 짐을 좀 들어 드릴게요.
   여자 : 감사합니다. 그럼 이 상자 하나만 들어 주시겠어요?
   남자 : 네. 물론이죠. 다음번에도 짐이 많으면 미리 말씀하세요.
   正解 : ①
   解説 : -아/어 주시겠어요?は頼むときに使う表現だ。女性の頼みが男性にかなえられ、男性は女性の頼みを聞いている。そのため、男性と女性が箱を一つずつ持っている①が正解だ。

   [1~3] 次の音声を聞いて、適切な絵を選びなさい。
   1. 男 : 今、会議室に行かれるんですよね? 私が荷物を持ちます。
   女 : ありがとうございます。では、この箱を一つ持っていただけますか?
   男 : はい。もちろんです。次も荷物が多かったらあらかじめおっしゃってください。

2. 여자 : 저, 실례합니다만 초록 병원이 어디에 있나요?
   남자 : 초록 병원이요? 저기 큰 간판이 걸린 건물 보이시죠? 그 건물이에요.
   여자 : 아, 네. 감사합니다.
   正解 : ④
   解説 : 女性が男性に病院の場所を聞き、男性が教えている状況だ。男性が저기 큰 간판이 걸린 건물 보이시죠?と言ったのを見ると、男性が病院を指さしている④が正解だ。

   2. 女 : あの、失礼しますがチョロク病院はどこにありますか?
   男 : チョロク病院ですか? あそこ、大きい看板が掛かった建物見えますよね? あの建物です。
   女 : あ、はい、ありがとうございます。

3. 남자 : 전자책 이용자의 독서 기기에 대해 조사한 결과, 전자책을 이용하는 사람들은 스마트폰을 가장 많이 사용하는 것으로 나타났습니다. 그 다음으로는 컴퓨터나 노트북, 태블릿 PC가 뒤를 이었는데 컴퓨터나 노트

8

本書の学習計画

　以下は3週間で集中的に本書を学習する場合のスケジュールの例です。これを参考にして、自分のペースや事情に合った計画を立てて、本書を消化してください。

■ 学習計画の例（3週間で消化する場合）

	1日目	2日目	3日目	4日目	5日目	6日目	7日目
1週目	聞き取り・読解 パターン1	聞き取り・読解 パターン2 書き取り パターン1	聞き取り・読解 パターン3	聞き取り・読解 パターン4	書き取り パターン2-1	予備日	予備日
2週目	聞き取り パターン5	読解 パターン5	聞き取り パターン6	読解 パターン6	書き取り パターン2-2	予備日	予備日
3週目	読解 パターン7、8	復習テスト	模擬試験1	模擬試験2	模擬試験3	予備日	予備日

■ 自分の計画を立ててみよう

	1日目	2日目	3日目	4日目	5日目	6日目	7日目
___週目							
___週目							
___週目							
___週目							
___週目							
___週目							
___週目							
___週目							試験日

TOPIKとは

TOPIKとはTest of Proficiency in Koreanの略で、日本では本来の韓国語한국어능력시험の訳である「韓国語能力試験」という名称でも知られています。TOPIKは韓国政府が認定・実施している検定試験です。韓国文化の理解や韓国留学・就職などに必要な能力の測定・評価を目的とし、受験者の実力を1～6級までの6段階で評価しています。日本の検定試験とは違い、数字が大きくなるほどレベルが高くなり、6級が最上級となっています。

TOPIKは世界の約70の国と地域で実施されており、日本では2023年現在、4月、7月、10月に、全国各地で実施されています。

TOPIKは、初級レベルを対象にした「TOPIK I（1・2級）」と、中級・上級の受験者を対象にした「TOPIK II（3～6級）」の二つの試験が実施されています。表1は、TOPIK IIの概要です。

■TOPIK IIの難易度と問題数、配点（表2）

TOPIK IIでは、「聞き取り」50問、「書き取り」4問、「読解」50問の計104問が出題されます。

TOPIK IIの「聞き取り」「読解」の問題は全て四者択一式で、各50問のうち幅広いレベルの問題が均等に出題され、3級レベルの問題が12問、4級レベルの問題が13問、5級レベルの問題が12問、6級レベルの問題が13問出題されます。それぞれの級の問題は、難易度別に「上」「中」「下」に分けて出題されています。1問当たりの配点は全て2点で、「聞き取り」「読解」領域は、それぞれ100点満点になります。

「書き取り」の領域は、4問が出題されます。まず、難易度が「下」の問題が2問（3級下・4級下レベル）、各10点ずつの配点です。これは空欄に適切な文章を書き入れる問題で、一つの問題に2カ所の空欄が設けられており、空欄一つ当たり5点の配点になっています。次に難易度「中」レベル（3～4級レベル）1問が出題され、配点は30点。最後に、難易度「上」レベル（5～6級レベル）1問が出題され、配点は50点です。よって、「書き取り」は100点満点になります。

表1 TOPIK IIの概要

	等級	領域	時間
TOPIK II	3～6級	聞き取り：50問　読解：50問 書き取り：4問（作文含む）	180分（110分＋70分）

表2 TOPIK II「聞き取り」「読解」の問題数と配点

問題水準	難易度	問題数	配点	配点計
3級	下	3	6	24
	中	5	10	
	上	4	8	
4級	下	4	8	26
	中	5	10	
	上	4	8	
5級	下	3	6	24
	中	5	10	
	上	4	8	
6級	下	4	8	26
	中	5	10	
	上	4	8	
合計		50	100	100

■ 試験時間

　TOPIK IIの試験は、1時間目と2時間目に分けて行われます。1時間目は「聞き取り」と「書き取り」、2時間目が「読解」です。1時間目の「聞き取り」「書き取り」が合計110分、2時間目の「読解」が70分で、実質的な試験時間は180分になります。

　「聞き取り」は約60分かけて行われます。1時間で50問解かなければならないため、集中力を最後まで維持できるかが鍵になります。

　「書き取り」の4問は50分以内で解かなければいけません。選択問題ではなく、作文問題のため、文章を完成できるように時間配分をうまく行わなければなりません。

　次に、2時間目の「読解」も70分の時間内に50問を解かなければなりません。読むべき文章は後ろにいくほど長くなるため、上級レベルの受験生でも配分をうまく行わないと時間が足りなくなる可能性があります。

各領域の試験を定められた時間に合わせて、集中力を維持して解くことができるよう、受験に先立ち必ず模擬試験問題を使って練習する必要があります。特に、「読解」問題で時間配分を間違えないよう、練習を繰り返すといいでしょう。

表3は、TOPIK IIの実施時間です。これは日本における実施時間で、他の国や地域では異なる時間帯に実施される場合があります。なお、TOPIK IとTOPIK IIは時間帯が異なるので、二つの試験を併願することも可能です。

表3　韓国と日本でのTOPIK受験日の時間割

区分	時限	入室時間	開始	終了
TOPIK II	1	12:30	13:00	14:50
	2	15:10	15:20	16:30

■ 評価判定

最後に、TOPIK IIにおいて、受験者を3～6級に振り分ける評価判定について見てみましょう。TOPIKでは、総合点数に従って級が決定されます。TOPIK IIの合格基準は表4の通りです。

表4　合格基準

受験級	TOPIK I		TOPIK II			
級	**1級**	**2級**	**3級**	**4級**	**5級**	**6級**
合格点	80点以上	140点以上	120点以上	150点以上	190点以上	230点以上

なお、受験して得たTOPIKのスコアは、結果発表日から2年間有効です。

何よりも大事なことは、TOPIKに慣れることです。限られた試験時間の中で集中力を維持し、うまくペース配分することも必要です。この本には、模擬テストが3回分収められているので、問題と時間配分に慣れるよう練習してみてください。一生懸命練習すれば、必ず良い成績が皆さんを待っています。

問題パターン別対策
聞き取り編

聞き取り領域では、話を聞いてその状況を把握できるかを評価します。話は会話や講演、ドキュメンタリー、対談など、さまざまな類型から提示され、会話の内容は教育、仕事、健康などの日常生活や芸術、科学、文化などの分野と関連があります。60分間で50問解かなければならず、音声は問題1～20は1回、問題21～50は2回流れます。

聞き取り

問題パターン 1 | 適切な絵を選ぶ問題

　聞いた内容を総合的に理解して答える問題です。男性と女性の会話を聞いて、会話の状況を表す絵を選ぶ問題と、説明文を聞いて内容に合うグラフを選ぶ問題が出題されます。

1 会話の状況を選ぶ問題

　会話の状況を最もよく表した絵を選ぶ問題です。男性と女性の短い会話が流れます。まず絵を確認して、会話の内容を推測した後に問題を聞くと、より簡単に正解を選ぶことができます。会話を聞くときには、次のことに注意しながら聞きましょう。

＊会話をしている男性と女性は誰か?
＊会話が行われている場所はどこか?
＊会話の素材は何か?
＊会話の素材の状態はどうか?

　※ 다음을 듣고 알맞은 그림을 고르십시오.

第41回TOPIK Ⅱ 問題1

여자 : 어, 왜 밥이 안 됐지?

남자 : 어디 봐. 밥솥 버튼을 안 눌렀나 보네.

여자 : 이상하다. 분명히 눌렀는데…….

①

②

③

④

正解は②。**밥이 안 되다**という表現は、ご飯が食べられる状態になっていないという意味だ。会話は家庭で行われているのが自然なので、①と②のうち、男性と女性が炊飯器を見ながらご飯ができておらず戸惑っている絵を選べばいい。③は家電量販店、④は修理センターのような場所なので答えにならない。

※ 次の音声を聞いて、適切な絵を選びなさい。
女：あれ、どうしてご飯ができてないんだろ？
男：どれどれ。炊飯器のボタンを押してなかったようだね。
女：おかしいわ。確かに押したのに……。

※ 다음을 듣고 알맞은 그림을 고르십시오.

第37回TOPIK Ⅱ 問題2

①

②

③

④

練習問題

1 ①

②

③

④

2 ①

②

③

④

解答・解説・訳

남자 : 정말 축하해요. 준비하느라 고생했죠? 이거 받으세요.

여자 : 뭘 이런 거까지 준비했어요. 바쁘신데 와 줘서 고마워요.

남자 : 와, 손님이 많네요. 가게도 꽤 크고요.

正解は④。会話の内容から、男性と女性は知り合いと分かる。男性が、女性が新たに開いた店を訪れ、プレゼントを渡しながらお祝いしている会話だ。①の場所は店ではなく美術館で、②の男性と女性は知り合いではなく店員と客という間柄なので答えにはならない。③はカフェのような場所で話している様子で、客も多くないので間違い。

> ※次の音声を聞いて、適切な絵を選びなさい。
> 男：本当におめでとうございます。準備するのに苦労したでしょう？ これ、受け取ってください。
> 女：こんな物まで準備して。お忙しいのに来てくれてありがとうございます。
> 男：わあ、お客さん多いですね。店もとても広くて。

1 여자 : 요즘 이 옷이 인기가 많아요. 디자인도 좋고 입었을 때 굉장히 편하거든요.

남자 : 색이 아주 예쁘네요. 그걸로 주세요.

여자 : 네. 선물받으실 어머님도 아주 좋아하실 거예요.

正解は③。会話の内容から、女性は洋服店の店員で男性は客と分かる。女性店員が男性の母親にプレゼントする服をすすめている会話だ。①、②の場所は洋服店ではなく一般の家なので答えにはならない。④は男性が自分で着る服を選んでいるので間違い。

> 女：最近、この服が人気があります。デザインも良くて、着たときととても楽なんです。
> 男：色がとてもきれいですね。それ下さい。
> 女：はい。プレゼントされるお母さまもとても喜ばれるでしょう。

2 여자 : 우와, 주말이라 그런지 식당에 줄이 기네요.

남자 : 너무 오래 기다려야 할 것 같은데……. 오늘은 다른 거 먹어요.

여자 : 그럴까요? 그럼 이 식당은 다음에 다시 와요.

正解は③。会話の内容から、女性と男性が一緒に食事をしようと食堂に行った状況だと分かる。줄이 길다という表現から食堂の前で順番を待っている人が多いことが分かるので、③または④が会話の状況を適切に描写した絵だ。続いて男性が今日は別の物

を食べようと言うと、女性もこれに同意して次また来ようと言っているので③が正解だ。
①、②の絵は食堂の外ではなく中の状況を描写した絵なので答えにはならない。

> 女：うわあ、週末だからか食堂に長い列ができていますね。
> 男：長く待たないといけないみたいだけど……。今日は別の物を食べましょう。
> 女：そうしますか？　じゃあこの食堂はこの次また来ましょう。

3 남자 : 비가 많이 오네요. 혜정 씨, 우산 가지고 왔어요?

여자 : 아니요. 비가 올 줄 몰랐어요.

남자 : 그럼 이 우산 쓰세요. 전에 사무실에 두었던 우산이 하나 더 있거든요.

正解は①。雨が降っているのに傘がない女性に、男性が傘を渡す状況なので、①が正
解だ。男性が、傘がもう一つあると言っていることから、二人が傘を一緒に差している②
や女性だけ傘を差して男性は傘なしで雨に打たれている③、二人とも雨に打たれている
④のいずれも答えにはならない。

> 男：雨がずいぶん降ってますね。ヘジョンさん、傘持ってきましたか？
> 女：いいえ。雨が降るとは思わなかったです。
> 男：じゃあこの傘使ってください。前に事務室に置いていた傘がもう一つあるんですよ。

4 여자 : 안녕하세요? 무엇을 도와드릴까요?

남자 : 어제 입원한 환자 병문안을 왔는데요, 입원실은 어디에 있죠?

여자 : 입원실은 2층부터 있어요. 저기 보이는 에스컬레이터를 타고 올라가세
요.

正解は①。会話の内容から、女性は病院の案内デスクで勤務している職員で、男性は見
舞いに来た人だと分かる。病院の案内デスクで、病室の場所を聞いている男性に、女性
が病室への行き方を説明している。②の女性は案内デスクの職員ではなく、男性も見舞
客でないので間違い。③、④の場所は病院の案内デスクではなく病室の内部なので間
違い。

> 女：こんにちは。いかがなさいましたか？
> 男：昨日入院した患者のお見舞いに来たのですが、病室はどこにありますか？
> 女：病室は2階からあります。あちらに見えるエスカレーターに乗って上がってください。

② グラフを選ぶ問題

　説明文の内容と一致するグラフを選ぶ問題です。1問につき2種類のグラフが出てくるので、そのタイトルとグラフの変化を一緒に確認することが重要です。一般的に、年度や比率の高い順に説明するので、内容の言及順に注意することが問題を解くのに役に立ちます。

※ 다음을 듣고 알맞은 그림을 고르십시오.

| 第41回TOPIK Ⅱ 問題3

남자 : 여러분, 혹시 비행기를 이용하면서 짐이 없어지거나 늦게 도착한 적이 있으십니까? 한 보고서에 따르면 2006년부터 2014년까지 비행기 수하물 사고 수는 2010년에 최고였다가 감소하고 있습니다. 사고 종류로는 짐이 늦게 도착하는 지연 사고가 가장 많았고 가방 안의 물건이 깨지는 파손 그리고 분실이 각각 그 뒤를 이었습니다.

①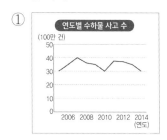

②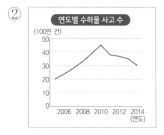

③

④

正解は②。手荷物の事故数は2010年に最高だったのがその後減少していると言っているので、折れ線グラフのうち、2010年が最も高く表示された②が正解だ。①は2006年と2008年の間の地点が最も高く表示されているので間違い。事故の種類は遅延＞破損＞紛失の順に多いと言っているので、③と④は間違い。

※次の音声を聞いて、適切な絵を選びなさい。

男：皆さん、もしかして飛行機を利用して荷物がなくなったり遅く着いたりしたことがありますか？ある報告書によると、2006年から2014年までの飛行機の手荷物の事故数は2010年に最高でしたが、その後減少しています。事故の種類としては、荷物が遅く到着する遅延事故が最も多く、かばんの中の物が壊れる破損そして紛失がそれぞれその後に続きました。

問題パターン別練習

 Track 02

※ 다음을 듣고 알맞은 그림을 고르십시오.

第37回TOPIK Ⅱ 問題3

①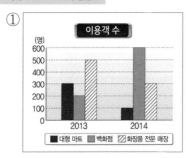

②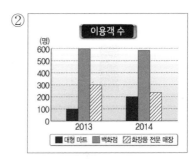

③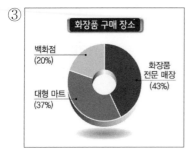

④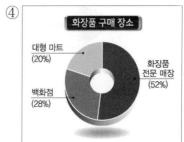

練習問題

1 ①
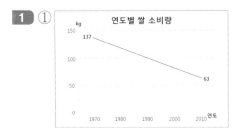

②
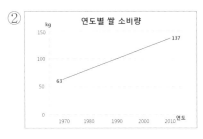

③
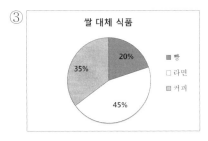

④

2 ①
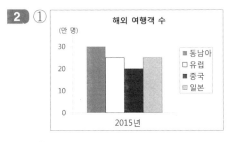

②
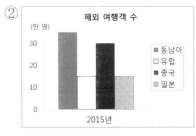

③

④

3 ①

②

③
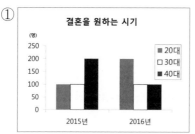

④

4 ①

②

③

④

解答・解説・訳

남자 : 30대 여성을 대상으로 화장품 구매 장소를 조사한 결과 화장품 전문 매장을 가장 많이 이용하는 것으로 나타났습니다. 그 다음으로는 백화점과 대형 마트가 뒤를 이었는데 백화점 이용객은 지난해에 비해서 크게 줄어든 것으로 조사되었습니다.

正解は④。30代の女性が化粧品を購入するとき、化粧品専門売り場＞デパート＞大型マートの順で多く利用すると言っているので、④が正解だ。デパートの利用客は去年 (2013年) に比べて今年 (2014年) は大きく減ったと言っているので、デパートの棒グラフの長さがさらに長くなっている①と、ほとんど同じ②は間違い。

> ※次の音声を聞いて、適切な絵を選びなさい。
> 男 : 30代の女性を対象に化粧品の購入場所を調査した結果、化粧品専門売り場を最も多く利用していることが分かりました。その次にデパートと大型マートが続きましたが、デパートの利用客は去年に比べて大きく減ったことが調査で分かりました。

1 남자 : 여러분은 하루에 밥을 얼마나 드십니까? 한 보고서에 따르면 1인당 한 해 소비하는 쌀의 양은 1970년 이후 매년 꾸준히 감소하고 있습니다. 이는 다양한 식품으로 인해 쌀밥 대신 다른 식품을 섭취하기 때문인 것으로 나타났습니다. 밥 대신 섭취하는 식품 종류로는 빵이 가장 많았고, 라면과 커피가 그 뒤를 이었습니다.

正解は①。米の消費量が減少していることの話である。1970年以降、米の消費量が変わらず減少していると言っているので、①、②のうち①が正解だ。米のご飯の代わりに他の食品を消費するために米の消費量が減少しており、このような米の代替食品の種類としてはパン＞ラーメン＞コーヒーの順に多いと言っているので、円グラフはパンの部分が最も大きく、コーヒーの部分が最も小さくなければならない。従って、③、④は間違い。

> 男 : 皆さんは1日にご飯をどれくらい召し上がりますか？　ある報告書によると、一人当たり1年に消費する米の量は1970年以降、毎年変わることなく減少しています。これはさまざまな食品によって、米のご飯の代わりに他の食品を摂取するためだと分かりました。ご飯の代わりに摂取する食品の種類としてはパンが最も多く、ラーメンとコーヒーが後に続きました。

2 남자 : 2015년 해외 여행객 조사에 따르면 60~80대 여행객은 해외 여행지로 중국을 가장 선호하였습니다. 그 다음으로는 동남아와 일본, 유럽 순으로 나타났는데, 유럽은 지난해에 비해 선호도가 크게 높아진 것으로 조사되었습니다.

正解は④。海外旅行地として好まれる場所についての話である。好まれる旅行地は、中国>東南アジア>日本>ヨーロッパの順だと言っているので、「好まれる旅行地」についての円グラフのうち、中国の部分が最も大きくヨーロッパの部分が最も小さい④が正解だ。①と②は、2015年度の旅行地別の旅行客数を示しているが、これについては言及していないので答えにはならない。

> 男：2015年の海外旅行客の調査によると、60～80代の旅行客は海外旅行地として中国を最も好みました。その次は東南アジアと日本、ヨーロッパの順と分かりましたが、ヨーロッパは去年に比べて好まれる度合いが大きく高くなったことが調査で分かりました。

3 여자 : '노랑이 커피'라는 애칭으로 부를 정도로 직장인이 사랑해 온 믹스커피 판매량이 점점 줄어들고 있습니다. 한 믹스커피 판매 업체의 조사 결과에 따르면 국내 믹스커피 시장 규모는 2012년부터 2014년까지 지속적으로 줄어든 것으로 밝혀졌습니다. 이는 아메리카노나 드립커피 등과 같은 블랙커피의 인기 상승과 최근 1천 원대 저가 커피 열풍으로 믹스커피에 대한 관심이 줄어든 결과입니다.

正解は①。**믹스커피**とは韓国でよく飲まれている、インスタントコーヒーに砂糖、ミルクを混ぜた粉のこと。黄色のパッケージでおなじみなので**노랑이 커피**と呼ぶ人もいる。なお**믹스커피**はこれら全般を指す言葉で、**커피믹스**は商品名。ミックスコーヒーの販売量が2012年から2014年まで持続的に減ったと言っているので、①と②のうち折れ線グラフの傾きが減少を示している①が正解だ。ブラックコーヒーの人気が上昇しているという言及はあったが、どの種類のコーヒーがより好かれているかについては言及していないので、「コーヒーの好み」の正確な数値は分からず、③と④は答えにはならない。

> 女：「黄色いコーヒー」という愛称で呼ぶほどに勤め人たちが愛してきたミックスコーヒーの販売量がだんだん減っています。あるミックスコーヒー販売業者の調査結果によると、国内のミックスコーヒーの市場規模は2012年から2014年まで持続的に減ったことが明らかになりました。これはアメリカノやドリップコーヒーなどのブラックコーヒーの人気上昇と、最近1000ウォン台の低価格コーヒーブームでミックスコーヒーに対する関心が減った結果です。

4 여자 : 사회가 변함에 따라 남성들의 결혼관에도 변화가 생기고 있습니다. 최근 한 결혼정보회사에서 전국 미혼 남성 400명을 대상으로 설문 조사를 한 결과 남성들이 가장 선호하는 여성의 직업은 약사이고, 그다음으로 교사, 의사, 공무원 순이었습니다. 예전에는 남성들이 배우자의 직업으로 교사나 공무원을 선호했던 것과 달리 경제가 어려워짐에 따라 전문직을 선호하는 사람이 많아지게 된 것입니다. 한편 결혼을 원하는 시기도 점차 늦춰지고 있는 것으로 나타났습니다.

正解は③。男性の結婚観の変化についての話である。最近の調査で、男性が配偶者の職業として好む女性の職業は、薬剤師＞教師＞医者＞公務員の順だと言っているので、③、④のグラフのうち③が正解だ。結婚を望む時期は次第に遅くなっていると言っているので、①、②は間違い。

> 女：社会が変わるにつれて、男性の結婚観にも変化が生じています。最近、ある結婚情報会社で全国の未婚男性400人を対象にアンケートをした結果、男性が最も好む女性の職業は薬剤師で、その次に教師、医者、公務員の順でした。以前は男性が配偶者の職業として教師や公務員を好んでいたのと違い、景気が悪くなるにつれて専門職を好む人が増えたのです。一方、結婚を望む時期も次第に遅くなっていることが分かりました。

会話を完成させる問題

前の人の言葉に続く言葉を選ぶ問題です。会話の状況を理解して、答えを選びましょう。
選択肢を先に確認して会話の内容を推測すると、問題を解くのに役に立ちます。

※ 다음 대화를 잘 듣고 이어질 수 있는 말을 고르십시오.

| 第37回TOPIK Ⅱ 問題4

남자 : 소설가 박인수 씨가 오늘 강연하러 학교에 온대.

여자 : 그래? 몇 시 시작인데? 난 3시까지 수업이 있어서.

남자 : _____

① 제시간에 도착해서 다행이야.

② 수업 끝나고 가도 늦지 않아.

③ 강연은 누구든지 들을 수 있어.

④ 시간이 얼마나 걸릴지 모르겠어.

正解は②。女性が講演の始まる時間を尋ねた理由は、授業と重なると講演が聞けないからだ。④は講演が終わるまでにかかる時間を尋ねたときの返事なので間違い。

※ 次の会話をよく聞いて、続く言葉を選びなさい。
男：小説家パク・インスさんが今日、講演しに学校に来るって。
女：そうなの？　何時に始まるの？　私は3時まで授業があって。
　①定刻に着いてよかった。
　②授業が終わってから行っても遅くないよ。
　③講演は誰でも聞けるよ。
　④時間がどれくらいかかるか分からないよ。

問題パターン別練習

※ 다음 대화를 잘 듣고 이어질 수 있는 말을 고르십시오.

練習問題

1 ① 너무 바빠서 잊었나 보네요.

　② 시험 보느라 많이 바빴겠어요.

　③ 꼭 맛있는 요리를 만들어 주세요.

　④ 시험이 있는 줄 모르고 안 갔어요.

2 ① 주사 맞는 건 무서워.

　② 응. 감기에 걸린 것 같아.

　③ 아니. 기운이 펄펄 나는걸.

　④ 어제 잠을 너무 많이 잤나 봐.

3 ① 나는 정말 과제하기가 싫어.

　② 같이 만날 시간을 정해 놓자.

　③ 너는 어떤 주제에 관심이 있는데?

　④ 관심사 찾기가 제일 쉬운 일이야.

4 ① 성인 연극 표 두 장 주세요.

　② 다음 연극은 언제 시작하나요?

　③ 이번 연극은 아주 재미있었어요.

　④ 남자 주인공 연기가 특히 멋있었어요.

5 ① 카드로 계산할게요.

② 저 혼자 사용할 거예요.

③ 일주일 동안 있을 거예요.

④ 방이 생기면 연락해 주세요.

解答・解説・訳 ▶

1 남자 : 지영 씨, 다음 주 김민호 씨 집들이에 초대받았지요?

여자 : 어, 맞다. 민호 씨 집들이 하죠? 깜빡 잊고 있었어요.

正解は①。引っ越し祝いのパーティーの日程を忘れていた女性に男性が掛ける言葉としては、①が適切だ。引っ越し祝いのパーティーは来週なので、すでに過ぎたことを表現した④は間違い。

> ※次の会話をよく聞いて、続く言葉を選びなさい。
> 男：チヨンさん、来週キム・ミノさんの引っ越し祝いのパーティーに招待されたでしょう？
> 女：あ、そうだ。ミノさん、引っ越し祝いのパーティーしますよね？ うっかり忘れていました。
> 　　①とても忙しくて忘れたようですね。
> 　　②試験を受けるのにとても忙しかったでしょう。
> 　　③必ずおいしい料理を作ってください。
> 　　④試験があるとは思わず、行きませんでした。

2 남자 : 누나, 나 열 있나 한번 봐 줘.

여자 : 음. 열이 좀 있는 것 같네. 몸이 안 좋니?

正解は②。熱がある男性に女性が体調が良くないのかと尋ねたので、男性は体調がいい、または良くないという内容で答えなければならない。会話の内容から、男性は熱がちょっとあって体調が良くない状態なので、②が適切だ。

> 男：姉さん、熱があるかちょっと見てみて。
> 女：うーん。熱がちょっとあるみたいね。体調良くないの？
> 　　①注射するのは怖いよ。　　　　　②うん。風邪ひいたみたい。
> 　　③いや。元気がどんどん出てくるんだ。　④昨日寝過ぎたみたい。

3 여자 : 강연아! 우리 조 과제 같이 할래?

30

남자：그래. 관심 주제가 비슷하면 같이 하자.

正解は③。グループの課題を一緒にやろうという女性の言葉に、男性は関心のあるテーマが似ているなら一緒にやろうと答えている。課題を一緒にやるためには、男性の関心のあるテーマを確認しなければならないので、③が適切だ。

> 女：カンヨン！　グループの課題一緒にやる？
> 男：そうだね。関心のあるテーマが似てるなら一緒にやろう。
> 　　①私は本当に課題をするのが嫌。
> 　　②一緒に会う時間を決めておこう。
> 　　③あなたはどんなテーマに関心があるの？
> 　　④関心のあることを探すのが一番簡単なことよ。

4 여자：3시에 시작하는 연극 표가 남아 있나요?

　　남자：죄송합니다. 이미 매진되었어요.

正解は②。3時に始まる演劇のチケットはすでに売り切れたと言っているので、①は答えにはならず、続く女性の言葉としては②が適切だ。③、④は演劇を見た後に言う言葉なので間違い。

> 女：3時に始まる演劇のチケットは残ってますか？
> 男：申し訳ありません。すでに売り切れました。
> 　　①演劇チケット、大人2枚下さい。
> 　　②次の演劇はいつ始まりますか？
> 　　③今回の演劇はとても面白かったです。
> 　　④男性主人公の演技が特にかっこよかったです。

5 남자：여보세요. 고려호텔이죠? 방을 예약하려고 하는데요.

　　여자：네, 마침 하나가 남아 있어요. 몇 분이 지내실 건가요?

正解は②。ホテルの部屋予約のための通話内容だ。**분**は**人**を高めて呼ぶ言葉で、女性が何名で過ごすのか尋ねているので、②が正解だ。①は支払い方法についての話で、③もホテルに滞在する期間についての内容なので間違い。④は空室がない状況で言う言葉なので、続く男性の言葉としては間違い。

> 男：もしもし。コリョホテルですよね？　部屋を予約したいんですが。
> 女：はい、ちょうど一部屋残っています。何名様で過ごされるのでしょうか？
> 　　①カードで支払います。　　　　　　②私1人で使用します。
> 　　③1週間いるつもりです。　　　　　④部屋が空いたら連絡してください。

問題パターン 3 │ 話の流れを把握する問題

　会話を聞いて、会話の前後の内容や状況を推測する問題です。相手の反応によって話の流れが変わることがあるので、男性と女性両方の話をしっかり聞かなければなりません。

① 次の行動を選ぶ問題

　会話の内容を聞いて、それに続く行動を選ぶ問題です。会話の全体的な状況や男性と女性の関係を把握しながら注意深く聞いて答えを選びます。

※ 다음 대화를 잘 듣고 여자가 이어서 할 행동으로 알맞은 것을 고르
십시오.

| 第41回TOPIK Ⅱ 問題10

여자 : 너무 졸리다. 아직 읽어야 될 책도 많은데…….

남자 : 졸리면 기숙사에 들어가서 일찍 자고 아침에 일어나서 하든지…….

여자 : 전 아침잠이 많아서 일찍 못 일어나요. 잠 좀 깨게 잠깐 나가서 산
　　　책해야겠어요. 들어올 때 커피라도 사 올까요, 선배?

남자 : 아니야, 됐어. 좀 전에 마셨어.

① 책을 읽는다.　　　　② 커피를 산다.

③ 산책을 한다.　　　　④ 기숙사에 간다.

　正解は③。女性は眠気が覚めるように外に出て散歩をしなければと言っていることか

ら、会話の後には散歩をするだろう。-겠-は話し手が「これから〜をするつもりだ」という意図や意思を表す。

※ 次の会話をよく聞いて、**女性**が続いてする行動として適切なものを選びなさい。

女：すごく眠い。まだ読まなければいけない本もたくさんあるのに……。

男：眠かったら寮に帰って早く寝て朝起きてやるとか……。

女：私は朝に弱くて、早く起きられません。眠気が覚めるようにちょっと外に出て散歩しなければいけません。帰ってくるとき、コーヒーでも買って来ましょうか、先輩？

男：いや、いいよ。さっき飲んだから。

① 本を読む。　　　　　　　　② コーヒーを買う。
③ 散歩をする。　　　　　　　④ 寮に帰る。

問題パターン別練習

 Track **04**

※ 다음 대화를 잘 듣고 <u>여자</u>가 이어서 할 행동으로 알맞은 것을 고르십시오.

第37回TOPIK Ⅱ 問題12

① 안내를 도와줄 학생을 알아본다.

② 필요한 인원을 정확하게 조사한다.

③ 설명회 자료 제작 회사에 전화한다.

④ 직원을 만나러 설명회 장소에 간다.

練習問題

1 ① 주문한 옷을 반품한다.

② 택배 회사에 전화를 건다.

③ 인터넷 쇼핑몰에 문의한다.

④ 인터넷에서 배송 정보를 확인한다.

2 ① 창문을 열어 환기를 한다.

② 설비팀에 전화를 걸어 항의한다.

③ 공사가 서둘러 끝나도록 재촉한다.

④ 설비팀에 공사가 끝나는 시간을 확인한다.

3 ① 남자의 이사 준비를 도와준다.

② 봉사 활동을 위한 준비를 한다.

③ 남자와 함께 운전 연습을 한다.

④ 친구에게 전화를 걸어 물어본다.

解答・解説・訳

第37回TOPIK Ⅱ 問題12

남자 : 김 실장님, 신제품 설명회 준비는 잘돼 가요?

여자 : 네, 그런데 설명회 자료가 아직 도착 안 했어요. 안내를 도와줄 사람도 부족하고요.

남자 : 그럼, 자료 제작 회사에 전화 한번 해 보세요. 저는 도와줄 아르바이트 학생을 구할 수 있는지 알아볼게요.

여자 : 네, 그래요. 그럼 이따가 다시 봐요.

正解は③。-아/어 보세요は、ある行動をすすめたり指示したりする表現だ。男性が女性に説明会の資料の製作会社に電話をしてみろと言うと、女性は同意したので、会話の後に説明会の資料の製作会社に電話するだろう。①は男性が続いてする行動で、②、④は会話に出ていない内容だ。

> ※次の会話をよく聞いて、女性が続いてする行動として適切なものを選びなさい。
> 男：キム室長、新製品説明会の準備はうまくいっていますか？
> 女：はい、ですが説明会の資料がまだ届いていません。案内を手伝う人も足りませんし。
> 男：それでは、資料の製作会社に一度電話してみてください。私は手伝うアルバイトの学生を調達できるか調べます。

女：はい、そうします。それでは、後でまた会いましょう。
　　①案内を手伝ってくれる学生を探す。
　　②必要な人員を正確に調査する。
　　③説明会の資料の製作会社に電話する。
　　④職員に会いに説明会の場所に行く。

1 여자 : 지난주에 인터넷으로 주문한 옷이 아직도 안 왔어. 일주일이 넘었는데.

　남자 : 사이트에서 배송 정보는 확인해 봤어?

　여자 : 응. 사이트에는 배송 완료라고 나와.

　남자 : 그럼 문제가 있는 거네. 택배 회사에 전화해서 한번 확인해 봐.

正解は②。女性が注文した服の配送が遅れている状況だ。インターネットのサイトには
すでに配送完了と出ると言う女性に対し、男性は宅配会社に電話して確認してみろと言
っているので、②が正解だ。

女：先週、インターネットで注文した服がまだ届かないの。1週間過ぎたのに。
男：サイトで配送情報は確認してみた?
女：うん。サイトでは配送完了って出る。
男：それじゃ、問題があるんだね。宅配会社に電話して一度確認してみなよ。
　　①注文した服を返品する。
　　②宅配会社に電話をかける。
　　③インターネットのショッピングモールに問い合わせする。
　　④インターネットで配送情報を確認する。

2 남자 : 사무실 공기가 안 좋은 것 같아요. 눈도 좀 따가운 것 같고.

　여자 : 지하실 공사를 해서 먼지가 우리 사무실까지 올라오는 것 같아요.

　남자 : 그럼 창문을 열 수도 없고. 어쩌지?

　여자 : 설비팀에 전화를 걸어서 공사가 몇 시쯤 끝나는지 알아볼게요.

正解は④。地下室の工事で発生したほこりが男性と女性が働いている事務室にまで上
がってきて問題になっている。解決方法がなくて悩んでいる状況で、女性は工事が終わ
る時間を調べると言っているので、④が正解だ。設備チームに電話をかけると言ったの
は、催促したり抗議したりするためではないので、②、③は間違い。

男：事務室の空気が良くないようです。目もちょっとチクチクする気がするし。
女：地下室の工事をしていて、ほこりがうちの事務室まで上がってきてるようです。
男：それじゃ、窓を開けることもできないし。どうしよう?

女：設備チームに電話をかけて工事が何時ごろ終わるか調べます。

　①窓を開けて換気をする。

　②設備チームに電話をかけて抗議する。

　③工事が早く終わるように催促する。

　④設備チームに工事が終わる時間を確認する。

3 남자 : 친구 중에 운전 잘하는 사람 있어? 이사할 때 운전해 줄 사람이 필요해서.

여자 : 그래? 한 명 있긴 한데 일요일마다 봉사 활동을 가야 해서 바쁜 것 같던데…….

남자 : 이사는 토요일에 하니까 좀 부탁해 보면 안 될까?

여자 : 글쎄. 한번 전화로 물어볼게. 아마 봉사 활동 준비를 해야 해서 토요일에도 도와줄 수 없을 거야.

正解は④。男性が、女性に運転が上手な友達がいるか聞き、その友達に引っ越しを手伝ってくれるように頼んでくれと言っている状況だ。女性は電話で聞いてみると答えているので、④が正解だ。②は女性の友達が土曜日にする予定のことで、①、③は会話の内容からは分からない。**한번**は**-아/어 보다**と一緒に使われると、あることを試しにやってみたり経験してみたりすることを表し、**한번 해 보다**、**한번 먹어 보다**などのように使う。

男：友達の中で運転のうまい人いる？　引っ越すとき運転してくれる人が必要で。

女：そう？　1人いるにはいるけど、毎週日曜日にボランティア活動に行かなければいけないから忙しそうだけど……。

男：引っ越しは土曜日にするからちょっとお願いしてもらえないかな？

女：そうね。一度電話で聞いてみる。多分ボランティア活動の準備をしなければいけないから土曜日も手伝えないと思うけど。

　①男性の引っ越し準備を手伝う。

　②ボランティア活動のための準備をする。

　③男性と一緒に運転の練習をする。

　④友達に電話をかけて尋ねる。

2 ### 会話の前の内容を選ぶ問題

　会話を聞いて、それ以前の会話の内容を選ぶ問題です。以前の会話内容は、**이 밖에**（この他に）、**그렇게**（そのように）、**앞에서 이야기한 것처럼**（先に話したように）などの表現と一緒に言及されることが多いので、その箇所に注目するといいでしょう。

※ 다음은 대담입니다. 잘 듣고 물음에 답하십시오.

| 第41回TOPIK Ⅱ 問題39

여자 : 다리를 어깨 너비로 벌리고 가슴을 활짝 편 자세가 척추 건강에 많은 도움이 되고 있는 것 같은데요. 박사님, 이 밖에 어떤 효과가 있습니까?

남자 : 네, 웅크린 자세와 달리 가슴을 편 자세는 스트레스 호르몬의 분비량을 줄이고 남성 호르몬의 분비량을 늘립니다. 이러한 남성 호르몬의 변화로 우리 신체는 위험을 감수하려는 특성을 보이는데요. 이 때문에 적극적이고 자신감이 넘치는 사람으로 보이게 된다는 겁니다. 당당하고 힘을 느낄 수 있는 사람이 되는 거죠. 실제로 이런 자세가 업무의 성과를 높이거나 면접시험의 합격률에도 영향을 미치는 것으로 나타났습니다. 자세는 많은 투자를 하지 않고도 쉽게 자신을 변화시킬 수 있는 비법인 거죠.

이 대화 앞의 내용으로 알맞은 것을 고르십시오.

　① 가슴을 편 자세는 업무 실적을 올린다.

　② 가슴을 편 자세는 신체 건강에 도움이 된다.

　③ 가슴을 편 자세는 능동적인 행동을 유발한다.

　④ 가슴을 편 자세는 호르몬의 분비량을 변화시킨다.

正解は②。会話の前の内容を選ぶ問題なので、会話の最初の部分を注意深く聞かなければならない。女性が最初に話した内容は、すぐ前の会話の内容を要約して整理したものである。会話の前で女性と男性は胸を大きく開いた良い姿勢が脊椎の健康に役立つという内容の話をしたのだろう。①、③、④は会話の前の内容ではなく現在の会話の内容である。

※ 次は対談です。よく聞いて問いに答えなさい。

女：足を肩幅に開いて胸を大きく開いた姿勢が脊椎の健康にとても役立っているようですね。博士、この他にどのような効果がありますか？

男：はい、身をすくめた姿勢と違い、胸を開いた姿勢はストレスホルモンの分泌量を減らして男性ホルモンの分泌量を増やします。このような男性ホルモンの変化で私たちの体は危険を受け入れようという特性を見せるんです。このため、積極的で自信に満ちあふれる人に見えるようになるということです。堂々としていて力を感じることができる人になるんです。実際に、このような姿勢が業務の成果を高めたり面接試験の合格率にも影響を及ぼしたりすると分かりました。姿勢は多くの投資をしなくても簡単に自分を変化させられる秘法なんです。

この会話の前の内容として適切なものを選びなさい。

①胸を開いた姿勢は業務の実績を上げる。
②胸を開いた姿勢は体の健康に役立つ。
③胸を開いた姿勢は能動的な行動を誘発する。
④胸を開いた姿勢はホルモンの分泌量を変化させる。

問題パターン別練習

 Track 05

※ 다음은 대담입니다. 잘 듣고 물음에 답하십시오.

제36회 TOPIK Ⅱ 문제39

이 대화 앞의 내용으로 알맞은 것을 고르십시오.

① 농촌의 논밭과 산은 대기를 정화시킨다.

② 농촌과 도시의 비율이 균형을 이루었다.

③ 농가에 대한 정부의 지원이 확대되고 있다.

④ 농촌의 발달은 국가에 이익을 가져다준다.

練習問題

1 이 대화 앞의 내용으로 알맞은 것을 고르십시오.

① 회사에서 근무하였다.

② 교육 봉사를 꾸준히 해 왔다.

③ 역경을 딛고 사업가가 되었다.

④ 전문 경영인이 될 준비를 했다.

2 이 대화 앞의 내용으로 알맞은 것을 고르십시오.

① 걷기 운동은 건강에 도움이 된다.

② 계단 오르기는 건강에 도움이 된다.

③ 올바른 자세가 무엇보다 중요하다.

④ 무리해서 운동하는 것은 오히려 좋지 않다.

3 이 대화 앞의 내용으로 알맞은 것을 고르십시오.

① 식사 시간이 불규칙하면 체중이 증가한다.

② 식사 시간에 책을 읽으면 과식을 하게 된다.

③ 식사 중에 텔레비전을 보면 체중이 증가한다.

④ 식사 중에 다른 일을 하면 식사에 집중하지 못한다.

4 이 대화 앞의 내용으로 알맞은 것을 고르십시오.

① 서울의 집값이 크게 하락하고 있다.

② 서울의 유입 인구가 감소하고 있다.

③ 서울과 수도권 인구가 증가하고 있다.

④ 서울의 교통 환경이 크게 개선되고 있다.

여자 : 농촌이 환경 보호의 기능을 하고 있다니 생각하지 못했던 점이에요. 우린 농촌 하면 흔히 식량 공급의 기능만 떠올리잖아요? 그럼 박사님, 농촌이 가지고 있는 또 다른 기능에는 뭐가 있을까요?

남자 : 말씀드린 환경 보호 기능 외에 공익적 측면의 기능도 있습니다. 전통문화를 보존시키고 국토를 균형 있게 발전시킨다는 거죠. 농촌의 이런 기능을 중요하게 생각해서 다른 나라의 경우엔, 농가에 정부 보조금을 지원하는 등 막대한 예산을 들이고 있는데요. 이건 농업에 투자하는 비용보다 사회에 돌아오는 혜택이 더 많기 때문입니다. 그야말로 농업이 경제 지표 이상의 가치를 지니고 있다고 할 수 있는 거지요.

正解は①。農村の機能についての会話だ。女性の**農村が環境保護の機能をしている**という言葉に出てくる-다니は、他の人に聞いた言葉を引用するときに使う表現だ。そのため、男性はすぐ前で農村の環境保護機能についての話をしたのだろう。男性の言葉において**말씀드린**という表現は前で話した内容に再度言及するとき使う表現なので、これも重要なヒントだ。

※ 次は対談です。よく聞いて問いに答えなさい。

女 : 農村が環境保護の機能をしているとは思いもしなかった点です。私たちは農村といえば、よく食料供給の機能のみ思い浮かべるじゃないですか？　それでは博士、農村が持っている機能には、他に何かあるでしょうか？

男 : 申し上げた環境保護機能の他に、公益的な側面の機能もあります。伝統文化を保存させて国土をバランス良く発展させるということです。農村のこのような機能を重要視して他の国の場合は、農家に政府の補助金を支援するなど、莫大な予算をかけています。これは農業に投資する費用より社会に戻ってくる恵みの方が多いからです。それこそ、農業が経済指標以上の価値を持っていると言えるのです。

この会話の前の内容として適切なものを選びなさい。
　①農村の田畑や山は大気を浄化させる。
　②農村と都市の比率が釣り合っている。
　③農家に対する政府の支援が拡大している。
　④農村の発達は国家に利益をもたらす。

1 남자 : 앞에서 말씀하신 것처럼 온갖 어려움을 이겨 내고 어렵게 사업가로 성공을 하셨는데, 갑자기 사업을 그만두신 이유가 있을까요?

여자 : 회사가 안정적으로 운영되는 것을 보고, 제가 회사를 위해 할 수 있는 일은 다 했다고 생각했어요. 그래서 회사를 더 잘 이끌어 줄 전문 경영인을 모신 거고요. 저는 이제 그동안 제가 꿈꾸었던 교육 봉사 활동을 시작할까 합니다.

正解は③。女性が会社の経営を辞める理由について話している。앞에서 말씀하신 것처럼という表現は、前でした話に再度言及するときに使う。男性の言葉を見ると、女性は前で困難を克服して事業家として成功した経験について話したのだろう。

男：前でおっしゃったようにあらゆる困難に打ち勝って、ようやく事業家として成功されましたが、突然事業を辞められる理由はありますでしょうか？

女：会社が安定して運営されているのを見て、私が会社のためにできることは全てしたと思いました。そのため、会社をもっと上手に引っ張ってくれる専門の経営者をお呼びしたんです。私はこれから、これまで夢見ていた教育ボランティア活動を始めようかと思います。

この会話の前の内容として適切なものを選びなさい。
① 会社で勤務した。　　② 教育ボランティアを続けてきた。
③ 逆境を踏み越えて事業家になった。　　④ 専門の経営者になる準備をした。

2 여자 : 네, 꾸준히 걷는 것만으로도 건강에 큰 도움이 된다니 앞으로 웬만한 거리는 걸어 다녀야겠네요. 걷기 운동처럼 생활 속에서 쉽게 할 수 있는 운동이 또 있을까요?

남자 : 계단 오르기 역시 생활 속에서 쉽게 할 수 있으면서도 건강에 큰 도움이 됩니다. 계단 오르기는 걷는 것과 마찬가지로 심장과 호흡기를 튼튼하게 할 뿐만 아니라 다리의 근력까지 강화시키는 운동이지요.

正解は①。生活の中で簡単にできる運動についての会話だ。女性が最初に꾸준히 걷는 것만으로도 건강에 큰 도움이 된다니と言っていることから、男性はウオーキングが健康に役立つという話をしたと思われるので、①が正解だ。

女：はい、地道に歩くだけでも健康に大きく役立つなんて、これからはちょっとした距離は歩かなければいけませんね。ウオーキングのように生活の中で簡単にできる運動は他にあるでしょうか？

男：階段昇りもまた生活の中で簡単にできることでありながらも健康に大きく役立ちます。階段昇りは歩くのと同じく心臓や呼吸器を丈夫にするだけではなく、脚力まで強化させる運動です。

この会話の前の内容として適切なものを選びなさい。
　①ウオーキングは健康に役立つ。　　②階段昇りは健康に役立つ。
　③正しい姿勢が何より重要だ。　　④無理して運動するのはむしろ良くない。

3 남자 : 선생님 말씀을 들으니 제가 혼자 살면서 불규칙하게 식사를 해 온 것
　　　　이 후회가 됩니다. 그런데 말씀하신 것 이외에도 살이 찌게 되는 이유
　　　　가 또 있을 것 같은데요. 선생님, 어떤 것들이 있을까요?

　여자 : 식사 시간이 불규칙한 것 외에 식사 습관이 좋지 않은 것도 문제입니
　　　　다. 혼자 사는 사람들 중에는 밥을 먹으면서 텔레비전을 보거나 책을
　　　　읽는 사람이 많습니다. 최근에는 스마트폰을 사용하는 사람이 굉장히
　　　　많아졌죠. 밥을 먹으면서 동시에 다른 일을 하면 식사에 집중하기가 어
　　　　렵습니다. 그래서 자기가 얼마나 많은 양을 얼마나 먹고 있는지 잘 느
　　　　끼지 못합니다. 결국 종종 과식을 하게 되니까 체중이 늘 가능성이 커
　　　　지게 되는 것이지요.

正解は①。食事と体重増加の関係についての会話だ。男性が女性に食事の時間が不
規則なこと以外に太る理由としてどのようなものがあるか聞いているため、前で不規則
な食事が体重を増加させるという内容を話したと思われるので、①が正解だ。女性の最
初の文も前の会話の内容を探すのに重要なヒントになり得る。

男：先生のお言葉を聞くと、私が一人暮らしをしながら不規則に食事をしてきたのが悔やまれま
　　す。ところで、おっしゃったこと以外にも太る理由がさらにあるようですが。先生、どんなこと
　　があるでしょうか?
女：食事の時間が不規則なこと以外に、食事の習慣が良くないことも問題です。一人暮らしの人
　　の中にはご飯を食べながらテレビを見たり本を読んだりする人がたくさんいます。最近はス
　　マートフォンを使う人もとても増えました。ご飯を食べながら同時に他のことをすると、食事に
　　集中するのが難しいです。そのため、自分がどれくらい多くの量を食べているのかあまり感じ
　　られません。結局、時々食べ過ぎることになるので、体重が増える可能性が大きくなるのです。

この会話の前の内容として適切なものを選びなさい。
①食事の時間が不規則だと体重が増加する。
②食事の時間に本を読むと食べ過ぎることになる。
③食事中にテレビを見ると体重が増加する。
④食事中に他のことをすると食事に集中できない。

4 여자 : 정리하자면 예전과는 반대로 서울로 들어오는 인구보다 떠나는 인구가 점점 많아지고 있다는 말씀이시군요. 박사님, 이러한 인구 이동 흐름의 변화에 대해 좀 더 설명을 부탁드립니다.

　남자 : 말씀드렸듯이 통계적으로 보면 서울 유입 인구가 줄어들고 있습니다. 이에 반해 서울과 가까운 수도권의 유입 인구는 늘어나고 있는데요. 이러한 현상에는 다양한 원인이 있겠지만, 서울의 비싼 집값이 큰 영향을 미친 것으로 볼 수 있습니다. 더불어 수도권의 교통 환경이 좋아지면서 집세나 물가가 비싼 서울을 떠나 수도권으로 이사하는 사람들이 점점 많아지고 있는 것이지요.

正解は②。ソウルへの流入人口の変化についての会話だ。정리하자면、말씀드렸듯이という表現は前でした話を要約して再度提示するときに使う。これらの表現が使われた女性の最初の文と男性の最初の文を見ると、前でソウルへの流入人口が減ったという話をしたと思われるので、②が正解だ。

> 女：整理すると、一昔前とは反対に、ソウルに入ってくる人口より離れる人口の方がだんだん増えているというお話ですね。博士、このような人口移動の流れの変化についてもう少し説明をお願いします。
>
> 男：申し上げたように、統計で見るとソウルへの流入人口が減っています。これと反対にソウルに近い首都圏の流入人口は増えています。このような現象にはさまざまな原因があるでしょうが、ソウルの家の値段が高いのが大きな影響を及ぼしたものと見ることができます。さらに、首都圏の交通環境が良くなって家賃や物価が高いソウルを離れて首都圏に引っ越す人がだんだん増えているのでしょう。
>
> この会話の前の内容として適切なものを選びなさい。
> ①ソウルの家の値段が大きく下落している。
> ②ソウルの流入人口が減少している。
> ③ソウルと首都圏の人口が増加している。
> ④ソウルの交通環境が大きく改善されている。

問題パターン 4 | 細部の内容を把握する問題

　会話の内容と一致するものを選ぶ問題として、会話、対談、講演などさまざまな音声が提示されます。会話と似た内容の選択肢が提示されますが、会話の内容と正確に一致しているものでなければ正解にならないので、会話を詳しく聞かなければなりません。聞いた内容と違う選択肢を一つずつ消していきながら問題を解くのもいい方法です。

※ 다음을 듣고 내용과 일치하는 것을 고르십시오.

第41回TOPIK Ⅱ 問題16

남자 : 선생님께서는 퇴직하신 후에 지역 문화재를 알리는 일을 하고 계시는데요. 특별히 이 일을 하게 된 계기가 있으신가요?

여자 : 저는 30년 동안 교직에 있으면서 역사를 가르쳤습니다. 퇴직하고 어떻게 노후를 보낼까 고민하고 있었어요. 그런데 아들이 제 경험을 살려 보라며 이 일을 적극 권했습니다. 그래서 지난달부터 일요일마다 문화 센터에서 우리 지역 문화재를 소개하는 강의를 하고 있죠.

① 여자의 아들은 이 일을 하는 것에 반대했다.
② 여자는 30년 동안 문화재 알리는 일을 했다.
③ 여자는 퇴직하기 전부터 이 일을 하고 있었다.
④ 여자는 지역 문화 센터에서 매주 강의를 한다.

　正解は④。女性は毎週日曜日に文化センターで地域の文化財を紹介する講義をしてい

ると言った。~마다は「一つも欠かさず全部」を意味する表現で、일요일마다は毎週 日曜日（毎週日曜日）と同じ意味だ。①は会話の内容と反対なので間違い、女性が文化財を紹介する仕事をしたのは退職以降なので②、③も間違い。

※ 次の音声を聞いて、内容と一致するものを選びなさい。

男：先生は退職なさった後、地域文化財を紹介する仕事をなさっていますが。特にこの仕事をすることになったきっかけがおありですか？

女：私は30年間教職に就いていて歴史を教えていました。退職してどのように老後を送ろうか悩んでいました。ところが、息子が私の経験を生かしてみろとこの仕事を積極的にすすめました。そのため、先月から毎週日曜日に文化センターでこの地域の文化財を紹介する講義をしているのです。

① 女性の息子はこの仕事をすることに反対した。
② 女性は30年間、文化財を紹介する仕事をした。
③ 女性は退職する前からこの仕事をしていた。
④ 女性は地域の文化センターで毎週講義をしている。

問題パターン別練習

 Track 06

※ 다음을 듣고 내용과 일치하는 것을 고르십시오.

第41回TOPIK Ⅱ 問題45

① 지진은 드물게 발생하는 자연재해이다.

② 대지진 이후에 인간은 무기력에 빠졌다.

③ 지진에 대한 사람들의 인식은 바뀌지 않았다.

④ 대지진 이전에는 과학적 조사를 하지 않았다.

練習問題

1 ① 여자는 초등학교에 다닌다.

② 남자는 새 의자를 사고 싶다.

③ 여자와 남자는 의자를 팔 것이다.

④ 여자와 남자는 새집에 이사를 왔다.

2 ① 엘리베이터는 한 시간 정도 운행하지 않는다.

② 오후 열 시부터 엘리베이터 점검이 이루어진다.

③ 불편 사항이나 문의 사항은 총무과로 연락하면 된다.

④ 엘리베이터 점검 전에 안내 방송이 다시 나올 것이다.

3 ① 여자는 유명한 한류 스타의 가족이다.

② 여자는 남성과 여성 모두에게 인기가 있다.

③ 여자는 인기 드라마에 출연한 신인 배우이다.

④ 여자는 드라마 주제곡을 불러 인기를 얻었다.

4 ① 의사 전달은 말을 통해서만 가능하다.

② 말을 잘하면 언제나 의사소통에 성공한다.

③ 대화를 할 때에는 몸짓보다 표정이 중요하다.

④ 행동만으로도 상대방에게 의사를 전달할 수 있다.

解答・解説・訳

第41回TOPIK Ⅱ 問題45

여자 : 한 해 지구상에 지진이 몇 번 발생할까요? 50만 번이나 일어납니다. 우리는 잘 느끼지 못하지만요. 인간은 인류 역사가 시작될 때부터 계속 지진을 겪어 왔고 몇몇 큰 지진은 인류 역사를 바꿔 놓기도 했죠. 그중에서 1755년 리스본 대지진은 과학적 연구가 이루어진 최초의 지진이

라는 점에서 의미가 있습니다. 그때 처음으로 지진 상황을 파악하기 위한 조사가 실시됐거든요. 과학적인 해석을 시도한 거죠. 대지진 이후 사람들은 무기력하게 쓰러져 있던 것이 아니라 오히려 그 지진을 통해 원인을 찾으려고 노력했어요. 그런 노력이 지진학의 탄생을 가져왔고 현재 우리는 지진을 적극적으로 대비할 수 있게 된 것입니다.

正解は④。人類の歴史が始まったときから地震はあったが、科学的な研究が初めて行われたのは1755年のリスボン大地震だと言っているので、④が正解だ。地震は1年に50万回も起きる、頻発する自然災害なので①は間違い。大地震の後、人間は無気力に倒れておらず、むしろ地震の原因を探そうと努力したので②も間違い。大地震後、科学的な解析を試みたり地震に備えるようになったりしたのは人々の認識の変化と見ることができるので③は答えにならない。

※ 次の音声を聞いて、内容と一致するものを選びなさい。

女：1年に地球上で地震は何回発生するでしょうか？　50万回も起きます。私たちはあまり感じられませんが。人間は人類の歴史が始まったときからずっと地震に見舞われてきて、いくつかの大地震は人類の歴史を変えもしました。その中で、1755年のリスボン大地震は科学的な研究が行われた最初の地震という点で意味があります。そのとき初めて地震の状況を把握するための調査が実施されたのです。科学的な解析を試みたのです。大地震以降、人々は無気力に倒れていたのではなく、むしろその地震を通じて原因を見つけようと努力しました。そんな努力が地震学の誕生をもたらし、現在私たちは積極的に地震に備えることができるようになったのです。

① 地震はまれに起きる自然災害だ。
② 大地震以降、人間は無気力に陥った。
③ 地震に対する人々の認識は変わらなかった。
④ 大地震以前は科学的調査をしなかった。

---

1 남자 : 이사 갈 집에는 이렇게 큰 의자를 둘 곳이 없는데 어쩌지? 아직 새거라 버리긴 아까운데.

여자 : 중고 시장에 파는 건 어때? 필요한 사람들은 싸게 살 수 있어서 좋고, 우리도 의자를 버리지 않아서 좋고.

남자 : 아! 그게 좋겠네. 그런데 중고 시장이 어디에 있어?

여자 : 매월 마지막 토요일에 우리 집 앞 초등학교 운동장에서 중고 물품을 거래해. 마침 이번 주 토요일이니 의자를 들고 나가 볼까?

正解は③。新しく引っ越す先の家に大きい椅子を置く場所がなくて中古市場で売ろうか

と話をしているので、③が正解だ。女性が家の前の小学校に通っているかは分からないので①は答えにならない。また、②は会話の内容からは分からない。女性と男性は引っ越しの準備中のようなので④は答えにならない。

> 男：引っ越し先の家にはこんなに大きい椅子を置く場所がないけど、どうする？　まだ新しい物だから捨てるにはもったいないけど。
> 女：中古市場で売るのはどう？　必要な人は安く買えるからいいし、私たちも椅子を捨てなくていいし。
> 男：あ！　それは良さそうだね。それで、中古市場ってどこにあるの？
> 女：毎月最後の土曜日にうちの前の小学校の運動場で中古の品物を取引するの。ちょうど今週の土曜日だから椅子を持って行ってみようか？
> ① 女性は小学校に通っている。
> ② 男性は新しい椅子を買いたい。
> ③ 女性と男性は椅子を売るだろう。
> ④ 女性と男性は新しい家に引っ越してきた。

2 여자 : 총무과에서 안내 말씀 드리겠습니다. 오늘 오전 열 시부터 엘리베이터 안전 점검을 실시할 예정입니다. 점검에 소요되는 시간은 약 한 시간입니다. 점검 중에는 엘리베이터가 운행되지 않으니 이 점 양해해 주시기 바랍니다. 점검이 완료되면 운행 재개 안내를 다시 드리겠습니다.

正解は①。点検にかかる時間は約1時間で点検中はエレベーターを運転しないと言っているので、①が正解だ。エレベーターの点検が行われるのは午前10時からであり、案内放送があるのは点検後なので、②、④は間違い。③は聞いた内容からは分からない。

> 女：総務課からご案内致します。今日の午前10時からエレベーターの安全点検を実施する予定です。点検にかかる時間は約1時間です。点検中はエレベーターが運転されないので、この点、ご了承くださいますようお願いします。点検が完了したら運転再開の案内をまた致します。
> ① エレベーターは1時間ほど運転しない。
> ② 午後10時からエレベーターの点検が行われる。
> ③ 不便なことや問い合わせは総務課に連絡すればいい。
> ④ エレベーターの点検の前に案内放送がもう一度流れるだろう。

3 남자 : 드라마 정말 잘 봤습니다. 요즘 아주 바빠지셨겠습니다. 남성들뿐만 아니라 여성들한테도 인기가 대단하신데요. 소감이 어떠세요?

여자 : 요즘 정말 행복한 시간을 보내고 있어요. 예전에는 지하철을 타도 아무도 알아보는 사람이 없었는데 요즘엔 많이 알아보시더라고요. 사실 처

음 연기를 시작한 게 10년 전이에요. 무명 시절이 길어서 많이 지치고 힘들었죠. 하지만 힘들 때 옆에서 응원해 준 가족들 덕분에 포기하지 않고 끝까지 노력할 수 있었어요. 앞으로 전 세계 사람들이 좋아하는 한류 배우로 성장하는 게 꿈이에요.

正解は②。男性だけでなく女性にもすごい人気だと言っているので、②が正解だ。女性は俳優であってその家族ではないので①は間違い。女性は10年前に演技を始めて新人ではないので、③も間違い。④は会話の内容からは分からない。

男：ドラマ、大変面白く拝見しました。最近は、とても忙しくなられたでしょう。男性だけでなく女性にもすごい人気ですが。どういったお気持ちですか？

女：最近、本当に幸せな時間を過ごしています。以前は地下鉄に乗っても誰も気付く人がいなかったんですが、最近はたくさん気付いていただけます。実は、最初に演技を始めたのは10年前です。無名の時期が長くて、本当に疲れてつらかったです。ですが、つらいときにそばで応援してくれた家族のおかげで諦めず最後まで努力できました。今後、世界中の人が好きな韓流俳優に成長するのが夢です。

① 女性は有名な韓流スターの家族だ。
② 女性は男女どちらにも人気がある。
③ 女性は人気ドラマに出演した新人俳優だ。
④ 女性はドラマの主題歌を歌って人気を得た。

4 남자 : 우리는 하루에도 주변 사람들과 상당히 많은 말을 주고받습니다. 그런데 상대방과 성공적인 의사소통이 이루어지는 경우도 있지만, 종종 상대방의 생각과 의도를 잘 파악하지 못하는 경우가 발생하게 됩니다. 성공적인 의사소통을 위해서는 상대방의 말뿐만 아니라 행동도 잘 살펴야 하기 때문입니다. 우리가 다른 사람에게 생각을 전달할 때에는 말로 3분의 1이 전달되고, 나머지는 눈짓이나 몸짓에 의해 전달됩니다. 또한, 행동만으로 의사를 전달하거나 아무 말을 하지 않는 것으로 의사를 표현하기도 하지요. 따라서 말뿐만 아니라 상대방의 몸짓이나 표정도 잘 관찰하는 것이 중요합니다.

正解は④。行動だけで意思を伝えたりもすると言っているので、④が正解だ。意思の伝達は言葉だけではなく目つきや身振りでも可能で、言葉のやりとりでは時々相手のことを把握できないことがあると言っているので、①と②は間違い。身振りと表情の両方重要だと言っているので、③も間違い。

男：私たちは1日の間にも周りの人と相当多くの言葉をやりとりします。ところが、相手とうまく意思疎通が行われるケースもありますが、時々相手の考えや意図をきちんと把握できないケースが生じます。上手な意思疎通のためには相手の言葉だけでなく、行動もきちんと見なければならないからです。私たちが他の人に考えを伝えるときは、言葉で3分の1が伝わり、残りは目配せや身振りによって伝わります。また、行動だけで意思を伝えたり、何も言わないことで意思を表現したりもします。従って、言葉だけでなく相手の身振りや表情もよく観察することが重要です。

①意思伝達は言葉を通じてのみ可能だ。

②話すのが上手ならいつでも意思疎通に成功する。

③会話をするときは身振りより表情の方が重要だ。

④行動だけでも相手に意思を伝えることができる。

問題パターン 5 中心となる内容を把握する問題

話全体の内容を理解しなければ解けない問題です。ほとんどが「パターン4 細部の内容を把握する問題」と一緒に出るので、話をじっくりと聞かなければなりません。音声を聞く前に選択肢をあらかじめ読んで話の内容を推測してみることも、問題を解くのに役立つことがあります。

1 話者の意図を選ぶ問題

話し手が「なぜ」「何のために」この話をしているのか選ぶ問題です。細部の内容より全体的な内容を把握することが問題を解くのに役立ちます。意図を表す表現をあらかじめ知っておくと、答えを簡単に選ぶことができます。

※ 다음을 듣고 물음에 답하십시오.

第41回TOPIK Ⅱ 問題27

남자 : 정장을 기증받는 단체가 있다고 해서 어제 한 벌 보냈어.

여자 : 그런 데가 있어? 나도 안 입는 옷이 있는데 보내 볼까? 근데 유행이 좀 지나서 괜찮을지 모르겠네.

남자 : 괜찮아. 사람들이 보내 준 옷을 유행에 맞게 고친다고 하니까 정장이면 어떤 것이든 다 기증해도 된대. 우리가 보내면 수선과 세탁을 해서 필요한 사람들에게 저렴하게 대여해 주는 거지.

여자 : 무료로 대여해 주면 좋을 텐데 왜 돈을 받는 거지?

남자 : 그 돈으로 형편이 어려운 학생들에게 장학금을 준다고 들었어.

좋은 일이니까 너도 한번 해 보면 어때?

남자가 여자에게 말하는 의도를 고르십시오.

　① 정장 기증의 중요성을 알리기 위해

　② 정장 기증 단체의 활동을 홍보하기 위해

　③ 정장 기증에 참여할 것을 권유하기 위해

　④ 정장 기증이 필요한 이유를 설명하기 위해

正解は③。男性は女性にスーツの寄贈と寄贈したスーツの使われ方について説明している。男性の最後の言葉のうち、한번 해 보면 어때?という表現は、ある行動を試みることまたは経験をすすめる表現である。①、②、④も内容的に正解と取れなくはないが、最後にこうした内容を話したことから、男性が女性にスーツの寄贈について説明する最も大きな理由は、スーツ寄贈に参加することをすすめるためだと考えるのが妥当である。

※次の音声を聞いて、問いに答えなさい。
男：スーツの寄贈を受け付けている団体があるというから昨日1着送ったんだ。
女：そんなところがあるの？ 私も着ない服があるけど、送ってみようかな？ でも、ちょっと流行遅れだから大丈夫か分からないね。
男：平気だよ。送ってもらった服を流行に合うように直すそうだから、スーツならどんなのでも寄贈していいって。僕たちが送ったら修繕と洗濯をして必要な人に安く貸してあげるんだ。
女：無料で貸してあげたらいいのに、どうしてお金を取るんだろう？
男：そのお金で生活が苦しい学生に奨学金をあげるって聞いたよ。いいことだから、君も一度やってみたらどう？

男性が女性に話している意図を選びなさい。
　①スーツの寄贈の重要性を知らせるため
　②スーツの寄贈団体の活動を広報するため
　③スーツの寄贈に参加することをすすめるため
　④スーツの寄贈が必要な理由を説明するため

問題パターン別練習

※ 다음을 듣고 물음에 답하십시오.

第37回TOPIK Ⅱ 問題27

여자가 남자에게 말하는 의도를 고르십시오.

① 후보자 지지를 부탁하기 위해

② 선거 유세 방법을 비판하기 위해

③ 선거 유세 효과를 강조하기 위해

④ 다양한 홍보 방법을 확인하기 위해

練習問題

1 남자가 여자에게 말하는 의도를 고르십시오.

① 피아노 학원을 소개하기 위해

② 피아노 연습 자제를 부탁하기 위해

③ 피아노 학원 수강을 권유하기 위해

④ 피아노 연습의 필요성을 설명하기 위해

2 여자가 남자에게 말하는 의도를 고르십시오.

① 진료 예약을 하기 위해

② 진료 예약을 확인하기 위해

③ 진료 예약을 취소하기 위해

④ 진료 예약을 변경하기 위해

3 남자가 여자에게 말하는 의도를 고르십시오.

① 상품 주문에 대해 감사하기 위해

② 새로 나온 상품을 홍보하기 위해

③ 배송 지연에 대해 사과하기 위해

④ 배송 지연의 원인을 확인하기 위해

4 여자가 남자에게 말하는 의도를 고르십시오.

① 교환학생으로 선발된 선배를 응원하기 위해

② 교환학생 파견지에서의 생활을 안내하기 위해

③ 교환학생 프로그램의 문제점을 비판하기 위해

④ 교환학생 선발 프로그램 신청을 권유하기 위해

解答・解説・訳

第37回TOPIK Ⅱ 問題27

여자 : 또 선거 운동이야? 선거 운동을 하는 건 좋은데 꼭 저렇게 시끄럽게 해야 돼? 요즘에는 조용한 선거 유세가 늘고 있다던데.

남자 : 그러게. 조용히 악수를 청하는 후보자도 있고 손을 흔들며 인사하는 후보자도 있다는데 말이야.

여자 : 소리가 크다고 홍보가 잘되는 건 아닌데.

남자 : 그건 모르지. 후보들이 각자 자기를 잘 알릴 수 있는 방법을 선택하는 거니까. 뭐가 좋고 뭐가 나쁘다고는 말할 수는 없는 것 같아.

여자 : 네 말이 맞긴 한데, 저런 식의 선거 유세는 오히려 사람들한테 반감만 살걸.

正解は②。女性はうるさい方法での選挙遊説に対して、終始間接的に批判しているので、②が正解だ。特に、女性の最後の言葉のうち、저런 식의 선거 유세は大きな声でうるさく広報するやり方を指すもので、これはいい方法ではなくかえって人に反感を持たせる

方法だと批判している。

※次の音声を聞いて、問いに答えなさい。

女：また選挙運動？　選挙運動をするのはいいけど、どうしてもあんなふうにうるさくしなきゃいけないの？　最近は静かな選挙遊説が増えてると聞いたけど。

男：そうだな。静かに握手を求める候補者もいて、手を振りながらあいさつする候補者もいるというのにな。

女：声が大きいからって広報がうまくいくわけではないのに。

男：それは分からないよ。候補たちが各自自分をしっかり知らせることができる方法を選んでいるんだから。何が良くて何が悪いとは言えないと思う。

女：あなたの言う通りだけど、あんなやり方の選挙遊説はかえって人から反感を買うだけだろうに。

女性が男性に話している意図を選びなさい。

①候補者の支持を頼むため　　②選挙遊説の方法を批判するため
③選挙遊説の効果を強調するため　　④さまざまな広報の方法を確認するため

1　남자：아래층에 사는 사람인데요, 피아노 연습은 낮 시간에 해 주시면 좋겠어요.

　　여자：아! 죄송합니다. 피아노 소리가 들리나 보죠?

　　남자：네. 밤에는 주변이 조용해서 더 크게 들려요. 게다가 저희는 일찍 잠을 자서요.

　　여자：네. 앞으로는 밤에 피아노 연습을 하지 않을게요. 밤에 더 크게 들리는지 몰랐네요. 죄송합니다.

　　남자：감사합니다. 그럼 쉬세요.

正解は②。男性がピアノの練習は昼の時間にしてほしいと頼んでいるので、②が正解だ。男性は、夜は周りが静かだから音が大きく聞こえ、男性の家は早く寝るので、夜は練習しないで昼間にしてほしいと言っている。

男：下の階に住んでいる者ですが、ピアノの練習は昼の時間にやっていただければと思います。

女：あ！　申し訳ありません。ピアノの音が聞こえるようですね？

男：はい。夜は周りが静かで、より大きく聞こえます。それに、私たちは早く寝るので。

女：はい。今後は夜にピアノの練習はしません。夜により大きく聞こえるとは知りませんでした。申し訳ありません。

男：ありがとうございます。それでは、お休みなさい。

2 남자 : (전화벨 소리) 네, 한국병원입니다. 무엇을 도와드릴까요?

　여자 : 다음 주에 진료 예약한 신영주입니다. 예약 시간을 바꾸고 싶어서요. 11일 오후로 예약을 바꿀 수 없나요?

　남자 : 5시에 진료받으실 수 있는데, 5시 괜찮으신가요?

　여자 : 네, 좋습니다.

　남자 : 네, 그럼 11일 5시로 다시 예약해 드리겠습니다.

正解は④。電話した目的を問う男性に対し、女性は診療の予約時間を11日午後に変えたくて電話したと答えているので、④が正解だ。男性から午後5時に診療を受けられると言われ、女性はその時間に予約を変更することができた。

> 男：(電話のベルの音)はい、韓国病院です。どういったご用件でしょうか？
> 女：来週診療の予約をしたシン・ヨンジュです。予約の時間を変えたくて。11日の午後に予約を変えられませんか？
> 男：5時に診療を受けられますが、5時で大丈夫ですか？
> 女：はい、いいです。
> 男：はい、それでは11日5時に予約し直します。
>
> 女性が男性に話している意図を選びなさい。
> 　①診療の予約をするため　　　②診療の予約を確認するため
> 　③診療の予約を取り消すため　④診療の予約を変更するため

3 남자 : (전화 신호음) 여보세요? 이혜옥 고객님 댁이지요? 주문하신 냄비 세트 때문에 연락드렸습니다.

　여자 : 그렇지 않아도 제가 전화를 하려고 그랬어요. 주문한 지 일주일이 넘었는데 왜 아직도 상품이 안 오는 거죠?

　남자 : 죄송합니다. 주문하신 상품이 품절되어서 공장에서 새 상품을 가져오느라 좀 늦어졌습니다. 내일 오후에는 상품을 받아 보실 수 있을 겁니다.

　여자 : 미리 전화를 주시지 그러셨어요. 택배 기사님이 오실까 봐 이번 주 내내 나가지도 못하고 집에서 기다리고 있었는데…….

　남자 : 정말 죄송합니다. 대신에 주문하신 상품과 함께 저희 회사에서 판매하

는 보온병도 같이 보내 드렸습니다. 앞으로는 이런 일이 없도록 주의하
겠습니다.

正解は③。男性が女性に商品の配送が遅れている理由について説明しながら謝罪して
いるので、③が正解だ。男性は女性に謝罪の意味のプレゼントとして、ポットも一緒に配
送している。

> 男：(電話の信号音) もしもし？　イ・ヘオクさまのお宅でしょうか？　注文なさった鍋セットの
> ことで連絡致しました。
>
> 女：ちょうど電話しようと思っていました。注文して1週間過ぎたのに、どうしてまだ商品が来な
> いんですか？
>
> 男：申し訳ありません。注文なさった商品が品切れとなり、工場から新しい商品を持ってくるため
> 少し遅くなりました。明日午後には商品をお受け取りになれると思います。
>
> 女：前もって連絡をくださったらよかったのに。宅配の人が来るかと思って、今週ずっと出掛ける
> こともできず家で待っていたのに……。
>
> 男：本当に申し訳ありません。代わりに注文なさった商品と一緒にわが社で販売しているポット
> も一緒に送りました。今後はこのようなことがないように注意致します。
>
> 男性が女性に話している意図を選びなさい。
> ①商品の注文に対して感謝するため　　②新しく出た商品を宣伝するため
> ③配送遅延に対して謝罪するため　　　④配送遅延の原因を確認するため

4 여자 : 선배, 이번 학기 해외 교환학생 선발 프로그램에 뽑혔다면서요? 정말
축하해요.

남자 : 고마워. 한국에서 계속 공부하는 것도 좋지만 다양한 경험을 해 보고
싶어서 지원했어. 이번에 특히 경쟁이 심했다는데 운이 좋았지 뭐.

여자 : 부러워요. 저도 다른 나라에 가서 다양한 사람들과 소통해 보고 싶어
요. 선배는 뭐든 열심히 하니까 늘 결과가 좋은 것 같아요.

남자 : 근데 새로운 환경에 가서 잘 적응할 수 있을지 걱정이야. 음식도 입에
잘 맞지 않을 텐데. 게다가 말이 잘 안 통하는 사람들과 친구가 될 수
있을지…….

여자 : 걱정 마세요. 선배는 성격도 좋고 사교적이어서 모두들 좋아할 거예요.

正解は①。女性が交換学生に選ばれた男性におめでとうという言葉と共に応援をして
いるので、①が正解だ。新しい環境でうまく適応できるか心配する男性に対し、女性は
先輩はみんなに好かれると思うと男性の背中を押すような言葉でも応援している。

女：先輩、今学期の海外交換学生選抜プログラムに選ばれたそうですね？　本当におめでとうございます。

男：ありがとう。韓国でずっと勉強するのもいいけど、いろんな経験をしてみたくて志願したんだ。今回は特に競争が激しかったそうだけど、運が良かったんだな。

女：うらやましいです。私も他の国に行っていろんな人と交流してみたいです。先輩は何でも一生懸命やるからいつもいい結果が出るんだと思います。

男：でも、新しい環境に行ってうまく適応できるか心配だ。食べ物もあんまり口に合わないだろうし。それに、言葉があまり通じない人たちと友達になれるか……。

女：心配しないでください。先輩は性格も良くて社交的だからみんなに好かれると思います。

女性が男性に話している意図を選びなさい。
① 交換学生として選ばれた先輩を応援するため
② 交換学生の派遣地での生活を案内するため
③ 交換学生プログラムの問題点を批判するため
④ 交換学生選抜プログラムの申請をすすめるため

2　話の主題を選ぶ問題

　話の主題を見つける問題です。話のタイトルを決めるつもりで、話の中心となる内容を把握します。

※ 다음을 듣고 물음에 답하십시오.

第41回TOPIK Ⅱ 問題33

여자 : 여러분은 어떤 태도로 남의 이야기를 들으세요? 하던 일을 멈추지 않고 건성으로 들은 적은 없으신가요? 여기 듣는 사람의 태도가 얼마나 중요한지 보여 주는 실험이 하나 있습니다. 어느 학교에 수업이 재미없기로 유명한 교사가 있었는데요. 한 심리학자가 그 교사에게 알리지 않고 수업을 듣는 학생들에게만 몇 가지 행동을 하도록 지시했습니다. 첫째, 교사의 말에 주의를 집중하면서 경청할 것. 둘째, 얼굴에 미소를 띠면서 고개를 끄덕여 줄 것. 셋째, 가끔 수업 내용과 관계있는 질문을 할 것 등이었습니다. 여러분, 한 학기 후에 어떤 변화가 일어났을까요? (잠시 후) 교사의 수업 태도는 눈에 띄게 달라졌습니다. 다양한 교수 방법을 활용하여 재미있는 수업을 만들기 시작한 겁니다.

무엇에 대한 내용인지 맞는 것을 고르십시오.
　① 올바른 수업 태도
　② 교수법과 수업의 관계
　③ 적극적인 반응의 효과
　④ 교사와 학생의 대화 방식

正解は③。聞き手の態度が話し手に及ぼす影響についての話だ。学生たちが積極的な態度を見せるや教師がより面白く授業をし始めたという実験結果を例に挙げているので、③が正解だ。

※ 次の音声を聞いて、問いに答えなさい。

女：皆さんはどんな態度で他の人の話を聞きますか？　していたことをやめずに上の空で聞いたことはないでしょうか？　ここに、聞き手の態度がどれくらい重要かを見せてくれる実験が一つあります。ある学校に授業がつまらないことで有名な教師がいました。ある心理学者が、その教師には知らせずに授業を聞く学生にだけ、いくつかの行動をするように指示しました。一つ目は、教師の言葉に注意を集中して耳を傾けること。二つ目は、顔に笑みを浮かべながらうなずいてあげること。三つ目は、時々授業の内容と関係ある質問をすることなどでした。皆さん、1学期後にどんな変化が起きたでしょうか？　（少し後）教師の授業態度は目に見えて変わりました。さまざまな教授方法を活用して面い授業を作り始めたのです。

何についての内容か、合っているものを選びなさい。
　①正しい授業態度
　②教授法と授業の関係
　③積極的な反応の効果
　④教師と学生の対話方式

問題パターン別練習

 Track 08

※ 다음을 듣고 물음에 답하십시오.

第36回TOPIK Ⅱ 問題33

무엇에 대한 내용인지 맞는 것을 고르십시오.

① 지나친 청결의 문제점

② 피부병 발병의 주요 원인

③ 유아기 생활 습관의 중요성

④ 항균 요법을 통한 질병 예방법

練習問題

1 무엇에 대한 내용인지 맞는 것을 고르십시오.

　① 피로의 원인

　② 식생활 개선 방법

　③ 아침 식사의 중요성

　④ 두뇌 운동의 필요성

2 무엇에 대한 내용인지 맞는 것을 고르십시오.

　① 부츠의 소재

　② 부츠의 인기

　③ 부츠의 장점

　④ 부츠 관리법

3 무엇에 대한 내용인지 맞는 것을 고르십시오.

　① 고양이 자세의 장점

　② 고양이를 쓰다듬는 방법

　③ 고양이와 소통을 잘하는 방법

　④ 고양이가 공격성을 보이는 이유

4 무엇에 대한 내용인지 맞는 것을 고르십시오.

　① 부가가치세의 정의　　② 부가가치세의 단점

　③ 부가가치세의 필요성　　④ 부가가치세의 중요성

여자: 요즘 청결한 환경이나 생활 습관을 강조하는 사람들이 많습니다. 물론 깨끗한 환경에서 지내면 좋지요. 그런데 과연 좋은 점만 있을까요? 지나치게 깨끗해진 환경 때문에 오히려 세균에 대한 면역력을 잃어버리기 쉽지요. 우리 몸은 적당한 세균에 노출되어야 면역력이 길러지는데요. 일례로 태어난 지 2년 이내에 항균 요법을 받은 아이들은 그렇지 않은 아이에 비해 피부병 발병률이 6배 높았다는 연구가 있습니다. 어렸을 때 적당히 먼지를 접촉해야 알레르기를 막아 주는 면역력이 생긴다는 거죠. 청결도 중요하지만 조금은 지저분한 곳이 있어도 괜찮은 겁니다.

正解は①。きれいすぎる環境の問題点についての話だ。きれいすぎる環境は細菌に対する免疫力を失わせるので良くないという話なので、①が正解だ。

※次の音声を聞いて、問いに答えなさい。

女：最近、清潔な環境や生活習慣を強調する人がたくさんいます。もちろんきれいな環境で過ごせばいいでしょう。ですが、果たしていい点だけなのでしょうか？　きれいすぎる環境のせいで、むしろ細菌に対する免疫力を失いやすいのです。私たちの体は適当な細菌にさらされてこそ免疫力が養われます。一例として、生まれて2年以内に抗菌療法を受けた子どもはそうでない子どもに比べて皮膚病の発病率が6倍高かったという研究があります。幼いころ適度にほこりに接触してこそアレルギーを防いでくれる免疫力が生まれるということです。清潔も重要ですが、少しは汚い所があっても大丈夫なのです。

何についての内容か、合っているものを選びなさい。
①過度な清潔さの問題点
②皮膚病発病の主要原因
③幼児期の生活習慣の重要性
④抗菌療法を通じた疾病予防法

1 남자: 바쁘다는 이유로 아침 식사를 거르는 분들이 많습니다. 그러나 아침밥을 먹는 것은 우리의 건강과 생활에 큰 도움이 됩니다. 먼저 아침밥은 우리의 뇌를 깨우는 역할을 합니다. 아침밥을 먹으면 두뇌 회전에 필요한 영양분이 기억력과 창의력 등을 높이는 반면, 아침밥을 먹지 않으면

집중력과 사고력이 떨어질 수 있습니다. 또한 아침밥을 통해 에너지원이 보충되어 몸의 피로를 덜 느끼게 됩니다.

正解は③。朝食が健康に及ぼす影響について説明している。朝食を食べると脳の活動に役立ち、体の疲労もあまり感じなくなると言っているので、③が正解だ。

男：忙しいという理由で朝食を抜く方がたくさんいます。ですが、朝食を食べることは私たちの健康と生活に大きく役立ちます。まず朝食は、私たちの脳を起こす役割をします。朝食を食べると頭脳の回転に必要な栄養分が記憶力や創意力などを高める反面、朝食を食べないと集中力や思考力が落ちることがあります。また、朝食によってエネルギー源が補充されて体の疲労をあまり感じなくなります。

何についての内容か、合っているものを選びなさい。
① 疲労の原因　　　　　　　　② 食生活の改善方法
③ 朝食の重要性　　　　　　　④ 頭脳運動の必要性

2 여자 : 부츠는 여성분들에게 인기가 높습니다. 부츠를 예쁘게 오래 신기 위해서는 관리가 중요한데요. 부츠는 바람이 잘 통하지 않아 부츠 안에 습기가 차거나 냄새가 나는 경우가 많습니다. 때문에 부츠가 눈이나 비에 젖었을 경우에는 반드시 마른 수건으로 물기를 닦아 그늘에서 잘 말려 주어야 합니다. 커피나 녹차 찌꺼기를 신발 안에 넣어 두는 것도 부츠의 습기와 냄새 제거에 도움이 됩니다. 또, 보관을 할 때 부츠 안에 신문지나 종이를 넣어 두면 부츠의 모양이 변하는 것을 막을 수 있습니다.

正解は④。ブーツを長く履くための管理方法を説明している。ブーツがぬれた場合、水気を拭いて陰干しし、コーヒーや緑茶のかす、新聞紙や紙を活用してブーツを管理する方法を説明しているので、④が正解だ。

女：ブーツは女性たちに人気が高いです。ブーツをきれいに長く履くためには管理が重要ですが、ブーツは風通しが悪くブーツの中に湿気がたまったり臭ったりすることが多いです。そのため、ブーツが雪や雨にぬれた場合は必ず乾いたタオルで水気を拭き、しっかり陰干ししなければいけません。コーヒーや緑茶のかすを靴の中に入れておくのもブーツの湿気と臭いの除去に役立ちます。また、保管をするとき、ブーツの中に新聞紙や紙を入れておくとブーツの形が変わるのを防ぐことができます。

何についての内容か、合っているものを選びなさい。
　　①ブーツの素材　　　　　　　②ブーツの人気
　　③ブーツの長所　　　　　　　④ブーツの管理法

3 남자 : 고양이를 키워 본 사람들이라면 한 번쯤 무릎 위의 고양이를 쓰다듬어
　　　　주다가 물려 본 경험이 있을 것입니다. 고양이가 아무 이유 없이 갑자기
　　　　공격성을 보이는 이유가 무엇일까요? 고양이가 이렇게 갑작스러운 공
　　　　격성을 보이는 이유는 자기를 보호하기 위해서입니다. 주인이 쓰다듬
　　　　어 주는 것을 즐기다가 갑자기 자신의 자세가 공격당하기 쉬운 자세라
　　　　는 것을 인지하게 되는 것입니다. 그럴 때 고양이는 손을 물거나 할퀴고
　　　　달아나면서 거리를 유지합니다. 특히 아랫배나 다리 등 예민한 부위를
　　　　건드리면 자기 몸에서 손을 치우라는 표현으로 이런 방어적인 행동을
　　　　보입니다.

正解は④。猫が突然攻撃性を見せる理由についての話だ。猫が突然攻撃性を見せるの
は自分を守るためだと言っているので、④が正解だ。

男: 猫を飼ったことがある人なら、一度くらいは膝の上の猫をなでていてかまれた経験がある
と思います。猫が何の訳もなく突然攻撃性を見せる理由は何でしょうか?　猫がこのように
突然攻撃性を見せる理由は、自分を守るためです。飼い主がなでてくれるのを楽しんでいて、
突然自分の姿勢が攻撃されやすい姿勢ということを認知するのです。そのとき、猫は手をか
んだりひっかいたりして走って逃げて、距離を維持します。特に、下腹部や足などの敏感な部
位を触ると、自分の体から手を離せという表現としてこのような防御する行動を見せます。

何についての内容か、合っているものを選びなさい。
　　①猫の姿勢の長所
　　②猫をなでる方法
　　③猫とうまく通じ合う方法
　　④猫が攻撃性を見せる理由

4 여자 : 식품을 가공해서 판매할 때 또는 서비스를 제공할 때 늘어나는 가치
　　　　에 대해 세금을 부과하게 됩니다. 이러한 세금을 바로 부가가치세라고
　　　　합니다. 식품을 예로 들어 보겠습니다. 우리가 마트에서 사서 먹는 많
　　　　은 식품에는 세금이 포함되어 있다는 것을 잘 아실 겁니다. 그런데 세
　　　　금이 모든 식품에 붙는 것은 아닙니다. 예를 들어, 우유 중에서도 흰 우

유에는 세금이 붙지 않습니다. 그러나 딸기 우유나 바나나 우유에는
약 10% 정도의 세금이 붙습니다. 또 가공되지 않은 소금에는 세금이
붙지 않습니다. 그러나 소금을 가공해서 판매하는 맛소금에는 세금이
붙습니다. 쉽게 말하자면 원재료를 가공했을 때 늘어나는 가치에 대해
서 세금을 부과하게 되는 것입니다.

正解は①。付加価値税の意味を説明している。付加価値税という用語を定義して、その意味を例を挙げて説明しているので、①が正解だ。

女：食品を加工して販売するとき、またはサービスを提供するときに増える価値に対して税金を賦課することになります。このような税金をまさに付加価値税といいます。食品を例に挙げてみます。私たちがマートで買って食べる多くの食品には税金が含まれているということをよくご存じだと思います。ですが、税金は全ての食品にかかっているのではありません。例えば、牛乳の中でも白い牛乳には税金がかかりません。ですが、いちご牛乳やバナナ牛乳には約10%ほどの税金がかかります。また、加工されていない塩には税金がかかりません。ですが塩を加工して販売する味付きの塩には税金がかかります。簡単に言うと、原材料を加工した場合に増える価値に対して税金を賦課することになるのです。

何についての内容か、合っているものを選びなさい。
　①付加価値税の定義　　　　　②付加価値税の短所
　③付加価値税の必要性　　　　④付加価値税の重要性

話し手がどんな考えを持っているのかを選ぶ問題です。話を聞く前に男性の考えを見つける問題なのか、女性の考えを見つける問題なのかを確認しなければなりません。会話の内容の一部分と一致する選択肢を選ぶのではなく、話し手の話全体と一致するものを選ばなければなりません。

※ 다음을 듣고 물음에 답하십시오.

여자 : 여보, 수민이가 우리 몰래 아르바이트를 하고 있지 뭐예요. 오늘 낮에 옷 가게에 갔는데 그 가게에서 일을 하고 있더라고요. 혼 좀 내야겠어요.

남자 : 몰래 한 것은 나쁘지만 자기가 쓸 돈을 직접 일해서 벌면 독립심을 키울 수 있어서 좋을 것 같은데요? 계속 하게 두세요.

여자 : 그래도 지금은 공부가 가장 중요한 때인데 걱정이 돼요.

남자의 중심 생각으로 맞는 것을 고르십시오.

　① 거짓말을 하면 무조건 혼나야 한다.
　② 학생에게 가장 중요한 것은 공부이다.
　③ 학생이 아르바이트를 하는 것은 좋지 않다.
　④ 스스로 용돈을 벌면 독립심을 키울 수 있다.

正解は④。男性は子どもがアルバイトをすることに賛成していて、女性は反対している。男性が賛成する理由は、小遣いを自ら稼げば独立心を育てられるからなので④が正解だ。

※次の音声を聞いて、問いに答えなさい。

女：あなた、スミンが私たちに内緒でアルバイトをしているんですよ。今日、昼に服屋に行ったん
　　ですが、その店で仕事をしていたんです。ちょっと怒らなければいけません。

男：内緒でしていたのは悪いけど、自分が使うお金を自ら働いて稼げば独立心を育てることがで
　　きていいと思いますが？　続けさせましょう。

女：でも、今は勉強が一番重要な時期なのに、心配になります。

男性の主要な考えとして合っているものを選びなさい。

①うそをついたら理由を問わず怒られなければならない。

②学生にとって一番重要なのは勉強だ。

③学生がアルバイトをすることは良くない。

④自ら小遣いを稼ぐと独立心を育てることができる。

問題パターン別練習 Track 09

※ 다음을 듣고 물음에 답하십시오.

第41回TOPIK Ⅱ　問題20

남자의 중심 생각으로 맞는 것을 고르십시오.

① 번역할 때는 한국의 정서를 반영해야 한다.

② 번역은 원작의 표현을 그대로 옮겨야 한다.

③ 주인공의 성격에 중점을 두고 번역해야 한다.

④ 번역가는 높은 수준의 어휘력을 갖춰야 한다.

練習問題

1 남자의 중심 생각으로 맞는 것을 고르십시오.

① 컴퓨터를 수리하는 데 비용이 많이 든다.

② 컴퓨터가 자주 고장 나는 것은 사용자 탓이다.

③ 같은 고장이 반복되면 새것으로 바꾸어 주어야 한다.

④ 이번에 또 컴퓨터가 고장 나면 더 이상 고칠 수 없다.

2 여자의 중심 생각으로 맞는 것을 고르십시오.

① 주말마다 사람들을 많이 만날 수 있어서 좋다.

② 동네가 유명해지려면 방송에 많이 나와야 한다.

③ 유명한 식당들이 가까운 곳에 있어서 편리하다.

④ 유명한 식당들 때문에 동네가 복잡해서 좋지 않다.

3 남자의 중심 생각으로 맞는 것을 고르십시오.

① 아름다워지려면 사랑을 해야 한다.

② 성형수술은 하면 할수록 더 예뻐진다.

③ 성형수술을 통해 자신감을 얻을 수는 없다.

④ 외모가 별로 예쁘지 않으면 수술을 해야 한다.

4 여자의 중심 생각으로 맞는 것을 고르십시오.

① 클래식 공연이 더 많아져야 한다.

② 클래식에 대한 대중의 태도를 바꾸어야 한다.

③ 클래식을 편곡한 가요는 음악 장르를 파괴한다.

④ 클래식은 곡에 대한 지식이 있어야만 즐길 수 있다.

解答・解説・訳 ▶

여자 : 선생님, 이번에 세계적으로 유명한 소설을 한국어로 옮기셨는데요. 한

국 상황에 맞게 잘 표현했다는 평을 듣고 계십니다. 이번 작업을 하시
면서 어떤 부분에 가장 중점을 두셨어요?

남자 : 한국어로 정확하게 옮기는 것 못지않게 번역한 느낌이 나지 않도록 하
는 것을 중요하게 생각했습니다. 그래서 이번 작품에서도 주인공의 성
격과 등장인물들과의 관계 등을 한국 정서에 맞게 표현하려고 많은 애
를 썼습니다.

正解は①。男性は、翻訳した感じが出ないようにするために、韓国の情緒に合うように表
現しようと努力をしたと言っているので、①が正解だ。애를 쓰다は目的を達成するために
努力するという意味だ。

※次の音声を聞いて、問いに答えなさい。

女：先生、今回世界的に有名な小説を韓国語に翻訳されましたが。韓国の状況に合うようにうま
く表現したという評価を得ていらっしゃいます。今回の作業をしながら、どのような部分に最
も重点を置きましたか?

男：韓国語に正確に翻訳することに負けず劣らず、翻訳した感じが出ないようにすることを重要
視しました。そのため、今回の作品でも主人公の性格や登場人物との関係などを韓国の情
緒に合うように表現しようと多くの努力をしました。

男性の主要な考えとして合っているものを選びなさい。
①翻訳するとき、韓国の情緒を反映しなければならない。
②翻訳は原作の表現をそのまま翻訳しなければならない。
③主人公の性格に重点を置いて翻訳しなければならない。
④翻訳家は高い水準の語彙力を備えていなければならない。

1 여자 : 어? 이 컴퓨터가 왜 이러지? 얼마 전에 고친 거 아니었어?

남자 : 또 고장이 나려나 봐. 벌써 같은 고장으로 컴퓨터를 세 번이나 고쳤다
고. 이제 정말 못 참겠어. 산 지도 얼마 되지 않았는데 같은 고장이 이
렇게 자주 나면 교환해 줘야 하는 거 아니야?

正解は③。男性が같은 고장이 이렇게 자주 나면 교환해 줘야 하는 거 아니야?と言っている
ことから、③が正解だ。

女：あれ? このパソコン、どうしたんだろ?　ちょっと前に修理したんじゃなかった?
男：また故障しそうだな。もう同じ故障でパソコンを3回も直したのに。もう本当に我慢できない。
買ってからもそれほどたってないのに、同じ故障がこう頻繁に起きるなら交換してくれるべき
じゃないのか?

2 여자 : 요즘 우리 동네 식당들이 너무 많이 알려졌어요. 텔레비전에 맛집으로
소개되는 바람에 주말마다 사람들이 많이 찾아와요.

남자 : 가까운 곳에 유명한 식당이 많아서 정말 좋겠어요. 편하게 찾아갈 수
있잖아요.

여자 : 글쎄요. 근처에 맛있는 식당이 많은 것은 좋지만 사람들이 많이 찾아오
는 것은 별로예요. 주말마다 사람들이 북적거려서 동네의 아늑한 분위
기가 사라졌거든요.

正解は④。女性は近所においしい食堂がたくさんあるのはいいけど、人がたくさんやっ
て来るのはあまり良くないと言っているので、④が正解だ。おいしいことで有名な店（食
堂）を맛집と言う。また、북적거리다はごった返している様子を表し、아늑하다は穏やかで
静かな様子を表す言葉だ。

3 여자 : 저 가수는 원래도 예뻤는데 쌍꺼풀 수술하고 더 예뻐진 것 같지 않니?
성형수술에 대해 나쁘게 생각하는 사람도 많지만 난 수술이 꼭 나쁜
것은 아닌 것 같아. 외모에 자신감이 없어서 힘들어하던 사람이 수술해

　서 자신감을 얻을 수 있다면 좋은 일이잖아.

남자 : 물론 나도 수술 자체가 나쁜 것은 아니라고 생각해. 아름다워지려고 노력하는 것은 나쁜 게 아니니까. 하지만 수술이 자신감을 얻기 위한 방법이 될 수는 없을 거야. 오히려 자기가 안 예쁘다고 생각하는 부분까지 사랑할 수 있을 때 진정한 자신감을 얻을 수 있다고 생각해.

正解は③。男性は、整形手術が自信を得るための方法にはなり得ないと言っているので、③が正解だ。

女：あの歌手、もともときれいだったけど、二重まぶたの手術をして、もっときれいになったと思わない？　整形手術に対して悪く考える人も多いけど、私は手術が必ずしも悪いものではないと思う。外見に自信がなくてつらい思いをしていた人が、手術して自信を得られるならいいことじゃないの。

男：もちろん僕も手術自体は悪いことではないと思う。美しくなろうと努力することは悪いことじゃないから。だけど、手術が自信を得るための方法にはなり得ないと思う。むしろ自分がきれいではないと思う部分まで愛せるとき、真の自信を得られると思う。

男性の主要な考えとして合っているものを選びなさい。
①美しくなるには恋愛をしなければならない。
②整形手術はすればするほどさらにきれいになる。
③整形手術によって自信を得ることはできない。
④外見があまりきれいでなければ手術をしなければいけない。

---

4 남자 : 단장님께서는 해설이 있는 클래식 공연을 하고 계시는데요, 특별히 공연과 함께 해설을 하시는 이유가 있으신가요?

여자 : 많은 분들이 클래식을 어려운 음악이라고 생각하는 것 같습니다. 그래서 클래식을 쉽게 접하고 즐기게 하는 방법을 생각하다가 재미있는 해설과 이야기를 함께 곁들이면 어떨까 생각을 하게 된 것입니다. 곡이 만들어진 시대적 배경이나 뒷이야기들을 알게 되면 곡을 느끼고 이해하는 게 더 쉬울 수 있으니까요. 또, 저희 공연에서는 클래식을 편곡해서 인용한 가요나 팝송 등을 연주하기도 해요. 그러면 곡이 더 친근하게 느껴질 수 있죠. 앞으로도 클래식을 쉽게 접하고 즐길 수 있는 다양한 방법들을 많이 시도해 보려고 합니다.

正解は②。女性は公演と一緒に解説をする理由を問う男性に対して、クラシックを難しい音楽だと考えている多くの人がクラシックにより気軽に接して楽しめるようにするため

だと言っているので、②が正解だ。

男：団長は解説のあるクラシック公演をしていらっしゃいますが、特別に公演と一緒に解説をなさる理由がおありですか?

女：多くの方がクラシックを難しい音楽だと考えているようです。そのため、クラシックに気軽に接して楽しませる方法を考えているうちに、面白い解説と話を一緒に添えればどうかと思ったんです。曲が作られた時代的背景や裏話を知れば、曲を感じて理解するのがよりたやすくなることがありますから。また、私たちの公演ではクラシックを編曲して引用した歌謡やポップソングなどを演奏したりもします。すると、曲がより身近に感じられます。これからもクラシックに気軽に接して楽しめるいろいろな方法をたくさん試してみようと思います。

女性の主要な考えとして合っているものを選びなさい。
①クラシックの公演がより増えなければならない。
②クラシックに対する大衆の態度を変えなければならない。
③クラシックを編曲した歌謡は音楽のジャンルを破壊する。
④クラシックは曲についての知識があってこそ楽しめる。

問題パターン **6** | 話者の態度を把握する問題

話し手の態度を把握する問題です。態度を表す表現にあらかじめ慣れておき、知らない表現のせいで答えを間違えることがないようにしなければなりません。

※ 다음을 듣고 물음에 답하십시오.

第41回TOPIK Ⅱ 問題32

여자 : 담뱃값이 올랐는데도 흡연율이 떨어지지 않는 걸 보니 담뱃값 인상은 별로 좋은 금연 정책이 아닌 것 같습니다.

남자 : 네, 그렇습니다. 담뱃값 인상은 흡연율 감소에 별로 영향을 주지 않는다는 연구 결과도 있습니다. 금연은 자발적인 참여가 있을 때만 가능하다고 봅니다.

여자 : 자발적 참여도 중요하지만 더 강력한 금연 정책이 필요하지 않겠습니까?

남자 : 강한 금연 정책은 오히려 부정적인 영향을 줄 수도 있습니다. 흡연자 스스로가 심각성을 깨닫고 금연을 해야 성공할 수 있습니다. 그런 흡연자들을 돕기 위한 금연 클리닉이나 상담 센터를 확대하는 게 더 효과적이라고 생각합니다.

남자의 태도로 맞는 것을 고르십시오.

① 연구 결과를 비판하고 있다.

② 금연 정책을 지지하고 있다.

③ 흡연자들의 입장을 대변하고 있다.

④ 상대방의 의견에 일부 동의하고 있다.

正解は④。男性はたばこ代の値上げはいい政策ではないという女性の言葉には**네, 그렇습니다**と同意しているが、より強力な禁煙政策が必要ではないかという意見には反対しているので、④が正解だ。

※次の音声を聞いて、問いに答えなさい。

女：たばこの値段が上がったのに喫煙率が落ちないのを見ると、たばこ代の値上げはあまりいい禁煙政策ではないようです。

男：はい、そうです。たばこ代の値上げは喫煙率減少にあまり影響を与えないという研究結果もあります。禁煙は自発的な参加がある場合のみ可能なようです。

女：自発的な参加も重要ですが、より強力な禁煙政策が必要ではありませんか?

男：強い禁煙政策はむしろ否定的な影響を与える可能性もあります。喫煙者自らが深刻さに気付いて禁煙してこそ成功するのです。そのような喫煙者を助けるための禁煙クリニックや相談センターを拡大することがより効果的だと思います。

男性の態度として合っているものを選びなさい。

① 研究結果を批判している。

② 禁煙政策を支持している。

③ 喫煙者の立場を代弁している。

④ 相手の意見に一部同意している。

問題パターン別練習

 Track 10

※ 다음을 듣고 물음에 답하십시오.

第41回TOPIK Ⅱ 問題50

여자의 태도로 가장 알맞은 것을 고르십시오.

① 이번 선거 운동의 결과를 낙관하고 있다.

② 선거 운동의 긍정적 변화를 기대하고 있다.

③ 선거를 대하는 유권자의 태도에 실망하고 있다.

④ 새로운 선거 전략의 부작용에 대해 우려하고 있다.

1 여자의 태도로 가장 알맞는 것을 고르십시오.

① 일회용품 사용을 권장하고 있다.

② 일회용품 사용 방법을 제시하고 있다.

③ 일회용품 사용의 필요성을 반박하고 있다.

④ 일회용품 사용의 문제점을 설명하고 있다.

2 남자의 태도로 가장 알맞는 것을 고르십시오.

① 점수를 위한 봉사 활동을 비판하고 있다.

② 봉사 활동의 교육적 효과에 대해 설명하고 있다.

③ 학생들의 자발적인 봉사 활동에 대해 기대하고 있다.

④ 점수를 위한 봉사 활동의 긍정적인 면을 강조하고 있다.

3 남자의 태도로 가장 알맞은 것을 고르십시오.

① 앱 사용을 권장하고 있다.

② 아이들의 입장을 대변하고 있다.

③ 상대방의 의견에 동의하지 않는다.

④ 내용을 파악하지 못해 질문을 하고 있다.

4 남자의 태도로 가장 알맞은 것을 고르십시오.

① 경제 효과를 증명하고 있다.

② 시민의 참여를 유도하고 있다.

③ 박람회 홍보를 촉구하고 있다.

④ 박람회 개최에 대해 우려하고 있다.

解答・解説・訳

第41回TOPIK Ⅱ 問題50

여자 : 과거에는 같은 지역에 살면 정치적 성향이 유사할 거라고 생각했어요. 그래서 지역 중심의 선거 운동이 대세였죠. 그러나 한 지역에 살더라도 개인의 정치적 성향이 다를 수 있다는 것이 밝혀졌고, 최근에는 개인별 특성을 반영하는 방향으로 선거 운동이 변화하고 있습니다. 그래서 요즘은 후보자 진영에서 선거 운동용 이메일을 작성할 때도 다른 내용으로 여러 개를 만듭니다. 그리고 유권자의 성별이나 직업, 관심사 등을 고려하여 그에 맞는 메일을 보내지요. 이렇게 되면 유권자는 구미에 맞는 공약만을 전달받게 돼서 한쪽으로 치우친 정보에 노출될 가능성이 커집니다. 그럼 유권자는 후보자를 객관적으로 평가할 수 있는 기회 자체를 박탈당할 수밖에 없지요. 이런 상황에서 과연 유권자는 올바른 선택을 할 수 있을까요?

正解は④。選挙運動の戦略が地域中心から個人別性向中心に変わったことについて話している。女性は個人の特性に合わせて一部の情報のみを提供することは有権者が客観的に評価をする機会を奪われ、正しい選択ができなくなると考えているので、④が正解だ。

※次の音声を聞いて、問いに答えなさい。

女：過去には同じ地域に住んでいれば政治的な性向が似ているだろうと考えていました。そのため、地域中心の選挙運動が大勢でした。ですが、同じ地域に住んでいても個人の政治的性向が違うことがあるということが明らかになり、最近は個人別特性を反映する方向に選挙運動が変化しています。そのため、最近は候補者陣営で選挙運動用のメールを作成するときも異なる内容でいくつか作ります。そして、有権者の性別や職業、関心事などを考慮して、それに合うメールを送ります。こうなると有権者は興味に合う公約のみを伝えられることになり、一方に偏った情報にさらされる可能性が大きくなります。それでは、有権者は候補者を客観

的に評価できる機会自体を奪われるしかありません。このような状況で、果たして有権者は
正しい選択をすることができるでしょうか？

女性の態度として最も適切なものを選びなさい。
① 今回の選挙運動の結果を楽観している。
② 選挙運動の肯定的な変化を期待している。
③ 選挙に対する有権者の態度に失望している。
④ 新しい選挙戦略の副作用について憂慮している。

1 여자 : 편리하다는 이유로 일회용품을 많이 사용하시죠? 씻어서 다시 사용하
　　　는 컵이나 수저보다 일회용품이 더 좋을 것이라 생각하시지는 않나요?
　　　여러분들이 잘 아시다시피 일회용품을 만들기 위해서는 많은 자원이
　　　낭비됩니다. 또 이러한 제품들이 땅에 묻혀 썩기까지는 매우 오랜 시간
　　　이 걸리죠. 일회용품에 사용되는 화학 약품도 문제입니다. 이러한 화학
　　　용품이 몸에 들어오면 우리의 건강을 해치게 됩니다.

正解は④。女性は使い捨て品の使用について、資源の浪費や環境汚染、健康に良くな
い影響などの問題点を提示して説明しているので、④が正解だ。

女 : 便利だという理由で使い捨て品をよくお使いになりますよね？　洗ってまた使うコップや箸、
スプーンより、使い捨て品の方がいいとお思いではありませんか？　皆さんがよくご存じのよ
うに、使い捨て品を作るためには多くの資源が浪費されます。また、このような製品が地面に
埋もれて腐るまではとても長い時間がかかります。使い捨て品に使われる化学薬品も問題で
す。このような化学用品が体に入ると、私たちの健康を害すことになります。

女性の態度として最も適切なものを選びなさい。
① 使い捨て品の使用をすすめている。
② 使い捨て品の使用方法を提示している。
③ 使い捨て品の使用の必要性に対して反論している。
④ 使い捨て品の使用の問題点を説明している。

2 남자 : 요새 중고등학생들은 봉사 활동도 점수를 받기 위해 합니다. 봉사 활
　　　동 점수가 대학 입학 자료로 사용되기 때문이지요. 그런 활동은 진정
　　　한 봉사라고 할 수가 없습니다.
　여자 : 네, 그렇습니다. 진정한 봉사는 마음에서 우러나와야 하는 것이지요.
　　　그렇지만 봉사의 기회를 제공한다는 점에서는 긍정적인 것 같습니다.

남자 : 억지로 하는 봉사 활동은 오히려 다른 사람들에게 불편이나 피해를 줄 수 있습니다. 봉사하러 온 사람들의 태도가 좋지 못하면, 도움을 받는 쪽에서도 기분이 좋지 않지요.

여자 : 처음에는 점수 때문에 봉사 활동을 시작하였어도, 봉사 활동 과정에서 학생들이 스스로 배우고 깨닫는 것이 있을 것입니다. 그것만으로도 교육적 효과는 충분하다고 봅니다.

正解は①。男性は点数のためのボランティア活動の否定的側面について話しているので、①が正解だ。女性は男性と同じく考えていながらも、一部肯定的な側面があることも認めている。②、③、④は女性の態度である。

> 男：最近の中高生はボランティア活動も点数をもらうためにしています。ボランティア活動の点数が大学入学の資料として使われるからでしょう。そのような活動は真のボランティアということができません。
>
> 女：はい、そうです。真のボランティアは心からにじみ出なければいけないものです。ですが、ボランティアの機会を提供するという点では肯定的なものだと思います。
>
> 男：無理にやるボランティア活動はむしろ他の人たちに不便や被害を与えることがあります。ボランティアをしに来た人の態度が良くなかったら、助けてもらう側も気分が良くないでしょう。
>
> 女：最初は点数のためにボランティア活動を始めても、ボランティア活動の過程で生徒が自ら学んで気付くことがあるでしょう。それだけでも教育的効果は十分だと思います。
>
> 男性の態度として最も適切なものを選びなさい。
> ①点数のためのボランティア活動を批判している。
> ②ボランティア活動の教育的効果について説明している。
> ③生徒の自発的なボランティア活動に対して期待している。
> ④点数のためのボランティア活動の肯定的な面を強調している。

3 여자 : 최근에 아이들을 대상으로 하는 교육용 앱이 많이 출시되고 있는데요, 아이들이 재미있게 학습할 수 있는 데에 큰 도움이 될 것이라 기대가 됩니다.

남자 : 글쎄요, 저는 너무 이른 나이부터 휴대폰이나 컴퓨터를 접하는 것은 별로 바람직하지 않다고 봅니다. 휴대폰이나 컴퓨터를 너무 많이 사용하게 되면 시력이나 체력이 나빠질 수 있다는 사실은 모두들 잘 아실 겁니다. 컴퓨터를 많이 하는 아이들은 사고력이나 상상력이 떨어진다는 연구 결과도 있습니다. 다른 사람과의 상호작용 능력도 부족해질

수 있고요. 또, 나이가 어릴수록 통제 능력이 떨어지기 때문에 컴퓨터에만 매달릴 수도 있습니다.

여자 : 그러나 부모의 적절한 통제 안에서 앱을 사용하는 것은 괜찮지 않을까요? 책 읽기를 싫어하는 아이들도 앱에서 제공하는 만화나 게임을 통해서 배우게 되면 재미있어할 것 같은데요.

남자 : 저는 만화나 게임 자체도 교육에 도움이 되지 않는다고 생각합니다. 그 것을 휴대폰이나 컴퓨터를 통해 일찍 접하는 것은 더더욱 좋지 않다고 생각하고요.

正解は③。男性は女性の意見にことごとく反対意見を提示しているので、③が正解だ。女性は教育用アプリの使用と漫画やゲームを利用した学習についての長所を支持しているが、男性は電子機器の使用の良くない点についていくつか根拠を提示して反対している。

女 : 最近、子どもたちを対象にした教育用アプリが多く発売されていますが、子どもたちが楽しく学習するのに大きく役に立つだろうと期待されます。

男 : どうでしょう、私はあまりにも早い年齢から携帯電話やパソコンに接するのはあまり望ましくないと思います。携帯電話やパソコンをあまりにたくさん使用することになると、視力が悪くなったり体力が落ちたりすることがあるという事実は皆さんよくご存じと思います。パソコンをよく使う子どもは思考力や想像力が劣るという研究結果もあります。他人との相互行為能力も足りなくなることがありますし。また、幼ければ幼いほど、統制能力がないので、パソコンだけに夢中になることもあります。

女 : ですが、両親の適切なコントロールの下でアプリを使うのはいいのではないでしょうか？読書を嫌がる子どももアプリで提供する漫画やゲームを通じて学ぶことになれば面白がると思いますが。

男 : 私は漫画やゲーム自体も教育の役に立たないと思います。そういうものに携帯電話やパソコンを通じて早い時期に接するのはより一層良くないと思います。

男性の態度として最も適切なものを選びなさい。
①アプリの使用をすすめている。
②子どもたちの立場を代弁している。
③相手の意見に同意しない。
④内容を把握できず質問をしている。

4 여자 : 우리 시에서 이번 국제건축박람회를 유치하는 데 성공하였습니다. 이번 박람회 유치로 우리 시의 인지도를 높이는 한편, 경제 효과도 기대

할 수 있게 되었는데요, 박람회 개최를 성공적으로 마무리하기 위해서는 어떠한 노력이 필요할까요?

남자 : 시설 확충이나 정비도 중요하지만 무엇보다 시민들의 적극적인 참여가 필요하다고 봅니다. 박람회의 다양한 행사를 즐기며 박람회를 축제의 장으로 만드는 데에는 시민 여러분의 역할이 중요합니다. 그뿐만 아니라 질서 유지나 대중교통 이용 등과 같은 성숙한 시민 의식이 박람회의 성공적 개최를 좌우할 수 있습니다.

正解は②。女性が男性に博覧会を成功させるためにどのような努力が必要か尋ねたのに対し、男性は何より市民の積極的な参加が必要だと言っている。さらに、市民の参加の重要性を重ねて説明することで、参加を求めているので、②が正解だ。

女 : 私たちの市では、今回の国際建築博覧会を誘致するのに成功しました。今回の博覧会誘致で私たちの市の認知度を高める一方、経済効果も期待できることになりましたが、博覧会開催を成功裏に終わらせるためにはどのような努力が必要でしょうか?

男 : 施設拡充や整備も重要ですが、何より市民の積極的な参加が必要だと思います。博覧会のさまざまなイベントを楽しみながら、博覧会を祝祭の場とするには市民の皆さんの役割が重要です。それだけでなく、秩序維持や公共交通機関の利用などのような成熟した市民意識が博覧会の開催の成否を左右します。

男性の態度として最も適切なものを選びなさい。
①経済効果を証明している。
②市民の参加を誘導している。
③博覧会の広報を促している。
④博覧会開催について憂慮している。

復習テスト

ここまで学んだ聞き取り領域のパターンごとの問題をまとめた復習テストです。
解答・解説・訳はP.87-98にあります。使用する音声はTR11-15です。

※ [1~3] 다음을 듣고 알맞은 그림을 고르십시오.

1. ① 　②

③ 　④

2. ① 　②

3.
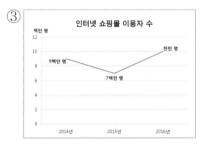
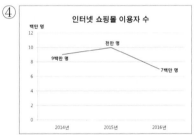

※ [4~6] 다음 대화를 잘 듣고 이어질 수 있는 말을 고르십시오.

4. ① 시험이 어렵지 않으면 좋겠어.

② 걱정 마. 좋은 결과 있을 거야.

③ 긴장 풀지 말고 끝까지 집중해야 해.

④ 긴장을 하면 시험을 잘 못 볼 수 있어.

5. ① 굉장히 유명한 작가가 특강을 해.

② 창의성 개발이 우리 공통의 관심사이지.

③ 미안해. 난 다음 주에 바빠서 같이 못 가겠어.

④ 다음 주 목요일이었나? 내가 다시 확인하고 연락 줄게.

6. ① 밥을 너무 많이 먹었는지 배가 불러요.

② 역시 살을 빼는 건 쉬운 일이 아니에요.

③ 빵만 먹으면 영양 부족에 빠지기 쉬워요.

④ 고마워요. 아침을 안 먹었더니 배가 고프네요.

※ [7~8] 다음 대화를 잘 듣고 <u>여자</u>가 이어서 할 행동으로 알맞은 것을 고르십시오.

7. ① 음식값을 계산한다.

② 찌개를 다시 끓여 준다.

③ 육수를 가지고 온다.

④ 새로운 음식을 주문받는다.

8. ① 보고서를 검토한다.

② 발표 자료를 확인한다.

③ 부장님께 보고서를 보내 드린다.

④ 부장님께 받은 메일을 확인한다.

9. ① 내용이 어려울수록 좋은 글이다.

② 간결한 글의 내용이 더 잘 파악된다.

③ 작가의 문체는 개성이 있을수록 좋다.

④ 화려한 문체는 대중에게 인기가 많다.

10. ① 아파트에서는 밤늦게 뛰면 안 된다.

② 아이들은 활발하게 뛰며 자라야 한다.

③ 아이들이 뛰는 것은 부모에게 책임이 없다.

④ 이웃끼리 오해할 일은 하지 않는 것이 좋다.

※ [11~12] 다음을 듣고 물음에 답하십시오.

11. 남자는 무엇을 하고 있는지 맞는 것을 고르십시오.

① 강의를 부탁하고 있다.

② 강의 내용을 계획하고 있다.

③ 강의 주제를 추천하고 있다.

④ 강의 장소를 확인하고 있다.

12. 들은 내용으로 맞는 것을 고르십시오.

① 여자가 강의 주제를 정할 것이다.

② 여자는 남자의 제안을 거절하였다.

③ 강의 일정은 아직 정해지지 않았다.

④ 대기업 근무자도 강의를 들을 수 있다.

※ [13~14] 다음을 듣고 물음에 답하십시오.

13. 여자가 남자에게 말하는 의도를 고르십시오.
    ① 여행 상품을 판매하기 위해
    ② 가족과의 휴가를 권유하기 위해
    ③ 시간의 중요성을 설명하기 위해
    ④ 회사 근무의 필요성을 알리기 위해

14. 들은 내용으로 맞는 것을 고르십시오.
    ① 남자는 회사에서 하는 일이 많다.
    ② 여자는 회사에서 보내는 시간이 즐겁다.
    ③ 남자는 휴가 기간 동안 여행을 갈 것이다.
    ④ 여자는 가족과의 시간이 중요하다고 생각한다.

※ [15~16] 다음을 듣고 물음에 답하십시오.

15. 무엇에 대한 내용인지 맞는 것을 고르십시오.
    ① 친환경 차의 혜택　　② 공기 오염의 원인
    ③ 환경 보호 운동 방법　　④ 정부 보조금의 중요성

16. 들은 내용으로 맞는 것을 고르십시오.
    ① 친환경 차는 가격이 저렴하다.
    ② 친환경 차는 공해를 많이 일으킨다.
    ③ 정부는 친환경 차의 구매를 장려하고 있다.
    ④ 친환경 차는 기존 차보다 연비가 많이 든다.

17. 이 대화 앞의 내용으로 알맞은 것을 고르십시오.
　　① 버섯의 종류와 효능은 다양하다.
　　② 독버섯 구분 방법을 알아야 한다.
　　③ 산에서 직접 딴 버섯이 몸에 더 좋다.
　　④ 버섯의 섭취 방법은 버섯마다 다르다.

18. 들은 내용과 일치하는 것을 고르십시오.
　　① 독버섯의 효능이 더 뛰어나다.
　　② 독버섯으로 인한 환자가 증가하고 있다.
　　③ 독버섯은 식용 버섯과 쉽게 구분할 수 있다.
　　④ 독버섯을 먹었을 경우 물을 많이 마시면 좋다.

19. 들은 내용과 일치하는 것을 고르십시오.
　　① 빅데이터는 정보의 분석 결과를 뜻한다.
　　② 포장되지 않은 상품만 소비자에게 배송된다.
　　③ 인터넷에서 상품을 주문하면 당일에 받아 볼 수 없다.
　　④ 빅데이터를 분석하여 상품을 빨리 배송할 수 있게 되었다.

20. 남자의 태도로 가장 알맞은 것을 고르십시오.
　　① 빅데이터 활용 사례를 비판하며 결과에 실망하고 있다.
　　② 빅데이터 활용 사례를 제시하며 긍정적 변화를 기대하고 있다.

③ 빅데이터 활용 사례를 분석하며 소비자 반응에 동의하고 있다.

④ 빅데이터 활용 사례를 평가하며 소비자의 판단을 요구하고 있다.

聞き取り復習テスト 解答・解説・訳

[1~3] 다음을 듣고 알맞은 그림을 고르십시오.

1. 여자 : 이런, 물이 다 넘쳤네.

남자 : 꽃에 물을 너무 많이 주었나 봐요.

여자 : 일단 걸레로 바닥부터 닦아야겠어요.

正解 : ①

解説 : 植木鉢に水をやりすぎて水が床にあふれている状況だ。女性が雑巾で床から拭かなければいけないと言っているので、水があふれた植木鉢の横に女性が雑巾を持って立っている①が正解だ。

> [1~3] 次の音声を聞いて、適切な絵を選びなさい。
>
> 1. 女：あら、水が全部あふれてるね。
>   男：花に水をやりすぎたみたいです。
>   女：ひとまず雑巾で床から拭かなければいけませんね。

2. 남자 : 연주 정말 잘 들었어요. 연습하랴, 공연 준비하랴 고생 많이 했죠?

여자 : 아니에요, 고생은요. 바쁘신데 와 주셔서 감사합니다.

남자 : 자, 이거 받으세요. 공연 축하 선물이에요.

正解 : ②

解説 : 公演を終えた女性に男性がお祝いにプレゼントを渡している状況だ。男性が女性に花束を渡している②が正解だ。

> 2. 男：演奏、本当に良かったです。練習したり公演の準備をしたり、とても苦労したでしょう？
>   女：いいえ、苦労だなんて。お忙しいのに来てくださってありがとうございます。
>   男：さあ、これどうぞ。公演祝いのプレゼントです。

3. 남자 : 인터넷 쇼핑몰을 이용하는 소비자들을 대상으로 인터넷 쇼핑몰을 이용하는 이유를 조사한 결과 '가격이 저렴하기 때문에' 라는 응답

이 가장 많았습니다. 이어 '쇼핑 시간을 아낄 수 있어서', '상품 비교가 편리하기 때문에' 라는 응답이 뒤를 이었습니다. 이는 소비 심리가 위축되면서 합리적인 소비를 하려는 소비자가 늘고 있기 때문으로 보입니다.

正解：①

解説：消費者がインターネットのショッピングモールを利用する理由についての話だ。インターネットのショッピングモール利用の理由別数値を示す①、②のグラフのうち「安い値段」を表す棒の長さが一番長く、次に時間短縮、便利な商品比較の順で棒の長さが短くなる①が正解だ。③、④の利用者数の推移については言及されていないので答えにはならない。

3. 男：インターネットのショッピングモールを利用する消費者を対象に、インターネットのショッピングモールを利用する理由を調査した結果、「値段が安いから」という回答が最も多かったです。次いで「買い物の時間を節約できるから」、「商品の比較が便利だから」という回答が後に続きました。これは、消費心理が萎縮するにつれて合理的な消費をしようとする消費者が増えているためだと思われます。

[4~6] 다음 대화를 잘 듣고 이어질 수 있는 말을 고르십시오.

4. 여자：오늘 시험 결과 나오는 날이지? 결과 나왔어?

남자：아니, 아직. 긴장 돼.

正解：② 걱정 마. 좋은 결과 있을 거야.

解説：試験結果を待って緊張している男性を落ち着かせようとしている②が正解だ。①、③、④はまだ試験を受けていない状況で言える言葉だ。

[4~6] 次の会話をよく聞いて、続く言葉を選びなさい。
4. 女：今日、試験結果が出る日だよね？　結果出た？
　　男：いや、まだ。緊張する。
　　①試験が難しくなかったらいいな。
　　②心配しないで。結果はいいはずよ。
　　③緊張を解かず、最後まで集中しなきゃ駄目よ。
　　④緊張すると試験に失敗することがあるわ。

5. 남자：다음 주에 특강 같이 안 갈래? 창의성 개발과 관련한 내용이야.

여자：그거 재미있겠다. 다음 주 언제인데?

正解：④ 다음 주 목요일이었나? 내가 다시 확인하고 연락 줄게.

解説：来週ある特別講義に一緒に行こうという男性の提案に対し、女性は特別講義の
　　　日程がいつなのか聞いているので、その答えとなる④が正解だ。

> 5.　男：来週、特別講義一緒に行かない？　創意性開発と関連した内容だよ。
>
> 　　女：それ、面白そう。来週のいつなの？
>
> 　　①ものすごく有名な作家が特別講義をするんだ。
>
> 　　②創意性開発が僕たち共通の関心事だろ。
>
> 　　③ごめん。僕は来週忙しくて一緒に行けそうにない。
>
> 　　④来週木曜日だったかな？　もう一度確認して連絡するよ。

6. 남자 : 효정 씨, 탁자에 있는 이 빵 먹어도 돼요?

　　여자 : 네, 드세요. 냉장고에 음료수도 있어요.

　　正解：④ 고마워요. 아침을 안 먹었더니 배가 고프네요.

　　解説：女性が男性にパンと飲み物をすすめている状況なので、男性は断るか受け入れ
　　　　　るかの返事をしなければならない。パンと飲み物をすすめられてありがたい気持
　　　　　ちを示して受け入れる内容の④が正解だ。

> 6.　男：ヒョジョンさん、テーブルにあるこのパン、食べてもいいですか？
>
> 　　女：はい、召し上がってください。冷蔵庫に飲み物もあります。
>
> 　　①ご飯を食べ過ぎたのか、おなかがいっぱいです。
>
> 　　②やっぱり痩せることは簡単なことではありません。
>
> 　　③パンだけ食べると栄養不足に陥りやすいです。
>
> 　　④ありがとうございます。朝食を食べなかったからおなかがすきますね。

［7~8］다음 대화를 잘 듣고 여자가 이어서 할 행동으로 알맞은 것을 고르십시오.

7. 남자 : 여기요!

　　여자 : 네, 손님. 더 필요한 거 있으세요?

　　남자 : 찌개가 좀 짜네요. 육수를 좀 더 넣어야 할 것 같아요.

　　여자 : 네, 금방 가져다 드릴게요. 잠시만 기다려 주세요.

　　正解：③ 육수를 가지고 온다.

　　解説：スープがもっと必要だという男性の言葉に対し、女性はすぐ持ってくると答えてい
　　　　　るので、③が正解だ。

7. 男：すみません！

　　女：はい、お客さま。さらに必要な物がおありですか？

　　男：チゲがちょっと塩辛いですね。スープをもっと入れなければいけないと思います。

　　女：はい、すぐに持ってきます。少しお待ちください。

　　① 食べ物の値段を計算する。

　　② チゲをもう一度作ってあげる。

　　③ スープを持ってくる。

　　④ 新しい食べ物の注文を受ける。

8. 남자 : 신제품 개발안 보고 준비는 다 끝나 가나요？

　　여자 : 네, 부장님. 보고서 작성은 끝났고, 발표 자료만 준비하면 됩니다.

　　남자 : 그럼 보고서 먼저 검토할 수 있게 메일로 좀 보내 주세요.

　　여자 : 네. 그럼 지금 바로 메일 드리겠습니다.

正解 : ③ 부장님께 보고서를 보내 드린다.

解説 : 報告書をメールで送ってくれという男性の言葉に対し、女性はすぐメールを差し上げると答えているので、③が正解だ。①の報告書検討は女性ではなく、男性がこれからする行動だ。

8. 男：新製品の開発案報告の準備は全部終わりそうですか？

　　女：はい、部長。報告書作成は終わっていて、発表資料さえ準備すればいいです。

　　男：それでは、まず報告書を検討できるようにメールで送ってください。

　　女：はい。それでは、今すぐメール差し上げます。

　　① 報告書を検討する。

　　② 発表資料を確認する。

　　③ 部長に報告書を送る。

　　④ 部長からもらったメールを確認する。

[9~10] 다음을 듣고 남자의 중심 생각을 고르십시오.

9. 남자 : 나는 이 작가가 무엇을 이야기하고 싶은 것인지 모르겠어.

　　여자 : 왜? 그 작가는 화려한 문체로 인기가 많은 작가인데.

　　남자 : 글쎄. 작가의 개성에 따라 다를 수는 있겠지만 나는 간결한 글이 좋아. 그래야 읽는 순간 내용이 한눈에 들어오거든.

正解：② 간결한 글의 내용이 더 잘 파악된다.

解説：内容が一目に入ってくるという表現は、内容がしっかり把握できるという意味だ。男性は、華麗な文体より内容がしっかり把握できる簡潔な文章が好きだと言っているので、②が正解だ。

[9~10] 次の音声を聞いて、男性の主要な考えを選びなさい。

9. 男：僕はこの作家が何を言いたいのか分からない。

女：どうして？　その作家は華麗な文体で人気がある作家なのに。

男：さあね。作家の個性によって違うことはあるだろうけど、僕は簡潔な文章が好きだ。それでこそ読む瞬間に内容が一目で入ってくるんだ。

① 内容が難しいほどいい文章だ。

② 簡潔な文章の内容はより把握しやすい。

③ 作家の文体は個性があるほどいい。

④ 華麗な文体は大衆に人気がある。

---

10. 남자：윗집 아이들 또 뛰네. 뛰지 말라고 연락을 해야겠어.

여자：아이들인데 이해해 줘야지. 아이들은 활동량이 많잖아.

남자：그래도 여럿이 사는 아파트면 서로 배려를 해야지. 이렇게 밤늦은 시간까지 아이가 뛰면 부모가 먼저 주의를 줘야 하는 거 아니야?

여자：그렇긴 하지만, 조금만 더 참아 보자. 이웃끼리 감정 상하는 것도 안 좋잖아.

正解：① 아파트에서는 밤늦게 뛰면 안 된다.

解説：子どもたちが走る騒音に男性と女性が互いに反対の意見を提示している。女性は、子どもたちは活動量が多いから走っても我慢して理解してあげなければいけないと考えているのに対し、男性は、マンションではお互いの配慮が必要で、走るなと連絡しなければならないと言っているので、①が正解だ。

---

10. 男：上の階の子どもたちがまた走っているね。走るなと連絡しなきゃ。

女：子どもなんだから理解してあげないと。子どもは活動量が多いじゃない。

男：それでも多くの人が暮らすマンションなら互いに配慮をしないと。こんな夜遅い時間まで子どもが走ったら、親がまず注意をしなければいけないんじゃないか？

女：それはそうだけど、もう少し我慢してみよう。隣人同士感情を害するのも良くないじゃない。

① マンションでは夜遅くに走ってはいけない。

② 子どもは活発に走って育たなければならない。

---

③子どもが走ることは両親に責任がない。
④隣人同士、誤解するようなことはしないのがいい。

[**11~12**] 다음을 듣고 물음에 답하십시오.

남자 : 안녕하세요? 이정진 선생님 되시지요? 저희는 경제문화방송입니다.
　　　선생님께 강의를 부탁드리고 싶어 연락드렸습니다.

여자 : 아, 네. 어떤 내용의 강의를 원하시는 건가요?

남자 : 중소기업이나 개인 사업자들을 대상으로 SNS를 활용한 소셜 마케
　　　팅 전략을 강의해 주셨으면 합니다. 강의 날짜나 시간은 선생님 일정
　　　에 맞추도록 하겠습니다.

여자 : 네, 그럼 제가 일정을 확인하고 연락드리도록 하겠습니다.

11. 正解 : ① 강의를 부탁하고 있다.

　　解説 : 男性は女性に講義を頼むために電話をしているので、①が正解だ。男性は女性
　　　　にお願いしたい講義の内容を説明し、日程については女性のスケジュールに合
　　　　わせると言っている。

[**11~12**] 次の音声を聞いて、問いに答えなさい。

男 : こんにちは。イ・ジョンジン先生ですよね？　私どもは経済文化放送です。先生に講義を
　　お願いしたくて連絡しました。

女 : あ、はい。どんな内容の講義をお望みなんでしょうか？

男 : 中小企業や個人事業主を対象にSNSを活用したソーシャルマーケティング戦略を講義し
　　てくださったらと思います。講義の日にちや時間は先生のスケジュールに合わせるようにし
　　ます。

女 : はい、それでは私がスケジュールを確認して連絡するようにします。

11. 男性は何をしているか、合っているものを選びなさい。
　　①講義を頼んでいる。
　　②講義の内容を計画している。
　　③講義のテーマを推薦している。
　　④講義の場所を確認している。

12. 正解 : ③ 강의 일정은 아직 정해지지 않았다.

　　解説 : 男性が講義の日にや時間は女性に合わせると言うと、女性は自分のスケジュール

を確認して連絡すると答えているので、③が正解だ。講義のテーマはあらかじめ放送局の方で決めていたので①は間違い。女性は講義をすることは了承したので②も間違い。講義の対象は中小企業や個人事業主だが、④の大企業の人が講義を聞けるかどうかは会話の内容からは分からない。

12. 聞いた内容と合っているものを選びなさい。
　①女性が講義のテーマを決めるだろう。
　②女性は男性の提案を拒んだ。
　③講義の日程はまだ決まっていない。
　④大企業の勤務者も講義を聞くことができる。

[13~14] 다음을 듣고 물음에 답하십시오.
　여자 : 이 과장님, 휴가 기간이 곧 돌아오는데 무슨 좋은 계획 있으세요?
　남자 : 계획은 뭘요. 그냥 하루 정도만 집에서 쉬고 회사에 나오려고요.
　여자 : 요새 바쁜 시기도 아닌데 가족들하고 가까운 곳에 여행이라도 다녀
　　　　오시지 그래요.
　남자 : 휴가 다녀오면 회사 일도 밀려 있고⋯⋯. 회사에 나와 일을 하는 게
　　　　더 마음이 편할 것 같아요. 일을 열심히 해야죠.
　여자 : 일도 중요하지만 가족과의 시간도 무엇보다 소중하다는 거 아시죠?
　　　　그리고 과장님을 위해서라도 재충전하는 시간은 필요해요.

13. 正解 : ②家族との休暇を勧誘するため

　解説 : 女性は男性に家族と一緒に時間を過ごしてリフレッシュする重要性を話しながら、休暇をすすめている。女性が男性に話すときに使った-지 그래요という表現は、相手にある行動をすることをすすめるときに使う表現だ。

[13~14] 次の音声を聞いて、問いに答えなさい。
女 : イ課長、もうすぐ休暇ですが、何かいい計画はありますか?
男 : 計画なんて特にありません。ただ1日くらいは家で休んで、会社に出ようと思ってます。
女 : 今は忙しい時期でもないんですから、家族と近くに旅行にでも行ってくださいよ。
男 : 休暇で出歩けば仕事もたまるし⋯⋯。会社に出てきて仕事をする方が気が楽な気がするんですよ。仕事を一生懸命やらないと。
女 : 仕事も重要ですが、家族との時間も何より大事だということ、ご存じですよね?　そして、課長のためにもリフレッシュする時間は必要です。

13. 女性が男性に話している意図を選びなさい。
   ① 旅行商品を販売するため
   ② 家族との休暇をすすめるため
   ③ 時間の重要性を説明するため
   ④ 会社の勤務の必要性を知らせるため

14. 正解：④ 여자는 가족과의 시간이 중요하다고 생각한다.

解説：休暇の間に仕事をする方がいいと考えている男性に対し、女性が家族との時間が何より大事だという言葉を掛けているところから、④が正解だ。男性は1日だけ休んで会社に来て仕事をするつもりなので、③は間違い。①、②は会話の内容からは分からない。

14. 聞いた内容と合っているものを選びなさい。
   ① 男性は会社での仕事が多い。
   ② 女性は会社で過ごす時間が楽しい。
   ③ 男性は休暇の間、旅行に行くだろう。
   ④ 女性は家族との時間が重要だと考えている。

[15~16] 다음을 듣고 물음에 답하십시오.

여자 : 최근 친환경 차가 잇따라 출시되고 있는데요, 친환경 차는 수소나 전기 등을 연료로 사용하여 공해를 일으키지 않는 차를 이야기합니다. 아직은 차 값이 비싸 구매를 망설이는 분들 많으시죠? 정부는 친환경 차의 구매를 촉진하기 위해 각종 세금 감면과 구입 보조금 등을 지급하고 있습니다. 또 친환경 차는 연비가 기존 휘발유 차의 3의 1에 불과하기 때문에 장기적으로 보면 더 저렴하게 이용할 수 있습니다. 여러분도 구매 혜택은 물론 연비 절약과 환경 보호까지 할 수 있는 친환경 차로 바꿔 보시는 건 어떨까요?

15. 正解：① 친환경 차의 혜택

解説：税金の減免や補助金の支給など、エコカーの購入時に得られる恩恵について話しているので、①が正解だ。

[15~16] 次の音声を聞いて、問いに答えなさい。

女：最近、エコカーが相次いで発売されていますが、エコカーは水素や電気などを燃料として
使い、公害を引き起こさない車のことをいいます。今はまだ車の値段が高くて買うのをためらう方が多いですよね？　政府はエコカーの購入を促進するため、各種税金の減免や購入補助金などを支給しています。また、エコカーは燃費が既存のガソリン車の3分の1にすぎないので、長期的に見るとより安く利用できます。皆さんも購入の特典はもちろん、燃費節約と環境保護までできるエコカーに換えてみてはいかがでしょうか？

15. 何についての内容か、合っているものを選びなさい。
　　① エコカーの恩恵
　　② 空気の汚染の原因
　　③ 環境保護運動の方法
　　④ 政府の補助金の重要性

16. 正解：③ 정부는 친환경 차의 구매를 장려하고 있다.

　　解説：政府はエコカーの購入促進のために税金減免や補助金支給などの特典を提供していると言っていることから、③が正解だ。エコカーは値段が高く、公害を引き起こさない車で、燃費がいいので、①、②、④は間違い。

16. 聞いた内容と合っているものを選びなさい。
　　① エコカーは値段が安い。
　　② エコカーは公害をたくさん引き起こす。
　　③ 政府はエコカーの購入をすすめている。
　　④ エコカーは既存の車より燃費がすごく悪い。

[17~18] 다음은 대담입니다. 잘 듣고 물음에 답하십시오.

여자 : 버섯의 종류가 이렇게 다양하다니 정말 놀랍네요. 버섯마다 각기 다른 효능을 가지고 있다는 것도 흥미롭고요. 그런데 혹시 버섯 섭취 시 주의해야 할 점이 있을까요?

남자 : 최근 들어 독버섯 때문에 병원을 찾는 사람들이 늘고 있습니다. 버섯의 효능이 많이 알려지면서 산에서 무분별하게 버섯을 채취해 먹기 때문인데요. 식용 버섯과의 구분이 어려운 경우가 많기 때문에 잘 알려지지 않은 버섯의 경우에는 반드시 전문가에게 확인을 해야 합니다. 만약, 독버섯을 섭취했을 경우에는 즉각 병원 진료를 받으셔야 하

고요.

17. 正解：①버섯의 종류와 효능은 다양하다.

解説：きのこについての話だ。女性の버섯의 종류가 이렇게 다양하다니 정말 놀랍네요, 버섯마다 각기 다른 효능을 가지고 있다는 것도 흥미롭고요という言葉から、この会話の前にきのこの多様な種類と効能について話をしたと思われるので、①が正解だ。なお、これらの文の-다니と-다는 것という表現はいずれも他の人に聞いた話を引用している表現である。

[17~18] 次は対談です。よく聞いて問いに答えなさい。

女：きのこの種類がこんなに多様だとは本当に驚きですね。きのこによってそれぞれ違う効能を持っているということも興味があります。ところで、もしかしてきのこの摂取時に注意しなければいけない点があるでしょうか?

男：最近になって毒きのこのせいで病院を訪れる人が増えています。きのこの効能が広く知られるにつれて、山で無分別にきのこを採取して食べるせいですが。食用のきのことの区別が難しいケースが多いので、よく知られていないきのこの場合は必ず専門家に確認をしなければいけません。万一、毒きのこを摂取した場合は、すぐに病院で診療を受けなければいけません。

17. この会話の前の内容として適切なものを選びなさい。
①きのこの種類や効能は多様だ。
②毒きのこの区別方法を知らなければならない。
③山で自分で取ったきのこがより体に良い。
④きのこの摂取方法はきのこによって異なる。

---

18. 正解：②독버섯으로 인한 환자가 증가하고 있다.

解説：男性が最初に毒きのこのせいで病院を訪れる人が増えていると言っていることから、②が正解だ。男性の言葉で병원을 찾는 사람들は患者を意味する。①の毒きのこの効能については、会話の内容からは分からない。毒きのこと食用きのことの区別は難しいケースが多いので、③は間違い。毒きのこを食べた場合、すぐに病院で診療を受けなければならないので、④も間違い。

---

18. 聞いた内容と一致するものを選びなさい。
①毒きのこの効能がより優れている。
②毒きのこによる患者が増加している。
③毒きのこは食用きのこと簡単に区別できる。
④毒きのこを食べた場合、水をたくさん飲めばいい。

[19~20] 다음은 강연입니다. 잘 듣고 물음에 답하십시오.

남자 : 인터넷에서 주문한 지 24시간이 채 되지 않아 상품을 받으면 어떤 기분이 드시나요? 이제는 너무 당연하게만 생각하고 계시지는 않나요? 이렇게 빠른 배송이 가능한 이유는 뭐라고 생각하시나요? 빠른 배송의 비밀은 바로 빅데이터 분석에 있습니다. 빅데이터는 말 그대로 대규모의 정보를 뜻합니다. 유통 업체에서는 소비자들의 구매 내역이나 상품 조회 정보 등을 분석하여 주문을 예측하고, 예측 결과에 따라 포장이 완료된 상품을 미리 사 두었다가 물류 창고에서 소비자에게 바로 배송하는 것이지요. 이렇게 빅데이터를 활용하여 배송에 걸리는 시간을 단축할 수 있었던 것입니다. 이렇듯 빅데이터는 앞으로 문제의 해결과 새로운 방법 제시에 큰 역할을 할 것입니다.

19. 正解 : ④빅데이터를 분석하여 상품을 빨리 배송할 수 있게 되었다.

解説 : 빠른 배송의 비밀은 바로 빅데이터 분석에 있습니다という表現は「ビッグデータを分析したことで商品の配送が早くなった」という意味に解釈できるので、④が正解だ。男性はビッグデータの分析を通じて消費者の商品注文をあらかじめ予測できるので早い配送が可能だと説明している。ビッグデータは「大規模な情報」を意味するので、①は間違い。配送するのは包装が完了した商品なので、②も間違い。③は講演の内容からは分からない。

[19~20] 次は講演です。よく聞いて問いに答えなさい。

男：インターネットで注文してから24時間たたずに商品を受け取ると、どんな気分になりますか？　今ではあまりにも当然のようにしか考えていらっしゃらないのではありませんか？　これほど早い配送が可能な理由は何だとお考えですか？　早い配送の秘密は、まさにビッグデータの分析にあります。ビッグデータはその言葉の通り、大規模な情報を意味します。流通業者は消費者の購入明細や商品照会情報などを分析して注文を予測し、予測結果に従って包装が完了した商品をあらかじめ買い入れておいて、物流倉庫から消費者にすぐ配送するのです。このようにビッグデータを活用して配送にかかる時間を短縮できたのです。このように、ビッグデータは今後問題の解決や新しい方法の提示に大きな役割を果たすでしょう。

19. 聞いた内容と一致するものを選びなさい。
①ビッグデータは情報の分析結果を意味する。
②包装されていない商品のみ消費者に配送される。
③インターネットで商品を注文したら当日に受け取れない。
④ビッグデータを分析して商品を早く配送できるようになった。

20.正解：②빅데이터 활용 사례를 제시하며 긍정적 변화를 기대하고 있다.

解説：オンラインで商品購入時に早い配送が可能になった理由としてビッグデータの活用を提示し、その過程について説明している。ビッグデータが今後の問題解決や新しい方法の提示に大きな役割をするだろうという最後の言葉から、男性はビッグデータによる肯定的な効果を期待していると思われるので、②が正解だ。

20. 男性の態度として最も適切なものを選びなさい。
①ビッグデータ活用事例を批判して結果に失望している。
②ビッグデータ活用事例を提示して肯定的な変化を期待している。
③ビッグデータ活用事例を分析して消費者の反応に同意している。
④ビッグデータ活用事例を評価して消費者の判断を要求している。

問題パターン別対策
書き取り編

書き取り領域では、文章の構成能力や論理的な表現能力、語彙力、正書法などを評価します。作文のテーマは日常生活、社会、文化などと関連があります。50分間で4問解かなければならず、1問当たりの点数が高く、全て筆記形式なので、普段から作文の練習を絶えずしておくことが高得点を取るために必須となります。

問題パターン 1 | 文を完成させる問題

　文章の流れを把握して、かっこの中に入る適切な表現を書く問題です。文脈に合った文を書いても、初級レベルの文法や表現を使った場合、減点となるので、中級レベル以上の文法や表現を使えるように練習しておかなければなりません。また、手紙や案内文、説明文などさまざまなパターンの文章が提示されるので、各パターンに従った文章の展開方法や文と文の連結方法、よく使われる表現や文法などを知っておくと役に立ちます。

※ 다음을 읽고 ㉠과 ㉡에 들어갈 말을 각각 한 문장으로 쓰십시오.

➡ 보내기　미리보기　임시저장　⟳ 내게쓰기	임시보관함에 저장함. 15:52:32　↑　⬀

받는사람	☐ 개인별	베로니카(bebe@mmail.net)	▾	주소록
제목	▾	한국어 수업 등록 신청 안내	▾	주소록
보내는사람	☐ 중요!	김새롬(saerom@han.ac.kr)		약속잡기
파일첨부	▾	내 PC　　클라우드		

베로니카 씨에게

베로니카 씨, 안녕하세요?
이번에 우리 어학원에서 한국어 어휘 특별 수업을 시작합니다.
베로니카 씨가 수업을 들으면 좋을 것 같아서 메일을 보냅니다.
수업 신청서와 안내문을 첨부하니 (㉠).
(㉡) 언제든 물어보세요.
그럼, 안녕히 계세요.

김새롬 드림

【解答例】
　㉠ 잘 읽어 보시고 신청하세요

Ⓛ 수업에 대해 궁금한 것이 있으면

　件名から分かるように、キム・セロム先生がベロニカさんにメールを書いた理由は、韓国語の語彙の特別授業の登録申請を案内するためである。先生は、ベロニカさんは授業を受けた方がいいと思っているので、㋐には「添付ファイルを読んで申請してください」というような内容が入ればいい。また、このような案内メールの最後には「質問があったら聞くように」といった文を書くことが多い。従って㋑には「気になることがあったら」というような内容が入る。

※ 次の文章を読んで、㋐と㋑に入る言葉をそれぞれ1文で書きなさい。

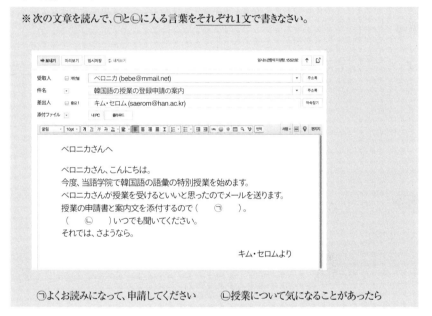

㋐よくお読みになって、申請してください　　㋑授業について気になることがあったら

※ 다음을 읽고 ㉠과 ㉡에 들어갈 말을 각각 한 문장으로 쓰십시오.

練習問題

1

예약을 변경하고 싶습니다.

안녕하세요? 다음 주 금요일(12일)에 진료 예약을 한 박동현입니다.
그런데 다음 주에 출장을 가게 되어 (㉠   ).
혹시 다른 날로 (㉡   )?
다음 주만 아니라면 언제든 가능합니다.

2

한국어 책을 나누어 드립니다.
한국에서 공부를 마치고 고향으로 돌아가는 유학생입니다. 제가 한국어
공부를 하며 사용한 책들을 무료로 (㉠   ). 한국어 교재도 있고,
소설책과 만화책도 있습니다.
(㉡   ) 연락 주세요. 제 전화번호는 010-9876-5432입니다.

3

　　충분한 양의 물을 섭취해야 한다는 것은 잘 알려진 사실이다.
(㉠   ) 위나 뇌와 같은 우리 몸의 모든 기관의 활동이 느려지기 때
문이다. 또 몸속에 노폐물이 쌓여 피로를 쉽게 느끼게 된다. 그러나 특
정 질환이 있는 경우 물을 많이 마시는 것이 (㉡   ). 이유 없이 물
을 자꾸 먹고 싶은 경우에는 다른 질병을 의심해 봐야 한다.

4

　　수면 시간과 기억력의 상관관계가 과학적 근거를 통해 밝혀졌다. 영국의 한 신경과학자의 실험에 의하면, 하루 8시간 충분히 잠을 잔 뒤 일어났을 때 사람의 이름이나 얼굴을 기억하는 능력이 (　　㉠　　) 밝혀졌다. 연구진은 수면은 우리가 새로운 (　　㉡　　) 매우 중요하다면서 나이가 들면서 수면 장애 등이 더 자주 나타날 수 있는데, 잠을 충분히 자지 못하는 상황은 기억력 저하를 일으킨다고 분석했다.

5

　　날이 더워지면 차가운 음식을 많이 먹게 된다. 그러나 찬 음식을 자주 먹으면 소화기가 약한 사람들은 (　　㉠　　). 음식을 소화하고 흡수하기 위해서는 장에 따뜻한 기운이 있어야 하는데, 찬 음식은 장을 차갑게 하기 때문이다. 찬 음식을 먹어 배탈이 났다면, 따뜻한 음식으로 속을 달래는 것이 좋다. 또, 장을 자극할 수 있는 음식은 (　　㉡　　). 매운 음식, 커피, 과일 등이 장을 자극하는 음식들이다.

解答例・解説・訳

1 ㉠ (금요일에) 가지 못할 것 같습니다

　㉡ 예약을 바꿀 수 있을까요

　　診療予約をした患者が予約を他の日に変更したいと問い合わせている内容だ。㉠が含まれる文は、予約した日に診療を受けられない理由を説明している文なので、出張に行くことになり診療を受けられないという内容が入る。上記解答例の他にも、**금요일에 갈 수가 없습니다**（金曜日に行くことができません）、**금요일에 진료를 받지 못할 것 같습니다**（金曜日に診療を受けることができないと思います）などの表現が入ればいい。㉡が含まれる文は、金曜日の代わりに別の日に予約を変更できるかを尋ねる文が入る。上記解答例の他にも、**예약을 변경할 수 있을까요**（予約を変更することができるでしょうか）、**예약 변경이 가능할까요**（予約の変更は可能でしょうか）などの表現が入ればいい。

※次の文章を読んで、㋐と㋑に入る言葉をそれぞれ1文で書きなさい。

> **予約を変更したいです。**
>
> こんにちは。来週金曜日 (12日) に診療予約をしたパク・トンヒョンです。
> ですが、来週出張に行くことになり、(㋐)。
> もしかして、別の日に (㋑)？
> 来週でさえなければいつでも可能です。

㋐ (金曜日に) 行けないと思います　　㋑ 予約を変えられるでしょうか

2 ㋐ 나누어 드리고 싶습니다　㋑ 한국어 책이 필요한 분들은

　　留学を終えて帰る留学生が、自分が使っていた本を無料で分けてあげる人を見つけるために書いた文章だ。㋐が含まれる文は、本を無料で分けてあげたいという内容の文になる。上記解答例の他にも、**나누어 드리려고 합니다** (分けて差し上げようと思います)、**나누어 드리겠습니다** (分けて差し上げます) などの表現が入ればいい。㋑が含まれる文は、本が欲しかったら連絡をくれという内容になる。上記解答例の他にも、**한국어 책을 원하는 분들은** (韓国語の本を欲しい方は)、**한국어 책이 필요하면** (韓国語の本が必要なら)、**한국어 책을 원하면** (韓国語の本が欲しいなら) などの表現が入ればいい。

> **한국어의 本을 分けて差し上げます。**
>
> 韓国で勉強を終え、故郷に帰る留学生です。私が韓国語の勉強をする時に使った本を無料で (㋐)。韓国語の教材もあり、小説や漫画の本もあります。
> (㋑) 連絡ください。私の電話番号は010-9876-5432です。

㋐ 分けて差し上げたいです　　㋑ 韓国語の本が必要な方は

3 ㋐ 몸(속)에 수분이 부족하면　㋑ (오히려) 건강에 좋지 않을 수도 있다

　　十分な量の水を摂取しないと健康に問題が生じるが、特定の疾患がある場合、むしろ水をたくさん飲むことは良くないという内容の文章だ。㋐が含まれる文は、体内の水分が足りないことが良くない理由について説明する文になる。上記解答例の他にも、**몸속에 물이 부족하면** (体内に水が不足すると)、**물을 충분히 섭취하지 않으면** (水を十分に摂取しないと) などの表現が入ればいい。㋑が含まれる文の**그러나**は、互いに異なる内

容の二つの文を連結するとき使う表現だ。前で水をたくさん飲んだ方がいいという内容を話したので、後ろの部分は水をたくさん飲むのは良くないという内容にならなければならない。上記解答例の他にも、**건강에 좋지 않다**（健康に良くない）、**건강에 해로울 수도 있다**（健康に害になることもある）などの表現が入ればいい。

> 　十分な量の水を摂取しなければならないということはよく知られた事実だ。（　　㉠　　）胃や脳のようなわれわれの体の全ての器官の活動が遅くなるからだ。また、体内に老廃物がたまって疲労を感じやすくなる。しかし、特定の疾患がある場合、水をたくさん飲むことが（　　㉡　　）。理由なく水をしきりに飲みたくなる場合は他の疾病を疑ってみなければならない。

㉠ 체 (내) 의 수분이 부족하면　　　㉡ (오히려) 건강에 좋지 않을 수도 있다

〔訳〕㉠ 体 (内) の水分が不足すると　　　㉡ (むしろ) 健康に良くないこともある

4 ㉠ (훨씬) 향상된다는 사실이　㉡ 정보를 기억하는 데에

　十分な睡眠を取ることが記憶力を向上させ、眠れない場合は記憶力の低下を引き起こすという内容の研究結果だ。㉠が含まれる文の**밝혀지다**は、「現れていなかったり知られていなかったりする事実、内容、考えなどが現れて知られる」という意味の単語だ。従って、実験によってどのような事実が知られたのかという内容の文になる。内容全体から、睡眠を十分に取った場合に記憶力が向上するという内容になることが分かる。上記解答例の他にも、**매우 좋아진다는 사실이**（かなり良くなるという事実が）などの表現が入ればいい。㉡が含まれる文は、睡眠障害が新しい情報を記憶する能力に及ぼす影響についての内容になる。上記解答例の他にも、**정보를 익히고 배우는 데에**（情報を覚えて学ぶのに）などの表現が入ればいい。

> 　睡眠時間と記憶力の相関関係が科学的根拠を通じて明らかになった。イギリスのある神経科学者の実験によると、1日8時間、十分に眠った後に起きたとき、人の名前や顔を記憶する能力が（　　㉠　　）明らかになった。研究チームは、睡眠はわれわれが新しい（　　㉡　　）ととても重要だとしながら、年を取るにつれて睡眠障害などがより頻繁に起きることがあるが、睡眠を十分に取れない状況は記憶力の低下を引き起こすと分析した。

㉠ (훨씬) 향상된다는 사실이　　㉡ 정보를 기억하는 데에

〔訳〕㉠ (はるかに) 向上するという事実が　　㉡ 情報を記憶するのに

5 ㉠ 배탈이 나기 쉽다　㉡ 피하는 것이 좋다

　消化器が弱い人が冷たい食べ物を食べると下痢しやすいが、下痢した場合は温かい食べ物を食べ、刺激的な食べ物は食べてはならないという内容だ。㉠が含まれる文の後ろの部分が下痢した場合の対処方法についての内容なので、㉠が含まれる文は消化器が弱い人が冷たい食べ物を食べると下痢しやすいという内容になる。上記解答例の他にも、**배탈이 날 수 있다**（下痢をすることがある）などの表現が入ればいい。㉡が含まれる文は下痢をした場合には刺激的な食べ物を取らないようにしなければならないという内容になる。上記解答例の他にも、**피해야 한다**（避けなければならない）、**먹지 않는 것이 좋다**（食べないのがいい）、**먹지 말아야 한다**（食べてはいけない）、**조심해야 한다**（注意しなければならない）などの表現が入ればいい。

　暑くなると冷たい食べ物をたくさん食べることになる。しかし、冷たい食べ物をしょっちゅう食べると消化器が弱い人は（　㉠　）。食べ物を消化して吸収するためには腸に温かい「気」がなければならないが、冷たい食べ物は腸を冷たくするからだ。冷たい食べ物を食べて下痢をしたら、温かい食べ物でおなかをいたわるのがいい。また、腸を刺激する食べ物は（　㉡　）。辛い食べ物、コーヒー、果物などが腸を刺激する食べ物だ。

㉠ 下痢をしやすい　　　　　　　　　㉡ 避けるのがいい

問題パターン 2 | 文章を構成する問題

　問題に提示された情報およびテーマを理解して文章を書く問題です。提示された内容を全て含んで文章を構成しなければなりません。さらに、設問文が要求していることが何か、しっかり把握できないと適切な内容の文章を書けません。

　文章の形式も重要です。このパターンは前のパターン1とは違い、一つの完成された文章を書かなければならないので、「導入−展開−結論」の構造を備えた文章を書けなければなりません。このとき、話し言葉ではなく文語体で書かなければなりません。さらに、間違えず正確に書くことも重要ですが、TOPIK IIレベルに合った語彙と文法を使うことも重要です。

　TOPIK IIの作文問題を採点するときは、下の表に書かれた内容を基準に採点します。表の内容を念頭に置いて作文問題を解いてみてください。

■TOPIK II 作文採点基準

区分	採点基準
内容および課題遂行	1) テーマに合うように文章を完成させているか？ 2) 提示された内容を全て含んでいるか？ 3) 内容を豊富かつ多様に表現しているか？
文章の展開構造	1) 最初と最後を適切に構成したか？ 2) 内容の転換に従って段落を適切に構成したか？ 3) 段落間の連結が緊密で自然か？
言語使用	初級／中級／上級レベルの語彙と文法を多様に使ったか？ 初級／中級／上級レベルの語彙と文法を正確に使ったか？
社会言語学的機能	書き言葉的特徴が表れる語彙や文法 (終結形、語尾、助詞など) を使い、文語の特性を生かして文章を書いたか？

情報を活用して短い文章を構成する問題

　提示された表やグラフを見てテーマに合わせて文章を書く問題です。主に教育や文化、社会と関連のある表またはグラフが提示され、分類、比較、原因と結果など、論理的な文章を構成する課題が提示されます。200〜300字の分量で文章を作成することを求められます。

　このパターンは、表やグラフの内容を理解する能力や、問題で要求した論理に合わせて文章を書く能力が必要です。TOPIK IIの作文採点基準をしっかり記憶して、下の手順の通りにさまざまな形式の文章を書く練習をします。設問文を読んで、どの形式で書けばいいのかをまず考えてから文を構成します。

分類	①何についての文章なのか紹介する（分類対象の提示または定義） ↓ ②対象を大きく分けて提示する ↓ ③それぞれについての定義および特徴を提示する
比較	①何についての文章なのか紹介する（何について誰にした調査なのか提示する） ↓ ②全体的な結論が何であるか提示する ↓ ③それぞれの細部の内容を比較して提示する
原因と結果を説明	①何についての文章なのか紹介する ↓ ②結果を提示する ↓ ③原因を提示する ↓ ④結論を提示して締めくくる

※ 다음은 '글쓰기 능력을 향상시키는 방법'에 대해 교사와 학생을 대상으로 실시한 설문 조사입니다. 그래프를 보고, 조사 결과를 비교하여 200~300자로 쓰십시오.

| 第41回TOPIK II 問題53

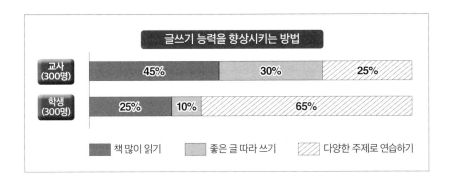

【解答例】

　　　교사와 학생 각각 300명을 대상으로 글쓰기 능력을 향상시키는 방법에 대해 설문 조사를 실시하였다. 그 결과 교사와 학생의 생각이 다르다는 것을 알 수 있었다. 교사의 경우 글을 잘 쓰려면 책을 많이 읽어야 한다가 45%로 가장 높게 나타났지만 학생의 경우에는 다양한 주제로 연습해야 한다가 65%로 가장 높았다. 다음으로 교사는 좋은 글을 따라 써야 한다가 30%, 다양한 주제로 연습해야 한다가 25%를 차지했다. 반면에 학생들은 책을 많이 읽어야 한다가 25%로 나타났고, 좋은 글을 따라 써야 한다는 10%에 그쳤다.

　問題で指示していることが何かをよく読んで、文章を書かなければならない。比較して書けということは、対象間の似ている点と違う点などを整理して書けということである。ここでは、グラフの「調査結果を比較して」書けと指示しているので、P.108の表に従い、下記のような手順で文章を書けばよい。

　①グラフを見て、誰を対象に何についてした調査なのか1文で書いてみる。書き出しが難しい場合、問題ですでに提示している文を参考にして自分の文として書いてみる。

　②グラフに提示された調査結果を総合して1文で書いてみる。詳しい数値や内容は後ろの部分で書くことなので、総合的な結論だけ簡単に書く。

　③グラフを見て調査対象別にそれぞれの事項についてどれくらい多くの答えがあったか比較して書く。普通、数字や比率が高いものから順序通りに羅列する。

以上のような流れでまとめた文章が上記の解答例である。

※次は「作文能力を向上させる方法」について教師と学生を対象に実施したアンケートです。
グラフを見て調査結果を比較して200～300字で書きなさい。

　　教師と学生それぞれ300人を対象に、作文能力を向上させる方法についてアンケートを
実施した。その結果、教師と学生の考えが違うことが分かった。教師の場合、文章をきちん
と書くには「本をたくさん読まなければならない」が45％で最も高く現れたが、学生の場合は
「多様なテーマで練習しなければならない」が65％で最も高かった。次に教師は「いい文章
をまねて書かなければならない」が30％、「多様なテーマで練習しなければならない」が25
％を占めた。一方、学生は「本をたくさん読まなければならない」が25％と現れ、「いい文章を
まねて書かなければならない」は10％にとどまった。

問題パターン別練習

第37回TOPIK Ⅱ 問題53

※ 다음 그림을 보고 대중매체를 어떻게 나눌 수 있는지 200~300자로 쓰십시오.

練習問題

1 ※ 다음은 '선호하는 휴가지'에 대해 20대 여성과 남성을 대상으로 실시한 설문 조사입니다. 그래프를 보고, 조사 결과를 비교하여 200~300자로 쓰십시오.

2 ※ 다음 그림을 보고 운동을 어떻게 나눌 수 있는지 200~300자로 쓰십시오.

3 ※ 다음 그림을 보고 냉면을 어떻게 나눌 수 있는지 200~300자로 쓰십시오.

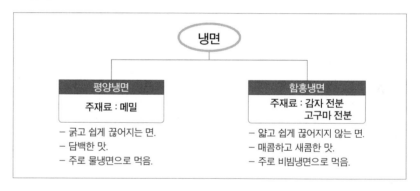

4 ※ 최근 지구의 기온이 올라가는 지구 온난화가 심각해지고 있습니다. 다음 자료를 참고하여 지구 온난화의 원인과 피해를 설명하는 글을 200~300자로 쓰십시오.

지구 온난화의 원인	피해
① 석탄, 석유 등과 같은 화석 연료의 사용 ② 쓰레기의 증가 ③ 무분별한 나무 베기	• 지구 기온 상승 　(이상 기온, 해수면 상승) • 생태계의 변화로 인한 동식물 　의 멸종

• 생태계 : 어느 환경 안에서 사는 생물들과 그 생물들을 둘러싼 환경 체계

• 멸종 : 생물의 한 종류가 아주 없어지는 것

解答例・解説・訳

第37回TOPIK Ⅱ 問題53

　대중매체란 많은 사람에게 대량으로 정보와 생각을 전달하는 수단을 말한다. 이러한 대중매체에는 다양한 양식이 있는데, 표현 양식을 기준으로 나누면 크게 인쇄 매체, 전파 매체, 통신 매체이다. 인쇄 매체는 책이나 잡지, 신문 등으로 기록이 오래 보관되고 정보의 신뢰도가 높다는 특징이 있다. 다음으로 전파 매체가 있는데 텔레비전, 라디오 등이 이에 속한다. 정보를 생생하게 전달하고 오락성이 뛰어나다는 특징이 있다. 마지막으로 인터넷과 같은 통신 매체를 들 수 있다. 쌍방향 소통이 가능하고 다량의 정보를 생산한다는 특징이 있다.

　提示した対象について分類する文章を書けという問題だ。分類して書けというのは、ある対象を種類によって分けてそれぞれの特徴を書けということだ。この問題では大衆メディアをどのように分けることができるか書けと指示している。

①図表を見て何についての文章なのか紹介する文を1文で書いてみる。大衆メディアについて簡単に定義してもいいし、**대중매체에는 다양한 종류가 있다**（大衆メディアには多様な種類がある）などの文で始めてもいい。

②図表は普通、ある対象を大きく2、3種類に分けて提示する。図表の内容をよく調べてみて、分類の基準が何か把握して文を書いてみる。**대중매체를 표현 양식을 기준으로 나누면 크게 인쇄 매체, 전파 매체, 통신 매체로 나눌 수 있다**（大衆メディアを、表現様式を基準にして分けると、大きく印刷メディア、電波メディア、通信メディアに分けることができる）などのように書くことができる。

③図表を見て、上で分類したそれぞれの定義および特徴を書く。順序が決められていないなら、普通は左にあるものから順に書けばいい。

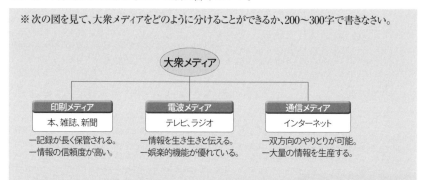

※次の図を見て、大衆メディアをどのように分けることができるか、200～300字で書きなさい。

大衆メディアとは、多くの人に大量に情報や考えを伝える手段のことをいう。このような大衆メディアには多様な様式があるが、表現様式を基準に分けると大きく印刷メディア、電波メディア、通信メディアである。印刷メディアは本や雑誌、新聞などで、記録が長く保管されて情報の信頼度が高いという特徴がある。次に電波メディアがあるが、テレビ、ラジオなどがこれに属する。情報を生き生きと伝えて娯楽性が優れているという特徴がある。最後にインターネットのような通信メディアを挙げられる。双方向のやりとりが可能で大量の情報を生産するという特徴がある。

1 위의 그래프를 보면 20대 여자와 남자는 선호하는 휴가지가 상당히 다르다는 것을 알 수 있다. 조사 결과에 따르면 35%의 남자가 집을 선호하는 것으로 나타났다. 산, 강 및 바다를 선택한 남자는 각각 25%, 20%, 20%로 나타났다. 반면에 집을 선택한 여자는 5%밖에 없다. 산, 강 및 바다를 선택한 여자는 각각 20%, 30%, 45%로 높게 나타났다. 이는 휴가지의 선택에서 여자는 자연 풍경을 볼 수 있는 곳을 더 선호하고 남자는 실외보다 실내를 더 선호하는 것으로 볼 수 있다.

グラフには、休暇地に関する男女の好みが数値で示されており、それぞれの違いが一目瞭然なので、男女の違いを比較する形で、文章をまとめるとよい。
①グラフに提示された大きな特徴を書く。詳しい数値や内容は後ろの部分で書くことなので、総合的な結論のみ簡単に書く。
②グラフでそれぞれの事項がどれくらいの割合を占めるかについて羅列する。
③このグラフは男女別の違いが分かる形で示されているので、男女の傾向をまとめて結論として提示するのもよいだろう。
　解答例は、全体的に文章をしっかり作成しながら、最後に調査結果を総合してしっかり締めくくっている。~을 보면（~を見ると）、-는 것을 알 수 있다（~することが分かる）、

-는 것으로 볼 수 있다 (～ということを見ることができる) のようなグラフや表を説明する文章でよく使われる表現を適切に使っている。冒頭に、何について、誰を対象にした調査なのか紹介する文を入れると、完成度がさらに高まるだろう。

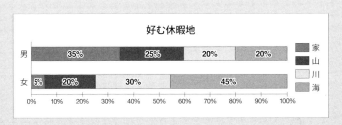

※次は「好む休暇地」について20代の女性と男性を対象に実施したアンケートです。グラフを見て、調査結果を比較して200～300字で書きなさい。

上のグラフを見ると、20代女性と男性は好む休暇地が相当違うということが分かる。調査結果によると、35%の男性が家を好むということが分かった。山、川および海を選んだ男性はそれぞれ25%、20%、20%と分かった。一方、家を選んだ女性は5%しかいない。山、川および海を選んだ女性はそれぞれ20%、30%、45%と高いと分かった。これは、休暇地の選択で女性は自然の風景が見られる場所をより好み、男性は屋外より屋内をより好むと考えることができる。

2　운동은 두 가지 종류로 나눌 수 있다. 하나는 유산소 운동이고, 다른 하나는 근력 운동이다. 유산소 운동이란 지방을 에너지로 사용할 뿐만 아니라 살을 빼는 데에 도움이 되기도 하는 운동이다. 예를 들면 수영, 달리기, 농구 등의 운동은 유산소 운동에 포함된다. 근력 운동은 단거리 달리기, 역기 등이 있다. 이러한 운동은 주로 그날 먹은 음식을 에너지로 사용하고 근육량을 늘리는 데 도움이 되는 것이다.

　提示した対象について分類する文章を書けという問題なので、ある対象を種類によって分けてそれぞれの特徴を書かなければならない。この問題では、運動をどのように分けられるか書けと指示している。
①図表を見て何についての文章か紹介する文を1文で書いてみる。運動について簡単に定義する文でもいいし、운동에는 다양한 종류가 있다 (運動には多様な種類がある) などの文で始めてもいい。
②図表には普通、ある対象を大きく2、3個の種類に分けて提示される。図表の内容をよく調べて、分類の基準が何か把握して文を書いてみる。운동을 에너지원과 운동 효과

を基準に分けると大きく有酸素運動と筋力運動に分けることができる（運動を、エネルギー源と運動効果を基準にして分けると、大きく有酸素運動と筋力運動に分けることができる）などのように書くことができる。

③図表を見て、上で分類したものそれぞれの定義および特徴を文で書く。順序が決められていないなら、普通は左にあるものから順に書けばいい。

解答例は、必要な要素を適切に含んで分類する文章になっており、~라고 한다（~という）、~뿐만 아니라（~だけでなく）、예를 들면（例えば）、이러한（こうした）など多様な表現を使っている。冒頭に、何についての文章か紹介する文を入れると、完成度がさらに高まるだろう。

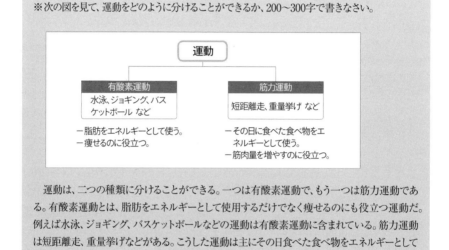

※次の図を見て、運動をどのように分けることができるか、200～300字で書きなさい。

運動は、二つの種類に分けることができる。一つは有酸素運動で、もう一つは筋力運動である。有酸素運動とは、脂肪をエネルギーとして使用するだけでなく痩せるのにも役立つ運動だ。例えば水泳、ジョギング、バスケットボールなどの運動は有酸素運動に含まれている。筋力運動は短距離走、重量挙げなどがある。こうした運動は主にその日食べた食べ物をエネルギーとして使い、筋肉量を増やすのに役に立つものだ。

3　냉면은 크게 두 가지로 나눌 수 있다. 하나는 평양냉면, 다른 하나는 함흥냉면이다. 이 두 가지 냉면의 특징을 살펴보면 먼저 평양냉면은 면이 메밀로 만들어진다. 주재료가 메밀이기 때문에 면이 굵고 쉽게 끊어지는 것이 가장 큰 특징이다. 맛은 담백하고 주로 물냉면으로 먹는다. 한편 함흥냉면은 감자 전분과 고구마 전분을 주로 사용해서 면을 만든다. 앞에서 살펴본 평양냉면과 달리 함흥냉면은 얇고 쉽게 끊어지지 않는 것이 특징이다. 함흥냉면은 매콤함과 새콤함을 모두 느낄 수 있는 맛이며 주로 비빔냉면으로 먹는다.

제시한 대상에 대해 분류하는 글을 쓰라는 문제이므로, 어떤 대상을 종류에 따

て分けてそれぞれの特徴を書かなければならない。この問題では、冷麺をどのように分けられるか書けと提示している。

①図表を見て何についての文章か紹介する文を1文で書いてみる。冷麺について簡単に定義する文でもいいし、**한국의 여름철 대표 음식 중 하나인 냉면에는 다양한 종류가 있다**（韓国の夏の代表的な食べ物のうちの一つである冷麺には多様な種類がある）などの文で始めてもいい。

②図表には普通、ある対象を大きく2、3個の種類に分けて提示される。図表の内容をよく調べて、分類の基準が何か把握して文を書いてみる。**냉면을 주재료를 기준으로 나누면 크게 평양냉면과 함흥냉면으로 나눌 수 있다**（冷麺を、主材料を基準にして分けると、大きくピョンヤン冷麺とハムン冷麺に分けることができる）などのように書くことができる。

③図表を見て、上で分類したものそれぞれの定義および特徴を文で書く。順序が決められていないなら、普通は左にあるものから順に書けばいい。

　解答例は、図表に提示された内容を含んで文章をしっかり構成している。**~의 특징을 살펴보면**（～の特徴を見てみると）、**먼저**（まず）、**한편**（一方）、**앞에서 살펴본**（先ほど見た）などのように、文章を豊かにする表現も適切に使い、300字以内の最大限の分量でうまく作成した例といえるだろう。

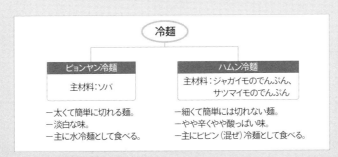

※次の絵を見て、冷麺をどのように分けることができるか、200～300字で書きなさい。

　冷麺は大きく二つに分けることができる。一つはピョンヤン冷麺、もう一つはハムン冷麺だ。この二つの冷麺の特徴を見てみると、まずピョンヤン冷麺は麺がソバでできている。主材料がソバなので、麺が太くて簡単に切れることが最も大きな特徴だ。味は淡白で主に水冷麺として食べる。一方、ハムン冷麺はジャガイモのでんぷんやサツマイモのでんぷんを主に使って麺を作る。先ほど見たピョンヤン冷麺と違い、ハムン冷麺は細くて簡単には切れないのが特徴だ。ハムン冷麺は辛さと酸っぱさの両方を感じることができる味で、主にビビン（混ぜ）冷麺として食べる。

4 잘 알려진 바와 같이 최근 지구의 기온이 올라가는 지구 온난화가 심각해지고 있다. 지구 온난화가 심각해지는 원인 세 가지를 정리하면 다음과 같다. 첫째, 석탄, 석유 등과 같은 화석 연료를 사용함으로써 지구의 기온이 올라가고 있다. 둘째, 날마다 증가하는 쓰레기의 양이다. 마지막은 무분별한 나무 베기이다. 이러한 원인으로 인하여 지구의 기온이 끊임없이 상승하고 있다. 기온이 올라갈 뿐만 아니라 해수면도 같이 상승할 것이다. 이 외에도 생태계의 변화로 인해 동식물이 멸종될 수도 있다.

　提示した現象の原因と結果を説明する文章を書けという問題だ。文章を読む人が地球温暖化現象についてよく理解できるように、客観的で論理的に文章を書かなければならない。

①図表を見て何についての文章か紹介する文を、1文で書いてみる。問題で提示した現象を定義する文や現象の深刻性について話す文で始めればいい。**지구 온난화는 지구의 기온이 올라가는 현상이다** (地球温暖化は地球の気温が上昇する現象だ) または**최근 지구 온난화 문제가 심각해지고 있다** (最近、地球温暖化問題が深刻になっている) などのように書ける。

②図表で提示している結果 (被害) の内容をしっかり把握して、文として構成して提示する。

③図表で提示している原因をしっかり把握して、文として構成して提示する。

④結論の文を提示して文章を自然に締めくくる。前で提示した内容についての自分の考えや、今後どうなるかなどの未来の展望についての文で締めくくるのもよい。

　解答例では、図表で提示した原因と被害の状況をしっかり説明している。筆者は被害状況を未来に起こるかもしれない状況と仮定して、原因を先に提示した後、被害状況を提示した。また、**~를 정리하면 다음과 같다** (~を整理すると次の通りだ)、**이러한 원인으로 인하여** (このような原因によって)、**이 외에도** (この他にも) などのように、完成度を高める多様な表現を試している。**첫째/첫 번째** (一つ目)、**둘째/두 번째** (二つ目)、**마지막으로** (最後に) のような表現も羅列を行うするときに使うといい表現だ。

※最近、地球の気温が上昇する地球温暖化が深刻になっています。次の資料を参考にして、地球温暖化の原因と被害を説明する文章を200〜300字で書きなさい。

地球温暖化の原因		被害
①石炭、石油などの化石燃料の使用 ②ごみの増加 ③無分別な木の伐採		・地球の気温上昇 　（異常気温、海水面上昇） ・生態系の変化による動植物 　の絶滅

・생태계 (生態系)：ある環境の中で暮らす生物たちとその生物たちを取り巻く環境体系
・멸종 (絶滅)：生物の一つの種が完全にいなくなること

　よく知られているように、最近地球の気温が上昇する地球温暖化が深刻になっている。地球温暖化が深刻になる三つの原因を整理すると次の通りだ。一つ目、石炭、石油などの化石燃料を使用することで地球の気温が上昇している。二つ目、日ごとに増加するごみの量だ。最後は、無分別な木の伐採だ。このような原因によって地球の気温が絶えず上昇している。気温が上昇するだけでなく、海水面も同じく上昇するだろう。その他にも、生態系の変化によって動植物が絶滅することもある。

2 テーマに合わせて論理的な文章を構成する問題

　提示されたテーマに合わせて自分の考えを論理的に書くパターンの問題です。提示されたテーマを正確に理解し、自分の立場を明確にして600〜700字の文章を書かなければなりません。文章が長くなる分、内容が変わる部分では必ず段落を変えて、完成された文章の構造を持たせなければなりません。

　普段、社会的なテーマについて自分の考えや主張を整理して、これを論理的に構成する練習をすることが必要です。作文の採点基準をしっかり記憶して、先に概要を書いてみる練習を通じて、作文能力を育てます。

　文章は右のような流れで構成するといいでしょう。

```
①テーマを整理して書く
        ↓
②自分の考えを提示する
        ↓
③具体的な根拠を挙げて説明する
        ↓
④要約および整理
```

※다음을 주제로 하여 600〜700자로 글을 쓰십시오.

第41回TOPIK Ⅱ 問題54

　세계 어느 나라에서나 역사를 가르칩니다. 이는 지나간 일을 기록한 역사가 오늘날의 우리에게 주는 가치가 분명히 있기 때문일 것입니다. 여러분은 우리가 왜 역사를 알아야 하고, 그 역사를 통해서 무엇을 배울 수 있다고 생각하십니까? 이에 대해 쓰십시오.

【解答例】

　지난날에 대한 반성 또는 위대한 업적 등이 후대에 전해지기를 바라는 마음이 기록으로 이어지고 그것이 바로 우리가 지금 '역사'라고 부르는 것이다. 우리가 역사를 기록하는 이유는 지금 일어나는 사실을 다음 세대에게 전달하는 데 그 목적이 있다.

　이러한 역사는 우리에게 지금의 '나'를 이해할 수 있는 기회를 제공해 준다. 현재는 과거에서 비롯된 것이므로 과거를 살펴봄으로써 현재 일어나고 있는 일을 이해하도록 돕는다. 그리고 역사는 과거에 있었던 가슴 아픈 사건이 다시 반복되지 않도록 우리에게 교훈을 주기도 한다.

　더불어 역사의 기록을 통해 우리는 앞으로 일어날 일을 예측하고 이를 준비할 수도 있다. 얼마 전 신문 기사에 따르면 한 연구자가 옛 문서에 기록된 역사적인 사실을 분석하여 오늘날의 우리가 겪고 있는 심한 가뭄을 미리 알리면서 대비를 경고한 바 있다. 이는 역사의 가치를 보여 주는 한 예라 할 수 있을 것이다.

　이렇듯 역사는 과거의 사실을 아는 데에서 출발하여 현재의 '나'를 이해하고 더 나은 미래를 향한 방향을 제시해 줄 수 있다는 점에서 중요하다. 결국 과거의 역사는 현재로, 현재는 다시 미래의 역사로 이어지는 연속적인 관계로 존재하는 것이다.

　歴史を知らなければならない理由と、歴史を通して何を学べるかについて自分の意見を主張する文章を書く問題だ。問題で提示している内容を見ると、歴史の価値についてはすでに認めているので、賛成または反対の立場ではなく、歴史がなぜ価値があるのかについて叙述した後、そのような歴史を通して学べることについて幾つかの根拠を挙げて叙述する。

※次をテーマにして600〜700字で文章を書きなさい。

　世界のどの国でも歴史を教えます。これは、過去のことを記録した歴史が今日の私たちに与える価値が明らかにあるからでしょう。皆さんは私たちがなぜ歴史を知らなければならず、その歴史を通して何を学べると思いますか？　これについて書きなさい。

　過去に対する反省または偉大な業績などが後世に伝えられることを望む気持ちが記録へとつながり、それがまさにわれわれが今「歴史」と呼ぶものである。われわれが歴史を記録する理由は、今起きている事実を次の世代に伝えるところにその目的がある。

　このような歴史はわれわれに今の「自分」を理解する機会を提供してくれる。現在は過去から始まったものなので、過去を見ることによって現在起きていることを理解できるように助ける。そして、歴史は過去にあった胸の痛む事件が再び繰り返されないようにわれわれに教訓を与えもする。

　加えて歴史の記録を通して、われわれは今後起きることを予測し、これに備えることもできる。先日の新聞記事によると、ある研究者が昔の文書に記録された歴史的な事実を分析し、今日のわれわれが経験しているひどい干ばつをあらかじめ知らせて備えを警告したことがある。これは、歴史の価値を見せてくれる一例と言えるだろう。

　このように、歴史は過去の事実を知るところから出発して現在の「自分」を理解し、より良い未来に向かう方向を提示してくれるという点で重要だ。結局、過去の歴史は現在に、現在はまた未来の歴史に続く連続的な関係として存在しているのだ。

※ 다음을 주제로 하여 600~700자로 글을 쓰십시오.

| 第37回TOPIK Ⅱ 問題54

　현대 사회는 빠르게 세계화·전문화되고 있습니다. 이러한 현대 사회의 특성을 참고하여, '현대 사회에서 필요한 인재'에 대해 아래의 내용을 중심으로 자신의 생각을 쓰십시오.

- 현대 사회에서 필요한 인재는 어떤 사람입니까?
- 그러한 인재가 되기 위해서 어떤 노력이 필요합니까?

練習問題

1 ※ 다음을 주제로 하여 자신의 생각을 600~700자로 글을 쓰십시오.

　환경 보호는 세계 각국의 중요한 문제입니다. 오염된 환경은 우리의 건강을 위협하는 것은 물론, 후대에도 안 좋은 영향을 미치기 때문입니다. 일부 국가에서는 강력한 처벌과 벌금 등의 규제를 통해 환경을 보호하고자 합니다. 여러분은 환경 보호 규제에 대해 어떻게 생각하십니까? 이에 대해 쓰십시오.

2 ※ 다음을 주제로 하여 자신의 생각을 600~700자로 글을 쓰십시오.

　현대 사회에서는 1인 가구가 계속 증가하고 있습니다. 이러한 현대 사회의 특징을 참고하여, '현대 사회에서 가족의 의미'에 대해 아래의 내용을 중심으로 자신의 생각을 쓰십시오.

- 현대 사회에서 가족은 어떠한 의미입니까?

• 그렇게 생각한 이유는 무엇입니까?

3 ※ 다음을 주제로 하여 자신의 생각을 600~700자로 글을 쓰십시오.

　근로자들의 여가와 가정생활 등을 위해 근무 시간을 자율적으로 정하는 기업들이 늘고 있습니다. 그러나 한편에서는 다른 사람들과 업무가 제대로 이어지지 못해 업무의 효율성이 더 떨어진다는 목소리도 있습니다. 여러분은 근무 시간의 자율적 조정에 대해 어떻게 생각하십니까? 또 그렇게 생각한 이유는 무엇입니까? 이에 대해 쓰십시오.

4 ※ 다음을 주제로 하여 자신의 생각을 600~700자로 글을 쓰십시오.

　온라인에서는 자신을 드러내지 않아도 되기 때문에 다른 사람을 욕하거나 사실과 다른 내용을 퍼뜨리는 등 문제가 발생하고 있습니다. 그래서 온라인에서도 자신을 공개해야 한다는 '온라인 실명제'에 대한 논의가 이루어지고 있습니다. 여러분은 '온라인 실명제'에 대해 어떻게 생각하십니까? 또, 그렇게 생각한 이유는 무엇입니까? 이에 대해 쓰십시오.

解答例・解説・訳

第37回TOPIK Ⅱ 問題54

　현대 사회는 과학 기술과 교통의 발달로 많은 변화를 겪고 있다. 그 결과 세계는 점점 가까워져 소위 지구촌 시대라고 불리게 되었다. 이와 함께 지식 생산이 활발해지고 각 영역에서의 경쟁이 치열해지면서 전문화의 중요성이 강조되었다. 이러한 사회에서는 어떠한 인재가 요구될까?

　세계화가 되면서 우선 글로벌 마인드의 구축과 글로벌 인재로서의 역량을 키우는 것이 필요하다. 예전에는 국경이라는 테두리에서 국가 구성원으로서의 기본 자질을 갖추고 사회에서 요구하는 역량을 길러 사회 발전에 기여하는 인재가 요구되었다. 그러나 세계화 시대에는 기본적으로 세계 시민으로서의 역량과 자질을 갖추고 세계를 무대로 활동할 수 있는 인재가 필요하다.

　또한 과학 기술의 발달과 전문화가 심화되고 있는 상황에서 각자가 가진 능력을 최대한 발휘하여 경쟁력을 갖추려고 노력해야 한다. 과거에는 단순히 지식이나 기술을 습득하여 이를 활용하는 것만으로도 인재로서의 역할이 가능하였다. 그러나 대량의 정보 속에서 이를 선택하고 활용할 수 있는 지금은 지식의 융복합이나 자신만의 특성화 등을 통하여 전문성을 인정받음으로써 상대적인 경쟁력을 갖추어야 한다. 이렇게 내적으로는 글로벌 마인드를 기르고 외적으로는 전문적인 자기 능력을 갖춰 시대의 변화에 발맞추어 나가야 한다.

　「現代社会で必要な人材」について自分の考えを書く問題だ。具体的に、現代社会で必要な人材像とそのような人材になるために必要な努力について書かなければならない。グローバル化・専門化している現代社会の特性を参考にして書けとあるので、提示している二つの質問についてグローバル化・専門化の側面から意見を書かなければならない。

　解答例では、グローバル化と専門化のそれぞれの側面において、過去と現在の時代の変化を示し、現代社会に必要となる能力を論じている。

※次をテーマにして600〜700字で文章を書きなさい。
　現代社会は急速にグローバル化・専門化しています。このような現代社会の特性を参考にして、「現代社会で必要な人材」について下の内容を中心に自分の考えを書きなさい。
・現代社会で必要な人材はどのような人ですか?
・そのような人材になるためにどのような努力が必要ですか?

　現代社会は科学技術や交通の発達で多くの変化を経験している。その結果、世界はだんだん近づき、いわゆる地球村時代と呼ばれるようになった。これと共に、知識生産が活発になり、各領域での競争が熾烈<ruby>熾烈<rt>しれつ</rt></ruby>になるにつれて専門化の重要性が強調された。このような社会ではどのような人材が要求されるだろうか?

　グローバル化が進む中で、まずグローバル・マインドの構築とグローバル人材としての力量を育てることが必要だ。以前は国境という枠で国家の構成員としての基本資質を備えて社会が要求する力量を育てて社会発展に寄与する人材が求められた。しかし、グローバル化時代には基本的に世界市民としての力量と資質を備え、世界を舞台に活動できる人材が必要だ。

　さらに、科学技術の発達と専門化が深化している状況で、各自が持つ能力を最大限発揮して競争力を身に付けようと努力しなければならない。過去には単純に知識や技術を習得してそれを活用するだけでも人材としての役割が可能だった。しかし、大量の情報の中でこれを選択

して活用できる今は、知識の統合や自分だけの特性化などを通じて専門性を認められることによって、相対的な競争力を備えなければならない。このように、内的にはグローバル・マインドを育て、外的には専門的な自己能力を持って時代の変化に歩調を合わせて行かなければならない。

1　환경 보호는 과거든 현재든 세계 각국의 중요한 문제이다. 알다시피 오염된 환경은 우리의 건강을 위협할 뿐만 아니라 후대에게도 안 좋은 영향을 미치는 것이다. 일부 국가에서는 강력한 처벌과 벌금 등의 규제를 통해 환경을 보호하고자 한다. 이러한 환경 보호 규제에 대하여 찬성한다.

우선 앞서 언급한 바와 같이 환경 보호는 중요한 문제인 만큼 남녀노소를 막론하고 누구나 다 중요시해야 하는 문제이다. 그러나 중요한 문제임에도 불구하고 사람들이 평소에 환경 보호에 대하여 신경을 많이 쓰지 않으며 무시하는 것 같기도 하다. 이렇기 때문에 굉장히 중요한 문제인데도 사람들이 별로 큰 문제가 아니라고 생각할 수도 있다. 법적으로 정한 규제가 없다면 더 무시를 당할 수 있다고 생각한다. 예를 들면 길을 걷다가 쓰레기를 버릴 수도 있고 침을 뱉을 수도 있다. 사람들이 이러한 행위가 환경 보호에 아주 큰 영향을 미친다는 생각을 못 했을 것이다. 게다가 이러한 행위를 해도 본인에게 후속 문제가 안 생기니까 더욱 더 무시하는 것은 당연한 일이다.

그러나 만약에 강력한 처벌과 벌금이 달려 있으면 환경 보호 문제는 달라질 것이다. 현대 사회는 경쟁이 치열하다. 돈과 관련시키면 사람들이 중요시할 것이다. 처벌을 받지 않고 벌금을 내지 않기 위해서라도 환경 보호 문제에 관심을 더 많이 가지고 작은 습관부터 고쳐가는 사람들이 늘면 환경 보호 문제도 같이 해결될 거라고 생각한다.

環境保護のための規制について自分の意見を書く問題だ。提示された文章の内容上、賛成または反対のうちどちらかの立場で文章を書くのが適切だ。強力な規制に賛成する立場で文章を書く場合、なぜそのような強力な規制が必要なのか、強力な規制によって発生する肯定的な効果は何であるかなどについて書く。一方、強力な規制に反対する立場で文章を書く場合、そのような強力な規制の問題点は何か、環境保護のために強力な規制の代わりにできることには何があるかなど、自分の意見を自由に書けばいい。

作文例は環境保護規制に賛成する立場で書いている。まず、序論の部分で環境汚染の深刻さを提示し、環境保護規制について賛成という立場を明らかにしている。続いて

本論の部分では、環境保護規制に賛成する理由を具体的な事例を挙げて説明している。

> ※次をテーマにして自分の考えを600〜700字で文章を書きなさい。
> 　環境保護は世界各国の重要な問題です。汚染された環境は、われわれの健康を脅かすのはもちろん、後世にも良くない影響を及ぼすからです。一部の国家では強力な処罰や罰金などの規制によって環境を保護しようとしています。皆さんは環境保護規制についてどのように考えますか？　これについて書きなさい。
>
> 　環境保護は過去であろうと現在であろうと世界各国の重要な問題だ。知っての通り、汚染された環境はわれわれの健康を脅かすだけでなく後世にも良くない影響を及ぼすのだ。一部の国家では強力な処罰や罰金などの規制を通じて環境を保護しようしている。このような環境保護規制に対して賛成だ。
> 　まず、前で言したように、環境保護は重要な問題なだけに、老若男女を問わず誰もが皆、重要視しなければならない問題だ。しかし、重要な問題であるにもかかわらず、人々は普段環境保護に対してあまり気を遣わず、無視しているようにも思う。このため、とても重要な問題なのに、人々はあまり大きな問題ではないと考える可能性もある。法的に定めた規制がなかったら、もっと無視される可能性があると思う。例えば、道を歩いていてごみを捨て、つばを吐くこともある。人々はこのような行為が環境保護にとても大きな影響を及ぼすという考えはできなかっただろう。その上、このような行為をしても本人に後々問題が起きないからより一層無視するのは当然のことだ。
> 　しかし、もし強力な処罰や罰金がかかっていれば環境保護問題は変わるだろう。現代社会は競争が熾烈だ。お金と関連させれば、人々は重要視するだろう。処罰を受けず、罰金を払わないためであったとしても、環境保護問題に対する関心をより多く持って小さな習慣から直していく人が増えれば、環境保護問題も一緒に解決されると思う。

2　경제가 발전하면서 사회도 같이 변화하고 있다. 옛날 사회에서는 대가족이 대부분의 비율을 차지하고 있었으나 요즘 들어 1인 가구가 계속 증가하고 있다. 이러한 현상을 보면 사람들이 가족에게 기대는 마음이 점점 약해진다고 보이나, 나에게 가족은 없으면 안 되는 중요한 존재이다.

지금 사회에서 사람들이 더 좋은 직장을 다니기 위하여 고향을 떠나 서울이나 큰 도시에 가서 생활하는 현상을 흔히 볼 수 있다. 그렇기 때문에 1인 가구라는 가족 형태가 생겼다. 특히 서울의 경우, 원룸이나 오피스텔에서 혼자 사는 학생이나 직장인이 적은 편이 아니다. 그러나 이러한 상황이라고 해서 사람들에게 더 이상 가족이 필요가 없다는 것은 아니며, 나에게 가족은 친구나 동료보다 굉장히 중요한 존재이다.

요즘 들어 나이가 들수록 친구도 점점 없어진다는 생각이 들었다. 그러나 가족은 시간이 흘러도 변함없이 나에게 언제든지 든든하게 의지할 수 있는 존재이다. 친구와 한판 싸우면 우정이 끝이 날 수 있으나, 가족은 아무리 싸워도 같은 피니까 영원히 떠날 수 없다. 밖에서 섭섭한 일이 벌어지거나 상처를 받을 경우, 가족은 유일하게 나의 모든 것을 다 받아들이는 존재이다. 집에서 떠나 생활하고 있으나 마음속에서는 가족과 항상 함께 있다.

　現代社会において家族とはどのような意味であるかについて自分の考えを書く問題だ。現代社会では家族構成員の数が減り、単身世帯が増えているという状況とそのような家族構成の特徴について簡単に書いた後、家族とはどのような意味があるか、その理由が何であるかを説明する流れで書く。

　解答例では、序論で現代社会の家族の類型の変化と単身世帯増加現象について言及し、筆者自身には家族が重要な存在であることを書いた。本論では自分にとって家族が重要な理由について補充説明をし、多様な表現を使って意見を提示した。しかし、個人的な側面よりは、社会的な側面からもう少し明確で具体的な事例や根拠が提示されれば、より良い文章になるだろう。

※ 次をテーマにして自分の考えを600〜700字で文章を書きなさい。
　現代社会では単身世帯が増え続けています。このような現代社会の特徴を参考にして、「現代社会での家族の意味」について、下の内容を中心に自分の考えを書きなさい。
・現代社会において家族とはどのような意味ですか？
・そのように考えた理由は何ですか？

　経済が発展するのに伴い、社会も同じく変化している。昔の社会では大家族がほとんどの比率を占めていたが、最近になって単身世帯が増え続けている。このような現象を見ると、人々が家族に頼る気持ちがだんだん弱くなっていると見えるが、私にとって家族はなくてはならない重要な存在だ。

　今、社会において人々がより良い職場に通うために、故郷を離れてソウルや大都市に行って生活する現象をよく見ることができる。そのため、単身世帯という家族形態が生まれた。特にソウルの場合、ワンルームやオフィステルで一人暮らしをする学生やサラリーマンが少なくない。しかしこのような状況だからといって人々にとってもう家族は必要ないということはないし、私にとって家族は友達や同僚よりとても重要な存在だ。

　最近になって、年を取るほど友達もだんだんいなくなるという考えがよぎった。しかし、家族は時間が流れても変わることなく私にとっていつでもしっかりと頼れる存在だ。友達と一度けんかすると、友情が終わることもあるが、家族はいくらけんかしても同じ血だから永遠に離れられな

3 근로자들의 여가와 가정생활 등을 위한 근무 시간의 자율적 조정이 요즘 사람들에게 사랑을 많이 받고 있다. 그러나 이는 정말로 효율적인지 또는 광범위하게 시행할 수 있는지 조금 더 생각할 필요가 있다고 본다. 내 생각에는 다음과 같은 이유가 있기 때문에 근무 시간의 자율적 조정은 아직 고민할 부분이 많다.

첫째, 자율성이 많이 떨어지는 사람들에게 자율적인 근무는 그다지 좋지 않은 선택이라고 본다. 자율성이 없는 사람들에게 자유 시간을 준다면 업무를 우선으로 하지 않고 자기가 하고 싶은 일 또는 가벼운 일을 할 가능성이 높다. 그러나 정한 시간 안에 업무를 완성해야 하므로 업무의 완성 결과는 만족스럽게 나오지 못할 수밖에 없다. 또한 평일 규정 근무 시간에 다른 일을 하면 업무를 아직 처리하지 않았다는 생각이 들 수 있기 때문에 여가 생활을 제대로 즐기지 못할 경우도 있다.

둘째, 회사 측면에서는 근로자들이 자율적으로 근무 시간을 선택할 수 있다면 같이 사무실에서 근무할 기회가 없어질 수도 있다. 따라서 근로자들이 회사에 대한 정이 많이 떨어질 수 있다고 본다.

셋째, 자율적인 근무 환경은 업무를 잘하는 회사원에게는 많이 유리하다고 볼 수 있으나 업무의 난이도에 따라 손해를 볼 수도 있다. 난이도가 높은 업무는 일을 잘하는 회사원이라도 잔업을 해야 할 경우가 있다. 그러나 결국 그 잔업은 자기의 여가 시간으로 해야 한다. 이렇게 되면 회사로부터 잔업을 위해 소비한 시간에 대한 돈을 받을 수 없어서 손해를 볼 것이다.

이상 세 가지의 이유로 나는 근무 시간의 자율적 조정은 좋은 선택이 아니라고 본다.

勤務時間を自律的に調整する탄력 근무제도（弾力勤務制度＝フレックスタイム制度）について書く問題だ。問題では、賛成する立場と反対する立場の両方を提示した後、これに対する自分の立場とその理由を書けと指示している。すなわち、賛成と反対の立場を問う問題なので、どちらか片方に自分の立場を決め、具体的な理由を挙げて主張する文章を書けばいい。

解答例では、序論で、勤務時間の自律的調整に対する社会の肯定的反応とは反対に、効率性の側面についてより考察が必要であるとして懐疑的な立場を提示している。

本論では、反対する理由として三つの具体的な根拠を挙げている。文章を論理的に引っ張っており、語彙と文法の使用の側面でも比較的正確で、多様な表現を使っている。

※ 次をテーマにして自分の考えを600〜700字で文章を書きなさい。

　勤労者たちの余暇や家庭生活などのために勤務時間を自律的に決められる企業が増えています。しかし、一方では他の人たちと業務がきちんとつながらず、業務の効率性が余計に落ちるという声もあります。皆さんは勤務時間の自律的調整についてどのように考えますか？　また、そのように考えた理由は何ですか？　これについて書きなさい。

　勤労者たちの余暇や家庭生活などのための勤務時間の自律的調整は、最近人々にとても愛されている。しかし、これは本当に効率的なのか、または広範囲に施行できるのかもう少し考える必要があると思う。私の考えでは、次のような理由があるので、勤務時間の自律的調整はまだ悩む部分が多い。

　一つ目に、自律性がとても低い人にとって自律的な勤務はあまり良くない選択だと思う。自律性のない人に自由な時間を与えたら、業務を優先にせず、自分がしたい仕事または軽い仕事をする可能性が高い。しかし、決まった時間内に業務を完成させなければならないため、業務の完成結果は満足に出せなくなるしかない。また、平日、規定の勤務時間中に他の仕事をすると、業務がまだ処理できていないと考えてしまうので、余暇生活をしっかりと楽しめないこともある。

　二つ目に、会社の側面から勤労者たちが自律的に勤務時間を選択できたら、事務室で一緒に勤務する機会がなくなるかもしれない。従って、勤労者たちの会社に対する情がかなり減る可能性があると思う。

　三つ目に、自律的な勤務環境は業務が上手な会社員にとってはより有利だと見ることができるが、業務の難易度によって損をすることもある。難易度が高い業務は、仕事が上手な会社員でも残業をしなければならない場合がある。しかし、結局その残業は自分の余暇時間にしなければならない。こうなると、会社側から残業のために消費した時間分のお金をもらえず、損をするだろう。

　以上三つの理由で、私は勤務時間の自律的調整はいい選択ではないと思う。

4　나는 '온라인 실명제'를 도입하는 것에 찬성이다. 찬성하는 이유는 '온라인 실명제'를 도입함으로써 사람들 사이에 자신의 행동에 대한 책임감이 생길 것을 기대할 수 있기 때문이다.

　최근 사회 문제가 되고 있는 온라인에서 타인을 욕하거나 사실과 다른 내용을 올리는 등의 행동은 직접 얼굴을 맞대고 대화를 하는 오프라인과 달리 온라인에서는 서로 얼굴도 모르고 이름도 모르기 때문에 일어나는 문제라고 볼 수 있다. 일반적으로 사람들은 자신이 어디에서 온 누구인지를 상대방이 알고 있을 경우 자신의 행동에 책임을 가져야 한다고 생각한다. 그러므로 서로가 누구인지를 아는 오프라인에서는 사람들이 조심스럽게 말을 하게 되는데, 서로를 모르는 상황인 온라인에서는 오프라인만큼 자신의 행동에 책임감을 갖지 못한다. 따라서 오프라인에서는 안 하는 말도 온라인에서는 쉽게 해 버리는 사람들이 적지 않다.

그런데 '온라인 실명제'를 도입하면 얼굴까지는 몰라도 누가 어떤 말을 했는지 어떤 발언에 관하여 발언한 사람의 이름을 알 수 있으며, 이에 따라 사람들은 오프라인 상황에서 갖는 만큼의 책임감을 가지게 될 것으로 예상된다. 물론 '온라인 실명제' 도입만으로 이러한 문제를 완전히 해결하기는 어렵다고 할 수 있다. 그러나 '온라인 실명제'는 온라인에서 일어날 여러 문제를 줄일 수 있는 한 방법이 될 것이다.

「オンライン実名制」導入について書く問題だ。オンライン実名制に対する賛成または反対する立場を明らかにしてその理由を書けと指示している。賛成と反対のうちどちらかの立場を提示し、具体的な根拠を挙げて主張する文章を書けばいい。

解答例では、冒頭で「オンライン実名制」に賛成する立場を提示し、賛成する理由についてとても具体的に説明している。また後半部分で、オンライン実名制を導入した場合に予想される効果について言及することにより、論理的に妥当な文章を完成させた。語彙と文法の使用もまた比較的正確だ。ただ、長さが多少長い文の場合、二つの文に分けて整理すれば、より意味が明確な文に改善できるだろう。

※次をテーマにして自分の考えを600〜700字で文章を書きなさい。
　オンラインでは自分自身をさらけ出さなくていいので、他の人の悪口を言ったり事実と異なる内容を広めたりするなどの問題が発生しています。そのため、オンラインでも自分自身を公開しなければならないという「オンライン実名制」についての論議が行われています。皆さんは「オンライン実名制」についてどのように考えますか？　また、そのように考えた理由は何ですか？　これについて書きなさい。

　私は「オンライン実名制」を導入することに賛成だ。賛成する理由は「オンライン実名制」を導入することにより人々の間に自分の行動に対する責任感が生まれることを期待できるからだ。
　最近社会問題になっている、オンラインで他人の悪口を言ったり事実と異なる内容を上げたりするなどの行動は、直接顔を合わせて対話するオフラインと違い、オンラインでは互いに顔も知らず名前も知らないので起きる問題と見ることができる。一般的に人は、自分がどこから来た誰であるかを相手が知っている場合、自分の行動に責任を持たなければならないと考える。そのため、互いが誰なのかを知っているオフラインでは慎重に話すことになるが、互いを知らない状況であるオンラインではオフラインほどは自分の行動に責任感を持てない。従って、オフラインでは言わないこともオンラインでは簡単に言ってしまう人が少なくない。

　だが、「オンライン実名制」を導入すれば、顔までは分からなくても誰がどんなことを言ったか、ある発言に関して発言した人の名前を知ることができ、これによって人はオフラインの状況で持つのと同じくらいの責任感を持つことになると予想される。もちろん「オンライン実名制」の導入だけでこのような問題を完全に解決するのは難しいといえる。だが、「オンライン実名制」はオンラインで起きるいろいろな問題を減らすことができる一つの方法になるだろう。

※ [1~2] 다음을 읽고 ㉠과 ㉡에 들어갈 말을 각각 한 문장으로 쓰십시오.

1.

> 저희 한국기업이 창립 10주년을 (　㉠　).
>
> 한국기업이 오늘날에 이르기까지는 여러분들의 많은 도움과 응원이 큰 힘이 되었습니다.
>
> 한국기업과 함께 해 주신 여러분들을 모시고 감사 인사를 드리고자 하오니 바쁘시더라도 참석하셔서 기쁜 날을 함께 (　㉡　).

2.

> 우리는 대부분 좋은 꿈보다는 나쁜 꿈을 더 많이 기억한다. 그래서 잠에서 깨고 난 후에도 기분이 (　㉠　). 그러나 나쁜 꿈은 고통을 감소시켜 주고 스트레스도 (　㉡　). 꿈을 통해서 좋지 않은 상황을 반복적으로 겪게 되면, 실제 상황에서의 고통이 줄어든다는 것이다.

※ [3] 다음은 '휴대폰 사용 목적'에 대해 10대와 50대를 대상으로 실시한 설문 조사입니다. 그래프를 보고, 조사 결과를 비교하여 200~300자로 쓰십시오.

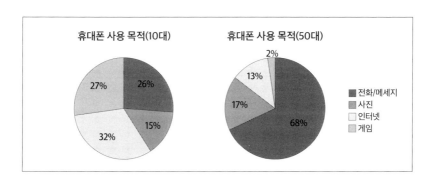

※ [4] 다음을 주제로 하여 자신의 생각을 600~700자로 글을 쓰십시오.

개나 고양이와 같은 동물을 키우는 인구가 증가하면서 아파트와 같은 공공 주택에서 애완동물을 키우는 가정이 늘고 있습니다. 이와 함께 공공 주택에서 키우는 애완동물의 소음과 배설물로 인해 피해를 입고 있는 가정 역시 증가하고 있습니다. 그렇다면 여러분은 공공 주택에서의 애완동물을 기르는 것에 대하여 어떻게 생각하십니까? 또, 그렇게 생각한 이유는 무엇입니까? 이에 대해 쓰십시오.

書き取り復習テスト 解答例・解説・訳

[1~2] 다음을 읽고 ㉠과 ㉡에 들어갈 말을 각각 한 문장으로 쓰십시오.

1. 解答例 : ㉠ 맞이하게 되었습니다 　㉡ 축하해 주시면 감사하겠습니다

解説 : 企業の創立記念行事へ招待する内容の招待文だ。

　㉠が含まれる文は、招待をすることになった背景についての説明をする文なので、創立10周年を迎えたという内容の文になる。上記解答例の他にも、**맞이했습니다**(迎えました)などの表現が入ればいい。

　㉡が含まれる文は、忙しくても祝賀行事に参席して一緒に祝ってくれという内容の文になる。祝賀行事に招待するときによく使う表現で、上記解答例の他にも、**축하해 주시기 바랍니다**(祝ってください)などの表現が入ればいい。

[1~2] 次の文章を読んで、㉠と㉡に入る言葉をそれぞれ1文で書きなさい。

1.　私たちハングク企業が創立10周年を(　㉠　)。
　ハングク企業が今日に至るまでは皆さま方の多くの助けと応援が大きな力になりました。
　ハングク企業と共に歩んでくださった皆さま方をお招きして感謝のあいさつをしたいと思いますので、お忙しくても参席くださり、うれしい日を一緒に(　㉡　)。
　㉠ 迎えることになりました
　㉡ 祝ってくださるとありがたいです

---

2. 解答例 : ㉠ 좋지 않은 경우가 많다 　㉡ 줄여 준다

解説 : 悪い夢はより記憶されて、目が覚めた後気分が優れないことがあるが、悪い夢は苦痛やストレスを減らしてくれるという内容の文章だ。

　㉠が含まれる文は、悪い夢を見た後は気分が優れないことがあるという内容の文になる。上記解答例の他にも、**나쁜 경우가 많다**(悪い場合が多い)、**좋지 않을 수가 있다**(良くないことがある)などの表現が入ればいい。

　㉡が含まれる文の**그러나**は、互いに異なる内容の二つの文を連結するとき使う表現だ。前で悪い夢の否定的側面について話したので、後ろの部分では悪い夢の肯定的側面についての内容が来なければならない。また、㉡のすぐ前に**스트레스도**とあるので、㉡には**감소시키다**と似た意味の表現が入らなければならない。上記解答例の他にも、**감소시켜 준다**(減少させてくれる)、**없애 준다**(なくしてくれる)、**줄여 줄 수 있다**(減らすことができる)、**감소시켜 줄 수 있다**(減少させることができる)、**없애 줄 수 있다**(なくすことができる)などの表現が入ればいい。

2. われわれはほとんどがいい夢より悪い夢をより多く記憶している。そのため、眠りから覚めた後も気分が（　㋐　）。しかし、悪い夢は苦痛を減少させてくれ、ストレスも（　㋑　）。夢を通じて良くない状況を繰り返し経験することになれば、実際の状況での苦痛が減っていくということだ。
　　　㋐ 良くない場合が多い
　　　㋑ 減らしてくれる

[3] 다음은 '휴대폰 사용 목적'에 대해 10대와 50대를 대상으로 실시한 설문 조사입니다. 그래프를 보고, 조사 결과를 비교하여 200〜300자로 쓰십시오.

3. 解答例：휴대폰을 사용하고 있는 10대와 50대를 대상으로 '휴대폰 사용 목적'을 조사한 결과에 따르면 10대가 휴대폰을 사용하는 가장 큰 목적은 '인터넷'이며 32%를 차지하였다. 이어 '게임' 27%, '전화/메시지' 26%, '사진' 15% 순으로 높게 나타났다. 한편 50대는 '전화/메시지'가 68%로 가장 높았고, 그 다음으로 '사진' 17%, '인터넷' 13%, '게임' 2% 순으로 나타났다. 조사 결과로 보아 두 집단 간 휴대폰 사용 목적에 큰 차이가 있음을 알 수 있다.

解説：比較して書けというのは、比較対象の間の似ている点や違う点などを整理して書けということだ。この問題では「携帯電話の使用目的」について10代と50代を対象に実施したアンケートの結果を比較して書けと指示している。よってP.108で示したような手順で文章を書けばいい。

　解答例はグラフの内容を基に、調査結果を比較するしっかりした文章になっている。構成面では必要な内容を全て含み、論理的で、語彙と文法の使用も正確だ。**조사한 결과에 따르면**（調査した結果によると）、**이어(서)**（続いて）、**〜순으로 높게 나타났다**（〜の順に高いと分かった）など多様な表現も使っている。

[3] 次は「携帯電話の使用目的」について10代と50代を対象に実施したアンケートです。グラフを見て、調査結果を比較して200〜300字で書きなさい。

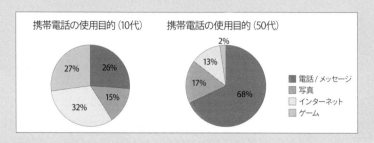

携帯電話を使用している10代と50代を対象に「携帯電話の使用目的」を調査した結果によると、10代が携帯電話を使用する最も大きな目的は「インターネット」であり、32％を占めた。続いて「ゲーム」27％、「電話／メッセージ」26％、「写真」15％の順に高いと分かった。一方50代は、「電話／メッセージ」が68％で最も高く、その次に「写真」17％、「インターネット」13％、「ゲーム」2％の順と分かった。調査結果を見ると両グループ間の携帯電話の使用目的に大きな違いがあることが分かる。

[4] 다음을 주제로 하여 자신의 생각을 600〜700자로 글을 쓰십시오.

4. 解答例 : 공공 주택에서 애완동물을 키우는 것에 대한 의견은 분분하지만 나는 매너만 잘 지킨다면 문제를 훨씬 줄일 수 있다고 생각한다.

애완동물을 키우는 사람의 수는 매년 늘어나고 있고 또 서울과 같은 큰 도시에서는 토지가 부족하기 때문에 일반적으로 사람들은 단독 주택보다 공공 주택에 산다. 그러므로 애완동물을 공공 주택에서 키우는 것은 피할 수 없는 일이라고 볼 수 있다.

그러나 앞에서 언급한 바와 같이 애완동물을 키우는 데 있어 애완동물을 키우는 가정은 매너를 잘 지켜야 한다. 예를 들어 공공 주택에서 애완동물을 키울 경우 가장 많이 일어나는 문제가 바로 소음에 관한 문제이다. 소음 문제는 애완동물을 키우는 가정만의 문제가 아니라 어느 가정에서도 일어날 수 있는 문제이지만 애완동물을 키우면 소음이 날 확률은 더 높아진다. 따라서 애완동물을 키우는 가정에서는 소음 문제 대책으로 소음 방지 매트를 까는 것이 다른 주민들에 대한 배려이며, 지켜야 할 매너라고 할 수 있다.

또한 배설물에 관한 문제도 자주 일어나는 문제 중 하나이다. 애완동물의 배설물을 방치하면 냄새도 나고 또한 주변 주민들이 지나가다 방치된 배설물을 보면 기분이 좋을 리가 없을 것이다. 따라서 산책을 시킬 때는 반드시 봉투

와 휴지를 챙겨 가서 배설물을 수거해야 한다.

이상과 같이 주변 주민들에 대한 배려를 잊지 말고 매너를 잘 지킨다면 애완동물 키우기에 관한 문제는 지금보다 줄일 수 있을 것이다.

解説：集合住宅でペットを飼うことについて、自分の意見を書く問題だ。自分の考えを明かしてその理由を書けと指示している。賛成と反対のどちらか一方を自分の立場として提示し、具体的な根拠を挙げて主張する文章を書けばいい。賛成の場合、問題で提示しているペットの騒音、排泄物などの被害を予防したり解決したりできる方法を一緒に提示すると文章がより豊かになる。反対の立場の場合も、ペットが好きな人たちに提示できる代案を提案すると、文章の完成度を高められる。

解答例は、集合住宅でペットを飼うことについて賛成する立場を提示して、その理由として、避けられない現実的状況に関する具体的な根拠を提示した。ペットの騒音、排泄物などの被害を予防したり解決したりできる対策を提案することで、論理的に文章を締めくくった。語彙と文法も比較的正確で多様な表現を使っている。

---

[4] 次をテーマにして自分の考えを600〜700字で文章を書きなさい。

犬や猫などの動物を飼う人口が増えるに伴い、マンションなどの集合住宅でペットを飼う家庭が増えています。これと共に、集合住宅で飼っているペットの騒音と排泄物によって被害を受ける家庭もまた増えています。では、皆さんは集合住宅でペットを飼うことについてどのように考えますか？　また、そのように考えた理由は何ですか？　これについて書きなさい。

集合住宅でペットを飼うことに対する意見はまちまちだが、私はマナーさえしっかり守るなら問題をはるかに減らせると思う。

ペットを飼う人の数は毎年増えており、また、ソウルのような大都市では土地が不足しているため一般的に人々は一軒家より集合住宅に住んでいる。そのため、ペットを集合住宅で飼うことは避けられないことだと思う。

しかし、前で言及したように、ペットを飼うにあたり、ペットを飼う家庭はマナーをしっかり守らなければならない。例えば、集合住宅でペットを飼う場合、最もよく起きる問題はまさに騒音に関する問題だ。騒音問題はペットを飼う家庭のみの問題ではなくどの家庭でも起こり得る問題だが、ペットを飼うと騒音が出る確率はより高くなる。従って、ペットを飼う家庭では騒音問題の対策として騒音防止マットを敷くことが他の住民に対する配慮であり、守らなければならないマナーだといえる。

さらに、排泄物に関する問題もよく起きる問題の一つだ。ペットの排泄物を放置すると、臭いもして、さらに周辺住民が通り過ぎて放置された排泄物を見たら気分がいいはずがないだろう。従って、散歩をさせるときは必ず袋と紙を持っていって排泄物を回収しなければならない。

以上のように、周辺住民に対する配慮を忘れずにマナーをしっかり守るなら、ペットを飼うことに関する問題は今より減らせるだろう。

問題パターン別対策
読解編

読解領域では、与えられた文章を読んで、その内容を把握できるか評価します。文章は説明文、広告文、小説、新聞の見出しなどさまざまな類型で提示され、テーマは教育、仕事、健康などの日常生活や経済、科学、芸術などさまざまな分野と関連があります。70分間で50問解かなければならず、一つの文章で2、3問出題されることもあります。

問題パターン

1 適切な文法を選ぶ問題

かっこの中に入る適切な表現を選ぶ問題です。文脈に合う語尾や助詞を選ばなければ
ならないので、語尾や助詞をあらかじめ知っておくことが必要です。

※ (　　　)에 들어갈 가장 알맞은 것을 고르십시오.

소포가 (　　　　　　) 저에게 전화해 주세요.

　① 도착하니까　　　　　　　　② 도착하다가

　③ 도착하더니　　　　　　　　④ 도착하거든

正解は④。-거든は「あることが事実なら」を意味する表現だ。小包が実際に届くという
出来事が起きたら電話してくれという内容なので、④が正解だ。

※かっこに入る最も適切なものを選びなさい。
小包が（　　　）私に電話してください。
　①到着するので　　　　　　　②到着していて
　③到着したのに　　　　　　　④到着したら

問題パターン別練習

※ (　　　)에 들어갈 가장 알맞은 것을 고르십시오.

練習問題

1 미리 신청서를 (　　　　　) 회원 카드를 받을 수 있다.

① 제출해야　　　② 제출하던지　　③ 제출하기로　　④ 제출하려고

2 배가 계속 고프면 빵을 더 (　　　　　) 해야겠다.

① 먹든지　　　　② 먹더니　　　③ 먹느라　　　④ 먹는지

3 오늘 모임에는 (　　　　　) 꼭 가야 한다.

① 늦거나　　　　② 늦도록　　　③ 늦더라도　　④ 늦다 보면

4 경은 씨가 책상에 (　　　　　) 공부를 하기 시작했다.

① 앉아야　　　　② 앉더니　　　③ 앉아도　　　④ 앉으니까

5 비행기를 놓치지 (　　　　　) 일찍 공항에 갔다.

① 않다가　　　　② 않거나　　　③ 않거든　　　④ 않도록

解答・解説・訳 ▶

1 正解は①。-아/어야は条件を表す接続語尾だ。会員カードを受け取るためにはあらかじめ申請書を提出しなければいけないという内容なので、①が正解だ。

> ※かっこに入る最も適切なものを選びなさい。
> あらかじめ申請書を（　　　）会員カードを受け取ることができる。
>   ①提出してこそ　　②提出したのか　　③提出することに　　④提出しようと

2 正解は①。-든지は何でも構わないという意味を表す接続語尾だ。おなかがすいているときに考えられる選択肢の中から一例としてパンを食べることを取り上げ、パンをもっと食べるなりしなければならないという内容なので、①が正解だ。

> ずっとおなかがすいているならパンをもっと（　　　）しなきゃ。
>   ①食べるなり　　②食べたら　　③食べていて　　④食べるのか

3 正解は③。-더라도は前のような状況が発生したと仮定しても、後ろはそれに影響されないことを表す接続語尾だ。仮に遅れたとしても集まりには必ず行かなければならないという内容なので、③が正解だ。

> 今日の集まりには（　　　）必ず行かなければならない。
>   ①遅れたり　　②遅れるように　　③遅れても　　④遅れてみると

4 正解は②。-더니は他の人の行動を見ていたら、前の行動の結果、後ろの行動が現れたのを発見したときなどに使う接続語尾だ。キョンウンさんが机に座ったのを見ていたら、彼女は勉強をし始めたという内容なので、②が正解だ。

> キョンウンさんが机に（　　　）勉強をし始めた。
>   ①座ってこそ　　②座ったら　　③座っても　　④座るので

5 正解は④。-도록は後ろに来る行動に対する目的や基準などを表す接続語尾だ。早く空港に行くことは飛行機を逃さないで乗るという目的のためなので、④が正解だ。

> 飛行機を逃さ（　　　）早く空港に行った。
>   ①ないでいたら　　②なかったり　　③ないなら　　④ないように

問題パターン 2 | 意味が似ている表現を選ぶ問題

下線を引いた部分と入れ替えて使っても、意味がそのまま伝わる表現を選ぶ問題です。似ている意味の表現を一緒に覚えておくと、問題を解くのに役立ちます。

※ 다음 밑줄 친 부분과 의미가 비슷한 것을 고르십시오.

한국어를 <u>배우기 위해서</u> 매일 아침에 라디오 방송을 듣습니다.

① 배우고자　　　　　　② 배우려다
③ 배우는 대신에　　　　④ 배우는 반면에

正解は①。-고자は目的や意図、希望を表すときに使う接続語尾だ。韓国語を学ぶ目的でラジオ放送を聞くという内容なので、①が正解だ。

※次の下線を引いた部分と意味が似ているものを選びなさい。
韓国語を<u>学ぶために</u>毎朝ラジオ放送を聞いています。
　①学ぼうと　　　　　　②学ぼうとして
　③学ぶ代わりに　　　　④学ぶ反面

※ 다음 밑줄 친 부분과 의미가 비슷한 것을 고르십시오.

練習問題

1 나도 가수처럼 노래를 잘 <u>부르고 싶다</u>.

① 부르는 편이다   ② 부르고 말겠다

③ 부르는 척한다   ④ 부르면 좋겠다

2 어젯밤 늦게까지 텔레비전을 <u>본 탓에</u> 잠을 자지 못했다.

① 보는 김에   ② 보기 무섭게

③ 보려던 참에   ④ 보는 바람에

3 오늘은 연습을 <u>그만하려나 보다</u>.

① 그만할 듯싶다   ② 그만할 수가 없다

③ 그만하기 나름이다   ④ 그만하기 마련이다

4 <u>늦잠을 자는 바람에</u> 학교에 지각했다.

① 늦잠을 자서   ② 늦잠을 자면

③ 늦잠을 자고   ④ 늦잠을 자더니

5 이 일은 민영 씨에게 <u>부탁하나 마나</u> 거절할 것이다.

① 부탁하거든   ② 부탁해 봤자

③ 부탁하다가는   ④ 부탁하고 보면

解答・解説・訳

1 正解は④。-고 싶다は話し手が望んだり願ったりする内容を表す表現だ。従って、話し手の希望や願いを表す-(으)면 좋겠다と入れ替え可能である。私も歌手のように歌を上手に歌えたらいいなという内容なので、④が正解だ。

> ※ 次の下線を引いた部分と意味が似ているものを選びなさい。
> 私も歌手のように歌を上手に<u>歌いたい</u>。
>
> ① 歌う方だ　　　　　　　　② 歌ってみせる
> ③ 歌うふりをする　　　　　④ 歌えたらいいな

2 正解は④。-(으)ㄴ 탓에、-는 탓에と-는 바람에は後ろに起こる状況の原因や理由を表す表現だ。普通、前の状況が後ろの行動に否定的な影響を及ぼすときや話し手の意図とは異なる結果をもたらすときに使う。昨夜遅くまでテレビを見たせいで眠れなかったという内容なので、④が正解だ。

> 昨夜遅くまでテレビを<u>見たせいで</u>眠れなかった。
>
> ① 見るついでに　　　　　　② 見るや否や
> ③ 見ようとしていたときに　④ 見たせいで

3 正解は①。-(으)려나 보다はあることが起きたりある状態だったりするだろうと推測を表す表現で、-(으)ㄹ 듯싶다または-(으)ㄹ 듯하다と入れ替えて使うことができる。今日は練習をもうやめようとしているようだと推測する内容なので、①が正解だ。

> 今日は練習を<u>やめるようだ</u>。
>
> ① やめるようだ　　　　　　② やめることができない
> ③ やめることにかかっている　④ やめるはずだ

4 正解は①。-는 바람에は後ろに起きる状況の原因や理由を表す表現で、理由を表す-아/어서と入れ替えが可能だ。ただし、-아/어서は肯定的な場合と否定的な場合の両方に使うことができるが、-는 바람에は普通、前の状況が後ろの行動に否定的な影響を及ぼすときだけに使える。寝坊をしたことが理由になって学校に遅刻をしたという内容なので、①が正解だ。

> <u>寝坊をしたせいで</u>学校に遅刻した。
>
> ① 寝坊をしたので　　　　　② 寝坊をすると
> ③ 寝坊をして　　　　　　　④ 寝坊をしたら

5 正解は②。-(으)나 마나はある行動をしようとしまいとその結果をすでに話し手が分かっているので、結論的にはその行動をする必要がないことを表す表現だ。試してみても結果的には意味がないことを表す-아/어 봤자と入れ替えが可能だ。ミニョンさんに頼んでみても断られることは目に見えているという内容なので、②が正解だ。

このことはミニョンさんに<u>頼もうと頼むまいと</u>断るだろう。	
①頼んだら	②頼んでみたところで
③頼んでいたら	④頼んでみたら

問題パターン
3 | 見出しを理解する問題

　新聞記事の見出しを見て、記事の内容を類推する問題です。新聞記事の見出しは記事の内容を短い文で表現しなければならないので、語尾や助詞の使用が少なく、擬声語や擬態語が使われやすい傾向があります。

※다음은 신문 기사의 제목입니다. 가장 잘 설명한 것을 고르십시오.

| 第37回TOPIK Ⅱ 問題25

중부 지방 비 오락가락, 내일까지 이어져

　　① 중부 지방은 내일 하루 종일 비가 내릴 것이다.

　　② 중부 지방은 비가 그쳤다가 내일 다시 내릴 것이다.

　　③ 중부 지방은 내일까지 쉬지 않고 비가 내릴 것이다.

　　④ 중부 지방은 내일까지 비가 내렸다 그쳤다를 반복할 것이다.

　正解は④。**오락가락** (行ったり来たり) は、雨が降ったりやんだりする様子も表すので、④が正解だ。

> ※ 次は新聞記事の見出しです。最もよく説明したものを選びなさい。
> 中部地方雨降ったりやんだり、明日まで続く
> 　①中部地方は明日1日中雨が降るだろう。
> 　②中部地方は雨がやむが明日また降るだろう。
> 　③中部地方は明日までずっと雨が降るだろう。
> 　④中部地方は明日まで雨が降ったりやんだりを繰り返すだろう。

※ 다음은 신문 기사의 제목입니다. 가장 잘 설명한 것을 고르십시오.

第37回TOPIK Ⅱ 問題27

대형 마트 불황, 재래시장 매출은 나 홀로 '쑥쑥'

① 대형 마트와 재래시장은 불황 속에서도 매출이 상승하였다.

② 대형 마트의 매출이 상승하면서 재래시장의 매출도 올랐다.

③ 불황이지만 대형 마트와 재래시장은 매출에 영향을 받지 않았다.

④ 대형 마트는 매출에 어려움이 있지만 재래시장은 매출이 올랐다.

練習問題

1 이른 더위에 아이스크림 업계 활짝 웃었다

① 날씨가 일찍 더워져 아이스크림 판매가 증가하였다.

② 날씨가 늦게 더워져 아이스크림 판매가 증가하였다.

③ 날씨가 일찍 추워져 아이스크림 판매가 감소하였다.

④ 날씨가 늦게 추워져 아이스크림 판매가 감소하였다.

2 개표 마지막까지 안갯속 결과, 누가 웃을 것인가

① 선거에서 누가 당선될지 이미 확실시되었다.

② 어떤 후보가 웃으며 투표를 할지 이미 알고 있다.

③ 어떤 후보가 웃으며 선거 유세를 할지 알 수 없다.

④ 선거에서 누가 당선될지 끝까지 결과를 예측할 수 없다.

3 이사 철에도 부동산 거래 '뚝'

① 이사를 많이 하는 시기임에도 부동산 거래가 줄었다.

② 이사를 적게 하는 시기임에도 부동산 거래가 늘었다.

③ 이사를 많이 하는 시기이기 때문에 부동산 거래가 늘었다.

④ 이사를 적게 하는 시기이기 때문에 부동산 거래가 줄었다.

4 "불량 식품 꼼짝 마!", 내일부터 본격 단속 시작

① 내일부터 불량 식품 공급이 증가한다.

② 내일부터 불량 식품 소비가 감소한다.

③ 내일부터 불량 식품 업체의 경쟁이 본격적으로 시작된다.

④ 내일부터 불량 식품 업체에 대한 감독이 본격적으로 시작된다.

解答・解説・訳

第37回TOPIK Ⅱ 問題27

正解は④。**불황**（不況）は経済の状態が良くないことを意味し、**쑥쑥**（すくすく、にょきにょき、ぐんぐん）はあるものが勢いよく育つ様子を表す。見出しは、大型マートの経済の状況は良くないが、在来市場の売上は上がっているという意味で、互いに反対の状況を表している④が正解だ。

> ※ 次は新聞記事の見出しです。最もよく説明したものを選びなさい。
> 大型マート不況、在来市場の売上は一人勝ち「ぐんぐん」
> ① 大型マートと在来市場は不況下でも売上が上昇した。
> ② 大型マートの売上が上昇し、在来市場の売上も上がった。
> ③ 不況だが、大型マートと在来市場は売上に影響を受けなかった。
> ④ 大型マートは売上に困難があるが、在来市場は売上が上がった。

1 正解は①。**활짝 웃었다**の**활짝**（ぱあっと）は、顔が明るかったり顔いっぱいに笑みを浮かべたりした様子を表す。見出しは、暑さが早く始まってアイスクリーム業界にいい影響を

与えたという状況を人の笑顔に例えた文で、早く暑くなったことや販売の増加という内容が入っている①が正解だ。

> 早い暑さにアイスクリーム業界ににっこり笑った
> ①暑くなるのが早くてアイスクリームの販売が増加した。
> ②暑くなるのが遅くてアイスクリームの販売が増加した。
> ③寒くなるのが早くてアイスクリームの販売が減少した。
> ④寒くなるのが遅くてアイスクリームの販売が減少した。

2 正解は④。**안갯속**（霧の中）は、ある事柄がどうなるか分からない状態を比喩的に表現する言葉だ。すなわち、**안갯속 결과**という表現は開票結果がどうなるか分からないという意味なので、④が正解だ。

> 開票最後まで霧の中の結果、誰が笑うのだろうか
> ①選挙で誰が当選するか、すでに確実視されている。
> ②どの候補が笑いながら投票をするかすでに分かっている。
> ③どの候補が笑いながら選挙遊説をするか分からない。
> ④選挙で誰が当選するか最後まで結果を予測できない。

3 正解は①。**이사**は「引っ越し」、**철**は「時期」。つまり**이사 철**は「引っ越しの多い時期」のこと。**뚝**は、続いていたものが急に終わる様子や順位や売上などが目に見えて落ちる様子を表す。すなわち、引っ越しをする人が多い時期にもかかわらず不動産の取引が減ったという意味なので、①が正解だ。

> 引っ越しの時期でも不動産取引「ぱったり」
> ①引っ越しをする人が多い時期なのに不動産の取引が減った。
> ②引っ越しをする人が少ない時期なのに不動産の取引が増えた。
> ③引っ越しをする人が多い時期なので不動産の取引が増えた。
> ④引っ越しをする人が少ない時期なので不動産の取引が減った。

4 正解は④。**불량 식품**は「不良食品」、**단속**（団束）は「取り締まり」の意味だ。すなわち、明日から不良食品を扱う業者の取り締まりが始まるという意味なので、④が正解だ。

> 「不良食品、動くな！」、明日から本格取り締まり開始
> ①明日から不良食品の供給が増加する。
> ②明日から不良食品の消費が減少する。
> ③明日から不良食品業者の競争が本格的に始まる。
> ④明日から不良食品業者に対する監督が本格的に始まる。

問題パターン 4 ｜ 細部の内容を把握する問題

　与えられた文章に提示された内容と一致するものを選ぶ問題です。図表や説明文、小説など、さまざまな類型の文章が提供されます。

1 **説明文の内容を把握する問題**

　表やグラフに提示された内容と一致するものを選ぶ問題です。表やグラフのタイトルと年度、対象、期間などの内容をじっくり調べなければなりません。

※ 다음 글 또는 도표의 내용과 같은 것을 고르십시오.

▌第41回TOPIK Ⅱ 問題9

2015 청소년 과학 동아리 지원 사업
인주시가 여러분의 꿈과 희망을 응원합니다.

⊙ **신청 대상:** 중·고등학생 5명 이상의 동아리
　　※ 교사 1명이 포함되어야 함
⊙ **지원 금액:** 최대 200만 원
⊙ **사업 기간:** 2015년 7월 1일~12월 31일

① 동아리 지원은 일 년 동안 계속된다.

② 동아리는 고등학생들로만 구성되어야 한다.

③ 동아리 활동비는 이백만 원까지 받을 수 있다.

④ 동아리 인원이 두세 명인 경우에도 신청할 수 있다.

正解は③。サークルの支援事業申請の案内文だ。図表に、**支援 金額: 最大 200万 원**つまり、支援を200万ウォンまで受け取れると書いてあるので、③が正解だ。支援期間は事業期間の6カ月間なので①は間違い。サークルには教師1人が含まれなければならず、中学生も対象なので②も間違い。サークルの人数は5人以上でなければ申請できないので④も間違い。

※ 次の文章または図表の内容と同じものを選びなさい。

2015 青少年科学サークル支援事業
インジュ市が皆さんの夢と希望を応援します。

◉申請対象: 中高生5人以上のサークル
　　　　　※教師1名が含まれなければならない

◉支援金額: 最大200万ウォン

◉事業期間: 2015年7月1日〜12月31日

① サークルの支援は1年間続く。
② サークルは高校生のみで構成されなければならない。
③ サークルの活動費は200万ウォンまで受け取れる。
④ サークルの人数が2、3人の場合も申請できる。

問題パターン別練習

※ 다음 글 또는 도표의 내용과 같은 것을 고르십시오.

第41回TOPIK Ⅱ 問題10

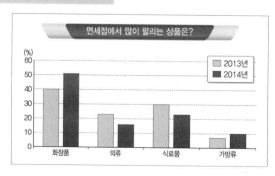

① 2014년 식료품 구입이 2013년보다 늘었다.

② 2014년 가방류 판매가 2013년에 비해 줄었다.

③ 두 해 모두 화장품이 가장 많이 판매되었다.

④ 2014년에는 의류가 먹을 것보다 많이 팔렸다.

練習問題

1

서울-대구 기차표 가격

구분	가격
특실	80,000원
일반실	55,000원
입석	45,000원
어린이	40,000원

※만 4세 미만 유아는 표를 구매하지 않아도 됩니다.
※어린이 표는 만 4세~만 12세만 구입 가능합니다.
※장애인은 50% 할인된 금액이 적용됩니다.

① 만 3세의 유아는 어린이 표를 구매해야 한다.

② 만 11세인 경우 어린이 표를 구매할 수 없다.

③ 입석 표의 가격이 일반실 표의 가격보다 비싸다.

④ 장애인은 할인된 가격으로 표를 구매할 수 있다.

2

부산 해수욕장 개장 안내

- 기간　　: 2016년 7월 1일 ~ 8월 31일
- 이용 시간 : 06:00 ~ 24:00
- 입장료　 : 무료
- 주차　　: 가능
- 기타　　: 튜브, 파라솔 유료 대여 가능

① 튜브는 돈을 내고 빌릴 수 있다.

② 부산 해수욕장은 입장료를 받는다.

③ 일 년 내내 해수욕장을 이용할 수 있다.

④ 부산 해수욕장은 24시간 이용 가능하다.

3

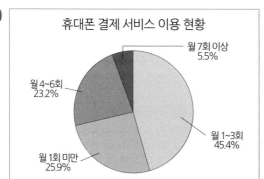

휴대폰 결제 서비스 이용 현황

월 7회 이상
5.5%

월 4~6회
23.2%

월 1~3회
45.4%

월 1회 미만
25.9%

① 월 1~3회 사용하는 사람이 절반이 넘는다.

② 한 달에 한 번도 사용하지 않는 사람이 제일 많다.

③ 월 7회 이상 사용하는 사람은 월 4~6회 사용하는 사람보다 적다.

④ 월 1회 미만 사용하는 사람이 월 1~3회 사용하는 사람보다 많다.

4

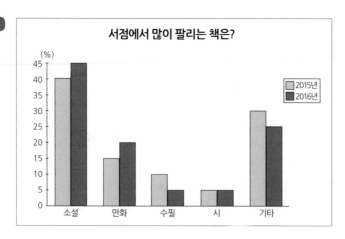

서점에서 많이 팔리는 책은?

(%)

2015년
2016년

소설　만화　수필　시　기타

① 2016년에는 소설책 판매가 2015년에 비해 감소했다.

② 2016년에는 시집과 수필집의 판매량 비율이 비슷하다.

③ 2016년에는 만화책이 가장 많이 판매되었다.

④ 2015년에는 수필집보다 시집이 더 많이 판매되었다.

解答・解説・訳

第41回TOPIK Ⅱ 問題10

正解は③。免税店で多く売れる商品についてのグラフだ。2013年で棒グラフが一番高いのは化粧品で、2014年でも一番高いのは化粧品なので、③が正解だ。食料品の購入は2013年より減ったので①は間違い。かばん類の販売は2013年より増えたので、②も間違い。2014年は衣類より食べ物が多く売れたので、④も間違い。

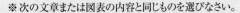

※ 次の文章または図表の内容と同じものを選びなさい。

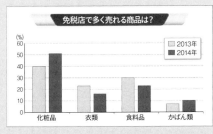

①2014年、食料品の購入が2013年より増えた。

②2014年、かばん類の販売が2013年に比べて減った。

③二年とも化粧品が一番多く販売された。

④2014年は衣類が食べ物より多く売れた。

1 正解は④。汽車の切符についての案内文だ。障害者は50%割引された金額が適用されると書いてあるので、④が正解だ。満4歳未満は切符を購入しなくてよいので、①は間違い。満4歳〜満12歳は子ども切符を買えるので、②も間違い。立ち席切符は45,000ウォン、一般室は55,000ウォンで、立ち席切符の方が安いので③も間違い。

ソウル－大邱 汽車の切符の価格	
区分	価格
特等室	80,000ウォン
一般室	55,000ウォン
立ち席	45,000ウォン
子ども	40,000ウォン

※満4歳未満の幼児は切符を購入しなくてもいいです。
※子ども切符は満4歳～満12歳のみ購入可能です。
※障害者は50%割引された金額が適用されます。

① 満3歳の幼児は子ども切符を買わなければならない。

② 満11歳の場合、子ども切符を買えない。

③ 立ち席切符の価格は一般室の価格より高い。

④ 障害者は割引された価格で切符を買える。

2 正解は①。海水浴場についての案内文だ。튜브 (浮き輪) と파라솔 (パラソル) は有料レンタルが可能と書いてあり、お金を払えば浮き輪を借りることができるので、①が正解だ。釜山海水浴場は入場料無料、開場期間は7月1日から8月31日まで、利用時間は午前6時から午後12時までなので、②、③、④は全て間違い。

釜山海水浴場開場の案内

- ・期間　　 ：2016年7月1日～8月31日
- ・利用時間 ：6：00～24：00
- ・入場料　 ：無料
- ・駐車　　 ：可能
- ・その他　 ：浮き輪、パラソルは有料レンタル可能

① 浮き輪はお金を払って借りることができる。

② 釜山海水浴場は入場料を取る。

③ 1年中ずっと海水浴場を利用できる。

④ 釜山海水浴場は24時間利用可能だ。

3 正解は③。1カ月に携帯電話を使って決済する回数についてのグラフだ。月7回以上が5.5%、月4～6回は23.2%なので、③が正解だ。月1～3回使う人は45.4%で半数よりは少ないので、①は間違い。1カ月に1回も使わない人＝月1回未満使う人は25.9%で2番目に多いので、②も間違い。月1回未満使う人は25.9%、月1～3回使う人は45.4%なので、④も間違い。

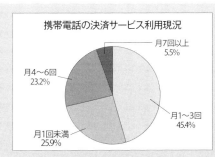

携帯電話の決済サービス利用現況

月7回以上
5.5%

月4〜6回
23.2%

月1〜3回
45.4%

月1回未満
25.9%

①月1〜3回使う人が半数を超える。
②1カ月に1回も使わない人が一番多い。
③月7回以上使う人は月4〜6回使う人より少ない。
④月1回未満使う人が月1〜3回使う人より多い。

4 正解は②。書店で売れる本の比率についてのグラフだ。2016年は詩と随筆が5%で同じだけ売れたので、②が正解だ。2016年の小説の販売は2015年に比べて増加したので、①は間違い。2016年に一番多く売れたのは小説なので、③も間違い。2015年は随筆集が詩集より多く売れたので、④も間違い。

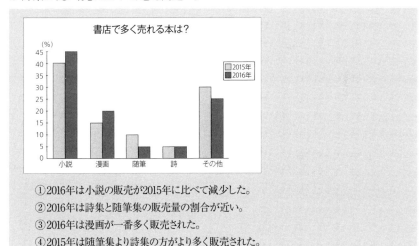

書店で多く売れる本は?

(%)

■2015年
■2016年

①2016年は小説の販売が2015年に比べて減少した。
②2016年は詩集と随筆集の販売量の割合が近い。
③2016年は漫画が一番多く販売された。
④2015年は随筆集より詩集の方がより多く販売された。

叙述文の内容を把握する問題

　与えられた文章に提示された内容と一致するものを選ぶ問題です。似た内容の選択肢が提示されますが、与えられた文章の内容と正確に一致するものでなければ正解にならないので、注意して答えを選ばなければなりません。

※ 다음을 읽고 물음에 답하십시오.

| 第41回TOPIK Ⅱ 問題32

　보자기는 물건을 싸는 실용적인 용도로 사용된다. 그중에서 쓰고 남은 천 조각으로 만든 것을 조각보라고 한다. 이 조각보를 만들 때는 쓰는 사람이 복을 받기를 바라는 마음으로 바느질을 한다. 이러한 조각보가 오늘날에는 예술적으로도 인정을 받고 있다. 색도, 모양도, 크기도 서로 다른 조각들을 이어 만든 조각보에는 자유분방한 아름다움과 조화로움이 살아 있기 때문이다.

이 글의 내용과 같은 것을 고르십시오.

　① 조각보는 실용성보다 예술성이 강조되어 있다.

　② 조각보는 큰 천을 여러 조각으로 잘라서 만들었다.

　③ 조각보는 색이 같고 모양이 다른 조각이 이어져 있다.

　④ 조각보에는 복을 기원하는 정성스러운 마음이 담겨 있다.

正解は④。복을 기원하다は、福を受けられるよう祈って期待するという意味だ。チョガクポを作るときは、使う人が福を受けることを願いながら針仕事をするとあるので、④が正解だ。チョガクポは実用性と芸術性を両方とも備えているので①は間違い。チョガクポは余った切れ端で作られ、その色も大きさも形も異なるので、②、③も間違い。

※ 次の文章を読んで、問いに答えなさい。

　ポジャギは物を包む実用的な用途で使われる。そのうち、余った切れ端で作った物をチョガクポという。このチョガクポを作るときは、使う人が福を受けることを願う気持ちで針仕事をする。このようなチョガクポが今日には芸術的にも認められている。色も、形も、大きさも互いに違う切れ端をつなげて作ったチョガクポには自由奔放な美しさと調和が生きているからだ。

この文章の内容と同じものを選びなさい。
　①チョガクポは実用性より芸術性が強調されている。
　②チョガクポは大きな布をいくつかの切れ端に切って作ってある。
　③チョガクポは色が同じで形が違う切れ端がつなげられている。
　④チョガクポには福を願う真心が込められている。

問題パターン別練習

※ 다음을 읽고 물음에 답하십시오.

第41回TOPIK Ⅱ 問題24

　할머니를 시골에 두고 혼자 서울로 올라오는 발걸음은 가볍지 않았다. 하지만 무거웠던 마음은 며칠 가지 않았다. 할머니는 날마다 전화를 하더니 급기야 서울로 올라오시고 말았다. 할머니의 손자 사랑은 어쩔 수 없나 보다. 할머니는 청소며 빨래며 나에게는 안 보이던 온갖 집안일들을 찾아서 하기 시작했다. 그냥 쉬다가 내려가시라고 아무리 말해도 들은 척도 하지 않았다. 서른이 넘은 나는 할머니가 보기엔 여전히 아이에 불과했다. 서울살이 몇 주 만에 낯선 동네에서 친구까지 사귄 할머니는 친구를 따라 시장에 갔다가 넘어지시고 말았다. 병원에서 온 연락을 받고 걱정이 되어 정신없이 달려갔더니 할머니는 같은 병실 사람들을 모아 놓고 환하게 웃으며 이야기하고 있었다. 다리에 붕대를 감고서 말이다. 그 광경을 보고 난 할 말을 잃었다.

이 글의 내용과 같은 것을 고르십시오.

① 할머니께서는 내 말에 자주 귀를 기울이셨다.

② 할머니께서는 시장에 갔다가 다리를 다치셨다.

③ 할머니께서는 나에게 온갖 집안일을 시키셨다.

④ 할머니께서는 친구를 만나려고 서울에 올라오셨다.

練習問題

1　음주 운전이 위험하다는 사실은 누구나 다 알고 있다. 그런데 음주 운전만큼이나 운전 중 위험한 행동이 있다. 바로 운전 중 휴대폰 사용이다. 운전 중에 휴대폰을 사용하면 주의력이 분산되어 반응 속도가 느려진다. 이 때문에 돌발 상황에 대한 대응이 늦어져 사고의 위험이 높아진다.

이 글의 내용과 같은 것을 고르십시오.

① 음주 운전이 위험하다는 것을 널리 알려야 한다.

② 운전 중에 휴대폰을 사용하면 운전에 집중하지 못하게 된다.

③ 음주 운전보다 운전 중 휴대폰 사용이 더 위험하다.

④ 운전 중에 휴대폰을 사용하면 음주 운전과 같은 처벌을 받는다.

2　인간의 언어에는 다양한 종류가 있고, 한 언어에도 지역마다의 방언이 있다. 돌고래의 언어도 인간의 언어만큼 다양하다. 그래서 다른 지역에 사는 돌고래들은 서로 의사소통을 하지 못한다는 연구 결과가 있다. 더욱 재미있는 것은 언어가 서로 다른 돌고래들의 의사소통을 돕는 통역 돌고래도 있다는 사실이다. 이에 많은 연구자들은 돌고

래의 언어와 의사소통 방법을 밝히고자 연구 중이다.

이 글의 내용과 같은 것을 고르십시오.
① 돌고래는 한 가지 언어를 사용한다.
② 인간의 언어와 돌고래의 언어는 비슷하다.
③ 돌고래의 언어에 대해서는 모두 밝혀졌다.
④ 서로 다른 언어를 통역해 주는 돌고래가 있다.

3　음식을 먹을 때 '꼭꼭 씹어 먹어라'라는 말을 자주 한다. 이 말은 과학적으로도 근거가 있는 말이다. 무언가를 '꼭꼭' 씹어 먹으면 건강에도 긍정적인 효과를 주기 때문이다. 음식물을 씹는 것은 뇌를 자극시켜 판단력과 기억력을 증진시킬 수 있다. 또 씹는 활동을 통해 분비되는 침의 성분으로 인해 면역력이 강화되고 노화를 천천히 올 수 있게 한다.

이 글의 내용과 같은 것을 고르십시오.
① 침은 뇌 발달에 도움을 준다.
② 음식을 씹는 활동은 건강에 도움을 준다.
③ 씹는 활동을 많이 하면 노화가 빨리 온다.
④ 면역력 강화에 도움을 주는 음식을 먹어야 한다.

4　어렸을 적 나는 엄마가 늘 곁에 있기를 바랐다. 다른 아이들처럼 엄마와 소풍을 가고 싶었고, 갑자기 비가 오는 날 엄마가 가져다준 우산을 쓰고 집에 가고 싶었다. 그러나 선생님이신 엄마는 입학식, 졸업식을 비롯한 각종 학교 행사에 참여하지 못하셨으며, 심지어 내가 병원에 입원했을 때조차 나를 자원봉사자의 손에 맡기고 출근하셔

야 했다. 엄마도 아픈 딸을 두고 가는 출근길에 발이 떨어졌을 리 없었겠지만, 하루 종일 누워서 천장만 보아야 했던 나는 그때부터 사람들을 관찰하는 습관이 생겼다.

이 글의 내용과 같은 것을 고르십시오.

① 나는 엄마와 소풍을 함께 갔다.

② 엄마는 학교 행사에 누구보다 열심이셨다.

③ 나는 입원했을 때 새로운 습관을 갖게 되었다.

④ 내가 입원했을 때 엄마가 항상 간호해 주셨다.

解答・解説・訳

第41回TOPIK II 問題24

正解は②。おばあさんが友達に付いて市場に行って転び、脚に包帯を巻いたとあるので、②が正解だ。おばあさんは孫の言うことには聞く耳をもたず、全ての家事をしてくれたので、①、③は間違い。おばあさんがソウルに来たのは孫への愛からなので、④も間違い。

※ 次の文章を読んで、問いに答えなさい。

祖母を田舎に置いて一人でソウルに上る足取りは軽くなかった。だけど、重かった心は数日続かなかった。祖母は毎日電話をしていたら、ついにはソウルに上ってきてしまった。祖母の孫への愛はどうすることもできないようだ。祖母は掃除に洗濯に、私には見えなかった全ての家事を探してやり始めた。ただ休んで帰ってといくら言っても聞くふりもしなかった。30を超えた私は、祖母が見るには依然として子どもにすぎなかった。数週間のソウル暮らしでなじみのない町で友達までつくった祖母は友達に付いて市場に行って転んでしまった。病院から来た連絡を受けて心配になって無我夢中で飛んで行ってみると、祖母は同じ病室の人を集めて明るく笑いながら話をしていた。脚に包帯を巻いてだ。その光景を見て、私は言葉を失った。

この文章の内容と同じものを選びなさい。
　　①祖母は私の言葉によく耳を傾けた。
　　②祖母は市場に行って脚をけがした。
　　③祖母は私に全ての家事をさせた。
　　④祖母は友達に会おうとソウルに上ってきた。

1 正解は②。運転中に携帯電話を使うことは危険だという内容の文章だ。飲酒運転の危険性はよく知られていて、これと同じくらい危険なのが運転中の携帯電話の使用だとあるので、①、③は間違い。④はこの文章からは分からない内容だ。

> 飲酒運転が危険だという事実は誰もが皆知っている。しかし、飲酒運転と同じくらい運転中に危険な行動がある。それはまさに運転中の携帯電話の使用だ。運転中に携帯電話を使うと注意力が分散されて反応速度が遅くなる。このため、突発的な状況に対する対応が遅くなって事故の危険が高まる。
>
> この文章の内容と同じものを選びなさい。
> 　①飲酒運転が危険だということを広く知らせなければならない。
> 　②運転中に携帯電話を使うと運転に集中できなくなる。
> 　③飲酒運転より運転中の携帯電話の使用の方が危険だ。
> 　④運転中に携帯電話を使うと飲酒運転と同じ処罰を受ける。

2 正解は④。イルカの言語についての文章だ。異なる地域に住むイルカは互いに意思疎通ができず、言語が違うイルカ間の意思疎通を助ける通訳イルカがいるとあるので、④が正解だ。イルカの言語も人間の言語と同様に多様で、イルカの言語と意思疎通の方法を明らかにするために研究している研究者が多くいるので、①、③は間違い。②は文章からは分からない内容だ。

> 人間の言語にはさまざまな種類があり、一つの言語にも地域ごとの方言がある。イルカの言語も人間の言語同様に多様だ。そのため、異なる地域に住むイルカは互いに意思疎通をできないという研究結果がある。さらに面白いのは、言語が互いに違うイルカの意思疎通を助ける通訳イルカもいるという事実だ。よって多くの研究者たちはイルカの言語と意思疎通の方法を明らかにしようと研究中だ。
>
> この文章の内容と同じものを選びなさい。
> 　①イルカは1種類の言語を使っている。
> 　②人間の言語とイルカの言語は似ている。
> 　③イルカの言語に対しては全て明らかになった。
> 　④互いに異なる言語を通訳するイルカがいる。

3 正解は②。食べ物をかむことの効用についての文章だ。食べ物をかむことは健康に肯定的な効果をもたらすとあるので、②が正解だ。かむときに出る唾の成分は免疫力を強化させて老化を遅くするとあるだけで、唾が脳の発達に役立つとは書かれていないので①、③は間違い。④は文章からは分からない内容だ。

食べ物を食べるとき、「しっかりかんで食べなさい」とよく言う。この言葉は科学的にも根拠がある言葉だ。何かを「しっかり」かんで食べると健康にも肯定的な効果をもたらすからだ。食べ物をかむことは脳を刺激して判断力と記憶力を増進させることができる。また、かむ活動を通じて分泌される唾の成分によって免疫力が強化され、老化を遅らせることができるようになる。

この文章の内容と同じものを選びなさい。
①唾は脳の発達に役立つ。
②食べ物をかむ活動は健康に役立つ。
③かむ活動をたくさんすると老化が早まる。
④免疫力の強化に役立つ食べ物を食べなければならない。

4 正解は③。小さい頃、仕事のために母親がそばにいてくれなかったという内容の文章だ。入院したときも母親は仕事に行ってしまい、世話をしてくれなかったので1日中横になっているしかなく、そのため人を観察する習慣が生まれたとあるので、③が正解だ。ピクニックに母親と一緒に行っていたのは「私」ではなく他の子なので、①は間違い。母親は学校行事には参加できなかったので、②も間違い。入院したとき、母親は仕事に出掛けていたので、④も間違い。

小さい頃、私はお母さんがいつもそばにいることを願った。他の子のようにお母さんとピクニックに行きたかったし、急に雨が降った日にお母さんが持ってきてくれた傘を差して家に帰りたかった。だけど、先生であるお母さんは入学式、卒業式をはじめとした各種学校行事に参加できず、さらには私が入院したときすら私をボランティアの手に任せて出勤しなければならなかった。お母さんも具合の悪い娘を置いて行く出勤途中、後ろ髪を引かれなかったはずもなかっただろうけど、1日中横になって天井だけを見ていなければならなかった私は、そのときから人を観察する習慣が生まれた。

この文章の内容と同じものを選びなさい。
①私はお母さんとピクニックに一緒に行った。
②お母さんは学校の行事に誰よりも一生懸命だった。
③私は入院したとき、新しい習慣を身に付けることになった。
④私が入院したとき、お母さんがいつも看護してくれた。

問題パターン
5 | 主要な内容を把握する問題

　与えられた文章を読んで、筆者が言おうとしている内容や理由を探す問題です。文章の内容全体を理解する能力が必要です。文章を読んで「誰が」「いつ」「どこで」「何を」「どのように」「なぜ」したのかを1文に整理する練習をしてみるのが、問題を解くに当たって役に立つことがあります。

文章の目的を把握する問題

　筆者が文章を書いた理由を探す問題です。細かい内容より全体的な内容を把握することが、問題を解くのに役に立ちます。

※ 다음을 읽고 물음에 답하십시오.

第41回TOPIK Ⅱ 問題48

　현대 사회는 다양한 이익 집단의 관계가 복잡하게 얽혀 있기 때문에 많은 사회적 갈등이 존재한다. 사회 문화적 요소가 포함된 갈등에서부터 경제적 요인이 포함된 갈등, 일상생활과 관련된 갈등까지 사회적 갈등은 여러 요인에 의해 끊임없이 발생한다. 그런데 이러한 사회적 갈등이 타협을 통해 합리적으로 조정된다면 사회를 통합하는 동력으로 작용할 수 있을 것이다. 따라서 사회적 갈등을 합리적으로 해결하기 위해 사회 구성원 모두가 합의할 수 있는 해결 원칙을 세울 필요가 있다. 먼저 자율적으로 해결하는 것이 중요하다. 즉 당사자 간의 자유로운 대화와 협상을 통해 쟁점을 해결하려는 노력이 우선되어야 한다. 다음으로 갈등의 당사자 모두에게 이익이 되는 방향으로 해결해야 한다. 갈등 해결에 따른 이익이 한쪽에만 돌아가면 쟁점을 둘러싼 갈등이 계속 이어지기 때문이다. 또한 국민 전체의 이익과 부합되는 방향으로 해결되어야 그 해결 방안이 국민의 지지를 받을 수 있다는 점도 잊지 말아야 한다.

필자가 이 글을 쓴 목적을 고르십시오.

　① 공통된 갈등 해결의 원칙이 필요함을 주장하기 위해
　② 국가의 지지를 받는 갈등 해결 방안을 요청하기 위해
　③ 현대 사회의 다양한 사회적 갈등에 대해 설명하기 위해
　④ 갈등 당사자 모두에게 이익이 돌아가도록 촉구하기 위해

正解は①。社会的葛藤についての文章だ。文章の論理的な流れは次のように整理できる。現代社会は多くの社会的葛藤が存在する→このような社会的葛藤が合理的に調整されれば社会を統合する力になる→従って、社会的葛藤の合理的解決のための原則が必要である。よって、①が正解だ。

> ※次の文章を読んで、問いに答えなさい。
>
> 　現代社会は多様な利益集団の関係が複雑に絡まっているので、多くの社会的葛藤が存在する。社会文化的要素が含まれた葛藤から経済的要因が含まれた葛藤、日常生活と関連した葛藤まで、社会的葛藤はいろいろな要因によって絶えず発生している。ところで、このような社会的葛藤が妥協を通じて合理的に調整されたら、社会を統合する動力として作用できるだろう。従って、社会的葛藤を合理的に解決するため、社会構成員皆が合意できる解決原則を立てる必要がある。まず、自律的に解決することが重要だ。すなわち、当事者間の自由な対話と協議を通じて争点を解決しようとする努力が優先されなければならない。次に、葛藤の当事者皆に利益となる方向で解決しなければならない。葛藤解決による利益が一方にだけ配分されれば、争点を取り巻く葛藤がずっと続くからだ。また、国民全体の利益と一致する方向に解決されてこそ、その解決方法が国民の支持を得られるという点も忘れてはならない。
>
> 　筆者がこの文章を書いた目的を選びなさい。
> 　　①共通の葛藤解決の原則が必要であることを主張するため
> 　　②国家の支持を得る葛藤解決方法を要請するため
> 　　③現代社会の多様な社会的葛藤について説明するため
> 　　④葛藤の当事者全員に利益が配分されるよう促すため

問題パターン別練習

※다음을 읽고 물음에 답하십시오.

　　성장과 분배는 경제 정책의 양 축이다. 새가 두 날개로 날 듯 둘 중 하나만으로는 국가 경제가 제대로 굴러갈 수 없다. 문제는 어느 쪽에 더 정책의 무게를 두느냐에 있다. 지난 정부에서는 성장률이 올라가면 저절로 분배가 이루어진다는 '낙수 효과'를 기대하고 선성장 후분배 정책을 시행했지만 큰 효과를 보지 못하였다. 1950년대와 1960년대에 일부 국가들이 높은 경제 성장을 이루고, 이와 함께 소득 불평등이 크게 완화된 예가 있기는 하다. 그러나 대기업이 주도하는 현재 우리의 경제 구조에서는 발전의 성과가 편중되기 마련이어서 낙수 효과를 기대하기가 어렵다. 그러므로 경제 성장에 따른 소득 불평등 완화 현상은 실현되기 어렵다. 따라서 소득 불평등의 심화는 필연적이므로 이에 대한 획기적인 정책이 마련되어야 한다. 이런 점에서 현 정부가 발표한 성장과 분배의 균형에 목표를 둔 '소득 주도 성장' 정책은 시의 적절하다고 볼 수 있다.

필자가 이 글을 쓴 목적을 고르십시오.

① 정부의 지원 대책 마련을 요구하기 위하여
② 낙수 효과가 일어나는 현상을 설명하기 위하여
③ 선성장 후분배의 성공 사례를 제시하기 위하여
④ 정부의 새로운 경제 성장 정책을 지지하기 위하여

1 한국의 전통 소반 중에 재미있는 이름을 가진 소반이 있다. 바로 '개다리소반'이다. 소반은 음식을 옮길 때 쟁반처럼 사용하거나 전통 가옥에서 방에 놓고 식탁처럼 사용하던 상을 말한다. 소반의 한 종류인 개다리소반은 다리의 모양이 실제 개의 다리와 비슷해서 개다리소반이라는 이름이 붙여졌다. 전통 한국 가옥에서는 식구들이 식탁이 있는 곳으로 모여 함께 식사를 하지 않고 부엌에서 음식을 만들어 방이나 마루로 옮겨 가서 식사를 했다. 그런데 전통 가옥에서 사용했던 그릇은 대부분 무거운 소재의 놋그릇이나 사기그릇이었다. 개다리소반은 이러한 무거운 그릇의 무게를 견딜 수 있고, 들고 옮기기도 쉽도록 튼튼하고 가벼운 나무로 만들어졌기 때문에 한국의 전통 생활방식에 있어서 매우 유용한 물건이었던 것이다.

필자가 이 글을 쓴 목적을 고르십시오.
① 개다리소반의 예술성을 분석하기 위하여
② 개다리소반의 독창성을 주장하기 위하여
③ 개다리소반의 장점과 단점을 비교하기 위하여
④ 개다리소반의 유래와 실용성을 설명하기 위하여

2 과자 봉지의 부피에 비해 봉지 안에 담긴 내용물의 양이 적어 실망한 적 있을 것이다. 이처럼 외형을 부풀리거나 지나치게 많은 비용을 들인 포장을 과대 포장이라고 한다. 물론, 포장은 제품의 운송이나 보관 과정에서 발생할 수 있는 파손을 줄이고 소비자들의 구매를 유도하기 위한 것이다. 그러나 과대 포장은 재료비를 증가시키는 것은 물론, 운송과 보관 시에 더 많은 공간을 차지하게 되어 불필요한 비

용을 발생시키고, 이는 결국 제품의 가격을 올려 소비자에게 부담을 안겨 준다. 또한, 폐기물의 증가와 폐기물 증가에 따른 탄소 배출량 증가로 자원 낭비와 환경 문제를 일으킨다. 최근에는 이러한 과대 포장이 오히려 소비자의 구매를 포기하게 만든다는 연구 결과도 있다. 내용물이 포장에 못 미쳐 소비자를 실망시키기 때문이다. 따라서 지나친 포장은 오히려 '독'이라는 인식을 통해 과대 포장을 줄이려는 기업의 노력과 함께 지속적인 단속의 필요성이 제기된다.

필자가 이 글을 쓴 목적을 고르십시오.
① 과대 포장의 효과를 제시하기 위해
② 과대 포장의 문제점을 지적하기 위해
③ 과대 포장의 상품에 불만을 토로하기 위해
④ 과대 포장에 대한 인식을 확인하기 위해

3　흔히 한옥은 예술적 측면에서는 훌륭하지만 실용적인 측면에서는 그 장점이 과소평가되어 왔습니다. 많은 사람들이 한옥은 살기에 불편하다고 생각합니다. 그러나 자세히 살펴보면 한옥에는 사람이 살기에 매우 편리한 장점들이 있습니다. 예를 들어, 한옥은 문을 일부러 열어 놓지 않아도 저절로 환기가 됩니다. 문과 창문의 소재인 한지는 유리 같은 소재와는 달리 공기가 통하는 열린 구조로 되어 있기 때문입니다. 또한 한지는 실내에 습기가 많으면 그것을 흡수했다가 건조할 때 습기를 다시 증발시켜 습도 조절을 합니다. 한지는 실내에 있는 먼지를 머금어 공기를 맑게 해 준다는 설도 있습니다. 이렇듯 풍부한 장점이 있는 한지는 한옥의 문뿐만 아니라 벽과 바닥, 지붕 등에도 사용됩니다. 이렇듯 친자연적인 소재로 지어진 한옥은 환기, 습도 조

절 등이 자연적으로 이루어져 편리할 뿐만 아니라 사는 사람의 건강에도 좋은 영향을 줍니다.

필자가 이 글을 쓴 목적을 고르십시오.
① 한옥의 구매를 홍보하기 위해
② 한옥의 실용성을 설명하기 위해
③ 한옥에 대한 과소평가를 비판하기 위해
④ 한옥이 인기 있는 이유를 분석하기 위해

4 최근 단독 주택보다는 다세대 주택 혹은 아파트 등의 공동 주거 공간에서 거주하는 사람들이 많아지다 보니 층간 소음이 이웃들 간의 다툼거리가 되고 있다. 아이들 뛰는 소리, 발걸음 소리, 화장실 물 소리, 피아노 소리, TV 소리 등의 층간 소음은 우리가 일상생활에서 가장 자주 노출되는 환경오염 중의 하나가 되었다. 그런데 층간 소음을 피하거나 통제할 수 없는 상황에 처하면 사람들은 심한 스트레스를 받게 되고 결국 큰 다툼으로 이어지게 된다. 이러한 층간 소음으로 인한 다툼을 방지하기 위해서는 이웃 간에 소통할 수 있는 기회를 자주 마련하는 것이 중요하다. 이웃끼리 자주 만나고 인사하면 소음이 발생되지 않도록 노력하게 되고, 폭언이나 폭행 등은 발생하지 않을 것이다. 또한 이웃에 대한 배려가 필요하다. 아이가 집에서 뛰는 것을 통제하기 어렵다면 소음을 차단할 수 있는 매트를 깔거나 슬리퍼를 신고 생활하는 게 필요하다.

필자가 이 글을 쓴 목적을 고르십시오.
① 소통의 중요성을 주장하기 위해
② 현대인의 스트레스 원인을 밝히기 위해

③ 공동 주거 방식의 문제점을 비판하기 위해

④ 층간 소음 문제의 해결 방안을 제시하기 위해

解答・解説・訳

第36回TOPIK Ⅱ 問題48

正解は④。政府の経済政策についての文章だ。文章の論理的な流れを整理すると次のようになる。国家経済においては成長と分配どちらに重心を置くかが問題だ→これまでは**낙수 효과**（トリクルダウン＝落水効果）を期待した政策を施行して来たが、現在の経済構造では所得不平等の深化は止められないので新しい政策が必要だ→政府が発表した成長と分配の均衡に目標を置いた政策は適切だ。すなわち、筆者は政府が発表した新しい経済政策が必要な背景と理由を説明して政府の政策を支持しているので、④が正解だ。

> ※ 次の文章を読んで、問いに答えなさい。
>
> 　成長と分配は経済政策の両軸だ。鳥が両翼で飛ぶように、二つのうち一つだけでは国家経済がまともに回らない。問題はどちら側により政策の重心を置くかにある。これまでの政府では、成長率が上がると自然と分配がなされるというトリクルダウンを期待して、先に成長し、後に分配する政策を施行したが、大きな効果は得られなかった。1950年代と60年代に一部の国家が高い経済成長を遂げ、これとともに所得不平等が大きく緩和された例がありはする。しかし、大企業が主導する現在のわれわれの経済構造では発展の成果が偏るものなので、トリクルダウンを期待するのが難しい。そのため、経済成長による所得不平等緩和現象は実現が難しい。従って、所得不平等の深化は必然的なので、これに対する画期的な政策が準備されなければならない。このような点で、現政府が発表した成長と分配の均衡に目標を置いた「所得主導成長」政策は時宜適切だと思う。
>
> 筆者がこの文章を書いた目的を選びなさい。
> 　　①政府の支援対策準備を要求するため
> 　　②トリクルダウンが起きる現象を説明するため
> 　　③先に成長、後に分配の成功事例を提示するため
> 　　④政府の新しい経済成長政策を支持するため

1 正解は④。**개다리소반**（犬脚膳）についての文章だ。文章を要約すると次のようになる。犬脚膳は脚の形が犬の脚と似ているので名前が付けられた→犬脚膳は韓国の伝統的

な家屋で使われた器の特性や伝統的な生活方式に適合するように作られた実用的な物だ。よってこの文章は、犬脚膳の名前の由来と実用性についての説明となっているので、④が正解だ。

> 韓国の伝統的なお膳の中に面白い名前を持つお膳がある。それは「犬脚膳」だ。お膳は食べ物を運ぶときにお盆のように使ったり、伝統的な家屋で部屋に置いて食卓のように使ったりしていた食膳のことをいう。お膳の一種である犬脚膳は脚の形が実際の犬の脚と似ているので犬脚膳という名前が付けられた。伝統的な韓国の家屋では家族が食卓のある場所に集まって一緒に食事をせず、台所で食べ物を作って部屋や縁側に運んで食事をした。しかし、伝統的な家屋で使っていた器はほとんどが重い素材の真ちゅう製の器や陶磁器だった。犬脚膳はこのような重い器の重さに耐えることができ、持って運びやすいように丈夫で軽い木で作ってあるので、韓国の伝統的な生活方式にあってとても有用な物だったのだ。
>
> 筆者がこの文章を書いた目的を選びなさい。
>   ① 犬脚膳の芸術性を分析するため
>   ② 犬脚膳の独創性を主張するため
>   ③ 犬脚膳の長所と短所を比較するため
>   ④ 犬脚膳の由来と実用性を説明するため

2 正解は②。お菓子の袋の**과대포장**（過剰包装）についての文章だ。文章を要約すると次のようになる。包装は、製品の破損を減らしたり消費者の購買を誘導したりするために行われる→過剰包装は浪費であるだけでなく、環境問題を引き起こす→内容物に比べて誇張された包装で消費者を失望させて結局は購買を放棄させることにもなっている→過剰包装を減らすために企業と政府の努力が必要だ。よってこの文章は、過剰包装のさまざまな問題点を指摘する内容となっているので、②が正解だ。

> お菓子の袋の体積に比べ、袋の中に入っている内容物の量が少なくて失望したことがあるだろう。このように外形を膨らませたり過度に多くの費用をかけたりした包装を過剰包装（誇大包装）という。もちろん、包装は製品の運送や保管過程で発生し得る破損を減らし、消費者の購買を誘導するためのものだ。しかし、過剰包装は材料費を増加させるのはもちろん、運送や保管時により多くのスペースを占めて不必要な費用を発生させ、これは結局製品の価格を上げて消費者に負担をかける。また、廃棄物の増加や廃棄物の増加による炭素排出量の増加で資源の浪費や環境問題を引き起こす。最近はこのような過剰包装がむしろ消費者の購買を放棄させているという研究結果もある。内容物が包装に及ばず消費者を失望させるからだ。従って、過度の包装はむしろ「毒」だという認識を通して、過剰包装を減らそうとする企業の努力とともに持続的な取り締まりの必要性が提起されている。

　筆者がこの文章を書いた目的を選びなさい。
　　① 過剰包装の効果を提示するため
　　② 過剰包装の問題点を指摘するため
　　③ 過剰包装の商品に不満を吐露するため
　　④ 過剰包装に対する認識を確認するため

3 正解は②。伝統的な韓国式の家屋である**한옥**（韓屋）の特徴についての文章だ。文章を要約すると次のようになる。韓屋は芸術性に比べて実用性が過小評価されていて、多くの人が住むには不便だと思っている→韓屋は換気がよくでき、戸や窓の素材である韓紙は湿度調節、空気の浄化の側面で長所があり、住む人の健康にもいい影響を与える。よってこの文章は、韓屋の実用的な側面が過小評価されてきた問題点を提起して、韓屋の長所について具体的に説明しているので、②が正解だ。

　よく韓屋は、芸術的側面では立派ですが、実用的な側面ではその長所が過小評価されてきました。多くの人が、韓屋は住むには不便だと思っています。ですが、詳しく見てみると、韓屋には人が住むのにとても便利な長所があります。例えば、韓屋は戸をわざわざ開けておかなくても自然と換気がされます。戸と窓の素材である韓紙はガラスのような素材とは違い、空気が通る開かれた構造になっているからです。また、韓紙は室内に湿気が多いと、それを吸収してから乾燥するときには湿気を再び蒸発させて湿度の調節をします。韓紙は室内にあるほこりを取り込んで、空気をきれいにしてくれるという説もあります。このように豊富な長所がある韓紙は韓屋の戸だけでなく壁や床、屋根などにも使われます。このように自然にやさしい素材で作られた韓屋は、換気、湿度調節などが自然に行われて便利なだけでなく、住む人の健康にもいい影響を与えます。

　筆者がこの文章を書いた目的を選びなさい。
　　① 韓屋の購買を広報するため
　　② 韓屋の実用性を説明するため
　　③ 韓屋に対する過小評価を批判するため
　　④ 韓屋が人気のある理由を分析するため

4 正解は④。**층간 소음**（階間騒音=マンションの上下階や隣から出る騒音）問題についての文章だ。文章を要約すると次のようになる。最近、共同住居空間に居住する人が増え、頻繁に階間騒音にさらされることになった→階間騒音を避けたりコントロールできなかったりすると大きなもめごととなる→階間騒音によるもめごとを防ぐには、隣人同士でうまく意思疎通を行い、騒音を減らす努力が必要だ。よってこの文章では、階間騒音についてその問題解決の方法を提示しているので、④が正解だ。**아파트**（アパート=日本のマ

ンションに相当）はもちろん、**단독 주택**（単独住宅＝一軒家）、**다세대 주택**（多世帯住宅＝
一つの建物に複数の世帯が入居している住宅。複合住宅）という韓国語の住宅の名称
にも慣れておきたい。

　　最近、一軒家より複合住宅またはマンションなどの共同住居空間に居住する人が増えたこと
により、階間騒音が隣人同士のもめごとの原因になっている。子どもたちの走る音、足音、トイレ
の水の音、ピアノの音、テレビの音などの階間騒音はわれわれが日常生活で最も頻繁にさらされ
る環境汚染のうちの一つになった。ところで、階間騒音を避けたりコントロールしたりできない状
況に陥ると、人はひどいストレスを受けるようになり、結局大きなもめごとになってしまう。このよ
うな階間騒音によるもめごとを防ぐためには隣人同士意思疎通できる機会を頻繁に設けること
が重要だ。隣人同士頻繁に会ってあいさつすれば、騒音が発生しないように努力することになり、
暴言や暴行などは発生しないだろう。また、隣人に対する配慮が必要だ。子どもが家で走ること
をコントロールするのが難しいのなら、騒音を遮断できるマットを敷くとかスリッパを履くとかして
生活することが必要だ。

筆者がこの文章を書いた目的を選びなさい。
　①コミュニケーションの重要性を主張するため
　②現代人のストレスの原因を明らかにするため
　③共同住居方式の問題点を批判するため
　④階間騒音問題の解決方法を提示するため

2　話の主題を把握する問題

(1) 実用文の主題を把握する問題

　広告文や案内文を読んで、何についての文章かを選ぶ問題です。比較的簡単な単語が使われますが、製品や状況を描写したり例えたりする表現が使われるので、全体をよく読んで連想される答えを選ばなければなりません。

※ 다음은 무엇에 대한 글인지 고르십시오.

더 얇아진 두께, **더 가벼워진** 무게
그러나 **더 빨라진** 속도와 성능

① 노트북　　　② 청소기　　　③ 냉장고　　　④ 텔레비전

　正解は①。新しく出たノートパソコンの長所を通じて商品を広報する文なので、①が正解だ。速度と性能はノートパソコンやパソコンなどの電子機器の品質を決定する重要な要素である。

※ 次は何についての文か、選びなさい。

より薄くなった、より軽くなった
しかし、より速くなった速度と性能

①ノートパソコン　　②掃除機　　　③冷蔵庫　　　　④テレビ

問題パターン別練習

※다음은 무엇에 대한 글인지 고르십시오.

1

소리 없이 조용하게!
남은 때 없이 깨끗하게!

① 세탁기　　② 에어컨　　③ 전화기　　④ 라디오

2

기초부터 차근차근!
성적을 확실히 올려 드립니다.

① 은행　　② 학원　　③ 병원　　④ 우체국

3

찰랑찰랑~! 머리 위의 비단결!
악성 곱슬머리도 깔끔하고 자연스럽게 변신!

① 가면　　② 사진관　　③ 옷 가게　　④ 미용실

4

가지고 온 **쓰레기**는 모두 되가져가 주세요.

쓰레기통은 **등산로 입구**에 마련되어 있습니다.

① 환경 문제　　　　　② 환경 보호

③ 등산 정보　　　　　④ 등산로 안내

5

계절의 변화를 산에서 느껴 보세요.

라온산악회와 함께 할 여러분을 기다립니다.

① 문의 방법　　　　　② 상품 설명

③ 주의 사항　　　　　④ 회원 모집

解答・解説・訳

1 正解は①。二文目の때は服に付いたあかなどの汚れのことだ。汚い服をきれいに洗う機械である洗濯機の広告だ。

※次は何についての文か、選びなさい。

音なく静かに！
汚れも残らずきれいに！

①洗濯機　　　　②エアコン　　　　③電話機　　　　④ラジオ

177

2 正解は②。基礎からゆっくり教えて、成績を上げてあげるという内容の塾の広告だ。

① 銀行   ② 塾   ③ 病院   ④ 郵便局

3 正解は④。찰랑찰랑は物体が波打つようにしきりに柔らかく揺れる様子を表現し、비단결はとてもきれいで柔らかい状態を比喩的に表現する言葉だ。二つの単語は、柔らかい髪の毛の状態を描写するときによく使う表現だ。

① 仮面   ② 写真館   ③ 服屋   ④ 美容院

4 正解は②。ごみを適当な所に捨てず、ごみ箱に捨てるようにという環境保護の文句だ。

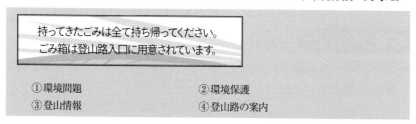

① 環境問題   ② 環境保護
③ 登山情報   ④ 登山路の案内

5 正解は④。山岳会の会員を募集する広告だ。~와 함께 할 여러분을 기다립니다という表現は、団体の会員や会社の職員などを募集するときによく使われる表現だ。

① 問い合わせ方法   ② 商品説明
③ 注意事項   ④ 会員募集

（2）叙述文の主題を把握する問題

　提示された文章の主題を見つける問題です。主題は文章の中心となる内容、または筆者が文章を通じて表そうとしている最も基本的で核心的な内容です。文一つひとつに集中するより、文章全体を把握することが必要です。

　選択肢の中には、文章の主題ではなく文章の中の一文と意味が同じものや細部の内容が時々提示されますが、これらは誤答です。文章の中の一文と意味が同じ、あるいは文が似ているからといって、文章の主題になるわけではないので注意しなければなりません。

※다음 글의 주제로 가장 알맞은 것을 고르십시오.

┃第41回TOPIK Ⅱ 問題35

　메일을 쓰거나 문자 메시지를 주고받을 때 이모티콘을 통해 감정을 표시한다. 초창기 문자나 얼굴 표정 위주에서 발전해 만화 인물을 활용하여 소리를 내기도 하고, 움직임을 더해 웃음을 유발하기도 한다. 1980년대 초 이모티콘이 처음 생긴 이래 끊임없이 진화를 계속하고 있는 것이다. 언어 표현력을 퇴보시킨다는 일부의 비판에도 불구하고 이제 이모티콘은 없어서는 안 될 또 하나의 언어로 자리매김되었다고 할 수 있다.

① 초창기 이모티콘은 대부분 얼굴 표정을 나타내는 것이었다.

② 이모티콘은 감정을 표현하는 또 하나의 언어로 자리 잡았다.

③ 이모티콘의 지속적인 사용은 언어 표현력을 떨어뜨릴 수 있다.

④ 이제는 이모티콘이 없으면 메시지를 주고받기 어려울 정도이다.

　正解は②。絵文字が初期の単純な形から、音や動きまで表現する多様な形に発展してきて、現在はもう一つの言語として位置付けられているという内容なので、②が正解だ。①と③は文中で触れられているが、文章の主題ではないので答えにはならない。④は文章からは分からない。

※次の文章の主題として最も適切なものを選びなさい。

メールを書いたり携帯メッセージをやりとりしたりするとき、絵文字によって感情を表す。初期には文字や顔の表情を主として発展し、漫画のキャラクターを活用して音を出したり動きを加えて笑いを誘ったりもする。1980年代初めに絵文字が初めて生まれて以来、絶えず進化を続けているのだ。言語表現力を退化させるという一部の批判にもかかわらず、今では顔文字はなくてはならないもう一つの言語として位置付けられているといえる。

① 初期の顔文字はほとんどが顔の表情を表すものだった。

② 絵文字は感情を表現するもう一つの言語として根付いた。

③ 絵文字の持続的な使用は言語表現力を下げることがある。

④ 今では顔文字がなければメッセージをやりとりするのが難しいほどだ。

問題パターン別練習

※ 다음 글의 주제로 가장 알맞은 것을 고르십시오.

第41回TOPIK Ⅱ 問題37

　　사람들은 꿀이 건강에 좋은 식품이라고 생각한다. 그래서 꿀은 당뇨병 환자들에게도 좋으며 설탕과 달리 비만을 일으키지 않는다고 생각한다. 꿀은 영양소가 풍부하지만 혈당을 높이기 때문에 당뇨병 환자들에게 설탕보다 더 나은 것은 결코 아니다. 우리가 생각하는 꿀의 장점은 대부분 과학적으로 증명되지 않았다. 꿀과 설탕의 결정적인 차이는 소비자의 의식이지 실제의 장단점은 아니다.

① 꿀은 설탕보다 건강에 좋은 대체 식품이다.

② 당뇨병 환자는 설탕 대신에 꿀을 섭취해야 한다.

③ 꿀에 대해 믿고 있는 장점이 사실이 아닐 수 있다.

④ 꿀이 건강에 미치는 영향은 과학적으로 증명되었다.

練習問題

1　'나비효과'는 브라질에 있는 나비의 날갯짓이 미국의 토네이도를 발생시킬 수도 있다는 과학 이론이다. 오늘날에는 어떤 일을 시작할 때의 아주 작은 차이가 결과에 큰 영향을 미칠 수 있다는 것을 비유할 때 자주 사용된다. 우리는 흔히 무언가를 이루기 위해서 뛰어난 재능이나 많은 돈 등이 있어야 한다고 생각하지만, 조금씩이라도 꾸준히 실천하는 노력만으로도 큰 변화를 이끌어 낼 수 있다.

① '나비효과'는 유명한 과학 이론이다.
② 브라질의 나비가 미국까지 날아갈 수 있다.
③ 작은 차이도 결과에 변화를 가져올 수 있다.
④ 성공하기 위해서는 반드시 재능이 필요하다.

2　한 대학의 연구 결과, 뇌에서 나오는 비만 억제 호르몬이 여성에게는 식욕을 차단하지만, 남성에게는 식욕 차단뿐만 아니라 운동까지 촉진하는 것으로 나타났다. 여성이 남성보다 음식 양을 쉽게 줄일 수 있지만, 운동량을 늘리는 것은 더 어렵다는 것이다. 이처럼 남성과 여성의 뇌 기능은 서로 다르기 때문에 각각에게 맞는 운동 조절과 식단 조절을 해야만 효과적으로 건강을 관리할 수 있다.

① 운동과 음식 조절을 같이 해야만 한다.
② 여성은 남성에 비해 운동을 더 많이 할 수 있다.
③ 남성은 여성에 비해 더 쉽게 몸무게를 조절할 수 있다.
④ 남녀의 뇌 기능이 달라서 알맞은 건강 관리법에도 차이가 있다.

3 약을 복용할 때는 반드시 물과 함께 섭취해야 한다. 그렇지 않은 경우, 약의 효능을 떨어뜨리거나 심한 경우 부작용까지 일으키기 때문이다. 예를 들어, 감기약을 커피나 콜라와 함께 복용할 경우, 카페인을 과다 섭취하게 되어 심장이 두근거리고 잠을 잘 자지 못할 수도 있다. 또, 항생제를 우유와 함께 먹으면 우유가 약의 보호막을 녹여 약효가 떨어지고, 복통을 일으킬 수도 있다. 따라서 약을 복용할 때에는 약 복용 전후 두 시간 정도의 시간을 두고 음료를 섭취하는 것이 좋다.

① 카페인을 너무 많이 섭취하면 건강에 좋지 않다.
② 약의 부작용을 막기 위해서는 물과 함께 복용해야 한다.
③ 우유는 항생제의 효과를 감소시키고, 배에 통증을 일으킬 수 있다.
④ 약의 효능을 높이기 위해서는 몸에 좋은 음료와 함께 섭취해야 한다.

4 행인의 옷을 누가 먼저 벗길지 내기를 하던 해님이 따뜻하게 빛을 비추어 바람을 이겼다는 우화가 있다. 해님과 달리 바람의 차가움은 행인의 옷을 더 꼭 여미게 하였다. 이는 어떠한 일을 함에 있어 무조건 강한 것만이 좋은 방법이 아니라는 것을 이야기해 준다. 상대가 그 일을 해야 할 필요성을 느끼게 하는 것이 중요한 것이다. 스스로 일의 필요성을 깨달아 움직이면 어떠한 일을 할 때 만족감과 성취감도 더 클 것이다.

① 혼자서 일을 하면 만족이 커진다.
② 때에 따라 강한 방법이 필요한 경우도 있다.
③ 우화를 통해 해님과 바람의 지혜를 배울 수 있다.
④ 상대가 일의 필요성을 스스로 깨닫게 하는 것이 중요하다.

解答・解説・訳

第41回TOPIK Ⅱ 問題37

正解は③。人々が考える蜂蜜の長所のほとんどはまだ科学的に証明されていないというのがこの文章の主題なので、④は間違いで、③が正解だ。蜂蜜が糖尿病患者には良くないこともあるので、①、②は答えにならない。

> ※ 次の文章の主題として最も適切なものを選びなさい。
>
> 　人は蜂蜜が健康にいい食品だと思っている。そのため、蜂蜜は糖尿病患者にも良く、砂糖と違って肥満を引き起こさないと思っている。蜂蜜は栄養素が豊富だが、血糖を高めるため糖尿病患者には決して砂糖よりいいものではない。われわれが考える蜂蜜の長所は、ほとんどが科学的に証明されていない。蜂蜜と砂糖の決定的な違いは消費者の意識であって、実際の長所短所ではない。
>
> 　　①蜂蜜は砂糖より健康にいい代替食品だ。
> 　　②糖尿病患者は砂糖の代わりに蜂蜜を摂取しなければならない。
> 　　③蜂蜜について信じている長所が事実でないことがある。
> 　　④蜂蜜が健康に及ぼす影響は科学的に証明された。

1 正解は③。チョウの羽ばたきが竜巻を引き起こすことがあるという「バタフライ効果」の例えから、小さい努力が大きい変化を引き出すことができるというのがこの文章の主題なので、③が正解だ。「バタフライ効果」が有名な科学理論であることは事実だが、文章の中心となる内容を効果的に伝えるために使った例というだけなので、①は答えにならない。②は文章からは分からない。④は、人はそう考えがちだとあるだけなので、間違い。

> 　「バタフライ効果」はブラジルにいるチョウの羽ばたきがアメリカの竜巻を発生させることもあるという科学理論だ。今日、あることを始めるときのとても小さな違いが、結果に大きな影響を及ぼすことがあるということを例えるときよく使われる。われわれは、よく何かを成し遂げるために優れた才能や大金などがなければならないと考えるが、少しずつでも、絶えず実践する努力だけでも、大きな変化を導き出すことができる。
>
> 　　①「バタフライ効果」は有名な科学理論だ。
> 　　②ブラジルのチョウはアメリカまで飛んで行ける。
> 　　③小さな違いも結果に変化をもたらし得る。
> 　　④成功するためには必ず才能が必要だ。

2 正解は④。脳と食欲遮断、運動促進の関係についての文章だ。男性と女性の脳機能は

違うのでそれぞれの特性に合った健康管理方法が必要だというのがこの文章の主題なので、④が正解だ。①は文章からは分からない。②は、女性は運動量を増やすことが難しいとあるので間違い。③は、男性は肥満抑制ホルモンによって運動まで促進するとあるが、簡単に体重を調節できるかどうかは述べられていないので答えにならない。

> ある大学の研究の結果、脳から出る肥満抑制ホルモンは、女性では食欲を遮断するが、男性では食欲遮断だけでなく運動まで促進することが分かった。女性は男性より食べ物の量を簡単に減らすことができるが、運動量を増やすことはより難しいということだ。このように男性と女性の脳機能は互いに異なるので、それぞれに合った運動調節と食事メニュー調節をしなければ、効果的に健康を管理することができない。
> ①運動と食べ物の調節を一緒にしなければならない。
> ②女性は男性に比べて運動をよりたくさんできる。
> ③男性は女性に比べてより簡単に体重を調節できる。
> ④男女の脳機能は違うので、適切な健康管理法にも違いがある。

3 正解は②。薬の正しい服用法についての文章だ。薬は必ず水と一緒に飲まなければならず、そうでない場合、薬の効能を減少させたり副作用を引き起こしたりするというのがこの文章の主題なので、④は間違いで、②が正解だ。①は風邪薬と一緒にカフェインを過剰に摂取すると動悸（どうき）がして眠れなくなるとだけあるので、答えにならない。③は文章の内容と合っているが、文章の主題とは言えないので答えにならない。

> 薬を服用するときは必ず水と一緒に摂取しなければならない。そうでない場合、薬の効能を落としたり、ひどい場合は副作用まで引き起こしたりするからだ。例えば、風邪薬をコーヒーやコーラと一緒に服用する場合、カフェインを過剰に摂取することになり、動悸がして眠れなくなることもある。また、抗生剤を牛乳と一緒に飲んだら、牛乳が薬の保護膜を溶かして薬効が落ち、腹痛を引き起こすこともある。従って、薬を服用するときは薬の服用前後2時間ほど置いて飲み物を摂取するのがいい。
> ①カフェインを摂取しすぎると健康に良くない。
> ②薬の副作用を防ぐためには水と一緒に服用しなければならない。
> ③牛乳は抗生剤の効果を減少させ、おなかに痛みを引き起こすことがある。
> ④薬の効能を高めるためには、体にいい飲み物と一緒に摂取しなければならない。

4 正解は④。お日さまと風が旅人の服を脱がすために対決する寓話（ぐうわ）を事例に挙げて、相手が何か行動をすることを望むときは相手にその必要性を感じさせることが重要であるというのがこの文章の主題である。従って、④が正解だ。①と②は文章からは分からない。③は文章の内容と合っているが、文章の主題と言えないので答えにならない。

　旅人の服をどちらが先に脱がせるか賭けをしたお日さまが、暖かく光を照らして風に勝ったという寓話がある。お日さまと違い、風の冷たさは旅人の服をよりしっかりと着込ませた。これは、どんなことをするときでも、ただ強いことだけがいい方法ではないということを教えてくれる。相手にそのことをしなければいけない必要性を感じさせることが重要なのだ。自ら仕事の必要性を悟って動けば、どんな仕事をするときでも満足感と達成感がより大きいだろう。

　①一人で仕事をすると満足が大きくなる。

　②時によって強い方法が必要な場合もある。

　③寓話を通じてお日さまと風の知恵を学ぶことができる。

　④相手が仕事の必要性を自ら悟るようにすることが重要だ。

3 筆者の主要な考えを選ぶ問題

筆者がどんな考えを持っているのかを選ぶ問題です。与えられた文章の内容の一部分と一致する選択肢を選ぶのではなく、筆者が文章全体を通して言おうとしている主要な考えと一致するものを選ばなければなりません。

※ 다음 글을 읽고 물음에 답하십시오.

第41回TOPIK Ⅱ 問題22

최근 한 할아버지가 거리를 청소하면서 모은 돈 100여만 원을 장학금으로 내놓았다. 티끌 모아 태산이라고 지난 5년 동안 바닥에 버려진 10원짜리 동전을 하나하나씩 주워 모은 것이다. 사람들은 큰돈이 있어야만 다른 사람을 도와줄 수 있다고 생각한다. 하지만 참된 기부란 돈의 액수가 중요한 것이 아니라 다른 사람을 향한 사랑의 마음이다.

이 글의 중심 생각을 고르십시오.

① 생활 속에서 동전의 활용성을 높여야 한다.

② 다른 사람을 도와주려면 큰돈을 모아야 한다.

③ 참된 기부는 자신보다 남을 먼저 생각해야 한다.

④ 큰돈을 모으려면 아끼고 절약하는 습관을 길러야 한다.

正解は③。あるおじいさんの寄付の話を例に挙げて、本当の寄付について説明している。本当の寄付とは、金額ではなく他人への愛の気持ちが重要だという内容なので、③が正解だ。②は文章とは反対の内容なので間違い。①と④は文章からは分からない内容だ。

※ 次の文章を読んで、問いに答えなさい。

　最近、あるおじいさんが街を掃除しながら集めたお金100万ウォン余りを奨学金として出した。ちりも積もれば山となると、去る5年間、地面に捨てられた10ウォン硬貨を一つずつ拾って集めたものだ。人は大金がなければ他の人を助けられないと考える。しかし、本当の寄付とは、金額が重要なのではなく他の人への愛の気持ちだ。

この文章の主要な考えを選びなさい。
　①生活の中で硬貨の活用性を高めなければならない。
　②他の人を助けるには大金を集めなければならない。
　③本当の寄付は自分より他人のことをまず考えなければならない。
　④大金を集めるには、物を大事にして節約する習慣を育てなければならない。

問題パターン別練習

※ 다음 글을 읽고 물음에 답하십시오.

第37回TOPIK Ⅱ 問題22

　운동선수가 실수에 대한 부담감을 가지게 되면 경기에서 좋은 성적을 거두기가 어렵다. 그렇기 때문에 감독은 선수를 지도할 때 실수를 떠올리게 하는 직접적인 말을 입 밖에 내지 않아야 한다. 예를 들어 스케이트 선수들은 넘어지면 안 된다는 부담감이 크다. 그러므로 감독은 선수에게 넘어지지 말라는 말 대신에 중심을 잡고 스케이트를 타라고 주의를 주는 것이 좋다.

이 글의 중심 생각을 고르십시오.
① 감독은 선수가 실수를 반복하지 않도록 지도해야 한다.
② 감독은 선수를 지도할 때 언어를 신중하게 선택해야 한다.
③ 선수는 넘어져도 몇 번이고 다시 일어나려는 의지가 있어야 한다.
④ 선수는 긍정적인 생각을 해서 경기에 대한 부담감을 없애야 한다.

1 물가가 오르고, 카드 사용이 증가한 탓에 화폐로서 동전의 기능이 약해졌다. 그래서 사용되지 못하고 지갑이나 저금통 등에서 잠자고 있는 동전들이 늘어나고 있다. 그러나 일부 동전은 동전의 원가보다 제작비가 더 많이 들기 때문에 동전을 적극적으로 사용하는 것이 경제에도 도움이 된다. 동전을 모아 기부를 하는 것은 이웃도 돕고, 경제도 살리는 좋은 방법이다.

이 글의 중심 생각을 고르십시오.
① 경제를 활성화해야 한다.
② 기부를 더 많이 해야 한다.
③ 동전 유통을 확대해야 한다.
④ 카드 사용을 금지해야 한다.

2 한 연구 결과에 따르면, 일하는 엄마를 보고 자란 자녀들은 더 성공적인 사회생활을 하였으며, 가족과도 많은 시간을 보내는 것으로 나타났다. 반대로 집안일을 많이 하는 아빠를 보고 자란 자녀들은 성별에 대한 고정관념이 적은 것으로 나타났다. 즉, 일하는 엄마와 집안일을 하는 아빠가 자녀들의 삶에 대한 태도에 긍정적인 영향을 미치는 것이다.

이 글의 중심 생각을 고르십시오.
① 일하는 엄마도 가족들과 보내는 시간이 많다.
② 성별에 대한 고정관념은 남자가 여자보다 더 강하다.
③ 여자가 사회생활을 성공적으로 하기 위해서는 가족의 도움이 필요하다.

④ 부모가 성 역할에 대한 고정관념을 깨면, 자녀들은 긍정적인 영향을 받는다.

3 텔레비전을 보면서 식사를 하면, 텔레비전을 끄고 식사를 할 때보다 더 많은 양을 먹게 된다. 또, 식사를 하고 난 후에도 간식을 더 많이 먹을 우려가 있다. 식사보다는 텔레비전 화면에 집중하여 내가 얼마나 먹었는지를 기억하지 못하기 때문이다. 또, 내가 음식을 씹고 있는 소리를 듣지 못하는 것도 과식을 하게 되는 이유가 된다.

이 글의 중심 생각을 고르십시오.
① 음식을 씹는 소리를 들으면 음식을 덜 먹게 된다.
② 식사 후에 간식을 많이 먹는 것은 건강에 좋지 않다.
③ 텔레비전 시청은 맛있게 식사를 할 수 있도록 도와준다.
④ 과식을 하지 않기 위해서는 텔레비전을 끄고 식사해야 한다.

4 긴 여행을 떠날 때에 최대의 적은 무거운 배낭이다. 무거운 짐으로 인해 여행을 망치고 싶지 않으면 미리 가져갈 물품의 목록을 작성한 후 짐을 챙기는 것이 좋다. 미리 가져갈 물건을 계획하지 않으면 출발 날짜에 임박해서 급하게 짐을 꾸리게 되므로 필요한 것 이상으로 많은 짐을 챙기게 된다. 또한 꼭 필요한 물건인데도 챙겨 가지 않는 일이 발생하기도 한다. 미리 계획해서 일찍 짐을 챙긴다면 보다 효율적으로 짐을 꾸릴 수 있고, 더욱 즐거운 여행을 즐길 수 있을 것이다.

이 글의 중심 생각을 고르십시오.
① 여행을 갈 때는 좋은 배낭을 가지고 가야 한다.
② 여행을 갈 때는 미리 계획적으로 짐을 꾸려야 한다.

③ 여행을 갈 때는 평소 쓰는 물건을 많이 가져가야 한다.

④ 여행을 갈 때는 필요한 물건을 사서 챙겨 가는 것이 좋다.

解答・解説・訳

第37回TOPIK Ⅱ 問題22

正解は②。監督が選手を指導するときに、選手に失敗を連想させることを言わないように気を付けなければいけないという内容なので、②が正解だ。①内容的には合っているが、話者の主要な考えとは言えないので答えにならない。③は文章からは分からない内容だ。なお、この文章の主眼は「選手」ではなく「監督」にあるので④は答えにならない。

※ 次の文章を読んで、問いに答えなさい。

　運動選手が失敗に対して負担を感じるようになると、試合でいい成績を収めるのは難しい。そのため、監督は選手を指導するとき、失敗を連想させる直接的な言葉を口にしてはいけない。例えば、スケート選手は転んだらいけないという負担感が大きい。だから、監督は選手に転ぶなという言葉の代わりに重心を取ってスケートをしろと注意をするのがいい。

この文章の主要な考えを選びなさい。

①監督は選手が失敗を繰り返さないように指導しなければならない。

②監督は選手を指導するとき、言葉を慎重に選ばなければならない。

③選手は転んでも何度でもまた立ち上がろうとする意志がなければならない。

④選手は肯定的な考えをして試合に対する負担感をなくさなければならない。

---

1 正解は③。カードの使用が普遍化されるに伴って硬貨の使用が減ったが、硬貨を積極的に使うことが経済に役に立つという内容なので、③が正解だ。①は、主要な考えではないので答えにならない。②と④は文章からは分からない内容だ。

　物価が上がり、カード使用が増加したせいで貨幣として硬貨の機能が弱くなった。そのため、使われずに財布や貯金箱などに眠っている硬貨が増えている。しかし、一部の硬貨は硬貨の原価より製作費の方がかかるため、硬貨を積極的に使うことが経済にも役に立つ。硬貨を集めて寄付をすることは隣人を助け、経済も活性化させるいい方法だ。

この文章の主要な考えを選びなさい。

①経済を活性化しなければならない。

②寄付をもっとたくさんしなければならない。
③硬貨の流通を拡大しなければならない。
④カードの使用を禁止しなければならない。

2 正解は④。両親が男女の役割と関連した固定観念を抜け出して生活する姿を子どもに見せてあげると、子どもの生活に対する姿勢に肯定的な影響を及ぼすという内容なので、④が正解だ。①、②、③は文章からは分からない内容だ。

> ある研究結果によると、働く母親を見て育った子はより社会生活を成功させ、家族とも多くの時間を過ごすことが分かった。反対に家事をたくさんする父親を見て育った子は性別に対する固定観念にとらわれにくいことが分かった。すなわち、働く母親と家事をする父親が子の生活に対する姿勢に肯定的な影響を及ぼすのだ。
>
> この文章の主要な考えを選びなさい。
> ①働く母親も家族と過ごす時間が多い。
> ②性別に対する固定観念は男性が女性よりも強い。
> ③女性が社会生活を成功させるためには家族の助けが必要だ。
> ④両親が性役割に対する固定観念を破ると、子は肯定的な影響を受ける。

3 正解は④。テレビと食事の関係についての文章だ。テレビを見ながら食事をすると、どれだけ食べたか分からないし、テレビの音でかむ音が聞こえないことが食べ過ぎにつながるとあり、食べ過ぎをしないためにはテレビを見ないことが必要なので、④が正解だ。①は内容的には合っているが、主要な考えとは言えないので答えにならない。②は文章からは分からない内容だ。③は、テレビを見ながら食事を取るのに肯定的な意見なので、間違い。

> テレビを見ながら食事をすると、テレビを消して食事をしたときより多くの量を食べることになる。また、食事をした後にも、間食をより多くする憂慮がある。食事よりテレビ画面に集中して、自分がどれだけ食べたか覚えられないせいだ。また、自分が食べ物をかんでいる音が聞こえないことも食べ過ぎてしまう理由となる。
>
> この文章の主要な考えを選びなさい。
> ①食べ物をかむ音を聞くと食べる量が少なくなる。
> ②食後にたくさん間食をするのは健康に良くない。
> ③テレビの視聴はおいしく食事ができるように助けてくれる。
> ④食べ過ぎないためにはテレビを消して食事しなければいけない。

4 正解は②。旅行の荷物を準備する方法についての文章だ。あらかじめ持っていく物の一覧を作って計画的に荷物を準備すれば、効率的に旅行の荷造りができ、旅行を楽しむことができるという内容なので、②が正解だ。①、③、④は文章からは分からない内容だ。

> 　長い旅行に出るとき、最大の敵は重いリュックだ。重い荷物によって旅行を台無しにしたくなければ、あらかじめ持っていく物の一覧を作成した後に荷物を準備するのがいい。あらかじめ持っていく物を計画しないと、出発日が迫って急いで荷造りすることになるので、必要以上に多くの荷物を準備することになる。また、必要な物なのに準備していかないことが発生することもある。あらかじめ計画して早く荷物を準備すれば、より効率的に荷造りでき、一層面白い旅行を楽しめるだろう。
>
> この文章の主要な考えを選びなさい。
> 　①旅行に行くとき、いいリュックを持っていかなければならない。
> 　②旅行に行くとき、あらかじめ計画的に荷造りしなければならない。
> 　③旅行に行くとき、普段使っている物をたくさん持っていかなければならない。
> 　④旅行に行くとき、必要な物を買って準備していくのがいい。

文章の関係を探す問題

文と文の関係を理解しなければならない問題です。主に文章の主要な考えを表す文がまず出てきて、それに対する根拠や例示、理由などの順で提示されます。하지만 (しかし)、그러므로 (それゆえ)、그래서 (だから) などの接続副詞や그중 (その中で)、이러한 (このような)、이렇게 (このように) などの前に出た内容を受けた表現を利用して、文の順序を類推することができます。

1 文の順序を決める問題

文章の流れに合うように、提示された四つの文の順序を決める問題です。文と文の間の関係を理解できなければ解けません。四つの文を適切につなげれば、普通、時間の順序通りに、あるいは原因と結果などの関係で話が構成されます。

下のように、段階に従って文の順序を合わせる練習をしておかなければなりません。段階ごとに文の順序把握に役立つ表現を確認しながら順序を決めればいいでしょう。

A. 一つ目の文の候補を確認する

選択肢から一つ目の文の範囲を狭めることができる (四つの文のうち二つに絞ることができる) ので、まず選択肢を確認します。

B. 一つ目の文を決める

Aで絞った二つの文のうち、話の始まりとして適切な文を選びます。一つ目の文で使われない表現には次のようなものがあります。

まず、이 (この)、그 (その) などは、前で一度以上言及した名詞に再び言及するときに使う表現なので、普通、話の最初の文では使いません。

また、하지만 (しかし)、그리고 (そして)、그래서 (だから)、그러나 (だが) などは、前の文との関係を表現する接続副詞なので、話の最初の文では使いません。後ろの文の一番前

で使われ、前の文と後ろの文とを論理的につなげる役割をします。

C. 二つ目の文の候補を確認する

選択肢から一つ目の文の次に来る可能性のある文を確認します。

D. 二つ目の文を決める

二つ目の文の候補をよく見て、一つ目の文の後ろにつながったときに自然なものを選びます。

E. 答えを選ぶ

選択肢から、前で選んだ一つ目、二つ目の文の順序と同じように並んだものを答えとして選びます。

F. 正解かどうか確認する

答えとして選んだ選択肢に提示された文の順番通りに読んでみて、話のつながりが自然か確認します。特に、文の前で言及されたことに再び言及するときに使う表現や、前後の文の時間的順序や人間関係などを表す表現を注意深く見て、話の論理的な流れが合っているか確認します。

※ 다음을 순서대로 맞게 배열한 것을 고르십시오.

第36回TOPIK Ⅱ 問題13

(가) 그 때문에 어머니는 지금도 미역국을 별로 좋아하지 않으신다.

(나) 생일날 미역국을 먹을 때면 어머니 생각이 난다.

(다) 한국에서는 생일날뿐 아니라 아이를 낳은 후에도 미역국을 먹는다.

(라) 그래서 어머니는 우리 형제 다섯을 낳을 때마다 미역국을 드셔야 했다.

① (나)-(다)-(라)-(가)　　② (나)-(가)-(라)-(다)

③ (다)-(가)-(라)-(나)　　④ (다)-(라)-(나)-(가)

正解は①。

A. 最初の文は(나)または(다)だ。

B. (다)の생일날뿐 아니라 아이를 낳은 후에도の部分を見ると、(다)の文の前に誕生日にわかめスープを飲むという話が出てくるのが自然である。すなわち、(나)の文が最初の文である。

C. 二つ目の文の候補は(다)または(가)である。

D. 前ですでに(나)の次に(다)が自然につながることを確認したので、二つ目の文は(다)である。

E. 選択肢のうち、(나)-(다)の順に並んでいるのは①である。

F. (라)の文の最初にある그래서は、(다)と(라)の文をつなぐ役割をする。그래서の前に来る文が理由となり、그래서の後ろに来る文の結果が発生する。すなわち、(다)が(라)の理由となっている。(가)の文のユ 때문에は(라)の文と(가)の文を原因と結果の関係としてつなぐ。すなわち、(라)の文が原因となり、(가)の文の結果が発生する。母がわかめスープが好きではなくなった原因は、母が5人兄弟を生むたびにわかめスープを飲んだからだ。従って、①(나)-(다)-(라)-(가)のつながりは論理的に自然である。

※ 次の文を順番通りに正しく並べたものを選びなさい。

(가) そのため、母は今もわかめスープがあまり好きではない。

(나) 誕生日にわかめスープを飲むと、母を思い出す。

(다) 韓国では誕生日だけでなく子どもを生んだ後もわかめスープを飲む。

(라) だから、母はわれわれ兄弟5人を生むたびにわかめスープを飲まなければならなかった。

問題パターン別練習

※ 다음을 순서대로 맞게 배열한 것을 고르십시오.

練習問題

1 (가) 적당한 휴식은 생산력을 더욱 높인다.

(나) 또, 기분 전환을 통해 의욕을 고취시킨다.

(다) 피로가 누적되는 것을 막아 주기 때문이다.

(라) 따라서 작업 중간의 휴식은 반드시 필요하다.

① (가)-(나)-(다)-(라)　　　② (가)-(다)-(나)-(라)

③ (라)-(다)-(가)-(나)　　　④ (라)-(가)-(다)-(나)

2 (가) 나는 동호회 모임을 좋아한다.

(나) 그래서 모임은 삶의 활력이 된다.

(다) 새로운 사람들을 만나는 것이 즐겁기 때문이다.

(라) 그들을 만나면, 그들의 다양한 경험을 들을 수 있다.

① (가)-(나)-(다)-(라)　　　② (가)-(다)-(라)-(나)

③ (라)-(가)-(다)-(나)　　　④ (라)-(가)-(나)-(다)

3 (가) 그래서 몸이 찬 사람에게 도움이 된다.

(나) 하지만 한 번에 많은 양을 먹기는 힘들다.

(다) 생강은 몸을 따뜻하게 하여 면역력을 높여 준다.

(라) 이때는 생강을 차로 만들어 자주 마시는 것도 좋다.

① (나)-(가)-(다)-(라)　　　② (나)-(다)-(가)-(라)

③ (다)-(가)-(나)-(라)　　　④ (다)-(라)-(나)-(가)

4 (가) 그런데 우리는 잘못을 지적받으면 기분 나빠하거나 부끄러워한다.

(나) 남에게 잘못을 지적당하는 것은 부끄러운 일이 아니다.

(다) 심지어 잘못을 지적한 사람을 미워하는 마음까지 갖는다.

(라) 그러나 부끄러워하거나 남을 미워하는 대신에 잘못을 반성하고

고치기 위해 노력하는 것이 더욱 중요하다.

① (가)-(나)-(라)-(다)　　　② (가)-(라)-(나)-(다)

③ (나)-(다)-(가)-(라)　　　④ (나)-(가)-(다)-(라)

5 (가) 사람은 누구나 어려운 사람을 보면 돕고 싶은 마음이 생기기 마련이다.

(나) 이러한 정신에서 비롯하여 대가를 바라지 않고 자발적으로 참여하는 자원봉사는 사회에 큰 도움을 준다.

(다) 그뿐만 아니라 자원봉사는 봉사자의 자아실현에도 도움이 되는 활동이다.

(라) 또한 문제가 생겼을 때 직접 참여하여 해결하고 싶어 하는 마음이 있다.

① (가)-(나)-(라)-(다)　　　② (가)-(라)-(나)-(다)

③ (나)-(다)-(가)-(라)　　　④ (나)-(가)-(다)-(라)

解答・解説・訳

1 正解は②。

A. 最初の文は(가)または(라)だ。

B. (라)の따라서は、前で言ったことが後ろで言うことの原因や理由となることを表す単語で、文章の最初に来られない。従って、最初の文は(가)だ。

C. 二つ目に来る文は(나)または(다)だ。

D. (다)の-기 때문이다は、前で言ったある事実について理由を言うときに使う表現で、(다)の文は内容上(가)で言っていることに対する理由だ。そのため、(가)の次に(다)の文がつながると自然だ。

E. 選択肢のうち、(가)-(다)の順に並んでいるのは②である。

197

F. (나)は適切な休息の別の効果を話している文で、(라)は따라서という表現を使って結論付けている。適切な休息は生産力を高めるが、それは疲労が累積するのを防いでくれるからであり、また気分転換を通じて意欲を鼓舞させる。よって作業中の休息は必ず必要だという内容だ。従って、②(가)−(다)−(나)−(라)のつながりは論理的に自然である。

※ 次の文を順番通りに正しく並べたものを選びなさい。
　(가) 適切な休息は生産力をより高める。
　(나) また、気分転換を通じて意欲を鼓舞させる。
　(다) 疲労が累積することを防いでくれるからだ。
　(라) 従って、作業中の休息は必ず必要だ。

---

2 正解は②。
A. 最初の文は(가)または(라)だ。
B. (라)のユ들は、先に言及された対象に再び言及するとき使う表現なので、(라)は最初の文になれない。従って、最初の文は(가)だ。
C. 二つ目に来る文は(나)または(다)だ。
D. (다)の-기 때문이다は、前で言ったある事実について理由を言うときに使う表現で、(다)の文は(가)の文の理由だ。そのため、(가)の次に(다)の文がつながると自然だ。
E. 選択肢のうち、(가)−(다)の順に並んでいるのは②である。
F. (가)−(다)の次には、同好会の集まりの長所を話している(라)が来て、最後に結論の文の(나)が来る。同好会の集まりが好きだが、その理由は出会いが楽しいからで、人に会うことによってさまざまな経験を聞くことができる。だから集まりが人生の活力になるという内容だ。従って、②(가)−(다)−(라)−(나)のつながりは論理的に自然である。

　(가) 私は同好会の集まりが好きだ。
　(나) だから集まりは人生の活力になる。
　(다) 新しい人たちに会うことが楽しいからだ。
　(라) 彼らに会うと、彼らのさまざまな経験を聞くことができる。

---

3 正解は③。
A. 最初の文は(나)または(다)だ。
B. (나)の하지만は、互いに反対となる内容の二つの文をつなぐときに使う表現で、内容が反対となる文と文の間に位置しなければいけないので、(나)は最初の文になれな

い。従って、最初の文は(다)だ。

C. 二つ目に来る文は(가)または(라)だ。

D. (가)の그래서は、前の内容が後ろの内容の原因や根拠、条件などになるとき使う表現だ。体が冷たい人に役に立つ理由はショウガが体を温めて免疫力を高めてくれるからだ。すなわち、最初の文である(다)は後ろの文である(가)の理由になるので、(다)－(가)の順が自然だ。(라)の이때は、すぐ前で話した時間上のある部分を意味するが、最初の文の(다)には時間や時点についての表現がないので、(라)は二つ目の文になれない。

E. 選択肢のうち、(다)－(가)の順に並んでいるのは③である。

F. (다)－(가)に続いて(나)－(라)の順でつなげてみると、ショウガは体を温めてくれるので体が冷たい人に役に立つが、一度にたくさん食べるのは難しい。このときにはショウガをお茶にして飲むのがいいという内容だ。③従って、(다)－(가)－(나)－(라)のつながりは論理的に自然である。

> (가) だから体が冷たい人に役に立つ。
> (나) しかし一度にたくさんの量を食べるのは難しい。
> (다) ショウガは体を温かくして免疫力を高めてくれる。
> (라) このときはショウガをお茶にして何度も飲むのもいい。

4 正解は④。

A. 最初の文は(가)または(나)だ。

B. (가)の그런데は、話題を転換するときや内容を付け加えるとき、または前の内容と反対の内容をつなげるときに使う表現なので、文章の最初に来られない。従って、最初の文は(나)だ。

C. 二つ目に来る文は(가)または(다)だ。

D. (나)－(가)の順でつなげた場合、間違いを指摘されることは恥ずかしいことではないのに、われわれは気を悪くしたり恥ずかしがったりもするという内容で自然である。このとき、그런데が互いに反対の二つの文をつないでいることが分かる。

E. 選択肢のうち、(나)－(가)の順に並んでいるのは④である。

F. (나)－(가)に(다)をつなげてみると、間違いを指摘されることは恥ずかしいことではないのに、気を悪くしたり恥ずかしがったりして、より悪いことに (심지어) 指摘した人を憎むことまであるという内容になる。ここに結論の文章(라)をつなげると、恥ずかしがったり他人を憎んだりすることは正しいことではなく、その代わり間違いを反省して直そうと努力することが重要だという内容となる。従って、④(나)－(가)－(다)－(라)の

つながりは論理的に自然である。

> (가) ところが、われわれは間違いを指摘されると気を悪くしたり恥ずかしがったりする。
> (나) 他人から間違いを指摘されることは恥ずかしいことではない。
> (다) さらには間違いを指摘した人を憎む気持ちまで持つ。
> (라) しかし、恥ずかしがったり他人を憎んだりする代わりに間違いを反省して直すために努力することがより重要だ。

5 正解は②。

A. 最初の文は(가)または(나)だ。

B. (나)の이러한は、前で先に話したことに再度言及しようとするときに使う表現なので、文章の最初に来られない。従って、最初の文は(가)だ。

C. 二つ目に来る文は(나)または(라)だ。

D. (라)の또한は、先に言ったことに加えて追加で話をするとき使う表現で、内容を見ると、(가)で言っている「貧しい人を見ると助けたいと思う気持ち」に追加して「問題が起きたときに参加して解決したいと思う気持ち」もあると話している。よって(가)の文の次の2番目の文として(라)が来ることができる。

E. 選択肢のうち、(가)−(라)の順に並んでいるのは②である。

F. (가)−(라)に続いて(나)をつなげてみると、(나)の이러한 정신が、前の文である(가)と(라)で言った「貧しい人を助けたい気持ち」と「問題に直接参加して解決したいと思う気持ち」を指しているので、自然につながる。(다)の~뿐만 아니라は、前で話したことだけでなく他のことがあることを意味する表現で、(다)はボランティア活動の評価について話している(나)の文を補充する文だ。人は貧しい人を助けたい気持ちや直接問題を解決したい気持ちを持っているが、このような精神から参加するボランティアは社会に役立ち、奉仕者の自己実現にも役立つという内容である。従って、②(가)−(라)−(나)−(다)のつながりは論理的に自然である。

> (가) 人は誰でも貧しい人を見ると助けたい気持ちが生まれるものだ。
> (나) このような精神から始まって対価を望まず自発的に参加するボランティア活動は社会に多いに役立つ。
> (다) それだけでなく、ボランティア活動は奉仕者の自己実現にも役立つ活動だ。
> (라) また、問題が生じたとき、直接参加して解決したいと思う気持ちがある。

2 文が入る場所を探す問題

〈보기〉の文が、与えられた文章のどの位置に入るかを探す問題です。〈보기〉の文をまず読んで内容を把握した後、与えられた文章を読みながら4カ所のうち、文章が最も自然につながる位置を探しましょう。

※ 다음 글에서 〈보기〉의 문장이 들어가기에 가장 알맞은 곳을 고르십시오.

| 第41回TOPIK Ⅱ 問題40

(㉠) '메디치 효과'는 서로 관련 없는 분야가 결합해 전에 없던 창의적인 결과를 창출하는 현상을 말한다. (㉡) 당시 메디치 가문은 서로 다른 역량을 가진 예술가와 학자들의 공동 작업을 후원했다. 그 결과로 피렌체 지역의 문화 수준이 한층 높아졌다. (㉢) 혁신적인 기술과 예술가의 품격 있는 디자인이 만나는 사례는 국내에서도 찾아볼 수 있다. (㉣) 그 예로 인주전자의 최첨단 기술과 유럽의 명품 디자인사가 공동 출시한 '엔젤폰'이 있다.

> ┤ 보기 ├
> 이 용어는 르네상스의 탄생과 발전에 큰 역할을 했던 메디치라는 가문의 이름에서 유래되었다.

① ㉠　　　② ㉡　　　③ ㉢　　　④ ㉣

正解は②。〈보기〉の文の이 용어が指すのは文章の冒頭の메디치 효과である。〈보기〉の文は메디치 효과という用語が言及された次に来ると考えられるので㉡が適切な位置である。〈보기〉の文を㉡に入れて前の文から続けて読んでみると、메디치 효과という用語の定義を説明して、用語が作られた背景を説明する文章へと自然につながる。

※ 次の文章で、〈보기〉の文が入るのに最も適切な場所を選びなさい。

(㉠)「メディチ効果」は、互いに関連のない分野が結合して、以前はなかった創意的な結果を創出する現象のことをいう。(㉡)当時、メディチ家は互いに異なる力量を持った芸術家と学者の共同作業を後援した。その結果として、フィレンチェ地域の文化水準が一層高まった。(㉢)革新的な技術と芸術家の品格あるデザインが出会う事例は国内でも見ることができる。(㉣)その例としてインジュ電子の最先端技術とヨーロッパのブランドデザイン社が共同で発売した「エンジェルフォン」がある。

この用語は、ルネサンスの誕生と発展に大きな役割を果たしたメディチ家の名前に由来している。

問題パターン別練習

※ 다음 글에서 〈보기〉의 문장이 들어가기에 가장 알맞은 곳을 고르십시오.

第37回TOPIK Ⅱ 問題39

그동안 한국에서는 고구마 꽃이 잘 피지 않아 백 년에 한 번 피는 진귀한 꽃으로 생각되었다. (㉠) 최근에는 이 고구마 꽃이 희귀성을 잃고 반갑지 않은 존재라는 인상을 주고 있다. (㉡) 본래 고구마 꽃은 고온 건조한 날씨가 지속되는 아열대 기후에서만 피는 꽃으로 알려져 있다. (㉢) 그러나 지구 온난화로 인해 한국에서 이상 고온 현상이 발생하면서 현재는 전국 각지에서 이 꽃이 심심찮게 발견되고 있다. (㉣)

┌─── 보기 ───┐

고구마 꽃이 기상 이변에 의해 쉽게 개화한다는 것이 밝혀졌기 때문이다.

① ㉠   ② ㉡   ③ ㉢   ④ ㉣

練習問題

1　뜨거운 음료가 식도암의 위험을 높인다는 연구 결과가 발표되었다. (㉠) 어떠한 음료라도 온도가 75도 이상인 음료를 마실 경우 식도 암의 위험도가 8배 이상 증가한다는 것이다. (㉡) 65도 이상인 음료 를 마실 경우에도 식도암의 위험도는 2배나 높아진다. (㉢) 일반적 으로 차는 80도, 커피는 90도 이상에서 가장 좋은 맛을 낸다고 알려 져 있다. (㉣)

─┤ 보기 ├─
　그러나 건강을 위해서라면 미지근한 느낌이 들 때 차나 커피를 마시는 것이 좋다.

① ㉠　　　　　② ㉡　　　　　③ ㉢　　　　　④ ㉣

2　과일이 건강에 좋다는 사실은 누구나 다 알고 있다. (㉠) 그런데 이러한 과일을 말리면 생과일보다 더 좋은 맛과 영양을 얻을 수 있 다. (㉡) 또 오랫동안 보관이 가능하기 때문에 가격이 저렴할 때 구 입해 말렸다가 두고두고 먹어도 좋다. (㉢) 물에 우려내어 차로 마 셔도 좋다. (㉣) 그러나 말린 과일은 단맛도 강해지기 때문에 당뇨 와 같은 질병이 있는 환자라면 주의해서 섭취해야 한다.

─┤ 보기 ├─
　수분이 줄어드는 만큼 비타민과 무기질 같은 영양분의 비율이 높아지고 말린 과일 특유의 식감을 제공하기 때문이다.

① ㉠　　　　　② ㉡　　　　　③ ㉢　　　　　④ ㉣

3 투표 참여를 마케팅 수단으로 활용하는 기업이 증가하였다. (㉠) 투표 참여를 확인할 수 있는 사진이나 확인증을 제시하면 제품을 할인해 주거나 경품을 제공하는 것이다. (㉡) 이에 따라 투표 인증 사진을 찍는 이들이 증가하였다. 그러나 특정 후보를 지지하는 듯한 자세를 취하거나 투표용지를 촬영하는 것은 불법으로 처벌받을 수 있으니 촬영 시 주의해야 한다. (㉢) 사진 촬영이 어렵다면 투표소에서 확인증을 요청하여 받을 수도 있다. (㉣)

보기

기업들은 이러한 투표 독려 마케팅이 젊은 층의 투표 참여를 높이는 동시에 기업의 이미지 홍보와 매출 증가 효과가 있다고 판단한다.

① ㉠   ② ㉡   ③ ㉢   ④ ㉣

4 요리 연구가 김영숙 씨가 새로운 요리책을 출간했다. (㉠) 요리에 사용되는 재료도 모두 우리가 쉽게 접할 수 있는 것들이다. (㉡) "바쁘다는 이유로 끼니를 소홀히 하는 현대인들이 안타까웠어요." (㉢) 인스턴트 음식만큼 간단한 조리법으로도 영양가 높고 맛 좋은 음식을 해 먹을 수 있다는 것을 알려 주고 싶었다는 김영숙 씨. (㉣) 건강하고 맛있는 요리법과 함께 요리 관련 상식들을 전달하고 있는 이 책은 요리의 즐거움을 깨닫게 해 주는 특별한 책이 될 것이다.

보기

그동안 출간되었던 그녀의 책들이 전통적인 한식 조리법을 담고 있었던 반면, 이번 신간은 집에서 간편하게 해 먹을 수 있는 요리들을 주로 소개하고 있다.

① ㉠	② ㉡	③ ㉢	④ ㉣

解答・解説・訳

第37回TOPIK Ⅱ 問題39

正解は②。〈보기〉の文の最後にある-기 때문이다は、その前の内容があることの理由や原因であることを表す表現だ。〈보기〉の文が㉡の位置に入る場合、サツマイモの花が喜ばしくない存在となった理由は気象の異変によって簡単に開花することが明らかになったからであると、自然につなぐことができる。従って、②が正解だ。

※次の文章で、〈보기〉の文が入る最も適切な場所を選びなさい。

これまで、韓国ではサツマイモの花があまり咲かず、100年に1回咲く珍しくて貴重な花と考えられていた。（ ㉠ ）最近はこのサツマイモの花が希少さを失って、喜ばしくない存在だという印象を与えている。（ ㉡ ）本来サツマイモの花は高温乾燥の天気が続く亜熱帯気候でのみ咲く花として知られている。（ ㉢ ）しかし、地球温暖化によって韓国で異常高温現象が発生して現在は全国各地でこの花が頻繁に発見されている。（ ㉣ ）

サツマイモの花が気象の異変によって簡単に開花するということが明らかになったからだ。

1 正解は④。〈보기〉の文の그러나は、前の文の内容と反対の内容を表すときに文の最初で使われる表現だ。下の文はぬるいお茶やコーヒーを飲むのがいいという内容なので、前に来る文はぬるいのは良くないという内容か熱いのがいいという内容でなければならない。㉣の位置に入る場合、お茶やコーヒーは熱い状態で飲んでこそおいしいが健康のためにはぬるいときに飲むのがいいという内容で自然につながるので、④が正解だ。

熱い飲み物が食道がんの危険を高めるという研究結果が発表された。（ ㉠ ）どんな飲み物でも75℃以上の飲み物を飲む場合、食道がんの危険度が8倍以上増加するということだ。（ ㉡ ）65℃以上の飲み物を飲む場合も食道がんの危険度は2倍も高くなる。（ ㉢ ）一般的にお茶は80℃、コーヒーは90℃以上で最もいい味を出すと知られている。（ ㉣ ）

しかし、健康のためであればぬるい感じがするときにお茶やコーヒーを飲むのがよい。

2 正解は②。〈보기〉の文の最後にある-기 때문이다は、その前の内容があることの理由や原因であることを表す表現だ。〈보기〉の文が㉡の位置に入る場合、㉡の前の文の「果物を干すと生の果物よりもっと良い味と栄養を得ることができる」の理由として自然につ

なぐことができる。従って、②が正解だ。

> 果物が健康にいいという事実は誰もが皆知っている。(㉠)ところで、このような果物を干すと生の果物よりもっと良い味と栄養を得ることができる。(㉡)また、長い間保管が可能なので、安い時期に購入して干しておいて、いつまでも食べてもいい。(㉢)水に浸してお茶として飲んでもいい。(㉣)しかし、ドライフルーツは甘味も強くなるので、糖尿のような疾病がある患者なら注意して摂取しなければならない。
>
> 水分が減る分ビタミンやミネラルなどの栄養分の比率が高まり、ドライフルーツ特有の食感を提供するからだ。

3 正解は②。〈보기〉の文の이러한~は前で言及した内容に再度言及するときに使う表現なので、〈보기〉の文の前には「投票奨励マーケティング」についての文がなければならない。〈보기〉の文が㉡の場所に入る場合、投票奨励マーケティングについて触れ、これに対する企業の考えを述べ、その結果投票の証拠写真を撮る人が増えたと自然につながるので、②が正解だ。

> 投票の参加をマーケティングの手段として活用する企業が増えた。(㉠)投票の参加を確認できる写真や確認証を提示すると製品を割引してあげたり景品を提供したりするのだ。(㉡)これによって投票の証拠写真を撮る人が増えた。しかし、特定の候補を支持するような姿勢を取ったり投票用紙を撮影したりすることは違法であり、処罰を受けることがあるので、撮影時は注意しなければならない。(㉢)写真撮影が難しかったら投票所で確認証を要請して受け取ることもできる。(㉣)
>
> 企業は、このような投票奨励マーケティングが若い層の投票参加を高めると同時に企業のイメージ広報と売上増加効果があると判断している。

4 正解は①。〈보기〉の文は与えられた文章の最初の文で言及されている「新しい料理の本」の詳しい説明だ。㉠の位置に入ると前の文の「新しい料理の本」についての説明を提示する役割をしながら、同時に後ろの文とも自然につなげることができるので、①が正解だ。

> 料理研究家キム・ヨンスクさんが新しい料理の本を出版した。(㉠)料理に使われる材料も全てわれわれが簡単に接することができる物だ。(㉡)「忙しいという理由で決まった食事をおろそかにする現代人がもどかしかったのです」(㉢)インスタント食品と同じくらい簡単な調理法でも栄養価が高くておいしい食べ物を作って食べられるということを教えたかったというキム・ヨンスクさん。(㉣)健康でおいしい料理法と一緒に料理関連の常識などを伝えているこの本は料理の楽しさに気付かせてくれる特別な本になるだろう。

　これまでに出版された彼女の本が伝統的な韓国料理の調理法を盛り込んだものだった反面、今回の新刊は家で簡単に作って食べられる料理を主に紹介している。

問題パターン 7 | 文脈に合う表現を探す問題

　与えられた文のかっこの中に入れるのに適した表現を探して、文を完成させる問題です。かっこの前後の部分を詳しく読めば、ほとんど答えを見つけられます。かっこの中に入る句や節を探す問題だけでなく、副詞や慣用表現を入れる問題も出題率が高いので、よく使われる副詞や慣用表現をあらかじめ知っておくことも必要です。

※ (　　　)에 들어갈 알맞은 것을 고르십시오.

　나무는 보기에 (　　　　　) 우리 생태계에 생각보다 중요한 역할을 하고 있다. 가장 중요한 역할은 이산화탄소를 흡수하고 산소를 제공하는 것이다. 또, 나무의 뿌리가 토양을 단단하게 하여 산사태를 예방해 주고 홍수나 가뭄을 막는 역할도 한다. 여러 동식물이나 미생물의 삶의 근거지가 되는 것은 물론이다.

　① 단순해 보이지만　　　　　② 아름답기는 하지만
　③ 단단해 보이기 때문에　　　④ 아름다울 뿐만 아니라

正解は①。木は見た目には複雑には見えないが、実は思ったより重要なさまざまな役割をしているという文なので、①が正解だ。かっこが含まれた文に続けて、木がどのような重要な役割をしているかについて具体的に説明をしている。

※かっこに入る適切なものを選びなさい。

　木は、見た目は（　　　　）、われわれの生態系で思いのほか重要な役割をしている。最も重要な役割は二酸化炭素を吸収して酸素を提供することだ。また、木の根が土壌を強固にして山崩れを防いでくれ、洪水や干ばつを防ぐ役割もする。いろいろな動植物や微生物のすみかになることはもちろんだ。

①単純に見えるが　　　　　　②美しくはあるが
③しっかりして見えるので　　④美しいだけでなく

問題パターン別練習

※（　　　）에 들어갈 알맞은 것을 고르십시오.

第36回TOPIK Ⅱ 問題21

　　현대 사회는 인구의 증가와 산업의 발전으로 인해서 환경 오염이 심각한 수준에 이르렀다. 그중에서도 수질 오염은 우리의 생존과 직결되는 중요한 문제이기 때문에 이에 대해 우려하는 사람들이 많다. 그러나 오염을 막기 위한 구체적인 노력은 부족해 보인다. 수질 오염을 방지하기 위해서는 （　　　　　　）라는 말처럼 우리가 생활 속에서 할 수 있는 작은 노력부터 시작하는 것이 중요하다. 이러한 실천이 하나씩 이루어질 때 우리 자녀들이 깨끗한 물을 안심하고 마실 수 있게 될 것이다.

① 하나를 보면 열을 안다　　② 천 리 길도 한 걸음부터
③ 소 잃고 외양간 고친다　　④ 윗물이 맑아야 아랫물이 맑다

1 　줄넘기는 줄만 있으면 언제 어디서든 할 수 있는 간단한 운동이다. 그러나 그 효과는 매우 크다. 전신운동으로 온몸의 근력을 강화하며, 군살을 제거해 준다. (　　　　　) 줄넘기는 유산소 운동으로 심장과 폐의 기능을 향상시키며, 아이들의 키 성장과 성인의 골다공증 예방에도 도움이 된다. 그러나 몸무게가 너무 많이 나가거나 관절이 좋지 않은 사람들은 의사와 상의 후 운동을 시작해야 한다.

① 또한　　　　　② 과연　　　　　③ 또는　　　　　④ 하필

2 　얼마 전 한 상가 건물에서 화재가 발생했다. 건물 안에서는 한 아이 엄마가 창밖으로 소리를 지르며 도움을 요청하고 있었다. 이 모습을 본 동네 사람들이 각자 집에서 이불을 들고 나와 바닥에 두툼하게 깔고, 아이와 엄마를 안전하게 받아 내었다. 다행히 아이와 엄마는 아무런 부상 없이 건물 밖으로 빠져나올 수 있었다. 위급한 순간이었지만 위험한 일에도 (　　　　　) 시민들이 있어 귀중한 생명을 구할 수 있었던 것이다.

① 손이 큰　　　　　　　② 발이 넓은
③ 발 벗고 나선　　　　　④ 허리띠를 졸라맨

3 　한의학에서는 몸의 기운이 모이는 자리를 '혈'이라고 부르며, 이 혈자리가 막히면 건강에 좋지 않다고 생각한다. 그래서 혈을 막히지 않게 하여 몸의 기운을 (　　　　　) 중요하게 여긴다. 몸에 기운이 없거나 아플 때 혈자리를 눌러 자극하는 것만으로도 많은 도움을 받을 수 있다.

① 막히게 하는 것을 　　　② 확인하게 하는 것을

③ 원활하게 하는 것을 　　　④ 진찰하게 하는 것을

4　　과거에는 교실에서만 수업을 들을 수 있었다. 그러나 오늘날에는 집에서도 다른 나라의 수업을 들을 수 있다. 바로 개방형 온라인 공개강좌를 통해서이다. 이 온라인 강좌는 무료로 진행이 되어, 누구나 자신의 관심사에 대해 쉽게 공부할 수 있다. 또, 온라인 강좌의 특성상 (　　　　　) 사람들과 상호 작용을 하며 수업에 참여할 수도 있다.

① 개방적인 　　　　　　② 관심사를 찾는

③ 무료 진행을 하는 　　　④ 함께 수업을 듣는

解答・解説・訳

第36回TOPIK Ⅱ 問題21

正解は②。与えられた文章のかっこの後ろにある~**라는 말처럼**という表現は、後ろに来る内容が前に来る内容と似た意味であることを表す。すなわち、選択肢のうちで「小さい努力から始めることが重要だ」という意味の表現を選べばいい。**천 리 길도 한 걸음부터**という表現は始めることが重要だという意味であり、いくら大きな事でも最初は小さな一歩から始め、努力が積もれば大きな成果を出すことになるという意味のことわざだ。なお、**리**(里)は距離の単位で、1里は約0.393km。ちなみに日本の1里は約3.923kmなので、韓国の10里に当たる。

> ※かっこに入る適切なものを選びなさい。
>
> 　現代社会は人口の増加と産業の発展によって、環境汚染が深刻な水準に達した。その中でも水質汚染はわれわれの生存と直結する重要な問題なので、これに対して多くの人が憂慮している。しかし、汚染を防ぐための具体的な努力は不足しているように見える。水質汚染を防止するためには(　　　)という言葉のように、われわれが生活の中でできる小さな努力から始めることが重要だ。このような実践が一つずつ成し遂げられるとき、われわれの子どもたちがきれいな水を安心して飲めるようになるだろう。

① 1を見れば10を知る	② 千里の道も一歩から
③ 牛を失って牛小屋を直す	④ 上流の水が澄んでこそ下流の水が澄む

1 正解は①。縄跳びの効果と縄跳びをするときに気を付ける点についての文章だ。かっこの前の部分では縄跳びの効果を羅列していて、かっこの後の部分も縄跳びの効果を羅列しているので、かっこには「それにまた」という意味の**또한**が入れば自然につながる。

> 縄跳びは縄さえあればいつどこでもできる簡単な運動だ。しかし、その効果はとても大きい。全身運動で体全体の筋力を強化し、ぜい肉を取り除いてくれる。（　　　）縄跳びは有酸素運動で、心臓と肺の機能を向上させ、子どもたちの背の成長や成人の骨粗しょう症予防にも役立つ。しかし、体重があまりにも重かったり関節が良くなかったりする人は医者と相談後、運動を始めなければならない。
>
> ① さらに　　② 果たして　　③ または　　④ よりによって

2 正解は③。市民が協力して、火災から母子の命を救い出したという内容の文章だ。かっこには後ろの**시민들**を修飾する表現が入るが、かっこの前の文章で市民は危険を顧みず積極的に自ら進んで母子を助けたという内容になっているので、そういった市民の様子を表す選択肢を選べばよいが、選択肢はいずれも慣用句なのでその意味を知っておく必要がある。**손이 크다**（手が大きい）は「気前がいい」、**발이 넓다**（足が広い）は「顔が広い」、**발 벗고 나서다**（足を脱いで乗り出す）は「一肌脱ぐ」、**허리띠를 졸라매다**（ベルトをきつく締める）は「倹約する」の意味。従って、正解は③が適当だ。

> 先日、ある商店街の建物で火災が発生した。建物の中ではある子どもの母親が窓の外に向かって叫びながら助けを求めていた。この姿を見た町内の人たちが各自家から布団を持って出てきて地面に厚く敷き、子どもと母親を安全に受け止めた。幸い子どもと母親は何のけがもなく建物の外に抜け出すことができた。危急な瞬間だったが、危険なことにも（　　　）市民たちのおかげで貴重な命を救うことができたのだ。
>
> ① 気前がいい　　　　② 顔が広い
> ③ 一肌脱いだ　　　　④ 倹約した

3 正解は③。韓医学で言う「ツボ」についての文章だ。かっこが含まれている文が**그래서**で始まっているのを見ると、その前の文はかっこが含まれている文の理由である。ツボの場所が詰まると健康に良くないと考えるので、ツボを塞がないようにして体の気の流れを円滑にすることが重要だというようにつなげなければならないので、③が正解だ。

> 　韓医学では体の気が集まる場所を「ツボ」と呼び、このツボの場所が詰まると健康に良くない
> と考える。そのため、ツボを塞がないようにして体の気を（　　　　）重要と見なす。元気がなかっ
> たり具合が悪かったりするとき、ツボの場所を押して刺激することだけでも多くの助けとなる。
>
> 　①詰まらせることを　　　　　　　　②確認させることを
> 　③円滑にすることを　　　　　　　　④診察させることを

4 正解は④。オンライン講座についての文章だ。かっこには後ろの사람들を修飾する表現
が入らなければならない。オンライン講座はオンライン上で人が一緒に授業を聞くものな
ので、④が正解だ。

> 　過去には教室でのみ授業を聞くことができた。しかし、今日では家でも他の国の授業を聞くこ
> とができる。まさにそれは開放型オンライン公開講座を通じてだ。このオンライン講座は無料で
> 行われており、誰でも自分の関心事について簡単に勉強できる。また、オンライン講座の特性上、
> （　　　　）人たちと互いに関わり合いながら授業に参加することもできる。
>
> 　①開放的な　　　　　　　　　　　②関心事を探す
> 　③無料で行う　　　　　　　　　　④一緒に授業を聞く

問題パターン 8 | 筆者や登場人物の態度、心情を把握する問題

　提示された文章の下線を引いた部分に現れた筆者あるいは登場人物の態度や心情を探す問題です。文学作品も出題され、登場人物の心情を問う問題には多少難しい語彙が使われるので、態度や心情を表す語彙をあらかじめ知っておくと問題を解くのに役に立ちます。

※ 다음 글을 읽고 물음에 답하십시오.

第37回TOPIK Ⅱ 問題23

　정신없이 세 아이를 키우면서 내가 미처 생각하지 못한 것이 있었다. 그것을 깨닫게 된 것은 얼마 전 세 딸을 목욕시키면서였다. 나는 늘 그랬듯이 씻기기 편한 막내부터 씻겨 욕실에서 내보냈고 그 다음에는 둘째를 씻겼다. 그리고 나서 첫째를 씻기려고 하는데 아이가 고개를 푹 숙인 채 앉아서 꼼짝도 하지 않았다. 내가 몇 번이나 좋은 말로 타이르자 그제야 "왜 내가 항상 마지막이야?"라고 울먹이며 말했다. 순간 머리를 한 대 얻어맞은 것 같았다. 어린이집에 보내려고 옷을 입히고 머리를 빗겨 줄 때 항상 "동생들 하고 나서 해 줄게."라고 하며 첫째를 기다리게 했던 나의 모습이 떠올랐다.

　밑줄 친 부분에 나타난 나의 기분으로 알맞은 것을 고르십시오.

① 답답하다　　　　　　② 서운하다

③ 당황스럽다　　　　　④ 불만스럽다

正解は③。**当황스럽다**は驚いたりとても急いでいたりしてどうすればいいか分からない状態を意味する。話の中の「私」は、思っていなかった長女の反応に驚いて慌てている状態なので、③が正解だ。

※次の文章を読んで、問いに答えなさい。

　無我夢中で3人の子どもを育てながら、私がかつて思いもしなかったことがあった。それを悟らせたのは、少し前に3人の娘を入浴させながらだった。私はいつもそうしていたように、洗いやすい末っ子から洗って浴室から送り出し、その次は次女を洗った。それから長女を洗おうとしたが、子どもはずっとうつむいたまま座ってぴくりともしなかった。私が何度も優しい言葉で諭したところ、ようやく「どうしていつも私が最後なの?」と今にも泣きそうな顔をして言った。その瞬間、<u>頭を1発たたかれたような気がした。</u>保育園に送ろうと服を着せて髪をとかしてあげるとき、いつも「妹たちをやってからやってあげるね」と言って長女を待たせていた私の姿が思い浮かんだ。

下線を引いた部分に現れた私の気分として適切なものを選びなさい。
　①もどかしい　　　　　　　　②寂しい
　③うろたえている　　　　　　④不満だ

問題パターン別練習

※ 다음 글을 읽고 물음에 답하십시오.

第37回TOPIK Ⅱ 問題50

　인류의 지난 문명은 동질성이 지배해 왔다. 동질성 위주의 사고방식은 씨족 사회 시절부터 오늘에 이르기까지 공동체의 힘을 결집시켜 주었고 그것은 곧 인류 발전의 원동력이 되었다. 그러나 지금도 곳곳에서 발생하고 있는 무력 충돌이라는 부작용을 초래하기도 한다. 동질성이 강조될수록 차이에 대한 적대감이 커지기 때문이다. 교통 통신의 발달로 변방과 국경이 사라진 지구촌의 인류에게 필요한 덕목은 더 이상 동질성이 아니다. <u>그것은 자칫 다름을 철저히 배격함으로써 지구촌 차원의 불행을 야기할 수도 있다.</u> 이 시대 인류 전체의 화두는 '다름'이 되어야 한다. 다른 것은 또 다른 것을 보완하고 완성시키며 성장케 하는 조력자이다. 또한 서로 다른 것의 결합은 기존의 것과 구별되는 창조의 원천이다. 도래하는 신문명 시대의 가치는 동질성이 아닌 다름에서 찾아야 한다. 이제 새로운 사고의 틀로 인류의 역사를 새롭게 쓸 때이다.

밑줄 친 부분에 나타난 필자의 태도로 알맞은 것을 고르십시오.
① 이질성이 없어진 후 발생할 문제점을 염려한다.
② 서로 다른 것의 공존이 가져올 혼란을 걱정한다.
③ 획일성이 지배하는 어두운 현실에 대해 고민한다.
④ 동질성을 강조할 때 나타날 부정적 결과를 우려한다.

練習問題

1 나는 나들이를 할 때면 지하철을 자주 이용한다. 오르내리는 계단이 좀 불편하기는 하지만 차츰 편의 시설이 늘어나면서 버스나 택시보다 더 선호하게 되었다. 특히 약속 시간을 지켜야 할 경우에는 이보다 더 편리한 것이 없는 것 같다. 그런데 문제는 환승역이다. 미로 속같은 길을 안내판을 살펴 가며 바르게 찾아 타기란 여간 신경 쓰이는 일이 아니다.

밑줄 친 부분에 나타난 나의 심정으로 알맞은 것을 고르십시오.
① 번거롭다   ② 민망하다   ③ 서운하다   ④ 억울하다

2 마트에서 진열대 위에 놓인 탐스러운 딸기를 보니 문득 아이들이 어렸을 때가 생각난다. 내가 셋째 아이를 임신한 때였는데, 우리 집 사정이 좋지 않아서 딸기 같은 과일은 사 먹을 엄두도 내지 못할 때였

다. 입덧 때문에 아무것도 먹지 못한 내가 안쓰러웠는지 남편이 퇴근 길에 딸기를 조금 사 왔기에 식탁 위에 올려 두고는 잠깐 전화를 받으러 다녀왔다. <u>그런데 두 아이가 눈 깜짝할 사이에 딸기를 모두 먹어 버렸던 것이다.</u> 그 순간 먹고 싶던 딸기를 먹지 못한 속상함보다는 평소에 아이들에게 좋은 과일을 많이 사 주지 못한 것에 대한 미안함과 속상한 마음에 나는 아이들을 안고 울어 버렸다.

밑줄 친 부분에 나타난 나의 심정으로 알맞은 것을 고르십시오.
① 답답하다　　② 창피하다　　③ 만족스럽다　　④ 당황스럽다

3　'스몸비'가 증가하고 있다. '스몸비'란 스마트폰과 좀비의 합성어로 스마트폰 화면에 집중하느라 주변의 상황을 인지하지 못하는 사람들을 뜻한다. 이들은 주변의 위험 상황을 의식하지 못하기 때문에 사고 위험도가 높다. 세계 각국에서는 '스몸비'에 의한 사고가 증가하자 대책 마련에 나섰다. 한국과 홍콩에서는 바닥에 경고 문구를 부착하였으며, 미국과 중국에서는 이들을 위한 전용 도로를 만들었다. <u>그러나 이러한 대책보다도 중요한 것은 이용자들의 의식이다.</u> 과도한 스마트폰 사용은 자신뿐만 아니라 타인의 안전과 건강에도 위협이 될 수 있다는 사실을 스스로 깨달아야 한다.

밑줄 친 부분에 나타난 필자의 태도로 알맞은 것을 고르십시오.
① 스마트폰의 필요성을 인정하고 있다.
② 사고 증가 원인에 대해 비판하고 있다.
③ '스몸비'에 대한 대책에 대해 회의적이다.
④ 대책 마련 단계에서의 문제점을 지적하고 있다.

4　현대 사회에서는 SNS와 문자 메시지 등을 통한 소통이 활발히 이루어지고 있다. SNS와 문자 메시지는 빠르고 간편하게 자신의 의사를 전달할 수 있다는 장점이 있지만, 이에 길들여진 젊은 세대들은 긴 문장을 이용한 의사 표현에 어려움을 겪는다. 평소에 글을 쓸 일이 별로 없기 때문에 긴 글을 쓰는 것에 부담을 느낀다는 것이다. 이 때문에 긴 글을 써야 할 때는 돈을 받고 글을 대신 써 주는 대필 업체에 맡기는 사례가 증가하고 있다. 취업을 위한 자기소개서나 보고서 등은 물론이고 연애편지나 사과문도 이러한 업체에 부탁한다. <u>그러나 남이 써 주는 글은 진정성이 떨어진다.</u> '글은 마음의 창'이라는 말이 있다. 글은 자신의 생각을 전달하는 수단인 만큼 깊이 생각하는 습관을 통해 자신의 생각을 온전히 전달하는 연습을 할 필요가 있다.

밑줄 친 부분에 나타난 필자의 태도로 알맞은 것을 고르십시오.

① 업체의 마케팅 방법에 대해 회의적이다.

② 대필의 긍정적인 측면을 인정하고 있다.

③ 대필에 대해 부정적 입장을 나타내고 있다.

④ 업체를 이용한 사람들에 대해 동정하고 있다.

解答·解説·訳

│第37回TOPIK Ⅱ 問題50

正解は④。文明を支配する価値が、同質性から「違い」へと変化しているという内容の文章だ。排撃하다は、ある対象中、意見、物などを退けたり追い払ったりすることを意味する単語だ。すなわち、下線を引いた部分で筆者は、同質性を強調する場合、「違い」を徹底して退けたり追い払ったりすることにより人類に不幸を引き起こすという否定的な結果をもたらすこともあると言っているので、④が正解だ。

※ 次の文章を読んで、問いに答えなさい。

　人類のこれまでの文明は同質性が支配してきた。同質性中心の考え方は氏族社会の頃から今日に至るまで共同体の力を結集させてくれ、それはすなわち人類発展の原動力になった。しかし、今もあちこちで発生している武力衝突という副作用を招きもした。同質性が強調されるほど、違いに対する敵対感が強くなるからだ。交通通信の発達で辺境や国境がなくなった地球村の人類にとって必要な徳目はもう同質性ではない。それはややもすると、違いを徹底的に排撃することによって地球村レベルの不幸を引き起こすこともある。この時代、人類全体の話題は「違い」でなければならない。違うことはまた違うことを補完して完成させながら成長させる助力者だ。さらに、互いに違うものの結合は、既存のものと区別される創造の源泉だ。到来する新文明時代の価値は同質性ではない違いから探さなければいけない。もう新しい思考の枠で人類の歴史を新しく書く時だ。

下線を引いた部分に現れた筆者の態度として適切なものを選びなさい。
　①異質性がなくなった後発生する問題点を気に掛けている。
　②互いに違うことの共存がもたらす混乱を心配している。
　③画一性が支配する暗い現実について悩んでいる。
　④同質性を強調するとき現れる否定的結果を憂慮している。

1 正解は①。地下鉄の便利な点と不便な点についての考えだ。**여간 ~ 아니다**という表現は、普通の程度ではなく「すごく」という意味の表現だ。下線を引いた部分で「私」は地下鉄を乗り換えることがとても神経を使うことだと言っている。すなわち、乗り換えることがとても煩わしいと考えているので、①が正解だ。

　私は外出するときは地下鉄をよく利用する。上り下りする階段が少し不便ではあるが、次第にバリアフリー施設（便宜施設）が増えて、バスやタクシーより好むようになった。特に、約束の時間を守らなければならない場合はこれより便利なものはないと思う。だが、問題は乗換駅だ。迷路の中のような道を、案内板を調べて進みながら正しく見つけて乗るのは並大抵のストレスではない。

下線を引いた部分に現れた私の心情として適切なものを選びなさい。
　①煩わしい　　　②きまりが悪い　　　③物足りない　　　④悔しい

2 正解は④。イチゴと関連した「私」の経験についての話だ。用事を済ませた後に食べようと食卓に置いておいたイチゴを、子どもたちに全部食べられたときの心情を答えなければならない。つわりで何も食べられない状況で、妻を思いやって夫が買ってきてくれた高価なイチゴが瞬時になくなっていた驚きや、子どもたちに対する申し訳なさが入り交じっているので、選択肢の中で最も適当なのは④である。

マートで陳列台の上に置かれた見事なイチゴを見ると、ふと子どもが幼かった頃が思い浮かぶ。私が3人目の子を妊娠した時だったが、家計が苦しくてイチゴのような果物は買って食べるなどと思いもしなかった頃だ。つわりのせいで何も食べられなかった私が気の毒だったのか、夫が会社帰りにイチゴを少し買ってきたので、食卓の上に置いてからちょっと電話を受けに行ってきた。ところが2人の子が瞬く間にイチゴを全部食べてしまったのだ。その瞬間、食べたかったイチゴを食べられなかったつらさより、普段子どもたちにいい果物をたくさん買ってやれなかったことに対する申し訳なさとつらい気持ちに私は子どもたちを抱いて泣いてしまった。

下線を引いた部分に現れた私の心情として適切なものを選びなさい。
　①もどかしい　　②恥ずかしい　　③満足だ　　④うろたえている

3 正解は③。スマートフォンの過度な使用と関連した問題についての文章だ。筆者が各種対策よりもスマートフォンを使う人の意識改善がより重要であると述べていることから、対策について懐疑的と受け取れるので、③が正解だ。

　「スモンビ」が増加している。「スモンビ」とは、スマートフォンとゾンビの合成語で、スマートフォンの画面に集中して周りの状況を認知できない人たちのことを意味する。彼らは周りの危険な状況を意識できないので、事故の危険度が高い。世界各国では「スモンビ」による事故が増加するや対策の準備に取りかかった。韓国と香港では地面に警告文を付着し、アメリカと中国では彼らのための専用道路を作った。しかし、このような対策よりも重要なことは、利用者の意識だ。過度なスマートフォンの使用は自分だけでなく他人の安全と健康にも脅威となることがあるという事実を自ら悟らなければならない。

下線を引いた部分に現れた筆者の態度として適切なものを選びなさい。
　①スマートフォンの必要性を認めている。
　②事故増加の原因について批判している。
　③「スモンビ」に対する対策について懐疑的だ。
　④対策準備の段階での問題点を指摘している。

4 正解は③。SNSや携帯メールに慣れ親しんだ若い世代が文章を書くことに苦しんでいる状況についての文章だ。筆者は他人が代わりに書いた文章は真実味に欠けると述べて、代筆に対して否定的な立場を表しているので③が正解だ。

　現代社会ではSNSや携帯メールなどを介してのコミュニケーションが活発に行われている。SNSや携帯メールは速くて簡便に自分の意思を伝えることができる長所があるが、これに慣れ親しんだ若い世代は長い文章を利用した意思の表現に困難を経験する。普段文章を書くことがあまりないため、長い文章を書くことに負担を感じるのだ。このため、長い文章を書かなければならないときは、お金を受け取って文章を代わりに書く代筆業者に任せる事例が増加している。就

職のための自己紹介書や報告書などはもちろん、ラブレターや謝罪文もこのような業者に頼む。しかし、他人が書いた文章は真実味に欠ける。「文章は心の窓」という言葉がある。文章は自分の考えを伝える手段である分、深く考える習慣を通じて自分の考えを完全に伝える練習をする必要がある。

下線を引いた部分に現れた筆者の態度として適切なものを選びなさい。

①業者のマーケティング方法について懐疑的だ。

②代筆の肯定的な側面を認めている。

③代筆について否定的な立場を表している。

④業者を利用した人に対して同情している。

復習テスト

ここまで学んだ読解領域のパターンごとの問題をまとめた復習テストです。
解答・解説・訳はP.231-240にあります。

※ [1~2] (　　　)에 들어갈 가장 알맞은 것을 고르십시오.

1.　어제는 날씨가 (　　　　　) 오늘은 좀 시원한 것 같네요.

　　① 더우니　　　　　　　　　② 더워서

　　③ 덥더니　　　　　　　　　④ 덥거나

2.　아침에 버스를 (　　　　　) 수업에 늦었어요.

　　① 놓치다시피　　　　　　　② 놓치려던 참에

　　③ 놓치는 대신에　　　　　　④ 놓치는 바람에

※ [3~4] 다음 밑줄 친 부분과 의미가 비슷한 것을 고르십시오.

3.　동생한테서 연락이 없는 것을 보니 많이 <u>바쁜 모양이다.</u>

　　① 바쁜가 보다　　　　　　　② 바쁠 리가 없다

　　③ 바쁘기 마련이다　　　　　④ 바쁘기 나름이다

4.　노래도 잘 <u>부르는 데다가</u> 춤도 잘 춘다.

　　① 부르는 김에　　　　　　　② 부르는 사이에

　　③ 부르기보다는　　　　　　④ 부를 뿐만 아니라

※ [5~6] 다음은 무엇에 대한 글인지 고르십시오.

5.

> **소매의 찌든 때도 남김없이 쏙!**
> **한 스푼**만 넣어도 충분합니다.

① 지우개　　　　　② 청소기
③ 페인트　　　　　④ 세탁 세제

6.

> **하루에 2회 이상** 먹지 마십시오.
> 개봉 후에는 되도록 빨리 드십시오.

① 재료 설명　　　　② 작동 방법
③ 주의 사항　　　　④ 섭취 효과

※ [7~8] 다음 글 또는 도표의 내용과 같은 것을 고르십시오.

7.

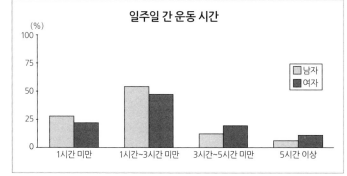

① 1시간 미만으로 운동하는 남자는 전체의 반을 넘는다.
② 5시간 이상 운동하는 사람의 비율은 여자보다 남자가 더 많다.

③ 남자 중에는 1시간에서 3시간 미만으로 운동하는 사람이 제일 많다.

④ 1시간 미만으로 운동하는 여자가 5시간 이상 운동하는 여자보다 적다.

8.

최근 채식 열풍이 불고 있다. 채소와 과일에는 비타민과 무기질 등의 영양소가 풍부해 건강에 좋고, 일부 유명 연예인들이 채식으로 몸매 관리를 하고 있다는 사실이 알려졌기 때문이다. 그러나 채식만을 하다 보면 상대적으로 단백질 섭취가 부족하게 된다. 그래서 콩처럼 단백질이 많은 식물성 재료로 고기를 만들기도 한다. 콩고기는 채식을 하는 사람들도 많은 단백질을 맛있게 먹을 수 있도록 도와준다.

① 모든 연예인들이 채식을 하고 있다.

② 콩에는 많은 단백질이 포함되어 있다.

③ 채식을 하면 단백질을 많이 섭취할 수 있다.

④ 채식을 하는 사람은 콩고기를 먹을 수 없다.

※ [9~10] 다음을 순서대로 맞게 배열한 것을 고르십시오.

9.

> (가) 그래서 일본축구협회에서는 까마귀를 협회 상징으로 삼고
> 있다.
> (나) 예로부터 한국에서는 까마귀를 불길한 새로 여기고 두려워
> 해 왔다.
> (다) 이는 옛날 어른들이 까마귀를 죽음을 상징하는 새로 생각
> 했기 때문이다.
> (라) 반면에 일본에서는 이러한 까마귀가 행운을 가져다주는 새
> 로 대접받는다.

① (나)-(가)-(다)-(라)　　② (나)-(다)-(라)-(가)
③ (다)-(나)-(라)-(가)　　④ (다)-(라)-(가)-(나)

10.

> (가) 요즘 직장인들 사이에서 도시락을 싸 가지고 다니는 사람들
> 이 늘고 있다.
> (나) 이는 돈을 절약할 수 있을 뿐만 아니라 시간도 절약할 수 있
> 다는 장점이 있다.
> (다) 경제적으로 어려운 직장인들이 점심값을 아끼려고 그러한
> 노력을 하게 된 것이다.
> (라) 또한 이렇게 남은 시간에는 동료들과 함께 이야기하며 산책
> 도 할 수 있어서 일석이조이다.

① (가)-(다)-(나)-(라)　　② (가)-(나)-(다)-(라)
③ (다)-(가)-(나)-(라)　　④ (다)-(가)-(라)-(나)

※ [11] 다음을 읽고 ( )에 들어갈 내용으로 가장 알맞은 것을 고르십시오.

한번 쓴 글씨를 지우기 위해서는 지우개를 사용해야 한다. 그런데 최근에는 열만으로 흔적 없이 지울 수 있는 펜이 출시되어 이목을 끌고 있다. 이 펜은 글씨에 열을 가해 주면 글씨가 사라지고 영하의 기온에 차갑게 두면 글씨가 다시 살아나는 원리이다. 그래서 드라이기나 온풍기의 바람을 이용하면 ( ) 글씨를 지울 수 있다.

① 잘 써지지 않는 　　　　　② 차가운 바람으로
③ 많은 인기를 얻고 있는 　　④ 지우개를 사용하지 않고도

※ [12] 다음은 신문 기사의 제목입니다. 가장 잘 설명한 것을 고르십시오.

신생아 꾸준히 감소, 아기 울음소리 점점 작아진다

① 아기들의 체력이 예전만 못하다.
② 아기들의 영양 상태가 좋지 못하다.
③ 새로 태어나는 아기의 수가 점점 줄어든다.
④ 새로 태어나는 아기의 체격이 점점 작아진다.

※ [13] 다음을 읽고 내용이 같은 것을 고르십시오.

> 온돌은 한국의 전통적인 난방 방법이다. 재래식 부엌의 아궁이에서 불을 때면, 그 열이 방바닥 밑의 넓적한 돌을 데워 방바닥이 따뜻해지는 원리이다. 온돌은 연료의 효율이 좋고, 자주 고장 나지 않는다는 장점이 있다. 또 불을 꺼도 한동안 열이 유지된다.

① 온돌은 많은 연료가 필요하다.
② 온돌은 불을 끄면 바로 열이 식는다.
③ 온돌은 부엌을 따뜻하게 하는 방법이다.
④ 온돌은 예전부터 전해 내려온 난방법이다.

※ [14] 다음 글의 주제로 가장 알맞은 것을 고르십시오.

> 우리 뇌는 포도당을 주원료로 사용하기 때문에 뇌가 피곤하면 단 음식이 먹고 싶어진다. 스트레스를 받으면 아이스크림이나 초콜릿 등이 생각나는 것도 바로 그 때문이다. 그러나 단 음식을 너무 많이 먹으면 건강에 여러 문제가 발생할 수 있다. 가장 흔한 문제는 충치이다. 단 음식을 분해하는 과정에서 나온 산이 치아를 썩게 만들기 때문이다. 또 비만과 당뇨, 고혈압 등을 일으켜 지속적인 관리를 요구하기도 한다.

① 단 음식은 이를 썩게 한다.
② 스트레스는 비만의 원인이다.
③ 단 음식을 많이 섭취하면 건강에 해롭다.
④ 뇌가 피곤할 때는 단 음식을 먹어야 한다.

아침에 눈뜨자마자 마당에 나갔다가 이제야 집 안에 들어왔다. 열 시 넘은 시간이다. 지치고 배도 고파서 들어온 것이지 일이 끝난 건 아니다. 마당 일은 한도 끝도 없다. 집이 교외에 있어 작은 마당을 가꾸고 있는데 꽃나무 몇 그루 심고 나머지 땅은 텃밭을 만들까 하다가 농사에 자신이 없어 잔디를 심었다. 채소를 가꾸는 것보다 잔디가 훨씬 손이 덜 갈 줄 알았다. 또 이왕 단독 주택에 살 바에는 잔디밭 정도는 딸린 집에 살아야 할 것 같은, 양옥집과 푸른 잔디라는 소녀 적부터의 꿈도 한몫을 했을 것이다.

15. 밑줄 친 부분에 나타난 나의 심정으로 알맞은 것을 고르십시오.

① 막막하다   ② 어이없다

③ 후련하다   ④ 황당하다

16. 이 글의 내용과 같은 것을 고르십시오.

① 나는 시골에서 농사를 짓고 있다.

② 나는 도시에서 꽃을 키우며 살고 있다.

③ 나는 일을 다 끝내고 밥을 먹으러 들어왔다.

④ 나는 어려서부터 단독 주택에 사는 것이 꿈이었다.

※ [17~18] 다음을 읽고 물음에 답하십시오.

> 감기는 성인의 경우 일 년에 두세 번 걸리는 것이 일반적일 정도로 흔한 질병이다. 감기에 걸리면 기침이나 두통 등의 증상이 나타나기는 하지만 특별한 치료를 하지 않아도 충분한 휴식과 영양을 섭취하면 자연스럽게 치유가 된다. 이 때문에 감기의 증상이 나타나도 대수롭지 않게 생각하는 경우가 많다. 그러나 간혹 면역이 약한 어린이나 노인의 경우에는 중이염이나 폐렴과 같은 질병으로 악화될 수 있다. 또한, 어떤 경우에는 마치 (   ) 감기가 아닌 경우도 있다. 따라서 감기 증상이 오래 지속되는 경우에는 가까운 병원을 찾아 질병을 악화시키는 일이 없도록 해야 한다.

17. 이 글의 주제로 알맞은 것을 고르십시오.

① 기침과 두통은 감기의 대표적인 증상이다.

② 면역이 약한 사람들은 감기 치료가 어렵다.

③ 감기는 별다른 치료 없이도 나을 수 있는 질병이다.

④ 감기 증세가 계속되면 반드시 병원 진료를 받아야 한다.

18. (   )에 들어갈 내용으로 가장 알맞은 것을 고르십시오.

① 감기 증상처럼 보여도

② 흔한 질환인 듯 여겨도

③ 치료하는 방법을 깨달아도

④ 심한 증상인 것처럼 느껴져도

※ [19~20] 다음을 읽고 물음에 답하십시오.

'립스틱 효과'는 1930년 미국 대공황 시기에 생겨난 용어로 '경기가 좋지 않을 때 적은 비용으로 큰 만족을 느낄 수 있도록 하는 상품이 인기를 끄는 현상'을 일컫는다. (㉠) 여성들이 립스틱을 살 때, 남성들은 넥타이를 산다는 것이다. (㉡) 반대로 '남성 의류 속설'은 '경기가 좋지 않을 때 주부들이 남편들 옷은 구매 우선순위에서 제외하여 판매가 둔화되는 현상'을 뜻한다. (㉢) 이처럼 사람들이 행동하는 방식에 주목하여 경제를 예측하는 것을 '속설 경제지표'라고 한다. (㉣) 그러나 이것은 늘 정확하게 들어맞는 사실이 아니라 속설이므로 이에 휘둘리지 않고 현명한 경제생활을 하는 것이 필요하다.

19. 다음 문장이 들어가기에 가장 알맞은 곳을 고르십시오.

이와 비슷한 것으로 '넥타이 효과'가 있다.

① ㉠   ② ㉡   ③ ㉢   ④ ㉣

20. 이 글의 내용과 같은 것을 고르십시오.
① 1930년의 미국 경기는 좋은 편이었다.
② 경기가 좋을 때 남성 옷의 판매는 감소한다.
③ '속설 경제지표'는 경제 현상을 정확히 예측한다.
④ 경기가 좋지 않을 때 여성들의 립스틱 구매는 증가한다.

読解復習テスト 解答・解説・訳

[1~2] (   )에 들어갈 가장 알맞은 것을 고르십시오.

1. 正解：③덥더니

解説：-더니는 前の経験や状況と異なる新しい経験または状況が発生したときに使う
表現だ。昨日は暑かったが、昨日とは違い今日は涼しそうだという内容なので、③
が正解だ。

> **[1~2] かっこに入る最も適切なものを選びなさい。**
> 1. 昨日は (   ) 今日はちょっと涼しそうですね。
>   ① 暑いから　　　② 暑くて　　　　③ 暑かったのに　　　④ 暑かったり

2. 正解：④놓치는 바람에

解説：-는 바람에は後で起きる状況の原因や理由を表す表現だ。普通、前の状況が
後の行動に否定的な影響を及ぼしたり話し手の意図とは異なる結果をもたらした
りするときに使う。授業に遅れたくなかったが、朝バスに乗り遅れたせいで授業
に遅れることになったという内容なので、④が正解だ。

> 2. 朝、バスに (   ) 授業に遅れました。
>   ① 乗り遅れた通り　　　　　　　② 乗り遅れようとしたところで
>   ③ 乗り遅れる代わりに　　　　　④ 乗り遅れたせいで

[3~4] 다음 밑줄 친 부분과 의미가 비슷한 것을 고르십시오.

3. 正解：①바쁜가 보다

解説：-ㄴ 모양이다はある状況を見て現在の状況を推測するときに使う表現で、考え
や推測を表す表現の-ㄴ가 보다と置き換えられる。弟/妹から連絡がないのを
見ると、現在弟/妹がとても忙しい状況なのだろうという内容だ。

> **[3~4] 次の下線を引いた部分と意味が似ているものを選びなさい。**
> 3. 弟/妹から連絡がないのを見ると、とても忙しいようだ。
>   ① 忙しいようだ　　　　　　　　② 忙しいはずがない
>   ③ 忙しいものだ　　　　　　　　④ 忙しい次第だ

4. 正解：④ 부를 뿐만 아니라

解説：-는 데다가は現在の状態や行動にあることを加えて言うときに使う表現で、前で言ったこと以外にも他のことがあることを表す-ㄹ 뿐(만) 아니라と置き換えられる。歌も上手でダンスも上手だという内容だ。

4. 歌もうまく歌う上にダンスも上手だ。
　①歌うついでに　　②歌う間に　　③歌うよりは　　④歌うだけでなく

[5~6] 다음은 무엇에 대한 글인지 고르십시오.

5. 正解：④ 세탁 세제

解説：쏙は汚れがきれいになくなる様子を表している。袖に長い間染み付いていた汚れがきれいになくなるという内容の洗濯洗剤の広告だ。

[5~6] 次は何についての文か、選びなさい。

5.
　袖の染み付いた汚れも残さずサッ！
　1さじ入れるだけでも十分です。

　①消しゴム　　②掃除機　　③ペンキ　　④洗濯洗剤

6. 正解：③ 주의 사항

解説：-십시오は丁寧な命令や勧誘を表す表現だ。薬を飲むとき注意して守らなければならない点について話しているので、これは注意事項である。

6.
　1日に2回以上飲まないでください。
　開封後はできるだけ早くお飲みください。

　①材料説明　　②作動方法　　③注意事項　　④摂取効果

[7~8] 다음 글 또는 도표의 내용과 같은 것을 고르십시오.

7. 正解：③ 남자 중에는 1시간에서 3시간 미만으로 운동하는 사람이 제일 많다.

解説：男性と女性が1週間に運動する時間についてのグラフだ。男性のうち、1時間から3時間未満運動する人が約50%で一番多いので③が正解だ。1時間未満運動す

る男性は全体の約25%なので、①は間違い。5時間以上運動する人の比率は男性より女性の方が多いので、②も間違い。1時間未満運動する女性は5時間以上運動する女性より多いので、④も間違い。

[7~8] 次の文章または図表の内容と同じものを選びなさい。

7.

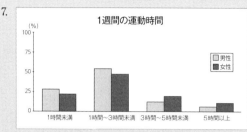

①1時間未満運動する男性は全体の半分を超える。
②5時間以上運動する人の比率は女性より男性の方が多い。
③男性のうち、1時間から3時間未満運動する人が一番多い。
④1時間未満運動する女性は5時間以上運動する女性より少ない。

8. 正解：② 콩에는 많은 단백질이 포함되어 있다.

解説：たんぱく質が多い大豆で作った肉は、菜食をする人でもたんぱく質をおいしく食べられるように助けてくれるとあるので、②が正解だ。菜食をしているのは一部の有名芸能人なので、①は間違い。菜食だけをしているとたんぱく質の摂取が不足することになるので、③も間違い。大豆で作った肉は菜食をする人がたんぱく質摂取のために食べる物なので、④も間違い。

8.　　最近、菜食ブームである。野菜と果物にはビタミンやミネラルなどの栄養素が豊富で健康に良く、一部の有名芸能人たちが菜食で体形管理をしているという事実が知られたからだ。しかし、菜食だけをしていると、相対的にたんぱく質の摂取が不足することになる。そのため、大豆のようにたんぱく質の多い植物性の材料で肉を作りもする。大豆で作った肉は菜食をする人もたくさんのたんぱく質をおいしく食べられるように助けてくれる。
①全ての芸能人が菜食をしている。
②大豆にはたくさんのたんぱく質が含まれている。
③菜食をするとたんぱく質をたくさん摂取できる。
④菜食をする人は大豆で作った肉を食べられない。

9. 正解：② (나)–(다)–(라)–(가)

解説：A. 最初の文は(나)または(다)だ。

B. (다)の이는は前で言及した内容を指す表現なので、(다)は最初の文になれない。最初の文は(나)だ。

C. 二つ目に来る文は(가)または(다)だ。

D. (다)の文は(나)の文の理由なので、2番目の文は(다)だ。(다)の이는が指すものは(나)で言っている「カラスを不吉な鳥と見なして恐れてきた」という部分だ。さらに、-기 때문이다はあることに対する理由を表す表現で、カラスを恐れてきた理由はカラスが死を象徴する鳥と考えたからだ。すなわち、(나)–(다)の順が自然だ。(가)の그래서は、前の内容が後ろの内容の原因や根拠、条件などになるとき使う表現だが、カラスを恐れの対象として見ることとは反対に協会の象徴として使っているので、(나)の後ろに続いて来ることができない。

E. 選択肢のうち、(나)–(다)の順に並んでいるのは②である。

F. (라)はカラスは日本で幸運の鳥という扱いを受けているという内容で、(가)は(라)の結果として、日本サッカー協会はカラスを協会の象徴として使っていると続くので、(라)–(가)が自然だ。(라)の반면에は後ろに来る内容が前の内容と反対であることを表す言葉であり、互いに反対の内容である(나)–(다)と(라)–(가)をつないでいる。よって、②(나)–(다)–(라)–(가)のつながりが自然だ。

[9~10] 次の文を順番通りに正しく並べたものを選びなさい。

9. (가) そのため、日本サッカー協会ではカラスを協会の象徴としている。

(나) 昔から、韓国ではカラスを不吉な鳥と見なして恐れてきた。

(다) これは昔の人がカラスを死を象徴する鳥と考えていたからだ。

(라) 反面、日本ではこのようなカラスが幸運をもたらす鳥という扱いを受けている。

---

10. 正解：① (가)–(다)–(나)–(라)

解説：A. 最初の文は(가)または(다)だ。

B. (다)のユ러한は前で言及した内容を指す表現なので、(다)は最初の文になれない。最初の文は(가)だ。

C. 二つ目に来る文は(나)または(다)だ。

D. (다)のユ러한 노력は、(가)のサラリーマンが弁当を作って通う努力を意味す

るので(가)に続いて(다)をつなげることができる。すなわち、2番目の文は(다)だ。(나)の이는は前で言及した内容を指す表現だが、お金を節約できるだけでなくとあるので、前では節約のことに触れた文が来るはずである。(가)にはこの内容がないので、(나)は2番目には来れない。

E. 選択肢のうち、(가)-(다)の順に並んでいるのは①である。

F. (나)の이는が指す内容は(다)にあるので、(다)-(나)と続くのが自然である。また、(라)の冒頭には또한があり、前で言った長所に追加して別の長所を補充している文なので、(나)の後ろに位置しなければいけない。すなわち、①(가)-(다)-(나)-(라)の順が論理的に自然だ。

---

10. (가) 最近、サラリーマンの間で弁当を作って通う人が増えている。

(나) これはお金を節約できるだけでなく、時間も節約できるという長所がある。

(다) 経済的に厳しいサラリーマンが昼食代を節約しようとそのような努力をするようになったのだ。

(라) さらに、こうして残った時間には同僚たちと一緒に話をしながら散歩もできるので、一石二鳥だ。

---

[11] 다음을 읽고 (　　)에 들어갈 내용으로 가장 알맞은 것을 고르십시오.

11. 正解：④지우개를 사용하지 않고도

解説：熱で字を消せるペンについての内容だ。通常字を消すには消しゴムを使うが、消しゴムを使わずに熱だけで消せるペンが出たという文章なので、④が正解だ。
　　　〜만으로도は、他の物は必要なくそれさえあればいいということを意味する。

---

[11] 次の文章を読んで、かっこに入る内容として最も適切なものを選びなさい。

　一度書いた字を消すためには消しゴムを使わなければならない。だが、最近は熱だけで痕跡なく消すことができるペンが発売されて注目を集めている。このペンは字に熱を加えると字が消え、零下の気温で冷やしておくと字が再び現れる仕組みだ。そのため、ドライヤーや温風機の風を利用すれば（　　　）字を消すことができる。

①うまく書けない　　　　　　　②冷たい風で
③たくさんの人気を得ている　　④消しゴムを使わなくても

[12] 다음은 신문 기사의 제목입니다. 가장 잘 설명한 것을 고르십시오.

12. 正解：③새로 태어나는 아기의 수가 점점 줄어든다.

解説：신생아 (新生児) は「生まれてあまりたっていない子ども」のことをいう。新しく生まれた赤ちゃんの数がだんだん減っている状況を、赤ちゃんの泣き声が小さくなると比喩的に表現したものだ。

[12] 次は新聞記事の見出しです。最もよく説明したものを選びなさい。

> 新生児絶えず減少、赤ちゃんの泣き声だんだん小さくなる

① 赤ちゃんの体力が以前ほどではない。
② 赤ちゃんの栄養状態が良くない。
③ 新しく生まれる赤ちゃんの数がだんだん減っている。
④ 新しく生まれる赤ちゃんの体格がだんだん小さくなる。

[13] 다음을 읽고 내용이 같은 것을 고르십시오.

13. 正解：④온돌은 예전부터 전해 내려온 난방법이다.

解説：韓国のオンドルについての文章だ。オンドルは韓国の伝統的な暖房方法とあるので、④が正解だ。オンドルは燃料の効率が良いと言っているので、①は間違い。かまどの火を消してもしばらくの間熱が維持されると言っているので、②も間違い。部屋の床を温かくするものなので、③も間違い。

[13] 次の文章を読んで、内容が同じものを選びなさい。
　オンドルは韓国の伝統的な暖房方法だ。古い形の台所のかまどで火をたくと、その熱が部屋の床下の平べったい石を温め、部屋の床が温かくなる仕組みだ。オンドルは燃料の効率が良く、あまり故障しないという長所がある。また、火を消してもしばらくの間熱が維持される。
① オンドルはたくさんの燃料が必要だ。
② オンドルは火を消すとすぐに熱が冷める。
③ オンドルは台所を温かくする方法だ。
④ オンドルは昔から伝わってきた暖房法だ。

[14] 다음 글의 주제로 가장 알맞은 것을 고르십시오.

14. 正解：③단 음식을 많이 섭취하면 건강에 해롭다.

解説：甘い食べ物をたくさん摂取すると虫歯、肥満、糖尿、高血圧などの問題を引き起こして健康に良くないという内容の文章なので、この文章の主題としては③が最も適切だ。

> [14] 次の文章の主題として最も適切なものを選びなさい。
>
> われわれの脳はブドウ糖を主原料として使うので、脳が疲れたら甘い食べ物が食べたくなる。ストレスを受けるとアイスクリームやチョコレートなどが思い浮かぶのもまさにそのためだ。しかし、甘い食べ物をたくさん食べすぎると健康にいろいろ問題が発生することがある。最もよくある問題は虫歯だ。甘い食べ物を分解する過程で出る酸が歯を腐らせるからだ。また、肥満や糖尿、高血圧などを引き起こして持続的な管理を要求したりもする。
>
> ① 甘い食べ物は歯を虫歯にする。
> ② ストレスは肥満の原因だ。
> ③ 甘い食べ物をたくさん摂取すると健康に害になる。
> ④ 脳が疲れているときは甘い食べ物を食べなければならない。

[15~16] 다음 글을 읽고 물음에 답하십시오.

15. 正解：①막막하다

解説：「私」が家に入ってきたのは、庭仕事が終わったからではなく、庭仕事に疲れておなかがすいたからである。目覚めてから10時すぎまでやったのに終わらない庭仕事に対する心情としては、①が適切だ。下線を引いた文の後ろの「庭仕事は果てしない」という表現からも「私」の心情をくみ取ることができる。

> [15~16] 次の文章を読んで、問いに答えなさい。
>
> 朝、目覚めるや否や庭に出て、ようやく家の中に入ってきた。時間は10時を過ぎている。疲れておなかもすいたから入ってきたのであって、仕事が終わったのではない。庭仕事は果てしない。家が郊外にあって小さい庭を手入れしているが、花木を数本植えて残りの土地は菜園を作ろうかと思ったが農業に自信がなくて芝を植えた。野菜を育てるより芝がはるかに手が掛からないと思った。また、せっかく一戸建てに住むんだから、芝くらいは付いた家に住まなければいけないというような、西洋式の家と青い芝という少女の頃からの夢も一役買ったのだろう。
>
> 15. 下線を引いた部分に現れた私の心情として適切なものを選びなさい。
> ① 途方に暮れている　　　② あきれている
> ③ せいせいしている　　　④ でたらめだ

16. 正解：④나는 어려서부터 단독 주택에 사는 것이 꿈이었다.

解説：「私」は、少女の頃から青い芝がある一戸建ての西洋式の家(양옥집)に住むの
が夢だったので、④が正解だ。農業に自信がなくて庭に花木と芝を植えているの
で、①は間違い。郊外に住んでいるので、②も間違い。庭仕事が全て終わったわ
けではなく、疲れておなかがすいたので入ってきたので、③も間違い。

> 16. この文章の内容と同じものを選びなさい。
> ①私は田舎で農業をしている。
> ②私は都市で花を育てながら暮らしている。
> ③私は仕事を全て終えてご飯を食べに入ってきた。
> ④私は小さい頃から一戸建てに住むのが夢だった。

[17~18] 다음을 읽고 물음에 답하십시오.

17. 正解：④감기 증세가 계속되면 반드시 병원 진료를 받아야 한다.

解説：風邪はありふれた疾病で特別な治療をしなくても治る。しかし、免疫が弱い場合
は他の深刻な疾病に悪化することがあるので、症状が続いたら病院の診療を受
けて疾病を悪化させないようにしなければいけないという内容なので、この文章
の主題としては④が最も適切だ。

> [17~18] 次の文章を読んで、問いに答えなさい。
> 　風邪は成人の場合、1年に2、3回かかるのが一般的なぐらいありふれた疾病だ。風邪をひ
> くとせきや頭痛などの症状が現れたりするが、特別な治療をしなくても十分な休息と栄養を
> 摂取すれば自然に治る。このため、風邪の症状が出ても大したことではないと考えることが多
> い。しかし、たまに免疫が弱い子どもや老人の場合は中耳炎や肺炎などの疾病に悪化するこ
> とがある。さらに、ある場合にはまるで（　　　　）風邪ではないこともある。従って、風邪の症
> 状が長く続く場合は近くの病院を訪れて疾病を悪化させることがないようにしなければなら
> ない。
>
> 17. この文章の主題として適切なものを選びなさい。
> ①せきと頭痛は風邪の代表的な症状だ。
> ②免疫が弱い人は風邪の治療が難しい。
> ③風邪は特別な治療なしでも治ることのある疾病だ。
> ④風邪の症状が続いたら必ず病院の診療を受けなければならない。

18. 正解：① 감기 증상처럼 보여도

解説：**마치**は「ほとんどそっくりに」という意味だ。かっこのある文章は、ほとんど風邪の
ようだと思っても風邪ではないこともあるという意味となる。従って、①が正解だ。

> 18. かっこに入る内容として最も適切なものを選びなさい。
> ① 風邪の症状のように見えても
> ② ありふれた疾患のように思っても
> ③ 治療する方法を悟っても
> ④ ひどい症状のように感じられても

[**19~20**] 다음을 읽고 물음에 답하십시오.

19. 正解：①㉠

解説：この文は、「ネクタイ効果」と似た意味の表現が含まれている文の後ろに入らなけ
ればいけない。㉠の位置に入る場合、「リップスティック効果」に「ネクタイ効果」
が似ており、さらに㉠の後ろで「リップスティック効果」と「ネクタイ効果」を同時に
説明しているので自然につながる。

> [**19~20**] 次の文章を読んで、問いに答えなさい。
> 「リップスティック（口紅）効果」は1930年、アメリカ大恐慌の時期に生まれた用語で、「景
> 気が良くないとき、小さな費用で大きな満足を感じられるようにする商品が人気を呼ぶ現象」
> を指す。（ ㉠ ）女性たちがリップスティックを買うとき、男性たちはネクタイを買うということ
> だ。（ ㉡ ）反対に、「男性衣類俗説」は「景気が良くないとき、主婦が夫の服は購買優先
> 順位から除外して販売が鈍化する現象」を意味する。（ ㉢ ）このように人が行動する方式
> に注目して経済を予測することを「俗説経済指標」という。（ ㉣ ）しかし、これはいつも正
> 確に的中する事実ではなく俗説なので、これに振り回されずに賢明な経済生活をすることが
> 必要だ。
>
> 19. 次の文が入るのに最も適切な場所を選びなさい。
>
> > これと似たものとして「ネクタイ効果」がある。

20. 正解：④ 경기가 좋지 않을 때 여성들의 립스틱 구매는 증가한다.

解説：景気が良くないとき、小さな費用で大きな満足を感じられるようにする商品が人気
を呼ぶ現象を「リップスティック効果」といい、そういった商品のうちの一つがリッ
プスティックで、景気が良くないときリップスティックの購買は増加するので、④が

正解だ。1930年のアメリカは大恐慌だったので、①は間違い。景気が良くないとき、主婦が夫の服を購買優先順位から除外して販売が鈍化するので、②も間違い。「俗説経済指標」は「俗説」であって、いつも正確に当たるわけではないので、③も間違い。

20. この文章の内容と同じものを選びなさい。
　①1930年のアメリカの景気はいい方だった。
　②景気がいいとき、男性の衣服の販売は減少する。
　③「俗説経済指標」は経済の現象を正確に予測する。
　④景気が良くないとき、女性たちのリップスティックの購買は増加する。

模擬テスト1
1회 모의고사

TOPIK Ⅱ

듣기, 쓰기, 읽기

- 制限時間は180分 (聞き取り・書き取り110分、読解70分) です。
- 「聞き取り」は、ダウンロード音声(P.2参照)のTR16-23を使用します。
- 解答用紙は巻末にあります。切り取ってお使いください。
- 正解と問題ごとの配点はP.376に掲載されています。

수험번호(Application No.)	
이름 (Name)	한국어(Korean)
	영 어(English)

※ [1~3] 다음을 듣고 알맞은 그림을 고르십시오. (각 2점)

1. ①  ②

③  ④

2.

①

②

③

④

3.

①

②

③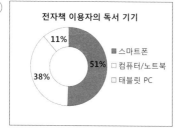

④

※ **[4~8] 다음 대화를 잘 듣고 이어질 수 있는 말을 고르십시오. (각 2점)**

4. ① 만두를 많이 주세요.
   ② 떡볶이가 만두보다 더 비싸죠?
   ③ 아, 좀 더 일찍 올걸 그랬네요.
   ④ 만두를 더 많이 만들도록 하세요.

5. ① 출장은 잘 다녀왔어요?
   ② 다음 전시회에는 꼭 갈게요.
   ③ 바빠서 도저히 못 갈 것 같아요.
   ④ 관람객들이 많아서 그림을 못 봤어요.

6. ① 미안해. 휴대폰을 집에 두고 나왔어.
   ② 너무 바쁘셔서 잊고 계셨던 것 같아요.
   ③ 그럼 언제쯤 도착을 할 것 같으세요?
   ④ 괜찮아. 오래 기다리지도 않았는걸 뭐.

7. ① 고맙지만 도움은 사양할게요.
   ② 안 그래도 나도 일이 많이 남아 있어요.
   ③ 물론이죠. 언제든지 편하게 부탁하세요.
   ④ 그럼 가는 길에 나 좀 역까지 차로 태워 줄 수 있어요?

8. ① 재미있었다니 다행이네요.
   ② 그럼 저랑 같이 산에 가요.

③ 좋겠다. 재미있게 잘 다녀와요.

④ 휴가 계획을 얼른 세워 보세요.

※ **[9~12] 다음 대화를 잘 듣고 여자가 이어서 할 행동으로 알맞은 것을 고르십시오. (각 2점)**

9. ① 집에 간다.　　　　　② 옷을 산다.

　③ 돈을 받는다.　　　　④ 옷을 가져온다.

10. ① 갈비탕을 먹는다.　　② 다른 가게에 간다.

　③ 전화번호를 알려 준다.　④ 식탁에 자리를 잡는다.

11. ① 엄마 생신 선물을 산다.　② 엄마께 원하는 메뉴를 여쭌다.

　③ 가까운 곳으로 나들이를 간다.　④ 가족과 저녁을 먹으러 나간다.

12. ① 쌀을 산다.　　　　　② 샴푸를 두 개 산다.

　③ 샴푸로 머리를 감는다.　④ 샴푸를 할인 판매한다.

※ **[13~16] 다음을 듣고 내용과 일치하는 것을 고르십시오. (각 2점)**

13. ① 남자는 몸이 좋지 않다.
    ② 남자는 여자에게 약을 주었다.
    ③ 여자는 집에 일찍 갈 예정이다.
    ④ 여자는 남자와 남은 일을 함께 할 것이다.

14. ① 회장님이 상을 받는다.
    ② 회사가 세워진 지 50년 되었다.
    ③ 행사는 지하 1층에서 진행된다.
    ④ 식사 후에 선물을 나누어 준다.

15. ① 눈 때문에 사고가 많이 났다.
    ② 경찰은 사고 조사를 끝마쳤다.
    ③ 부상자는 병원에서 퇴원하였다.
    ④ 승용차와 고속버스가 충돌하였다.

16. ① 체력단련실은 아직 이용할 수 없다.
    ② 체력단련실은 퇴근 후에만 이용 가능하다.
    ③ 체력단련실은 이전에 사무실이었던 곳이다.
    ④ 체력단련실을 제안한 사람은 운동선수이다.

※ [17~20] 다음을 듣고 **남자**의 중심 생각을 고르십시오. (각 2점)

17. ① 소금은 몸에 좋지 않다.

    ② 소금도 적당량은 먹어야 한다.

    ③ 음식이 싱거우면 건강에 이롭다.

    ④ 음식을 너무 많이 먹으면 몸에 좋지 않다.

18. ① 산에서 나무를 키워 열매를 따 먹어야 한다.

    ② 산에 사는 동물들은 사람들에게 피해를 준다.

    ③ 산에 사는 동물들에게 먹이를 갖다 주어야 한다.

    ④ 산에서 나는 열매는 산에 사는 동물들의 먹이이다.

19. ① 폭력 장면은 내용을 생생하게 전달한다.

    ② 폭력 장면을 그대로 뉴스에 내보내면 안 된다.

    ③ 폭력 장면은 상황이 쉽게 이해되는 것을 방해한다.

    ④ 폭력 장면을 보면 폭력 행위에 대해 경각심을 갖게 된다.

20. ① 컴퓨터를 가르치면 돈을 벌 수 있다.

    ② 손자, 손녀들은 인터넷을 잘 사용한다.

    ③ 나이가 많아도 배우는 것을 즐거워한다.

    ④ 노인들에게 컴퓨터를 가르치는 것은 어렵다.

21. 남자의 중심 생각으로 맞는 것을 고르십시오.

    ① 파일은 많이 저장해 둘수록 좋다.

    ② 컴퓨터는 바이러스에 잘 걸리지 않는다.

    ③ 중요한 파일은 다른 곳에도 저장해 둬야 한다.

    ④ 백신 프로그램은 바이러스를 모두 예방하지 못한다.

22. 들은 내용으로 맞는 것을 고르십시오.

    ① 여자는 컴퓨터 작업을 다시 해야 한다.

    ② 여자는 다른 곳에도 파일을 저장해 두었다.

    ③ 여자가 작업하던 파일은 바이러스를 피했다.

    ④ 남자의 컴퓨터는 바이러스에 절대 걸리지 않는다.

※ [23~24] 다음을 듣고 물음에 답하십시오. (각 2점)

23. 남자는 무엇을 하고 있는지 맞는 것을 고르십시오.

    ① 옷을 포장하려고 한다.   ② 옷을 환불하려고 한다.

    ③ 옷을 교환하려고 한다.   ④ 옷을 주문하려고 한다.

24. 들은 내용으로 맞는 것을 고르십시오.

    ① 옷의 포장이 찢어져서 왔다.

    ② 한번 주문한 옷은 교환이 어렵다.

    ③ 남자는 주문한 옷을 오늘 받아 보았다.

    ④ 남자는 주말에 새로 산 옷을 입으려 했다.

※ [25~26] 다음을 듣고 물음에 답하십시오. (각 2점)

25. 남자의 중심 생각으로 맞는 것을 고르십시오.

　① 하루에 40분이면 충분한 운동량이다.

　② 공부 스트레스는 운동으로 풀어야 한다.

　③ 매일 다른 운동을 하면 더욱 건강해진다.

　④ 건강을 위해서는 꾸준한 운동이 필요하다.

26. 들은 내용으로 맞는 것을 고르십시오.

　① 전교생이 운동을 한다.

　② 비가 오면 운동을 하지 않는다.

　③ 학생들은 운동 스트레스를 받는다.

　④ 운동을 하면서 학생들의 체격이 좋아졌다.

※ [27~28] 다음을 듣고 물음에 답하십시오. (각 2점)

27. 여자가 남자에게 말하는 의도를 고르십시오.

　① 교복 구매를 유도하기 위해

　② 교복 판매를 촉진하기 위해

　③ 교복 기증에 참여를 권유하기 위해

　④ 교복 기증의 계획을 설명하기 위해

28. 들은 내용으로 맞는 것을 고르십시오.

　① 남자는 졸업을 하였다.

　② 여자는 교복을 기증할 예정이다.

③ 기증받은 교복은 돈을 주고 구매해야 한다.

④ 기증받은 교복은 기증받은 그대로 판매된다.

※ **[29~30] 다음을 듣고 물음에 답하십시오. (각 2점)**

29. 남자는 누구인지 맞는 것을 고르십시오.

① 유치원에서 아이들을 돌보는 사람

② 유치원에서 아이들을 훈육하는 사람

③ 유치원에서 아이들과 함께 놀아 주는 사람

④ 유치원에서 아이들에게 이야기를 해 주는 사람

30. 들은 내용으로 맞는 것을 고르십시오.

① 아이들은 남자를 무서워한다.

② 남자는 아이들이 순수하다고 생각한다.

③ 아이들은 한 번도 말썽을 부리지 않았다.

④ 남자는 아이들과 일하는 것이 힘들게 느껴진다.

※ [31~32] 다음을 듣고 물음에 답하십시오. (각 2점)

31. 남자의 생각으로 맞는 것을 고르십시오.

① 임금피크제는 청년 일자리를 감소시킬 수 있다.

② 임금피크제는 전체 근로자의 임금을 감소시킨다.

③ 임금피크제는 많은 사람들에게 호응을 얻고 있다.

④ 임금피크제는 고용 시장에 긍정적인 영향을 미칠 것이다.

32. 남자의 태도로 맞는 것을 고르십시오.

① 임금피크제를 지지하고 있다.

② 임금피크제에 대해 설명하고 있다.

③ 근로자들의 입장을 대변하고 있다.

④ 상대방의 의견에 동의하지 않고 있다.

※ [33~34] 다음을 듣고 물음에 답하십시오. (각 2점)

33. 무엇에 대한 내용인지 맞는 것을 고르십시오.

① 치매 발병 시기

② 외국어 공부의 효과

③ 나이와 뇌 발달의 관계

④ 외국어 공부를 통한 문화 학습

34. 들은 내용으로 맞는 것을 고르십시오.

① 외국어 공부를 하면 뇌가 건강해진다.

② 치매에 걸린 사람들이 외국어를 더 잘한다.

③ 나이가 많은 사람들은 새로운 것을 공부하기 어렵다.

④ 다양한 문화를 접하는 것은 외국어 공부에 도움이 된다.

35. 남자는 무엇을 하고 있는지 맞는 것을 고르십시오.

   ① 축구를 응원하고 있다.

   ② 잘못을 반성하고 있다.

   ③ 부모님을 걱정하고 있다.

   ④ 수상 소감을 밝히고 있다.

36. 들은 내용으로 맞는 것을 고르십시오.

   ① 남자는 남자 혼자 힘으로 축구를 해 왔다.

   ② 남자는 앞으로 더 잘해야 상을 받을 수 있다.

   ③ 남자의 부모는 매번 경기장에서 남자를 응원했다.

   ④ 남자는 우수 선수상을 받은 동료를 축하해 주었다.

37. 여자의 중심 생각으로 맞는 것을 고르십시오.

   ① 빠른 음악일수록 매출에 도움이 된다.

   ② 선곡은 매장 운영에 중요한 요소이다.

   ③ 소비자들이 매장의 음악을 선택해야 한다.

④ 음악 컨설팅은 아무나 할 수 있는 일이 아니다.

38. 들은 내용과 일치하는 것을 고르십시오.

① 소비자들은 경쾌한 음악을 선호한다.

② 선곡은 소비자 행동만을 분석하여 이루어진다.

③ 선곡에 따라 매장의 이미지와 매출이 달라질 수 있다.

④ 소비자들을 천천히 움직이게 하고 싶을 때는 빠른 음악을 틀면 된다.

※ **[39~40] 다음은 대담입니다. 잘 듣고 물음에 답하십시오. (각 2점)**

39. 이 대화 앞의 내용으로 알맞은 것을 고르십시오.

① 눈은 인체에서 중요한 역할을 한다.

② 사람들은 휴대폰이나 컴퓨터를 전보다 더 많이 사용한다.

③ 눈에 좋은 음식들을 자주 먹는 것이 눈의 피로 해소에 좋다.

④ 눈의 피로를 줄이기 위해서 눈을 감고 쉬는 것이 도움이 된다.

40. 들은 내용과 일치하는 것을 고르십시오.

① 눈동자를 움직이는 것은 눈을 피로하게 한다.

② 눈 주위를 가볍게 누르면 눈의 피로가 풀린다.

③ 더러운 손으로 눈을 만지면 반드시 눈병이 생긴다.

④ 예전보다 눈의 피로를 풀 수 있는 방법이 다양해졌다.

41. 남자의 중심 생각으로 맞는 것을 고르십시오.

　① 48개월에는 어른들과 의사소통이 되어야 한다.

　② 아이들이 모르는 것은 바로 답을 알려 줘야 한다.

　③ 아이의 창의성을 키워 주기 위해 학원에 보내야 한다.

　④ 언어를 배우는 환경이 아이의 언어 발달에 중요하다.

42. 들은 내용과 일치하는 것을 고르십시오.

　① 아이의 언어 능력은 저절로 발달된다.

　② 모든 아이들의 언어 능력은 동일하다.

　③ 생후 12개월에는 100개의 단어를 알 수 있다.

　④ 부모가 아이와 많이 소통할수록 아이가 쉽게 지친다.

43. 이 이야기의 중심 내용으로 맞는 것을 고르십시오.

　① 한옥의 문은 멋과 동시에 고유의 기능이 있다.

　② 한옥의 문 중에서 들어열개문이 가장 중요하다.

　③ 한옥의 문은 나무끼리 연결하여 만든다는 것이 특징이다.

　④ 한옥의 문은 방의 경계에 위치하지 않는다는 점이 특이하다.

44. 한옥의 문에 대한 설명으로 맞는 것을 고르십시오.

　① 한옥의 문은 계절마다 기능이 다른 것도 있다.

② 한옥의 문은 하나의 무늬만을 나타낸다.

③ 한옥의 문은 못을 사용하여 서로 고정한다.

④ 한옥의 문은 종류가 많지 않은 것이 단점이다.

※ [45~46] 다음은 강연입니다. 잘 듣고 물음에 답하십시오. (각 2점)

45. 들은 내용과 일치하는 것을 고르십시오.

① 운동을 하지 않으면 면역력이 떨어진다.

② 준비 운동을 하다 부상을 당할 수 있다.

③ 모자나 장갑은 운동에 방해가 될 수 있다.

④ 겨울에도 누구나 실외에서 운동하는 것이 바람직하다.

46. 여자의 태도로 가장 알맞은 것을 고르십시오.

① 스트레칭 방법을 소개하고 있다.

② 겨울철 운동의 중요성을 주장하고 있다.

③ 겨울철 심장 마비의 원인을 규명하고 있다.

④ 겨울철 운동 시 주의할 점을 설명하고 있다.

※ [47~48] 다음은 대담입니다. 잘 듣고 물음에 답하십시오. (각 2점)

47. 들은 내용과 일치하는 것을 고르십시오.

① 남자는 어린 시절부터 사업가를 꿈꾸었다.

② 이정준 장학재단은 만들어진 지 30년이 넘었다.

③ 이정준 장학재단은 이정준 씨 혼자서 이끌고 있다.

④ 이정준 장학재단은 아동들의 교육을 지원하고 있다.

48. 남자의 태도로 가장 알맞은 것을 고르십시오.
    ① 장학재단 운영에 어려움을 느끼고 있다.
    ② 많은 사람들이 장학재단에 참여하기를 바라고 있다.
    ③ 자신과 같이 아동 지원 사업을 하는 이들을 고맙게 생각하고 있다.
    ④ 자신이 오랫동안 지원 사업을 해 왔다는 것을 뿌듯하게 생각하고 있다.

※ **[49~50] 다음은 강연입니다. 잘 듣고 물음에 답하십시오. (각 2점)**

49. 들은 내용과 일치하는 것을 고르십시오.
    ① 매니페스토 운동은 전 세계적으로 확산되는 추세이다.
    ② 매니페스토 운동은 후보자들의 공약을 중요하게 생각한다.
    ③ 매니페스토 운동의 단점은 지연과 학연을 강조한다는 것이다.
    ④ 선거 후보자가 자신의 주장을 너무 강하게 내세우면 좋지 않다.

50. 남자의 태도로 가장 알맞은 것을 고르십시오.
    ① 매니페스토 운동의 부작용에 대해 우려하고 있다.
    ② 매니페스토 운동이 활발히 일어나기를 희망하고 있다.
    ③ 매니페스토 운동의 결과에 대해 부정적으로 예상하고 있다.
    ④ 매니페스토 운동이 선거 기간에만 진행된다는 점에 실망하고 있다.

TOPIK II 쓰기 (51번~54번)

※ [51~52] 다음을 읽고 ⊙과 ⓒ에 들어갈 말을 한 문장씩 쓰십시오.
(각 10점)

51.

보내기 첨부 주소 서체 임시저장

받는 사람 : 김영욱(Korteach@hk.ac.kr)

제목 : 선생님, 앨리슨입니다.

보낸 사람 : 앨리슨 (happy@nmail.net)

김영욱 선생님께
안녕하세요, 선생님? 앨리슨입니다.
논문 주제와 관련하여 선생님과 (⊙   ).
선생님께서 가능한 시간을 말씀해 주시면 그때 (ⓒ   ).
답장 주시면 감사하겠습니다.
안녕히 계세요.

앨리슨 올림

52.

　　사람을 처음 만나면 약 5초에서 10초 사이의 짧은 시간 동안 인상을 파악하게 된다. 이렇게 파악된 첫인상은 일관성을 유지하려는 사람의 심리 때문에 (　　ㄱ　　). 그래서 첫인상은 이후의 관계에도 영향을 준다. 그러므로 새로운 사람을 만나는 자리라면 (　　ㄴ　　).

※ [53] 다음 그림을 보고 악기를 어떻게 나눌 수 있는지 200~300자로 쓰십시오. (30점)

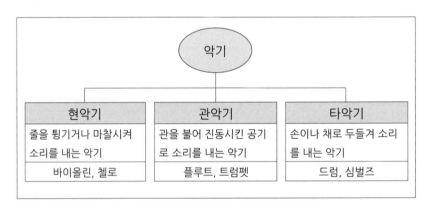

※ [54] 다음을 주제로 하여 자신의 생각을 600~700자로 글을 쓰십시오. (50점)

> 간접흡연의 피해를 줄이기 위해 길거리에서의 흡연을 규제하는 국가들이 늘고 있습니다. 한국도 일부 지역에서는 길거리 흡연을 규제하고 있습니다. 여러분은 길거리 흡연 규제에 대해 어떻게 생각하십니까? 또, 그렇게 생각한 이유는 무엇입니까? 이에 대해 쓰십시오.

* 원고지 쓰기의 예

	사	람	을		처	음		만	나	면		약		5	초	에	서		10
초		사	이	의		짧	은		시	간		동	안		인	상	을		파

TOPIK II 읽기 (1번~50번)

※ [1~2] (   )에 들어갈 가장 알맞은 것을 고르십시오. (각 2점)

1. 밥을 (   ) 약을 먹을 수 있다.
   ① 먹거나   ② 먹어야
   ③ 먹는지   ④ 먹어도

2. 내일은 아침에 일찍 일어나서 운동을 (   ) 한다.
   ① 가려고   ② 가지만
   ③ 갔더니   ④ 가느라고

※ [3~4] 다음 밑줄 친 부분과 의미가 비슷한 것을 고르십시오. (각 2점)

3. 밥을 두 공기나 먹을 만큼 배가 고팠다.
   ① 먹는 대신   ② 먹을까 봐
   ③ 먹는 바람에   ④ 먹을 정도로

4. 오랜만에 만난 조카의 키가 많이 큰 것 같았다.
   ① 크려 했다   ② 큰 듯했다
   ③ 클 만했다   ④ 클 수 있었다

※ **[5~8] 다음은 무엇에 대한 글인지 고르십시오. (각 2점)**

5.

> 오래 걸어도 편안하게
> 어느 옷이나 세련되게

① 모자　　　② 시계　　　③ 신발　　　④ 양산

6.

> 아프기 전에 미리미리
> 6개월마다 한 번씩 치아 건강을 확인하세요.

① 치과　　　② 빵집　　　③ 안경점　　　④ 도서관

7.

> **가뭄 극복을 위한 실천**
> 1. 양치 컵을 사용하세요.
> 2. 설거지를 할 때 물을 받아서 사용해 주세요.
> 3. 빨래를 모아서 해 주세요.

① 물 절약　　　② 불조심　　　③ 전기 절약　　　④ 가스 조심

8.

> • 상품을 받은 후 15일 이내에 가능합니다.
> • 상품을 사용하신 경우, 상품이 분실되거나 파손된 경우 신청이 불가능합니다.

① 판매 장소　　　② 구입 방법　　　③ 이용 방법　　　④ 교환 안내

9.

제25회 전주 한옥 박람회	
구분	가격
일반	8,000원
단체(15인 이상)	5,000원
주차권	4,000원

* 단체 요금은 평일에만 가능합니다.
* 한복을 입고 오신 분은 2,000원 할인해 드립니다.
* 주차권은 입장권을 구매하신 분만 구매 가능합니다.

① 주차권만 별도로 구매 가능하다.

② 어린이는 무료 입장이 가능하다.

③ 일요일에는 단체 할인을 받을 수 있다.

④ 한복을 입고 가면 입장료가 할인된다.

10.

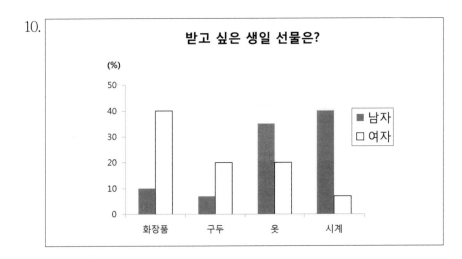

① 구두를 받고 싶어 하는 남자는 아무도 없다.

② 시계는 남자가 가장 받고 싶어 하는 선물이다.

③ 남녀 모두 화장품을 가장 많이 받고 싶어 한다.

④ 옷을 선물받고 싶어 하는 사람은 남자보다 여자가 많다.

11.

> 뇌도 나이를 먹으면 늙게 된다. 스트레스는 뇌의 노화를 더 빨리 오게 한다. 그러나 지속적으로 운동을 하면 노인의 뇌도 젊어질 수 있다. 뇌를 자극하여 발달시키는 것이다. 운동은 스트레스도 감소시킨다. 따라서 뇌를 젊고 건강하게 유지하기 위해서는 매일 30분 이상 꾸준히 운동하는 것이 좋다.

① 운동을 하면 스트레스가 증가한다.

② 나이를 먹어도 뇌는 젊어질 수 있다.

③ 노인의 뇌는 더 이상 발달하지 않는다.

④ 스트레스와 뇌 건강은 서로 관계가 없다.

12.

> 한여름에도 겨울을 느낄 수 있는 얼음 카페가 인기를 끌고 있다. 얼음 카페는 의자와 식탁, 접시까지도 모두 얼음으로 만들어졌다. 손님들은 얼음 카페에서 간단한 식사와 음료를 마실 수 있으며, 얼음 미끄럼틀과 얼음 썰매 등의 놀이도 즐길 수 있다. 그래서 얼음 카페는 더위를 피해 이색 체험을 하고자 하는 사람들로 여름에 더욱 붐빈다.

① 얼음 카페에는 놀이 시설이 없다.

② 얼음 카페는 겨울에만 문을 연다.

③ 얼음 카페는 여름에 인기가 좋다.

④ 얼음 카페에는 아직 손님들이 많지 않다.

※ [13~15] 다음을 순서대로 맞게 배열한 것을 고르십시오. (각 2점)

13.

> (가) 대중 매체는 대중의 언어 생활에 많은 영향을 미친다.
>
> (나) 그래서 대중 매체에서는 더욱 신중하게 언어를 사용해야 한다.
>
> (다) 그러나 대중 매체에서 잘못된 언어를 사용하는 경우가 종종 있다.
>
> (라) 부적절한 단어를 사용하거나 불필요한 외국어를 사용하는 것이 그 예이다.

① (가)-(나)-(다)-(라)　　　② (가)-(다)-(나)-(라)

③ (라)-(다)-(가)-(나)　　　④ (라)-(가)-(다)-(나)

14.

> (가) 정부도 흡연자를 줄이기 위한 정책을 내놓았다.
>
> (나) 그러나 무엇보다도 흡연자 본인의 의지가 중요하다.
>
> (다) 흡연이 건강에 해롭다는 사실은 누구나 다 알고 있다.
>
> (라) 담배 가격을 인상하고, 담뱃갑에 경고 그림을 넣는 것이다.

① (가)-(다)-(나)-(라)　　　② (가)-(라)-(다)-(나)

③ (다)-(가)-(라)-(나)　　　④ (다)-(나)-(가)-(라)

15.

> (가) 또, 목에 줄을 묶는 것과 같은 안전 조치를 해야 한다.
> (나) 그렇지 않을 경우, 경고나 벌금 등의 처벌을 받을 수 있다.
> (다) 애완동물로 인해 다른 사람들에게 피해를 주는 것을 방지하기 위해서다.
> (라) 애완동물을 데리고 외출했을 때 애완동물의 배설물은 반드시 치워야 한다.

① (다)-(나)-(라)-(가) 　② (다)-(라)-(나)-(가)

③ (라)-(가)-(다)-(나) 　④ (라)-(나)-(다)-(가)

※ [16~18] 다음을 읽고 (　　)에 들어갈 내용으로 가장 알맞은 것을 고르십시오. (각 2점)

16.

> 잎꾼개미는 나뭇잎을 먹이로 사용한다. (　　　) 모양새가 나무꾼의 모습을 닮아 잎꾼개미라는 이름이 붙었다. 그런데 잘라 온 잎을 그대로 먹는 것이 아니라 잘게 잘라 반죽을 만들고 발효를 시킨다. 잎꾼개미는 각자의 일을 나누어 분업을 하고, 또 서로 힘을 모아 협업을 하기도 한다. 그래서 잎꾼개미는 '농사짓는 개미'로 불리기도 한다. 개미의 이러한 모습은 사람들의 모습과 닮아 있다.

① 나뭇잎을 가꾸는 　② 나뭇잎을 보호하는

③ 나뭇잎을 맛있게 먹는 　④ 나뭇잎을 잘라 옮기는

17.

> 냉장고에 보관 중인 음식물과 수분 때문에 냉장고에서 냄새가 나는 경우가 종종 있다. 그러나 냉장고의 냄새를 없애는 방법은 생각보다 간단하다. 녹차 찌꺼기나 커피 찌꺼기를 넣어 두기만 해도 냉장고 냄새가 제거된다. 또 먹다 남은 맥주나 식초를 사용하여 냉장고를 닦아 주면 (   ) 살균 및 소독 효과까지 얻을 수 있다.

① 청소를 안 해도 되는 것은 물론
② 냄새가 깨끗이 없어지는 것은 물론
③ 남은 맥주와 식초를 버릴 수 있는 것은 물론
④ 맥주나 식초 냄새가 냉장고에서 나는 것은 물론

18.

> 영화나 드라마 등을 보면서 외국어를 배우는 사람들이 늘어났다. 이 방법은 자신이 좋아하는 것을 통해 외국어를 배울 수 있기 때문에 (   ) 실제 그 나라 사람들이 사용하는 자연스러운 말을 배울 수 있다는 장점이 있다. 또, 학습하는 데 많은 비용이 들지 않는다.

① 재미있게 배울 수 있을 뿐만 아니라
② 공부를 꾸준히 할 수 없을 뿐만 아니라
③ 잘못된 언어를 배울 수 있을 뿐만 아니라
④ 모르는 것을 물어볼 수 있을 뿐만 아니라

※ [19~20] 다음 글을 읽고 물음에 답하십시오. (각 2점)

　　머리를 빗을 때나 옷을 벗을 때 몸에 순간적으로 전기가 흐르기도 한다. (　　　) 정전기 때문이다. 정전기는 건조한 날 더욱 쉽게 발생한다. 정전기를 사소한 일로 여기기 쉽지만 잘못하면 화재 사고로 이어질 수 있기 때문에 주의해야 한다. 정전기 예방을 위해서는 실내 습도를 적정하게 유지하고, 물을 자주 마셔 몸속 수분량을 높이는 것이 좋다.

19. (　　　)에 들어갈 알맞은 것을 고르십시오.

　　① 바로　　　　　② 무려　　　　　③ 하필　　　　　④ 특히

20. 이 글의 내용과 같은 것을 고르십시오.

　　① 정전기는 위험하지 않다.

　　② 습도와 정전기는 관계가 없다.

　　③ 정전기는 건조한 날에만 발생한다.

　　④ 머리를 빗을 때 정전기가 발생할 수 있다.

> 길을 건너다 승용차와 부딪혀 차량 바퀴에 깔린 할머니를 시민들이 구해 냈다. 사고 현장을 목격한 시민들이 (   ) 하나가 되어 승용차를 들어 올린 것이다. 시민들이 빠르게 구조한 덕분에 할머니는 큰 부상이 없는 것으로 확인되었다. 사람들은 자신이 돈이 많거나 대단한 사람이어야만 남을 도울 있다고 생각한다. 그러나 타인에 대한 작은 관심과 실천이 다른 사람에게는 큰 도움이 될 수 있다.

21. (   )에 들어갈 알맞은 것을 고르십시오.
　① 발이 넓게　　　　　　② 얼굴을 내밀고
　③ 입에 침이 마르게　　　④ 너 나 할 것 없이

22. 이 글의 중심 생각을 고르십시오.
　① 승용차를 혼자 들어 올리는 일은 쉬운 일이 아니다.
　② 할머니가 큰 부상을 입지 않은 일은 다행스러운 일이다.
　③ 남을 생각하는 마음만 있으면 다른 사람을 도울 수 있다.
　④ 다른 사람을 도우려면 내가 먼저 대단한 사람이 되어야 한다.

※ **[23~24] 다음 글을 읽고 물음에 답하십시오. (각 2점)**

나는 산이 싫다. 아니 등산을 싫어한다고 해야 옳은 표현일 것이다. 언제나 산을 오를 때면 남보다 뒤에 처져 툴툴거렸다. '어차피 내려올 것을 뭐 하러 힘들게 올라가는지 모르겠어.' 그리고는 사람들이 내려오는 길목에 앉아 일행을 기다리기를 몇 번, 이제는 아예 산 입구에도 가지 않는다.

<u>그런데 또 다시 산행이라니……</u>. 입구에서 마니산의 높이가 그다지 높지 않다는 사실을 알고는 안도의 한숨을 쉬었지만 산 중턱도 가지 못해 벌써 지치기 시작하였다. 그러나 가족과 함께 할 때처럼 선뜻 못 올라가겠다는 말도 할 수 없어 이를 악물고 산 정상까지 올라갈 수밖에 없었다.

23. 밑줄 친 부분에 나타난 나의 심정으로 알맞은 것을 고르십시오.

① 긴장되다   ② 여유롭다
③ 한가롭다   ④ 불만스럽다

24. 이 글의 내용과 같은 것을 고르십시오.

① 나는 등산을 즐겨 한다.
② 마니산은 높이가 높은 산이다.
③ 나는 결국 마니산 정상에 올랐다.
④ 나는 마니산 입구에서 일행을 기다렸다.

※ **[25~27] 다음은 신문 기사의 제목입니다. 가장 잘 설명한 것을 고르십시오. (각 2점)**

25.

> 내일 오후부터 곳곳에 눈, 밤사이 전국으로 확대

① 내일 오후에는 전국에 눈이 내리고, 밤부터 점점 그치겠다.

② 내일 오후에는 일부 지역에 눈이 내리고, 밤부터 전국에 눈이 내리겠다.

③ 내일 오후부터 일부 지역에 눈이 내리고, 밤에는 전국에 비가 내리겠다.

④ 내일 오후부터 전국에 눈이 내리고, 밤에는 일부 지역에만 눈이 내리겠다.

26.

> 하나농구단, 새 감독 영입으로 기대감 쑥!

① 하나농구단에 새로운 감독이 들어올 것이다.

② 하나농구단이 기존의 감독에게 많은 기대를 걸고 있다.

③ 하나농구단이 기존의 감독과 함께 경기를 준비할 것이다.

④ 하나농구단에 새로운 감독이 들어와 팀의 경기 결과가 더 좋아질 것이다.

27.

> 추운 날씨 탓에 할인 행사에도 매장은 썰렁

① 날씨가 추워서 할인 행사를 하는 매장이 늘고 있다.

② 날씨가 추워서 할인 행사를 하는 매장도 손님이 없다.

③ 날씨가 추워서 할인 행사로 매장에 손님을 끌고 있다.

④ 날씨가 추워도 할인 행사를 하는 매장에는 손님이 많다.

※ [28~31] 다음을 읽고 (   )에 들어갈 내용으로 가장 알맞은 것을
고르십시오. (각 2점)

28.

커피에 대한 관심이 높아지면서 다양한 방식으로 추출한 커피가 주목 받고 있다. 요즘에 인기 있는 커피는 더치 커피이다. 더치 커피는 상온의 물을 한 방울씩 떨어뜨려 커피를 추출한다. (   ) 일반 커피에 비하여 쓴맛이 적고 와인처럼 숙성된 맛이 난다. 네덜란드 상인들이 커피를 오래 보관하기 위해 생각해 낸 방법이라 하여 더치 커피라고 한다.

① 인기가 높기 때문에

② 단시간 동안 교육하기 때문에

③ 오랜 시간에 걸쳐 추출하기 때문에

④ 다양한 방식으로 맛을 뽑아내기 때문에

29.

나이가 들면 뇌세포 수가 줄기 때문에 기억력이 떨어진다. 그러나 나이가 들수록 뇌의 여러 영역을 연결하는 신경망은 발달해 간다. 그래서 젊은이에 비해 다른 사람의 감정을 읽어 내거나 종합적인 판단을 하는 능력은 더 뛰어나다. (   )는 말이 과학적으로 입증된 것이다. 하지만 당황하거나 위축된 경우 뇌의 연결망이 멈출 수도 있다.

① 젊을수록 뛰어나다　　　　② 젊을수록 똑똑하다

③ 나이가 들면 활발해진다　　④ 나이가 들면 지혜로워진다

30.

> 　　프랑스의 한 지방 도시에서는 자전거 스쿨버스를 도입하였다. 자전거 스쿨버스는 (　　　　　　) 커다란 자전거를 스쿨버스로 이용한 것이다. 자원봉사자인 어른 한 명과 학생들이 모두 페달을 밟아 움직인다. 자전거 스쿨버스는 등하굣길에 자연스레 운동을 할 수 있다는 장점이 있다. 또 환경을 오염시키지 않는다는 것도 큰 장점이다.

① 여러 명이 개별적으로 산　　② 여러 명이 모두 찬성하는

③ 여러 명이 함께 탈 수 있는　　④ 여러 명이 각자 타고 다니는

31.

> 　　점포를 공유하는 가게들이 생겨났다. 낮에는 국수를 파는 식당으로, 밤에는 실내 포장마차로 운영하는 식이다. 같은 장소를 사용하지만 두 가게의 사장은 다르다. 창업 비용과 운영 비용을 줄이기 위해 이와 같이 운영하는 것이다. (　　　　　　) 손님까지 공유할 수 있는 장점이 있다.

① 가게 운영 역시　　　　　② 장소와 상관없이

③ 가게 사장과 함께　　　　④ 비용 절감은 물론

※ **[32~34] 다음을 읽고 내용이 같은 것을 고르십시오. (각 2점)**

32.

> 애완동물을 기르는 것은 사람이 동물을 돌보는 것이라고 생각하기 쉽지만, 동물도 사람을 돌봐 주고 위로하는 역할을 톡톡히 하는 것으로 알려졌다. 동물을 쓰다듬고 눈을 맞추는 단순한 행동만으로도 우울증이나 스트레스를 감소시킬 수 있는 것이다. 또 심장 질환의 위험도 낮춰 수명까지 연장시킬 수 있다. 이러한 효과가 확인되면서 애완동물을 기르는 것이 심리 치료의 한 방법으로 이용되기도 한다.

① 애완동물로 심리 치료가 가능하다.
② 애완동물이 질병의 위험을 증가시킨다.
③ 애완동물은 사람의 마음을 위로하기 어렵다.
④ 애완동물을 돌보는 일은 스트레스가 심하다.

33.

> 생물학에서는 인간이 가까이에서 관찰하기 어려운 동물들의 연구에 로봇을 사용하고 있다. 예를 들어 다람쥐는 사람만 보면 겁을 내고 피해 다니기 때문에 관찰 연구가 어렵다. 여기에 다람쥐와 비슷하게 생긴 로봇을 투입하여 원격으로 조정을 하면 이들의 건강 검진과 생태 탐사를 무사히 마칠 수 있는 것이다. 산업과 의료 분야에 이어 생물학 분야에까지 로봇이 활용되면서 더 많은 동식물의 생태를 파악할 수 있을 것으로 기대된다.

① 다람쥐는 인간과 친근한 동물이다.
② 모든 동물의 연구에 로봇을 사용한다.
③ 산업 분야에서는 이미 로봇이 활용되고 있다.

④ 다람쥐 연구에는 사람이 직접 나서서 관찰한다.

34.

> 아무런 생각 없이 멍하게 있는 '멍 때리기 대회'가 있다. 모두가 바쁘게 시간에 쫓기며 사는 시대에 '아무것도 하지 않는 것'에 대해 생각해 보는 시간을 갖기 위해서이다. 이 대회에서는 노래를 듣거나 휴대폰을 보거나 잠을 자면 모두 탈락이다. 실제로 사람의 뇌는 멍하게 있을 때에도 빠르게 돌아간다. 산책을 하거나 샤워를 할 때, 잠을 자기 전처럼 아무 생각도 하지 않을 때에는 창의성과 관련한 뇌의 부위가 활동하는 것이다.

① 멍하게 있으면 새로운 생각이 떠오르기 쉽다.
② '멍 때리기 대회'에서 노래를 듣는 것은 허락된다.
③ 아무런 생각을 하지 않을 때 우리의 뇌는 멈춰 있다.
④ 창의성과 관련한 뇌 부위는 바쁘게 움직여야 활동한다.

※ [35~38] 다음 글의 주제로 가장 알맞은 것을 고르십시오. (각 2점)

35.

> 적절한 긴장은 일이나 시험에 있어 더 좋은 결과를 가져올 수 있다. 긴장감과 같은 단기적인 스트레스는 기억력과 집중력, 문제 해결 능력을 최대한으로 끌어올리기 때문이다. 따라서 중요한 순간에 밀려오는 긴장감을 떨쳐 내려고 노력하는 것보다 이 긴장감이 자신에게 긍정적으로 작용할 수 있다고 생각한다면 긴장을 효과적으로 활용할 수 있을 것이다.

① 긴장은 집중력과 기억력을 감소시킨다.

② 긴장을 떨치는 것이 무엇보다 중요하다.

③ 긴장은 일이나 시험의 결과에 악영향을 끼친다.

④ 긴장을 있는 그대로 받아들이는 것이 효과적이다.

36.

> 식재료나 그릇을 닦고 남아 있는 세제는 음식물을 통해 우리 몸에 들어오기 쉽다. 세제를 다량으로 섭취할 경우, 건강에 문제를 일으킬 수 있기 때문에 재료나 식기에 남아도 안전한 제품을 찾는 소비자들이 늘고 있다. 특히, 베이킹파우더는 세척력과 살균력이 높으면서도 빵의 재료로 사용이 되는 만큼 안전한 제품으로 인식되어 소비자들에게 인기가 높다. 이에 힘입어 업계에서도 베이킹파우더를 활용한 다양한 제품 개발에 적극 노력하고 있다.

① 베이킹파우더는 인체에 해롭다.

② 베이킹파우더는 종류가 다양하다.

③ 베이킹파우더는 빵의 풍미를 좋게 한다.

④ 베이킹파우더가 세제 대용으로 주목받고 있다.

37.

> 비행기에서 마시는 토마토 주스가 더 진하게 느껴지는 이유는 무엇일까? 그것은 비행기의 소음 때문이다. 소음은 단맛을 전달하는 체계를 방해하여 단맛은 덜 느끼게 하고, 감칠맛은 더 강하게 느끼게 한다. 반대로 단맛을 더 강하게 느끼게 하기 위해서는 피아노로 연주된 음악을 들으면 된다. 또, 쏩쓸한 맛을 더 느끼고 싶으면 금관악기로 연주된 음악을 듣는 것이 좋다. 이처럼 맛은 단순히 혀로만 느끼는 것이 아니라 여러 감각이 뇌에 통합되어 느끼는 것이다.

① 피아노 연주는 쏩쓸한 맛을 강하게 한다.
② 맛은 다양한 감각이 모여 느껴지는 것이다.
③ 시끄러운 소리는 단맛 전달 체계에 영향을 준다.
④ 소음이 있으면 토마토 주스의 맛은 더 진해진다.

38.

> 한 위인은 자신이 가장 존경하는 인물이 친구 집에서 일을 하는 하인이라고 이야기했습니다. 주인과 동료들이 아무도 없음에도 카펫 밑을 청소하는 것을 보았기 때문입니다. 카펫 밑은 일부러 보지 않는 이상 더러움이 잘 드러나지 않는 곳입니다. 이 위인은 자신이 존경하는 사람은 혼자 있을 때도 누군가 지켜볼 때와 같이 아무런 변화 없이 일을 하는 사람이라고 이야기하면서 친구 집의 하인을 존경하는 인물로 꼽은 것입니다.

① 자신의 삶에 변화가 없는 사람은 존경할 만하다.
② 혼자 있는 사람을 조용히 위로하는 사람은 존경할 만하다.
③ 가장 더러운 곳을 열심히 청소하는 사람은 존경할 만하다.
④ 남이 보지 않더라도 자신의 일을 하는 사람은 존경할 만하다.

※ [39~41] 다음 글에서 〈보기〉의 문장이 들어가기에 가장 알맞은 곳을 고르십시오. (각 2점)

39.
> 최고전자는 다음 달부터 '가족의 날' 제도를 도입한다. (㉠) 이 제도는 매월 둘째, 넷째 수요일마다 야근이나 퇴근 후의 회식 등을 지양하여 가족과 함께 시간을 보내도록 하는 제도이다. (㉡) 내년부터는 시범 운영에서 나타난 단점을 보완하여 확대 운영할 계획도 가지고 있다. (㉢) 최고전자는 '가족의 날' 제도가 직원들의 업무 효율을 높이고, 가족친화적 기업이라는 회사의 이미지 제고에 도움이 될 것으로 기대하고 있다. (㉣)

┤ 보기 ├

최고전자는 기획본부를 중심으로 시범 운영을 하며, 운영 과정에서의 장단점을 분석할 계획이다.

① ㉠   ② ㉡   ③ ㉢   ④ ㉣

40.
> '벽에 붙은 파리 효과'라는 것이 있다. (㉠) 심리학에서 이 용어는 '객관적인 관점', '제3자의 관점'을 뜻한다. (㉡) 이 효과를 설명한 심리학자가 벽에 붙은 파리를 그 예로 들며 설명한 것에서 유래되었다. (㉢) 실패나 실수 등으로 괴로울 때 제3자의 관점인 벽에 붙은 파리의 시선에서 자신을 바라보면 위로를 얻고 새로운 힘을 얻는다는 것이다. (㉣)

┤ 보기 ├

이러한 방법은 우울증 환자 치료에도 도움이 된다.

① ㉠　　　　　② ㉡　　　　　③ ㉢　　　　　④ ㉣

41.

> 　고상호 박사의 『가치 있는 침묵』이 5주 연속 베스트셀러 1위를 차지하며 서점가에서 돌풍을 일으키고 있다. (㉠) 비소설 도서가 이렇게 오래 판매 1위를 차지한 것은 이례적인 일이다. (㉡) 이 책은 소통이 강조되는 현대 사회에서 진정한 소통을 위한 침묵의 가치를 발견하게 한다. (㉢) 또 침묵이 상황에 따라 여러 의미로 해석될 수 있음을 생활 속의 예를 통해 독자들에게 보여 준다. (㉣)

┌─── 보기 ───┐

소통에 있어 가장 기본이 되는 것은 상대의 이야기를 잘 들어주는 것에 있다는 것이다.

① ㉠　　　　　② ㉡　　　　　③ ㉢　　　　　④ ㉣

※ [42~43] 다음 글을 읽고 물음에 답하십시오. (각 2점)

> 아빠는 샘이 많다. 남들에게 지고는 못 산다. 특히 하찮은 일에는 예민하다. 큰돈을 번다든가 신대륙을 발견한다든가 하는 일은 꿈도 못 꾸면서 세계에서 가장 뛰어난 아파트 경비원이 되는 데는 열심이었다. 형이 자기 회사에 경비원 자리가 비었는데 요즘 사람이 없어서 고민이라고 지나는 말처럼 한 게 문제의 시작이었다. 아빠가 그 자리에 가겠노라고 소매를 걷고 나섰다.
>
> "나 아직 늙지 않았다. 도둑 지키면서 사흘 밤새는 것도 어렵지 않아."
>
> 형은 대번에 펄쩍 뛰었다.
>
> <u>"아버지. 직원들이 뭐라고 하겠습니까. 명색이 제가 사장인데 아버님에게 경비를 시키다뇨."</u>
>
> 아빠는 이유야 어떻든 남이 팔짝 뛸 때는 무조건 냉정, 침착해진다. 군대 시절 보안부대에 근무하면서 몸에 익은 특기다.
>
> "왜, 한 집안에서 다 해 먹는다고 할까 봐 무서우냐?"
>
> 그러면서 나를 살짝 흘겨보았다.

42. 밑줄 친 부분에 나타난 형의 심정으로 알맞은 것을 고르십시오.

① 안타깝다　　　　　② 난처하다

③ 섭섭하다　　　　　④ 부끄럽다

43. 이 글의 내용과 같은 것을 고르십시오.

① 아빠는 경찰이다.

② 나는 아파트 경비원이다.

③ 형은 회사를 경영하고 있다.

④ 나는 남에게 지는 것을 참을 수 없다.

※ [44~45] 다음을 읽고 물음에 답하십시오. (각 2점)

> 저비용항공사는 기내 서비스를 줄이거나 영업 방식을 단순화하여 운영 비용을 절감하는 대신 이용객에게 저렴한 가격에 항공권을 제공한다. 주로 국내선을 운항하지만 경우에 따라서는 가까운 거리의 국제선을 운항하기도 한다. 저비용항공사는 대형 항공사 항공권의 70~80% 수준의 가격을 앞세워 국내선, 국제선 모두 양적으로 크게 성장하고 있다. 그러나 저비용항공사를 이용할 때에는 몇 가지 알아 둬야 할 사항들이 있다. 먼저, 환불과 교환 가능 여부이다. 저비용항공사는 대부분 환불이나 교환이 불가능한 경우가 많다. 또한 저비용항공사는 비행 시 가장 기본적인 것만을 제공하기 때문에 수하물이나 기내식 등에 (   ) 수 있다. 따라서 예매 전에 제공받을 수 있는 서비스와 가격 등을 꼼꼼히 따져 보아야 한다.

44. 이 글의 주제로 알맞은 것을 고르십시오.

① 저비용항공사 이용에는 불편이 뒤따른다.

② 저비용항공사는 국내선, 국제선 모두 운영하고 있다.

③ 저비용항공사 이용 시에는 반드시 살펴야 할 것이 있다.

④ 저비용항공사는 운영 비용을 줄이기 위해 여러 노력을 한다.

45. ( )에 들어갈 내용으로 가장 알맞은 것을 고르십시오.

    ① 색다른 제안을 할   ② 추가 비용을 요구할

    ③ 새로운 서비스를 제공할   ④ 최고의 서비스를 추구할

※ [46~47] 다음을 읽고 물음에 답하십시오. (각 2점)

> 과학적인 관측 장비가 갖추어지지 못한 과거에는 어떻게 날씨를 예측하였을까? (㉠) 과거의 기상 예측 방법은 경험에 근거한 예측이 대부분이었지만 원시적인 방법이라고 여기기엔 상당히 과학적인 부분이 많다. (㉡) 예를 들어, '할머니의 무릎이 쑤시면 비가 온다'는 속설을 확인해 보자. (㉢) 비가 오기 전의 낮은 기압과 공기 중의 높은 습도는 신경통을 유발한다. 그러니 몸은 쑤시게 되는 것이다. (㉣) 실제로 습도가 높은 날 제비와 같은 새나 곤충들은 날개가 무거워져 낮게 날게 되고, 개미도 자신들의 식량과 알을 안전한 곳으로 옮기려 계속 움직인다는 것이다.

46. 다음 문장이 들어가기에 가장 알맞은 곳을 고르십시오.

> 또 제비가 낮게 날거나 개미가 바삐 움직이는 것도 비가 올 징조로 보았다.

   ① ㉠   ② ㉡   ③ ㉢   ④ ㉣

47. 이 글의 내용과 같은 것을 고르십시오.

① 과거의 기상 예측은 잘못된 부분이 많다.

② 기압이 낮으면 신경통을 잘 느끼지 못한다.

③ 곤충들은 습도가 높으면 날개가 무거워진다.

④ 개미는 비가 오기 시작하면 알을 옮기기 시작한다.

※ [48~50] 다음을 읽고 물음에 답하십시오. (각 2점)

미세 먼지는 입자가 작아 코나 입 등에서 걸러지지 못하고 기관지와 폐에 쌓여 각종 질병을 일으킨다. 입자가 매우 작은 초미세 먼지의 일부는 뇌까지 염증을 일으켜 우울증이나 인지 기능에도 영향을 미친다. 미세 먼지는 산불이나 모래바람의 먼지와 같은 자연적 원인과 자동차의 매연이나 석탄의 소비와 같은 인위적 원인으로 인해 발생한다. 정부에서는 이러한 미세 먼지로부터 국민의 건강을 (   ) 미세 먼지 경보제를 전국적으로 시행하고 있다. 미세 먼지가 위험 수준으로 발생하면 지자체와 협의하여 도로 청소 등을 강화하며 미세 먼지에 대처하는 것이다. 또한 오래된 자동차의 배출 가스를 낮추기 위한 여러 방안과 수도권 대기오염 총량제를 시행하고 있다. 그러나 한편에서는 미세 먼지의 문제 해결을 위해 보다 강력한 제도를 마련해야 한다는 목소리가 높다. 미세 먼지의 관리 기준이 세계보건기구 수준에 못 미친다는 것이다. 어느 쪽의 입장에 서든 한 가지 분명한 것은 미세 먼지는 국민의 건강에 유해하고, 이를 해결하기 위한 지속적인 노력이 필요하다는 것이다.

48. 필자가 이 글을 쓴 목적을 고르십시오.

① 미세 먼지에 대한 문제 해결 방안을 설명하기 위해

② 미세 먼지에 대한 문제 해결의 중요성을 주장하기 위해

③ 미세 먼지에 대한 문제 해결 방안의 근거를 제시하기 위해

④ 미세 먼지에 대한 문제 해결을 둘러싼 사회적 갈등을 해소하기 위해

49. (   )에 들어갈 내용으로 알맞은 것을 고르십시오.

① 보호하기 위해   ② 확인하기 위해

③ 치료하기 위해   ④ 유지하기 위해

50. 밑줄 친 부분에 나타난 필자의 태도로 알맞은 것을 고르십시오.

① 정부의 정책에 대해 긍정적이다.

② 미세 먼지 해결 방안에 대해 회의적이다.

③ 미세 먼지 해결책의 필요성을 강조하고 있다.

④ 미세 먼지 해결을 위한 정부의 노력에 대해 불신하고 있다.

模擬テスト2
2회 모의고사

TOPIK II

듣기, 쓰기, 읽기

- 制限時間は180分（聞き取り・書き取り110分、読解70分）です。
- 「聞き取り」は、ダウンロード音声（P.2参照）のTR24–31を使用します。
- 解答用紙は巻末にあります。切り取ってお使いください。
- 正解と問題ごとの配点はP.438に掲載されています。

수험번호(Application No.)		
이름 (Name)	한국어(Korean)	
	영　어(English)	

※ [1~3] 다음을 듣고 알맞은 그림을 고르십시오. (각 2점)

1. ①  ②

   ③  ④

2.

①

②

③

④

3.

①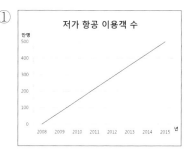

②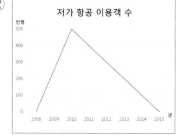

③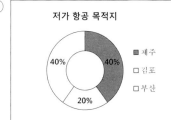

④

※ [4~8] 다음 대화를 잘 듣고 이어질 수 있는 말을 고르십시오. (각 2점)

4. ① 11시쯤 온댔어요.
   ② 내일도 늦을 것 같대요.
   ③ 몇 시까지 오라고 할까요?
   ④ 몸이 안 좋아서 병원에 다녀온대요.

5. ① 나도 어제 과제를 냈어.
   ② 이번 과제는 어렵지 않았니?
   ③ 내일이 마감이니 서둘러 끝내도록 해.
   ④ 나는 마감일이 언제인지 잘 모르겠어.

6. ① 커피 대신 다른 차를 마셔 봐요.
   ② 밤에 깊이 잠을 자서 잘 몰랐어요.
   ③ 저도 커피보다 콜라가 더 맛있어요.
   ④ 생각이 많으면 머리가 아플 거예요.

7. ① 공부를 더 많이 할걸 그랬어.
   ② 다들 시험을 잘 못 봤나 보구나.
   ③ 어려운 문제를 풀다니 정말 훌륭해.
   ④ 다음번 시험에는 답을 많이 못 쓸 것 같아.

8. ① 그럼 배가 부를 것 같아.
   ② 나는 사과는 좋아하지 않아.

③ 네가 먹고 싶은 것이 있으면 더 사도 돼.

④ 그럼 다른 사람들이 집에 올 때까지 기다려 볼까?

※ [9~12] 다음 대화를 잘 듣고 <u>여자</u>가 이어서 할 행동으로 알맞은 것을 고르십시오. (각 2점)

9. ① 메모를 남긴다.　　　　　　② 회의에 들어간다.

　　③ 부장님과 통화를 한다.　　　④ 홍보팀에 다시 전화를 건다.

10. ① 도서관에 간다.　　　　　　② 책을 바로 반납한다.

　　③ 남자에게 책을 빌린다.　　　④ 화요일에 남자를 만난다.

11. ① 선풍기를 튼다.　　　　　　② 우산을 말린다.

　　③ 겉옷을 준비한다.　　　　　④ 야외 수업에 결석한다.

12. ① 우편 번호를 확인한다.　　　② 신청서에 주소를 적는다.

　　③ 잃어버린 지갑을 찾는다.　　④ 회원 카드를 찾으러 온다.

13. ① 학생 할인은 학생증 없이도 가능하다.

    ② 여자는 콘서트 티켓을 할인받아 샀다.

    ③ 할인이 되어도 여자는 콘서트 가기를 망설인다.

    ④ 여자는 콘서트에 가려고 전부터 아르바이트를 했다.

14. ① 쓰레기장은 언제나 열려 있다.

    ② 월요일은 쓰레기를 버릴 수 없다.

    ③ 쓰레기는 일주일에 한 번만 버릴 수 있다.

    ④ 쓰레기 배출에 어려움이 있으면 관리사무소에 연락하면 된다.

15. ① 폐식용유 비누 사용은 피부 질환에 좋다.

    ② 폐식용유 비누를 사용하면 환경에 도움이 된다.

    ③ 폐식용유 비누를 사용하는 사람들은 불편을 호소한다.

    ④ 폐식용유 비누를 만들기 위해서는 많은 재료가 필요하다.

16. ① 여자는 요리를 좋아해서 주방장이 되었다.

    ② 여자는 한국을 알리기 위해 친구를 사귀었다.

    ③ 여자는 오스트리아에 산 지 30년이 되지 않았다.

    ④ 여자는 현재 오스트리아에서 한국 식당을 운영하고 있다.

※ [17~20] 다음을 듣고 남자의 중심 생각을 고르십시오. (각 2점)

17. ① 스스로 공부하는 것이 중요하다.

② 혼자 공부하면 아이들이 어려워한다.

③ 학원에서 많은 것을 공부할 수 있다.

④ 아이가 다니고 싶어 하는 학원만 보내야 한다.

18. ① 굶으면 살을 뺄 수 있다.

② 여자는 살이 찌지 않았다.

③ 점심시간에는 밥을 먹어야 한다.

④ 살을 빼기 위해 굶는 것은 몸에 해롭다.

19. ① 구급차는 필요한 사람만이 이용해야 한다.

② 구급차는 부담 없이 이용할 수 있어야 한다.

③ 구급차를 이용하는 사람에게는 주의를 줘야 한다.

④ 돈을 내면 불필요한 사람도 구급차를 이용할 수 있다.

20. ① 강연에 귀를 기울이는 것이 중요하다.

② 인생에 대해 고민을 하지 않아야 한다.

③ 나를 값진 존재로 여기는 것이 중요하다.

④ 다른 사람을 의식하면 삶의 질이 좋아진다.

※ **[21~22] 다음을 듣고 물음에 답하십시오. (각 2점)**

21. 남자의 중심 생각으로 맞는 것을 고르십시오.

    ① 뇌 운동은 건강에 중요하다.

    ② 아침을 안 먹는 학생들이 많다.

    ③ 몸이 힘들어야 건강을 지킬 수 있다.

    ④ 아침밥은 학생들의 건강을 위해 필요하다.

22. 들은 내용으로 맞는 것을 고르십시오.

    ① 아침밥을 주는 학교가 많이 늘어났다.

    ② 밥을 먹어야 뇌가 활발히 운동을 한다.

    ③ 점심밥은 학생들이 각자 준비해야 한다.

    ④ 남자는 학생들의 아침밥을 준비하는 일이 즐겁다.

※ **[23~24] 다음을 듣고 물음에 답하십시오. (각 2점)**

23. 남자는 무엇을 하고 있는지 맞는 것을 고르십시오.

    ① 식사 장소를 점검하고 있다.

    ② 식사 장소를 추천하고 있다.

    ③ 식사 장소를 확인하고 있다.

    ④ 식사 장소를 예약하고 있다.

24. 들은 내용으로 맞는 것을 고르십시오.

    ① 모임은 이번 주 토요일이다.

    ② 총 20명이 함께 식사하게 된다.

③ 아이들도 어른과 같은 의자에 앉게 된다.

④ 남자는 식사를 미리 주문하고 싶어 한다.

※ **[25~26] 다음을 듣고 물음에 답하십시오. (각 2점)**

25. 남자의 중심 생각으로 맞는 것을 고르십시오.

① 후손들에게 많은 것을 베풀어야 한다.

② 자연을 지키면서 즐기는 것이 중요하다.

③ 자전거로 여행을 하면 자연이 훼손될 수도 있다.

④ 자연을 보존할 수 있는 방법을 계속 찾아야 한다.

26. 들은 내용으로 맞는 것을 고르십시오.

① 김동완 씨는 섬으로 휴가를 간 적이 있다.

② 김동완 씨는 이번에 자전거를 처음 배웠다.

③ 김동완 씨는 100일 넘게 전국 일주를 하였다.

④ 김동완 씨는 자전거 여행을 다시 가지 않을 것이다.

※ **[27~28] 다음을 듣고 물음에 답하십시오. (각 2점)**

27. 여자가 남자에게 말하는 의도를 고르십시오.

① 커피 기계를 홍보하기 위해

② 커피 가격 인하를 촉구하기 위해

③ 커피 기계 구매를 제안하기 위해

④ 커피 기계 관리 방법을 설명하기 위해

28. 들은 내용으로 맞는 것을 고르십시오.

   ① 여자는 커피값이 비싸다고 생각하지 않는다.

   ② 여자는 커피 기계를 싸게 사는 방법을 알고 있다.

   ③ 남자는 커피 기계 관리를 자신이 맡아 하려고 한다.

   ④ 남자는 커피 값을 모두 똑같이 내는 것이 못마땅하다.

※ [29~30] 다음을 듣고 물음에 답하십시오. (각 2점)

29. 남자는 누구인지 맞는 것을 고르십시오.

   ① 문화재 관리원   ② 문화재 홍보원

   ③ 문화재 발굴자   ④ 문화재 해설사

30. 들은 내용으로 맞는 것을 고르십시오.

   ① 남자는 매일 같은 사람들을 만난다.

   ② 각 나라는 완전히 다른 문화를 가지고 있다.

   ③ 남자는 한국인에게 전통문화를 알리는 일을 한다.

   ④ 남자는 일을 하면서 세계의 문화에 대해서도 배우게 된다.

※ [31~32] 다음을 듣고 물음에 답하십시오. (각 2점)

31. 남자의 생각으로 맞는 것을 고르십시오.

   ① 길에서 흡연하는 것을 규제해서는 안 된다.

   ② 담배는 커피나 차와 같은 기호 식품과는 다르다.

   ③ 시민의 건강이 흡연자의 행복추구권보다 우선한다.

④ 간접흡연 피해를 막을 수 있는 방안을 마련해야 한다.

32. 남자의 태도로 맞는 것을 고르십시오.
    ① 상대방의 의견에 반대하고 있다.
    ② 흡연자의 입장을 비판하고 있다.
    ③ 길거리 흡연 금지를 찬성하고 있다.
    ④ 흡연 규제 법규에 대해 설명하고 있다.

※ [33~34] 다음을 듣고 물음에 답하십시오. (각 2점)

33. 무엇에 대한 내용인지 맞는 것을 고르십시오.
    ① 인간관계
    ② 존중의 의미
    ③ 인사의 중요성
    ④ 올바른 인사 방법

34. 들은 내용으로 맞는 것을 고르십시오.
    ① 인사로 상대에게 존중을 나타낼 수 있다.
    ② 상대에게 인사를 받으면 경계심이 생긴다.
    ③ 야구 감독은 공 던지는 법을 먼저 가르쳤다.
    ④ 야구 감독은 텔레비전에 나와 이야기하였다.

35. 남자는 무엇을 하고 있는지 맞는 것을 고르십시오.

    ① 신제품을 홍보하고 있다.

    ② 간담회의 목적을 설명하고 있다.

    ③ 소비자의 불만을 해결해 주고 있다.

    ④ '슈퍼 싹싹'의 장점을 강조하고 있다.

36. 들은 내용으로 맞는 것을 고르십시오.

    ① 현재 다음 제품 개발이 진행 중이다.

    ② '슈퍼 싹싹'은 개선점이 많은 제품이다.

    ③ '슈퍼 싹싹'은 진드기도 청소할 수 있다.

    ④ 간담회에서는 불만족 요소를 이야기하면 안 된다.

※ [37~38] 다음은 교양 프로그램입니다. 잘 듣고 물음에 답하십시오. (각 2점)

37. 여자의 중심 생각으로 맞는 것을 고르십시오.

    ① 김치는 후대에 전해져야 한다.

    ② 김치는 맛이 항상 일정해야 한다.

    ③ 김치의 종류가 더욱 다양해져야 한다.

    ④ 젊은 세대는 김치를 별로 좋아하지 않는다.

38. 들은 내용과 일치하는 것을 고르십시오.

    ① 지역마다 김치 맛이 동일하다.

② 사람들은 모든 김치의 종류를 알고 있다.

③ 김치연구소에서는 김치의 성분을 분석한다.

④ 김치연구소에서는 새로운 김치를 개발한다.

※ [39~40] 다음은 대담입니다. 잘 듣고 물음에 답하십시오. (각 2점)

39. 이 대화 앞의 내용으로 알맞은 것을 고르십시오.

① 요리 방송의 인기가 높다.

② 요리 방송의 제작이 어렵다.

③ 요리사가 방송에 많이 출연한다.

④ 냉장고 기능에 대한 관심이 높다.

40. 들은 내용과 일치하는 것을 고르십시오.

① 혼자 사는 사람들이 증가하였다.

② 요리 방송은 주로 아침에 방송된다.

③ 요리 방송을 보면 음식을 많이 먹게 된다.

④ 요리 방송에는 값비싼 음식들이 많이 나온다.

41. 남자의 중심 생각으로 맞는 것을 고르십시오.

    ① 황제펭귄처럼 건강을 지켜야 한다.

    ② 황제펭귄처럼 자녀를 사랑해야 한다.

    ③ 황제펭귄으로부터 협동을 배워야 한다.

    ④ 황제펭귄을 지키기 위해 자연을 보호해야 한다.

42. 들은 내용과 일치하는 것을 고르십시오.

    ① 황제펭귄은 지능이 높다.

    ② 남극은 영하 5도를 유지한다.

    ③ 황제펭귄은 각자 추위를 이겨 낸다.

    ④ 황제펭귄은 수컷이 알을 보호한다.

43. 이 이야기의 중심 내용으로 맞는 것을 고르십시오.

    ① 냉면은 북쪽에서 유래된 음식이다.

    ② 냉면의 이름은 육수에서 비롯되었다.

    ③ 냉면은 원래 주로 겨울에 먹는 음식이었다.

    ④ 평양냉면과 함흥냉면은 만드는 방법이 다르다.

44. 냉면에 대한 설명으로 맞는 것을 고르십시오.

    ① 함흥냉면은 시원하고 면발이 부드럽다.

② 전통 풍속에 관한 책에 냉면이 소개되었다.

③ 평양냉면은 쫄깃한 면과 매콤한 맛이 특징이다.

④ 요즘에는 날씨가 추운 겨울에만 냉면을 먹는다.

※ **[45~46] 다음은 강연입니다. 잘 듣고 물음에 답하십시오. (각 2점)**

45. 들은 내용과 일치하는 것을 고르십시오.

　　① 요리를 할 때 미세 먼지가 발생한다.

　　② 삶는 방식은 미세 먼지를 발생시키지 않는다.

　　③ 공장에서 나오는 먼지만을 미세 먼지라고 한다.

　　④ 몸을 깨끗이 씻으면 미세 먼지를 없앨 수 있다.

46. 남자의 태도로 가장 알맞은 것을 고르십시오.

　　① 효율적인 조리 방법을 제시하고 있다.

　　② 미세 먼지 감소의 원인을 분석하고 있다.

　　③ 미세 먼지의 농도 측정 방식을 비판하고 있다.

　　④ 미세 먼지의 발생 원인과 대처 방법을 설명하고 있다.

※ **[47~48] 다음은 대담입니다. 잘 듣고 물음에 답하십시오. (각 2점)**

47. 들은 내용과 일치하는 것을 고르십시오.

　　① 창업자의 19%는 5년 안에 폐업한다.

　　② 돈만 있으면 창업에 성공할 수 있다.

　　③ 창업에 성공한 가게들은 비법을 쉽게 공개한다.

④ 창업 성공을 위해서는 가게의 특징이 분명해야 한다.

48. 여자의 태도로 가장 알맞은 것을 고르십시오.
   ① 폐업한 사람들을 안타까워하고 있다.
   ② 성공적인 창업을 위한 방법을 제시하고 있다.
   ③ 성공한 음식점의 요리 비법을 분석하고 있다.
   ④ 창업에 성공한 가게와 실패한 가게를 비교하고 있다.

※ **[49~50] 다음은 강연입니다. 잘 듣고 물음에 답하십시오. (각 2점)**

49. 들은 내용과 일치하는 것을 고르십시오.
   ① 화장품은 부작용이 없다.
   ② 화장품은 소량만 바르는 것이 좋다.
   ③ 화장품은 깨끗한 손으로 만져야 한다.
   ④ 남성용 화장품 종류가 여성용보다 다양하다.

50. 여자의 태도로 가장 알맞은 것을 고르십시오.
   ① 음식에 화장품을 비유하고 있다.
   ② 화장품의 오염도를 측정하고 있다.
   ③ 다양한 화장품 종류를 제시하고 있다.
   ④ 올바른 화장품 사용법을 설명하고 있다.

TOPIK Ⅱ 쓰기 (51번~54번)

※ [51~52] 다음을 읽고 ㉠과 ㉡에 들어갈 말을 한 문장씩 쓰십시오.
(각 10점)

51.

> 회원 모집
>
> 라디오 방송 동아리 '라디오 친구'에서 (　　㉠　　).
> 평소 라디오 방송을 즐겨 듣는 분, 라디오 방송을 만들고 싶었던
> 분 모두 환영합니다.
> '라디오 친구'와 함께 하고 싶으신 분은 지원서를 작성하여 3월 31
> 일까지 학생회관 316호로 (　　㉡　　).
> 재미있고 편안한 라디오 방송을 '라디오 친구'와 함께 만들어 보아
> 요!

52.

> 　　기분이 좋지 않을 때 쇼핑을 하며 기분을 푸는 경우가 있
> 다. 그러나 우울하거나 슬플 때 쇼핑을 하면 더 비싼 가격으로
> (　　㉠　　). 아니면 필요하지 않은 물건을 충동적으로 사
> 기도 한다. 좋지 않은 감정이 이성적인 판단을 흐리기 때문이다.
> 따라서 기분이 좋지 않을 때에는 (　　㉡　　).

※ [53] 다음은 '의류 구매 장소'에 대해 20대와 60대를 대상으로 실시한 설문 조사입니다. 그래프를 보고, 조사 결과를 비교하여 200~300자로 쓰십시오. (30점)

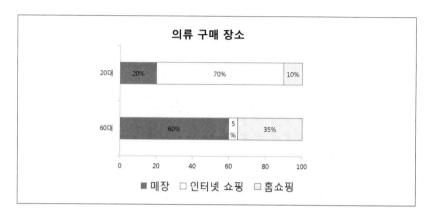

※ [54] 다음을 주제로 하여 자신의 생각을 600~700자로 글을 쓰십시오. (50점)

> 현대 사회에서는 '창의적 인재'에 대한 필요성이 강조되고 있습니다. 현대 사회의 특징과 연관시켜 '창의적 인재'에 대해 아래의 내용을 중심으로 자신의 생각을 쓰십시오.
> • 현대 사회에서 필요한 '창의적 인재'는 어떤 사람입니까?
> • 현대 사회에서 '창의적 인재'가 필요한 이유는 무엇입니까?

＊ 원고지 쓰기의 예

	기	분	이		좋	지		않	을		때		쇼	핑	을		하	며	
기	분	을		푸	는		경	우	가		있	다	.	그	러	나		우	울

TOPIK II 읽기 (1번~50번)

※ [1~2] (   )에 들어갈 가장 알맞은 것을 고르십시오. (각 2점)

1. 내일도 이렇게 비가 많이 (   ) 소풍은 가지 못할 것이다.
   ① 와야   ② 와도
   ③ 온다면   ④ 오더니

2. 점심에 친구들과 무엇을 (   ) 생각해 봐야겠다.
   ① 먹든지   ② 먹을지
   ③ 먹다가   ④ 먹으려면

※ [3~4] 다음 밑줄 친 부분과 의미가 비슷한 것을 고르십시오. (각 2점)

3. 내가 집을 비운 사이에 택배가 도착했다.
   ① 김에   ② 대신에
   ③ 바람에   ④ 동안에

4. 형이 많이 도와준 덕분에 시험에 통과할 수 있었다.
   ① 도와주어야   ② 도와주어서
   ③ 도와준 탓에   ④ 도와준 김에

5.

오래 앉아 있어도 방금 앉은 것처럼 편안하게
허리에 무리가 되지 않도록 편안하게

① 의자　　　② 책상　　　③ 책장　　　④ 식탁

6.

**다양하고 값싼 물건으로 장바구니를 가득
이웃의 정으로 행복을 가득**

① 서점　　　② 시장　　　③ 병원　　　④ 식당

7.

- 휴대폰은 진동으로 바꿔 주세요.
- 앞사람의 의자를 발로 차지 마세요.
- 공연 중에는 사진을 촬영하지 마세요.

① 식사 예절　　② 전화 예절　　③ 관람 예절　　④ 봉사 예절

8.

♤ 생생한 화질
♤ 작은 소리까지 들리는 또렷한 음질
♤ 최대 11시간 지속되는 강력한 배터리

① 여행 소개　　② 장소 안내　　③ 사원 모집　　④ 제품 설명

※ **[9~12] 다음 글 또는 도표의 내용과 같은 것을 고르십시오. (각 2점)**

9.

> [동물 체험] 새끼 호랑이와의 하루!
>
> ◎ 일시　　　 : 4월 6일(토) 14:00~16:00
> ◎ 장소　　　 : 서울동물원 앞마당
> ◎ 참가비　　 : 가족당 10,000원
> ◎ 신청 방법　 : 전화 접수(02-987-6543)
>
> * 선착순 20가족 마감!

① 체험은 평일 오후에 진행된다.

② 20가족만 체험에 참여할 수 있다.

③ 체험에 참여하려면 참가비를 내면 된다.

④ 한 사람에 일만 원씩 참가비를 내야 한다.

10.

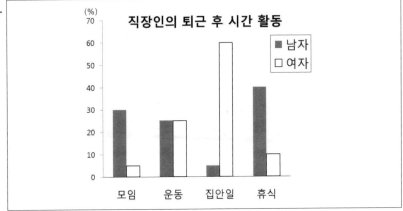

① 남자가 여자보다 운동을 하는 비율이 더 낮다.

② 남자는 퇴근 후 휴식을 하는 경우가 가장 많다.

③ 여자는 남자보다 모임에 나가는 비율이 더 높다.

④ 여자는 휴식을 하는 사람이 집안일을 하는 사람보다 많다.

11.

> 하늘방송국에서는 오는 3월 20일 한국 요리 만들기 대회를 개최한다. 이 대회는 한국에 거주하는 외국인이라면 누구나 참여할 수 있으며, '내가 가장 좋아하는 한국 음식'을 주제로 이뤄진다. 참가를 원하는 사람은 하늘방송국 홈페이지에서 신청할 수 있다. 지역 예선을 거쳐 본선에는 총 30명이 진출하며 본선은 하늘방송을 통해 전국에 방영된다.

① 신청을 하면 누구나 참여 가능하다.

② 대회 본선은 텔레비전을 통해 방송된다.

③ 해외에 살고 있는 사람도 참여가 가능하다.

④ 자신이 가장 잘 만들 수 있는 요리를 만들면 된다.

12.

> 최근 새싹 채소를 직접 길러 먹는 가정이 늘고 있다. 새싹 채소는 이제 막 싹이 돋아난 어린 채소를 말한다. 이 시기의 채소에는 다 자란 채소보다 더 많은 영양소가 포함되어 있다. 식물은 새싹이 돋아나는 시기에 가장 활발하게 성장하기 때문이다. 깨끗하고 간편하게 기를 수 있다는 점도 새싹 채소를 집에서 기르는 이유 중의 하나이다.

① 새싹 채소는 시장에서 구하기 어렵다.

② 새싹 채소를 사 먹는 사람들이 증가하고 있다.

③ 새싹 채소는 성장을 모두 마친 채소를 말한다.

④ 새싹 채소는 다 자란 채소에 비해 영양이 더 좋다.

13.

(가) 야간 조명이 건강을 해친다는 연구 결과가 있다.

(나) 따라서 수면 시에는 가장 어두운 상태로 만드는 것이 중요하다.

(다) 밤에도 낮처럼 밝은 상태가 유지되면 생체리듬이 변화되기 때문이다.

(라) 또 잠자기 전 텔레비전 시청이나 휴대폰 사용을 하지 않는 것이 좋다.

① (가)-(다)-(나)-(라) ② (가)-(라)-(다)-(나)

③ (다)-(가)-(나)-(라) ④ (다)-(라)-(가)-(나)

14.

(가) 일교차가 큰 날씨에 잘 대처하기 위해서이다.

(나) 따라서 등산화와 안전 장비 착용도 필수적이다.

(다) 봄에 등산을 할 때에는 얇은 옷을 여러 겹 껴입는 것이 좋다.

(라) 또, 따뜻한 3, 4월에도 산 곳곳에는 아직 얼음이 남아 있을 수 있다.

① (가)-(다)-(라)-(나) ② (가)-(다)-(나)-(라)

③ (다)-(가)-(라)-(나) ④ (다)-(나)-(가)-(라)

15.

(가) 따라서 앞으로는 더 다양한 즉석 식품을 만날 수 있을 것이다.

(나) 앞으로 혼자 사는 사람의 비중이 더 늘 것으로 예상하기 때문이다.

(다) 식품 업체들은 이들을 위한 즉석 식품 개발에 박차를 가하고 있다.

(라) 1인 가구 수가 증가하면서 간단히 끼니를 해결하려는 사람들이 늘어났다.

① (다)-(가)-(나)-(라) 　　② (다)-(나)-(가)-(라)

③ (라)-(나)-(다)-(가) 　　④ (라)-(다)-(나)-(가)

※ [16~18] 다음을 읽고 (　　　)에 들어갈 내용으로 가장 알맞은 것을 고르십시오. (각 2점)

16.

　마트 계산대 앞에는 껌이나 음료수처럼 가격이 부담스럽지 않은 제품이 진열되어 있다. 이는 고객들이 계산을 기다리면서 추가로 제품을 구매할 수 있도록 한 것이다. 하나를 사면 하나를 더 주는 행사 역시 고객의 추가 구매를 유도하기 위한 것이다. 이처럼 (　　　　　) 마트에서는 다양한 마케팅 방법을 사용한다.

① 계산의 줄을 줄이기 위하여

② 행사를 다양하게 하기 위하여

③ 고객의 구매를 늘리기 위하여

④ 제품의 진열을 추가하기 위하여

17.

> 물기가 많은 진흙을 머드라고 한다. 머드는 피부를 탄력 있고, 부드럽게 만든다. 이러한 머드를 (　　　　　　　)이 있다. 바로 머드 축제이다. 머드 축제에서는 머드를 이용하여 마사지는 물론 머드 미끄럼틀 타기, 외나무다리 건너기와 같은 각종 놀이를 즐길 수 있다.

① 싸게 구입할 수 있는 곳

② 손쉽게 즐길 수 있는 곳

③ 많이 판매할 수 있는 곳

④ 언제나 먹을 수 있는 곳

18.

> 한글은 만든 사람과 목적, 동기가 뚜렷하게 알려진 세계 유일의 문자이다. 한글이 만들어진 원리 역시 (　　　　　　　). 한글의 자음은 사람의 발음 기관 모양을 따라 만들어졌기 때문에, 'ㄱ', 'ㅋ', 'ㄲ'처럼 같은 위치에서 발음되는 소리는 모두 공통 요소를 함께 가지고 있다. 또 모음은 하늘과 땅, 사람의 모양을 따라 만들어진 것으로 알려졌다.

① 확실하게 알기 어렵다

② 한국에만 알려져 있다

③ 명확하게 기록되어 있다

④ 전 세계의 주목을 받았다

※ **[19~20] 다음 글을 읽고 물음에 답하십시오. (각 2점)**

소변의 색깔로도 건강 상태를 쉽게 확인해 볼 수 있다. 이상적인 소변의 색깔은 옅은 노란색이다. 소변의 색깔이 물처럼 투명하다면 수분을 필요 이상으로 섭취하고 있다는 뜻이며, 밝은 노란색이라면 비타민 B가 많다는 뜻이다. 소변이 이와 같은 색깔이라면 걱정할 필요는 없다. 그러나 (   ) 소변의 색깔이 주황색이나 초록색이라면 반드시 의사와 상담을 해야 한다.

19. (   )에 들어갈 알맞은 것을 고르십시오.

① 만약   ② 역시   ③ 과연   ④ 아마

20. 이 글의 내용과 같은 것을 고르십시오.

① 몸의 상태에 따라 소변의 색깔이 달라진다.

② 소변이 밝은 노란색이라면 병원에 가야 한다.

③ 소변의 색깔이 주황색이라면 걱정할 필요가 없다.

④ 몸에 비타민 B가 많으면 소변의 색깔은 투명하다.

성별에 따라 잔소리의 효과가 다른 것으로 나타났다. 한 연구 결과에 따르면 남성에게는 '살 빼라'는 상대방의 잔소리나 비판이 효과적이었으며, 그 강도가 셀수록 더욱 효과적인 것으로 확인되었다. 그러나 여성들은 오히려 스트레스만 받을 뿐 그 효과가 적었다. 따라서 여성들에게는 (　　　　　) 살 빼라고 이야기하는 것보다 함께 운동을 하는 등 실질적인 도움을 주는 것이 좋다.

21. (　　)에 들어갈 알맞은 것을 고르십시오.
　① 입이 무겁게　　　　　② 귀가 따갑도록
　③ 코가 비뚤어지게　　　　④ 쥐도 새도 모르게

22. 이 글의 중심 생각을 고르십시오.
　① 남성들은 잔소리를 좋아한다.
　② 여성들은 살 빼는 것을 싫어한다.
　③ 여성과 남성 모두 살로 인해 스트레스를 받고 있다.
　④ 잔소리의 효과는 여성과 남성에게 다르게 나타난다.

※ **[23~24] 다음 글을 읽고 물음에 답하십시오. (각 2점)**

> 나는 그런 표정을 생전 처음 보는 것처럼 느꼈다. 여지껏 그렇게 정직하게 고통스러운 얼굴을, 그렇게 정직하게 고독한 얼굴을 본 적이 없다. 가슴이 뭉클하더니 심하게 두근거렸다. 그는 20등, 30등을 초월해서 위대해 보였다. <u>지금 모든 환호와 영광은 우승자에게 있고 그는 환호 없이 달릴 수 있기에 위대해 보였다.</u>
>
> 나는 그를 위해 뭔가 하지 않으면 안 된다고 생각했다. 왜냐하면 내가 좀 전에 그의 20등, 30등을 우습고 불쌍하다고 생각했던 것처럼 그도 자기의 20등, 30등을 우습고 불쌍하다고 생각하면서 옛다 모르겠다 하고 그 자리에 주저앉아 버리면 어쩌나, 그래서 내가 그걸 보게 되면 어쩌나 싶어서였다. (중략) 그 전까지만 해도 나는 마라톤이란 매력 없는 우직한 스포츠라고밖에 생각 안 했었다. 그러나 앞으론 그것을 좀 더 좋아하게 될 것 같다. 그것이 조금도 속임수가 용납 안 되는 정직한 운동이기 때문에.
>
> 또 끝까지 달려서 골인한 꼴찌 주자도 좋아하게 될 것 같다. 그 무서운 고통과 고독을 이긴 의지력 때문에.

23. 밑줄 친 부분에 나타난 나의 심정으로 알맞은 것을 고르십시오.

① 아쉽다　　　　　　② 불안하다
③ 감동적이다　　　　④ 염려스럽다

24. 이 글의 내용과 같은 것을 고르십시오.

① 나는 마라톤 경기를 좋아했다.
② 나는 마라톤 경기를 처음 보았다.
③ 나는 마라톤 경기를 보며 고통스러웠다.

④ 나는 꼴찌를 한 선수를 좋아하게 될 것 같다.

※ [25~27] 다음은 신문 기사의 제목입니다. 가장 잘 설명한 것을 고르십시오. (각 2점)

25.
낮에는 길거리 음식 천국, 밤에는 쓰레기 산

① 낮에는 길거리 음식을 팔고, 밤에는 쓰레기를 치워야 한다.
② 낮에는 길거리 음식이 많이 팔리지만, 밤에는 팔리지 않는다.
③ 낮에는 길거리 음식이 가득하지만 밤에는 음식이 다 팔리고 없다.
④ 낮에는 길거리 음식으로 유명한데 밤에는 쓰레기가 가득하다.

26.
독감 유행에 '조마조마', 면역력 높이는 음식을 챙기자

① 면역력 높이는 음식은 독감을 치료할 수 있다.
② 독감에 걸리면 면역력 높이는 음식이 먹고 싶어진다.
③ 면역력 높이는 음식으로 독감에 걸릴 위험을 줄인다.
④ 독감이 유행하면 면역력 높이는 음식의 소비가 늘어난다.

27.
경기 지방 함박눈 '펑펑', 곳곳에 교통사고 잇따라

① 교통사고가 일어나자 경기 지방에 내린 눈을 치웠다.
② 곳곳에서 발생한 교통사고는 경기 지방에 내린 눈과 상관없다.
③ 경기 지방에서 발생한 교통사고는 폭풍우로 인한 것이다.

④ 경기 지방에 내린 많은 눈으로 인해 교통사고가 연이어 일어났다.

※ [28~31] 다음을 읽고 (   )에 들어갈 내용으로 가장 알맞은 것을 고르십시오. (각 2점)

28.

> 선택의 폭이 넓을수록 불행해지는 현상을 '선택의 역설'이라 한다. 선택의 폭이 다양할수록 (   )이 많아지기 때문이다. 즉, 선택하지 못한 것에 대해 아쉬움과 미련이 우울감을 가져온다는 것이다. 따라서 선택의 가짓수가 많아지면, 그만큼 어느 한쪽을 고르지 못해 힘들어하는 '결정 장애' 역시 증가한다. 많은 정보와 상품에 노출되어 있는 현대인에게 '결정 장애'는 어쩌면 당연한 결과일지도 모른다.

① 포기해야 하는 것　　　　　② 구매해야 하는 것
③ 선택해야 하는 것　　　　　④ 결정해야 하는 것

29.

> 흔히들 고열량 음식과 설탕, 운동 부족을 비만의 원인이라 생각한다. 그러나 '짠맛' 역시 비만을 일으키는 주범이다. 짠 음식을 먹으면 갈증을 느끼게 되고, 이 (   ) 당분이 많이 함유된 음료를 찾게 된다는 것이다. 실제로 소금 1그램을 더 먹으면 비만 위험이 25% 이상 증가한다는 연구 결과가 발표되기도 했다.

① 소금을 없애기 위해서　　　　② 갈증을 없애기 위해서
③ 비만을 없애기 위해서　　　　④ 짠맛을 없애기 위해서

30.

> 새해가 되면 많은 사람들이 한 해의 계획을 세우지만 실제로 그 계획은 며칠 지나지 않아 지켜지지 않는 경우가 많다. 미루는 습관은 건강에도 좋지 않다. (　　　　　　　) 스트레스를 받기 때문이다. 이러한 스트레스는 위나 심장, 면역 등을 약하게 한다. 계획한 일을 주변 사람들에게 알리는 것은 미루는 습관을 고칠 수 있는 방법 중 하나이다.

① 해야 할 일이 많기 때문에

② 계획을 세우지 않았기 때문에

③ 할 일을 미뤘다는 생각으로 인해

④ 주변에 계획이 알려진 것으로 인해

31.

> 많은 예술가들은 기존의 틀을 깨려는 시도를 한다. (　　　　　　　) 싫증을 느낀 한 화가는 잼을 바른 식빵이나 화장품으로 그림을 그리거나 자신의 혀로 그림을 그리기 시작했다. 이 화가는 종종 주위에서 자신을 곱지 않은 시선으로 바라보는 사람들도 있지만 자신의 그림을 보면서 즐거워하는 사람이 있다면 그걸로 충분하다면서 자신의 독창적인 작품 세계를 만들어 가고 있다.

① 주위의 시선에

② 맛없는 식빵과 잼에

③ 새로운 시도와 도전에

④ 전통적인 연필과 물감에

※ **[32~34] 다음을 읽고 내용이 같은 것을 고르십시오. (각 2점)**

32.

> 음악을 들으면 마음이 편안해지는 기분을 느낀 적이 있을 것이다. 실제로 음악은 몸이 느끼는 고통을 잊게 해 주는 효과가 있다. 음악의 효과를 연구한 한 연구 팀은, 수술을 받은 환자에게 음악을 들려 주자 환자의 고통이 감소되는 것을 확인할 수 있었다. 또한 운동을 할 때 음악을 들으면, 뇌에서 통증을 감소시키는 물질과 쾌락과 관계된 물질이 많이 나와 운동을 더 쉽고 재미있게 할 수 있다고 한다.

① 음악을 들은 환자는 통증이 증가한다.
② 음악은 통증을 줄여 주는 데 도움을 준다.
③ 음악은 뇌에 아무런 영향을 주지 못한다.
④ 음악을 들으며 운동을 하면 운동이 더 힘들어진다.

33.

> 컴퓨터나 스마트폰의 사용이 활발해지면서 정보 보안이 중요한 문제로 떠올랐다. 이들 기기에는 사진이나 연락처, 은행 거래 정보 등 민감한 개인 정보가 다수 포함되어 있기 때문이다. 여러 보안 기술 중에서도 손가락의 지문이나 눈의 홍채처럼 인간의 몸을 활용하는 '생체 인식 보안'이 주목받고 있다. 지문이나 홍채는 사람마다 모양이 다르고 평생 그 모양이 변하지 않는다. 또 복제가 불가능하다. 이 때문에 앞으로 '생체 인식 보안'은 더욱 더 주목받을 것으로 예상된다.

① 지문은 다른 사람이 똑같이 만들 수 있다.
② 생체 인식 보안은 인간의 몸을 이용하는 보안 방법이다.

③ 앞으로 생체 인식 보안은 개발에 어려움을 겪을 것이다.

④ 홍채의 모양이 바뀌면 홍채 모양을 다시 등록할 수 있다.

34.

> 컴퓨터와 같은 디지털 기기가 발달하면서 손으로 직접 글씨를 쓰는 일이 적어졌다. 일부 사람들은 손 글씨 쓰기 시간 대신 편집 기술을 익히는 시간을 늘려야 한다고 주장한다. 그러나 한 연구에서는 손 글씨 쓰기가 내용의 기억과 재구성에 더욱 효과적이라는 것을 밝혀냈다. 또 다른 연구에서는 펜으로 작문을 한 학생이 키보드로 작문을 한 학생보다 더 풍부한 어휘를 사용하고, 글의 완성도가 높은 것을 확인하였다. 사용이 빠르고 편리한 디지털 기기가 손 글씨보다 무조건 좋은 것만은 아닌 것이다.

① 디지털 기기의 사용은 장점만 있다.

② 편집 기술을 배우는 시간이 늘어나야 한다.

③ 키보드로 작문을 하면 더 많은 단어를 사용하기 쉽다.

④ 손 글씨 쓰기는 내용을 다시 구성하는 데에 도움을 준다.

※ [35~38] 다음 글의 주제로 가장 알맞은 것을 고르십시오. (각 2점)

35.

요즘 도심에 멧돼지가 출현하는 일이 빈번해지면서 이로 인한 피해가 발생하고 있다. 고구마나 감자를 키우는 밭이 파헤쳐지는 것은 물론, 음식물 쓰레기를 흩뿌려 놓거나 갑자기 도로에 뛰어들어 교통사고를 유발하기도 한다. 멧돼지의 도심 출몰이 증가한 주된 이유는 멧돼지의 서식 환경이 위협받기 때문이다. 서식지가 점점 줄어들고, 도토리와 같은 먹이가 줄어들어 먹이를 찾아 도심으로 내려오는 것이다. 따라서 멧돼지에 의한 피해를 막기 위해서는 멧돼지가 위협받지 않는 환경을 만들어 주는 것이 필요하다.

① 멧돼지의 출현은 도심 교통사고의 주요한 원인이 된다.

② 멧돼지의 위협을 피하기 위해 서식 환경을 보호해 주어야 한다.

③ 멧돼지 서식지 주변의 도토리 수와 먹잇거리가 점차 줄어들고 있다.

④ 도심에 나타나는 멧돼지가 증가하고 있으므로 길을 만들어 주어야 한다.

36.

유통기한은 '유통 업자가 제품을 판매할 수 있는 법적 기한'으로 유통기한이 조금 지난 제품은 아무런 문제 없이 섭취나 사용이 가능하다. 그러나 약의 경우에는 유통기한을 잘 따져 볼 필요가 있다. 유통기한이 지난 약은 효능이 없거나 오히려 부작용이 생길 수 있기 때문이다. 따라서 약의 유통기한이 지났는지 잘 따져 보고 사용하는 것이 좋다.

① 유통기한이 지난 약은 섭취가 가능하다.

② 약의 유통기한은 꼼꼼히 살펴보아야 한다.

③ 유통기한이 지나면 모든 제품은 버려야 한다.

④ 유통기한은 '제품을 사용할 수 있는 마지막 날'이다.

37.

> 피부를 제2의 두뇌라 부르기도 한다. 피부로 전해지는 느낌은 곧바로 뇌에 전달되기 때문이다. 그래서 아이들을 많이 안아 주거나 쓰다듬어 주면 피부의 촉감이 뇌로 전달되어 편안함과 안정감을 갖게 된다. 자신의 감정을 제대로 표현할 수 없는 아이들에게 이 안정감은 매우 중요한 역할을 하여, 부모와의 신체 접촉이 많은 아이일수록 자존감과 도전 의식은 높은 반면, 폭력성은 낮은 아이로 자라날 확률이 높다고 한다.

① 아이의 도전 의식은 자존감을 통해 형성된다.

② 피부의 느낌이 뇌에 즉시 전달되도록 해야 한다.

③ 신체적 접촉은 아이들의 정서적 안정에 중요하다.

④ 아이들이 감정 표현을 잘할 수 있도록 도와야 한다.

38.

> 영양 불균형 문제를 해결하기 위하여 비타민 보충제를 섭취하는 사람들이 많다. 그러나 그 효과에 대하여 의료계에서도 논란이 많다. 비타민 보충제가 부족한 영양소를 보충할 수 있다고 보는 이들이 있는 반면, 현대인은 이미 음식을 통해 비타민을 충분히 섭취하고 있다고 보는 이들도 있는 것이다. 아직 비타민 보충제의 이로움이나 해로움에 대한 명확한 연구 결과는 없다. 결국 소비자가 신중히 선택할 문제이다.

① 비타민 보충제는 식사를 대신할 수 있다.

② 비타민은 우리 몸에 꼭 필요한 영양소이다.

③ 비타민은 보충제를 통해서만 섭취할 수 있다.

④ 비타민 보충제의 효과는 과학적으로 입증되지 않았다.

※ **[39~41] 다음 글에서 〈보기〉의 문장이 들어가기에 가장 알맞은 곳을 고르십시오. (각 2점)**

39.

중고 제품의 거래가 활성화되고 있다. (㉠) 이 때문에 소비자들이 직접 자신들이 쓰던 물품을 싼 값에 판매하는 온라인 커뮤니티의 인기가 높다. (㉡) 또 색상 차이나 흠집 등의 문제로 반품 처리된 제품만을 따로 판매하는 사이트도 생겨났다. 중고 제품 거래는 앞으로 더욱 그 규모가 커질 것으로 예상된다. (㉢) 그러나 개인 간의 거래이다 보니 혹시 모를 피해를 방지하기 위해서 구입 전 제품 상태와 판매자 정보 등을 꼼꼼히 따져야만 한다. (㉣)

───┤ 보기 ├───

경기 불황으로 합리적 구매를 원하는 소비자들이 늘고 있고, 중고 제품 거래 서비스가 확대되었기 때문이다.

① ㉠   ② ㉡   ③ ㉢   ④ ㉣

40.

> '후광 효과'는 한 가지의 주된 특징에 대한 평가 때문에 다른 특징에 대한 평가가 객관성을 잃어버리는 현상을 말한다. (㉠) 이러한 후광 효과는 사람을 평가할 때 두드러진다. (㉡) 첫인상이 좋으면 단점도 별 문제가 되지 않지만, 첫인상이 나쁘면 장점도 단점처럼 보일 수 있기 때문이다. (㉢) 그래서 면접과 같은 중요한 만남에서 첫인상의 중요성을 강조하는 것이다. (㉣)

보기

특히, 사람에 대한 첫인상은 이후의 관계에 큰 영향을 미친다.

① ㉠   ② ㉡   ③ ㉢   ④ ㉣

41.

> 간결한 문체로 일상의 이야기를 담아내고 있는 고운정 시인이 세 번째 시집을 출간했다. (㉠) 새로 출간된 시집 『집』은 삶의 거점인 집을 중심으로 일상생활에서 일어나는 일들에 대해 그만의 목소리로 이야기하고 있다. (㉡) 이전 작품들에서 고운정 시인은 평범한 단어를 통해 주제를 간결하고 기발하게 그려 많은 독자들에게 인기를 얻었다. (㉢) 이는 그가 독자들의 아픔을 위로하고 싶다는 바람에서 비롯된 것이다. (㉣)

보기

그러나 이번 시집은 이전 작품보다 주제를 좀 더 진지하게 바라보고 있는 느낌이다.

① ㉠   ② ㉡   ③ ㉢   ④ ㉣

※ **[42~43] 다음 글을 읽고 물음에 답하십시오. (각 2점)**

> 그런데 다음날 점심시간에 우림이는 또 토끼장 앞에 서 있었다. 이번엔 나도 말을 걸지 않았다. 그러자 우림이 쪽에서 먼저 시비를 걸었다.
>
> "너, 왜 자꾸 이 토끼장에 오는 거야? 너 때문에 내가 여기 오기 싫어지잖아!"
>
> "나는 점심시간에는 늘 토끼장에 와. 넌 어째서 나 때문에 토끼장에 오기 싫어진다는 거야?"
>
> "그건 너와 함께 있기 싫기 때문이야."
>
> "내가 뭘 잘못했기에?"
>
> "이유는 없어! 그냥 싫으니까."
>
> "그런 억지가 어디 있어?"
>
> "자, 네가 비켜 주겠니, 아니면 내가 갈까?"
>
> "함께 있으면 되잖아."
>
> "난 싫어! 그래, 넌 여자를 위해 자리 하나 양보 못 하겠단 말이지? 알겠어, 흥! 야만인!"
>
> 우림이는 또 샐쭉해서 가 버렸다. <u>하는 짓으로 보나, 쓰는 말씨로 보나 우림이는 정말 이해할 수 없는 아이였다.</u>

42. 밑줄 친 부분에 나타난 나의 심정으로 알맞은 것을 고르십시오.

① 억울하다　　　　　② 섭섭하다

③ 당황스럽다　　　　④ 걱정스럽다

43. 이 글의 내용과 같은 것을 고르십시오.

① 나는 우림이를 좋아한다.

② 나는 우림이에게 잘못을 했다.

③ 나는 점심시간에 항상 토끼장에 간다.

④ 나는 우림이를 위해 자리를 비켜 주었다.

※ [44~45] 다음을 읽고 물음에 답하십시오. (각 2점)

'딸바보'는 딸을 각별히 아끼는 아버지를 뜻하는 신조어이다. 딸과 돈독한 관계를 유지하며, 딸에 대한 사랑을 표현하는 딸바보 아버지들이 성공하는 딸을 만든다는 연구 결과가 속속 등장하고 있다. 한 연구 결과에 따르면, 가사 일에 적극적이고, 아내와 딸에게 다정다감한 아버지 밑에서 자란 딸은 자신의 일에 더욱 긍정적으로 임한다고 한다. 아버지에게 받은 (   ) 자신을 스스로 가치 있는 사람이라 여기고 남에게 인정받기 위하여 매사 적극적으로 행동한다는 것이다. 그런데 여기서 딸바보의 기준은 딸과 함께하는 시간과는 관계가 없다. 딸과 많은 시간을 함께 보내느냐, 그렇지 않느냐가 아니라 얼마만큼 두터운 신뢰 관계를 형성하고 있느냐가 그 기준이 되는 것이다.

44. 이 글의 주제로 알맞은 것을 고르십시오.

① 딸은 아버지에게 자신의 성공을 인정받고 싶어 한다.

② 딸과 많은 시간을 보낸 아버지가 훌륭한 딸을 만든다.

③ 딸바보 아버지 밑에서 자란 딸은 가사 일을 잘 해낸다.

④ 딸바보 아버지가 딸의 인생에 긍정적인 영향을 미친다.

45. (   )에 들어갈 내용으로 가장 알맞은 것을 고르십시오.

① 스트레스 때문에

② 타고난 재능을 통해

③ 긍정적 영향을 통해

④ 부정적 인식으로 인해

※ **[46~47] 다음을 읽고 물음에 답하십시오. (각 2점)**

> 제품의 디자인이나 품질뿐만 아니라 원재료나 제조 과정까지도 관심을 갖는 소비자들이 늘어나고 있다. (㉠) 친환경 제품이나 공정 무역 제품의 인기가 높아지는 것도 바로 이 때문이다. (㉡) 그러나 제품을 구매할 때마다 원재료와 제조 과정을 파악하기란 여간 까다로운 일이 아니다. 그래서 최근에는 이를 쉽게 확인할 수 있는 앱이 개발되기도 하였다. (㉢) 앱에서 제품을 선택하면 원재료와 제조 과정은 물론, 제조 과정에서 발생하는 오염물, 근로자의 근로 조건 등까지도 한눈에 볼 수 있다. (㉣) 이러한 앱은 소비자의 현명한 소비를 도울 뿐 아니라, 기업의 태도까지도 긍정적으로 변화시킨다는 점에서 그 효과를 거두고 있다.

46. 다음 문장이 들어가기에 가장 알맞은 곳을 고르십시오.

> 삶이 풍요로워지면서 가격이 조금 더 비싸더라도 좋은 재료로 바르게 만든 제품을 선호하게 된 것이다.

① ㉠   ② ㉡   ③ ㉢   ④ ㉣

47. 이 글의 내용과 같은 것을 고르십시오.

① 기업은 기업의 이윤만을 추구하려고 한다.

② 최근의 소비자들은 제품의 품질만을 꼼꼼히 따진다.

③ 공정 무역 제품은 가격이 비싸서 구매자가 줄어들고 있다.

④ 앱을 사용하면 제품의 제조 과정까지도 쉽게 확인할 수 있다.

※ [48~50] 다음을 읽고 물음에 답하십시오. (각 2점)

낮은 출산율은 인구 감소를 불러오고, 지속적인 인구 감소는 경제 활동을 위축시킨다. 생산 활동을 하는 젊은이들은 줄어드는 반면, 의료 기술의 발달로 젊은이들이 (   ) 노인 인구는 증가하기 때문이다. <u>낮은 출산율을 단순한 사회적 현상으로 보아서는 안 되는 이유이다.</u> 출산율을 증가시키기 위해 정부와 각 시도 지자체에서는 임신과 출산에 관련된 병원비 지원과 출산 장려금 지급, 산모와 신생아의 건강관리 지원 사업 등을 펼치고 있다. 그러나 보다 실질적인 제도 마련과 의식 개선이 필요하다는 목소리가 높다. 맞벌이 가정에서도 자녀를 충분히 양육할 수 있는 여건을 마련해 주어야 한다는 것이다. 근무 시간은 물론 야근과 같은 변수에도 아이를 믿고 맡길 수 있는 보육 시설과 환경이 마련되어야 하며, 육아 휴직 후 복직 시에 받는 눈치와 차별이 사라져야 한다. 또, 아버지의 가사와 육아 참여를 이끌어 내기 위하여 남성의 육아 휴직도 적극 장려해야 할 것이다. 정부와 지자체는 단순히 지원 사업 확대와 지원금 인상 등에 만족하지 말고, 사업 시행 과정에서 나타나는 문제점을 지속적으로 보완해 나가도록 해야 한다.

48. 필자가 이 글을 쓴 목적을 고르십시오.

　　① 남성 육아 휴직의 전면 도입을 재고하기 위해

　　② 지속적인 인구 감소의 문제점을 설명하기 위해

　　③ 출산 장려금 지급 사업의 중요성을 지지하기 위해

　　④ 실질적인 출산 장려 정책의 필요성을 주장하기 위해

49. (　　　　)에 들어갈 내용으로 알맞은 것을 고르십시오.

　　① 부양해야 하는　　　　　　② 존경해야 하는

　　③ 고마워해야 하는　　　　　④ 두려워해야 하는

50. 밑줄 친 부분에 나타난 필자의 태도로 알맞은 것을 고르십시오.

　　① 저출산 현상을 가정하고 있다.

　　② 저출산 문제에 대해 우려하고 있다.

　　③ 출산 장려 정책에 대해 비판하고 있다.

　　④ 노인 인구 증가 현상에 대해 지적하고 있다.

模擬テスト3
3회 모의고사

TOPIK II

듣기, 쓰기, 읽기

- 制限時間は180分 (聞き取り・書き取り110分、読解70分) です。
- 「聞き取り」は、ダウンロード音声(P.2参照)のTR32-39を使用します。
- 解答用紙は巻末にあります。切り取ってお使いください。
- 正解と問題ごとの配点はP.498に掲載されています。

수험번호(Application No.)		
이름 (Name)	한국어(Korean)	
	영　어(English)	

TOPIK Ⅱ 듣기 (1번~50번)

※ [1~3] 다음을 듣고 알맞은 그림을 고르십시오. (각 2점)

1.

2. ①  ②

③  ④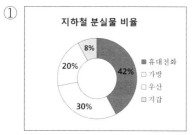

3. ①  ②

③  ④

※ [4~8] 다음 대화를 잘 듣고 이어질 수 있는 말을 고르십시오. (각 2 점)

4. ① 더 노력해야 붙을 수 있어.

   ② 시험이 별로 어렵지 않았어.

   ③ 너도 곧 좋은 결과 있을 거야.

   ④ 그래서 요새 기분이 정말 좋아.

5. ① 네, 고마워요. 주의할게요.

   ② 선풍기도 틀어야 할 것 같아요.

   ③ 저는 아이스크림이 제일 맛있어요.

   ④ 날씨가 더워서 아이스크림을 먹으나 마나예요.

6. ① 저는 요리를 잘해서 괜찮아요.

   ② 일하느라 제때 식사를 잘 못해요.

   ③ 저도 시간 여유가 있으면 좋겠어요.

   ④ 그럼 저도 이번 달에 배달시켜 봐야겠어요.

7. ① 초대해 주셔서 감사합니다.

   ② 저는 지난번에 못 가 봤어요.

   ③ 잘 됐네요. 그럼 저와 같이 가요.

   ④ 전시회 준비하느라 많이 바쁠 거예요.

8. ① 준비하느라 수고하셨습니다.

   ② 준비가 다 되었다니 다행이군요.

③ 판매 행사가 성공적으로 끝났습니다.

④ 중요한 행사이니 늦지 않게 준비하도록 하세요.

※ [9~12] 다음 대화를 잘 듣고 여자가 이어서 할 행동으로 알맞은 것을 고르십시오. (각 2점)

9. ① 빈자리를 찾아 앉는다.　　② 길을 건너 버스를 탄다.
　 ③ 한국병원에 전화를 건다.　④ 한국병원까지 걸어서 간다.

10. ① 냉장고를 사러 간다.　　　② 서비스 센터에 전화를 건다.
　　③ 냉장고 부품을 구하러 간다.④ 냉장고 수리 비용을 알아본다.

11. ① 거실을 찾아본다.　　　② 지갑을 찾아온다.
　　③ 남자에게 연락한다.　④ 슈퍼에 전화를 건다.

12. ① 기념식에 참석한다.　　　② 태국 회사에 전화한다.
　　③ 기념품을 더 판매한다.　④ 준비된 기념품 수를 확인한다.

※ **[13~16] 다음을 듣고 내용과 일치하는 것을 고르십시오. (각 2점)**

13. ① 남자는 수학을 잘한다.
    ② 여자는 내일 시험을 본다.
    ③ 남자는 수학책을 학교에 두고 왔다.
    ④ 여자는 책을 가지러 학교에 갈 것이다.

14. ① 뮤지컬은 쉬지 않고 공연된다.
    ② 뮤지컬 노래는 녹음할 수 있다.
    ③ 공연하는 모습은 사진으로 찍을 수 없다.
    ④ 공연 중에는 조용한 목소리로 통화해야 한다.

15. ① 다행히 재산 피해는 없었다.
    ② 화재 원인을 조사하고 있다.
    ③ 아파트 주민이 부상을 당했다.
    ④ 방에서 불이 시작된 것으로 보인다.

16. ① 이 카페는 한의사가 운영한다.
    ② 한방차는 몸에 좋지만 매우 쓰다.
    ③ 이 카페에서는 다양한 한방차를 마실 수 있다.
    ④ 이 카페에서는 무료 건강 검진을 받을 수 있다.

※ [17~20] 다음을 듣고 남자의 중심 생각을 고르십시오. (각 2점)

17. ① 자동차 정비는 재미있다.
   ② 직업에 성별은 문제 되지 않는다.
   ③ 성공하려면 열심히 노력해야 한다.
   ④ 어려움을 극복해야만 성공할 수 있다.

18. ① 실내 온도를 알맞게 유지해야 한다.
   ② 에어컨을 세게 틀면 전기 요금이 많이 나온다.
   ③ 날씨가 더울 때에는 실내 온도를 많이 낮춰야 한다.
   ④ 에너지 절약을 위해서 에어컨을 사용하지 말아야 한다.

19. ① 새로운 영화가 개봉하면 방송 출연을 해야만 한다.
   ② 방송에 출연한다고 영화 관람객이 증가하는 것은 아니다.
   ③ 영화 홍보를 위해 방송에 나오는 것은 잘못된 것이 아니다.
   ④ 한 연예인이 여러 프로그램에 나오는 것은 바람직하지 않다.

20. ① 현대적인 편리성을 강조해야 한다.
   ② 전통적인 아름다움을 최대한 반영해야 한다.
   ③ 전통적인 것과 현대적인 것이 조화를 이루어야 한다.
   ④ 다른 사람에게 좋은 평을 듣는 건축물을 만들어야 한다.

※ **[21~22] 다음을 듣고 물음에 답하십시오. (각 2점)**

21. 남자의 중심 생각으로 맞는 것을 고르십시오.

① 신제품은 소비자들에게 반응이 좋다.

② 신제품 출시는 경쟁사보다 빨라야 한다.

③ 신제품은 예정일에 맞추어 출시되어야 한다.

④ 신제품 출시 준비는 여유롭게 진행해도 괜찮다.

22. 들은 내용으로 맞는 것을 고르십시오.

① 신제품 출시 준비는 거의 끝나 간다.

② 신제품 출시 예정일은 이번 주말이다.

③ 신제품 출시 예정일을 당기려고 한다.

④ 신제품은 경쟁사보다 늦게 출시되었다.

※ **[23~24] 다음을 듣고 물음에 답하십시오. (각 2점)**

23. 남자는 무엇을 하고 있는지 맞는 것을 고르십시오.

① 공원 축구장을 빌리려고 문의하고 있다.

② 공원 축구장에서 하는 행사를 확인하고 있다.

③ 공원 축구장의 사용 시간에 대해 알아보고 있다.

④ 공원 축구장의 사용 금지를 구청에 요구하고 있다.

24. 들은 내용으로 맞는 것을 고르십시오.

① 남자는 구청에서 근무한다.

② 공원 축구장은 매주 예약해야 한다.

③ 공원 축구장은 무료로 이용할 수 있다.

④ 남자는 토요일마다 축구를 할 예정이다.

※ **[25~26] 다음을 듣고 물음에 답하십시오. (각 2점)**

25. 남자의 중심 생각으로 맞는 것을 고르십시오.

① 팔고 남은 빵은 모두 버려야 한다.

② 그날 만든 빵은 그날에만 먹어야 한다.

③ 나에게 필요 없는 것도 남에게는 필요할 수 있다.

④ 가게를 운영할 때에는 원칙을 지키는 것이 중요하다.

26. 들은 내용으로 맞는 것을 고르십시오.

① 팔고 남은 빵은 가족들이 먹는다.

② 모양이 잘못 만들어진 빵을 나눈다.

③ 남자의 빵집은 모든 빵이 공짜이다.

④ 남자가 빵을 나누어 준 지 10년이 되었다.

※ **[27~28] 다음을 듣고 물음에 답하십시오. (각 2점)**

27. 여자가 남자에게 말하는 의도를 고르십시오.

① 음악 봉사의 반응을 보고하기 위해

② 음악 봉사의 중요성을 강조하기 위해

③ 음악 봉사의 방법에 대한 조언을 주기 위해

④ 음악 봉사에 함께할 것을 권유하기 위해

28. 들은 내용으로 맞는 것을 고르십시오.

    ① 남자는 악기를 잘 연주한다.

    ② 남자는 음악 봉사에 대해 잘 알고 있다.

    ③ 여자는 주말에 음악 봉사를 갈 예정이다.

    ④ 음악 봉사는 악기를 잘 다루어야 참여 가능하다.

※ [29~30] 다음을 듣고 물음에 답하십시오. (각 2점)

29. 남자가 누구인지 맞는 것을 고르십시오.

    ① 여행지를 안내하는 사람

    ② 여행지에서 통역하는 사람

    ③ 여행 상품을 체험하는 사람

    ④ 여행 상품을 기획하는 사람

30. 들은 내용으로 맞는 것을 고르십시오.

    ① 남자는 출장 때문에 여행을 자주 한다.

    ② 남자는 소비자를 생각하며 상품을 개발한다.

    ③ 남자는 새로운 여행지를 찾는 일이 부담스럽다.

    ④ 체험 활동을 원하는 소비자들이 증가하고 있다.

31. 남자의 생각으로 맞는 것을 고르십시오.

① 신규 채용이 확대되면 경제가 활성화된다.

② 인건비가 증가하면 근로자가 안정적인 삶을 살 수 있다.

③ 최저 임금 인상이 근로자 인권 보호를 위한 최선의 방안이다.

④ 최저 임금을 올리는 것은 경제에 안 좋은 영향을 줄 수 있다.

32. 남자의 태도로 맞는 것을 고르십시오.

① 근거를 들어 상대 의견을 반박하고 있다.

② 다양한 사례를 제시하며 주제를 설명하고 있다.

③ 자료를 분석하며 상대방의 의견을 지지하고 있다.

④ 직접적인 경험을 이야기하며 근로자의 입장을 대변하고 있다.

※ [33~34] 다음을 듣고 물음에 답하십시오. (각 2점)

33. 무엇에 대한 내용인지 맞는 것을 고르십시오.

① 고속도로의 장점

② 과정을 즐기며 사는 인생

③ 고속도로와 국도의 차이점

④ 빠르게 목적지에 도착하는 방법

34. 들은 내용으로 맞는 것을 고르십시오.

① 국도로 달리면 주변 풍경을 볼 수 있다.

② 고속도로로 빨리 달리는 것이 제일 좋다.

③ 빠른 길을 안내해 주는 기계도 틀릴 때가 있다.

④ 요즘에는 국도에서도 고속도로만큼 속도를 낼 수 있다.

※ [35~36] 다음을 듣고 물음에 답하십시오. (각 2점)

35. 남자는 무엇을 하고 있는지 맞는 것을 고르십시오.

　① 도전의 가치를 논의하고 있다.

　② 협동의 중요성을 강조하고 있다.

　③ 발전의 필요성을 주장하고 있다.

　④ 사원들의 능력을 평가하고 있다.

36. 들은 내용으로 맞는 것을 고르십시오.

　① 한국기업에는 야구팀이 있다.

　② 전 직원을 대상으로 한 연설이다.

　③ 한국기업은 50년 전에 만들어졌다.

　④ 회사는 우수한 개인이 이끌어 갈 수 있다.

※ [37~38] 다음은 교양 프로그램입니다. 잘 듣고 물음에 답하십시오. (각 2점)

37. 여자의 중심 생각으로 맞는 것을 고르십시오.

　① 분자 요리는 조리 과정을 변화시킨 것이다.

　② 소비자 요구를 분석하여 요리를 개발해야 한다.

　③ 질소 아이스크림은 기존 아이스크림보다 맛이 뛰어나다.

④ 소비자의 만족을 위해 분자 요리 개발을 계속해야 한다.

38. 들은 내용과 일치하는 것을 고르십시오.
① 분자 요리의 개발 방법은 매우 간단하다.
② 질소 아이스크림은 질소의 맛을 느낄 수 있다.
③ 가루 형태의 크림소스도 분자 요리의 한 종류이다.
④ 분자 요리는 음식을 아주 작은 단위까지 변형시킨다는 뜻이다.

※ [39~40] 다음은 대담입니다. 잘 듣고 물음에 답하십시오. (각 2점)

39. 이 대화 앞의 내용으로 알맞은 것을 고르십시오.
① 선글라스와 어울리는 의상을 입어야 한다.
② 얼굴 모양에 어울리는 선글라스를 찾아야 한다.
③ 멋을 내고 싶다면 선글라스를 착용하는 것이 좋다.
④ 머리 모양과 어울리는 선글라스를 선택하는 것이 좋다.

40. 들은 내용과 일치하는 것을 고르십시오.
① 선글라스는 자외선을 차단해 눈을 보호해 준다.
② 각진 얼굴에는 화려한 색상의 선글라스가 좋다.
③ 야외에서는 항상 선글라스를 착용하는 것이 좋다.
④ 동그란 얼굴에는 안경테가 동그란 선글라스가 좋다.

41. 남자의 중심 생각으로 맞는 것을 고르십시오.

   ① 인간의 능력은 무한하다.

   ② 지속적으로 체력 관리를 해야 한다.

   ③ 기계를 적극 활용할 줄 알아야 한다.

   ④ 기계에 지나치게 의존하는 것은 좋지 않다.

42. 들은 내용과 일치하는 것을 고르십시오.

   ① 운동 기기의 발달로 걷는 시간이 증가하였다.

   ② 체력이 약해지는 것은 디지털 치매의 증상이다.

   ③ 전자 기기에 의존하면 기억력이 감소할 수 있다.

   ④ 공부를 꾸준히 하는 것은 뇌에 무리를 줄 수 있다.

※ [43~44] 다음은 다큐멘터리입니다. 잘 듣고 물음에 답하십시오. (각 2점)

43. 이 이야기의 중심 내용으로 맞는 것을 고르십시오.

   ① 세종대왕은 음악에 관심이 많았다.

   ② 세종대왕은 백성들을 직접 도왔다.

   ③ 세종대왕은 다양한 분야에서 업적을 쌓았다.

   ④ 세종대왕은 농사 기술을 비약적으로 발전시켰다.

44. 세종대왕에 대한 설명으로 맞는 것을 고르십시오.

   ① 세종대왕은 전통 음악을 창조해 냈다.

② 세종대왕은 백성을 가장 먼저 생각하였다.

③ 세종대왕은 농민들을 만나 이야기를 들었다.

④ 세종대왕은 농사를 체험하며 과학 기구를 만들었다.

※ **[45~46] 다음은 강연입니다. 잘 듣고 물음에 답하십시오. (각 2점)**

45. 들은 내용과 일치하는 것을 고르십시오.

① 춘곤증은 스트레스의 원인이다.

② 춘곤증은 두세 달가량 지속된다.

③ 춘곤증은 겨울에 더 활발히 나타난다.

④ 춘곤증은 봄에 주로 느끼는 증상이다.

46. 여자의 태도로 가장 알맞은 것을 고르십시오.

① 춘곤증의 원인을 설명하고 있다.

② 춘곤증의 증상을 나열하고 있다.

③ 춘곤증의 예방법을 소개하고 있다

④ 춘곤증의 치료법을 분석하고 있다.

※ **[47~48] 다음은 대담입니다. 잘 듣고 물음에 답하십시오. (각 2점)**

47. 들은 내용과 일치하는 것을 고르십시오.

① 매일 단어 10개를 외우는 것이 중요하다.

② 외국어를 접할 수 있는 매체는 한정적이다.

③ 예전보다 다른 나라 친구를 만날 기회가 많아졌다.

④ 외국 드라마를 보는 것은 외국어 공부에 큰 도움이 되지 않는다.

48. 남자의 태도로 가장 알맞은 것을 고르십시오.
　　① 외국어 학습 방법을 제시하고 있다.
　　② 외국어 학습의 목표를 설정하고 있다.
　　③ 외국어 학습의 필요성을 강조하고 있다.
　　④ 외국어 학습의 중요성에 반론을 제기하고 있다.

※ [49~50] 다음은 강연입니다. 잘 듣고 물음에 답하십시오. (각 2점)

49. 들은 내용과 일치하는 것을 고르십시오.
　　① 현대인 대부분은 햇빛을 충분히 받고 있다.
　　② 햇빛에 과도하게 노출되는 것은 건강과 상관없다.
　　③ 햇빛에 충분히 노출되지 못하면 건강에 여러 문제가 발생한다.
　　④ 햇빛을 피하기 위해서 외출 시에는 모자나 긴팔 옷으로 몸을 가려
　　　야만 한다.

50. 남자의 태도로 가장 알맞은 것을 고르십시오.
　　① 질병의 원인을 분석하고 있다.
　　② 현대인의 건강 상태를 진단하고 있다.
　　③ 자외선 노출의 위험성을 증명하고 있다.
　　④ 햇빛에 충분히 노출될 것을 제안하고 있다.

TOPIK Ⅱ 쓰기 (51번~54번)

※ [51~52] 다음을 읽고 ㉠과 ㉡에 들어갈 말을 한 문장씩 쓰십시오.
(각 10점)

51.

3회 모의고사 쓰기

신발을 교환하고 싶습니다.

지난주 토요일에 신발을 구매하였습니다.
오늘 택배를 받아서 신어 보니 (㉠).
한 사이즈 큰 것으로 바꾸고 싶습니다.
색상과 디자인은 동일한 것이 좋으니 사이즈만 바꾸어 주세요.
감사합니다.
그럼 (㉡).
안녕히 계세요.

52.

　기분이 나쁠 때 욕을 하면 시원한 감정이 들기도 한다. 그래서 습관처럼 욕을 하는 사람들이 있다. 그러나 욕은 우리의 행동과 언어에도 (㉠). 실제로 욕을 자주 하는 사람들은 그렇지 않은 사람들보다 충동적으로 행동을 하는 것으로 나타났다. 또한, 사용하는 어휘가 제한되어 어휘력이 약해진다. 따라서 욕은 (㉡).

※ [53] 최근 한국 사회에서는 가임 여성 1명당 출산율이 지속적으로 감소하고 있습니다. 다음 자료를 참고하여 출산율 감소의 원인과 현황을 설명하는 글을 200~300자로 쓰십시오. (30점)

출산율 감소 원인	출산율 현황
① 결혼 연령 상승 ② 출산, 육아로 인한 고용 불안 ③ 보육, 교육 부담	2000년 1.47명 ↓ 2015년 1.24명

※ [54] 다음을 주제로 하여 자신의 생각을 600~700자로 글을 쓰십시오. (50점)

> 외국어 공부를 하는 사람들이 많습니다. 외국어를 공부하면 해당 언어뿐만 아니라 그 나라의 문화와 사고를 배울 수 있기 때문일 것입니다. 그렇다면 여러분은 외국어 공부를 시작할 가장 좋은 시기는 언제라고 생각하십니까? 또, 그렇게 생각한 이유는 무엇입니까? 이에 대해 쓰십시오.

＊ 원고지 쓰기의 예

	충	분	한		양	의		물	을		섭	취	해	야		한	다	는	
것	은		잘		알	려	진		사	실	이	다	.	몸	에		수	분	이

※ [1~2] (   )에 들어갈 가장 알맞은 것을 고르십시오. (각 2점)

1. 매일 늦게까지 일을 (   ) 건강이 나빠질 수 있다.

① 하더라도

② 하다가는

③ 하고 나서

④ 하느라고

2. 오늘 수업 시간에 학생들이 (   ) 발표를 했다.

① 차례대로

② 차례니까

③ 차례만큼

④ 차례치고

※ [3~4] 다음 밑줄 친 부분과 의미가 비슷한 것을 고르십시오. (각 2점)

3. 우리 집은 버스 정류장과 <u>가까운 반면에</u> 지하철역과는 멀다.

① 가깝지만

② 가깝고자

③ 가깝도록

④ 가까울수록

4. 이 사과는 <u>신선할 뿐만 아니라</u> 가격도 싸다.

① 신선하지만

② 신선한 데다가

③ 신선한 대신에

④ 신선한 바람에

5.
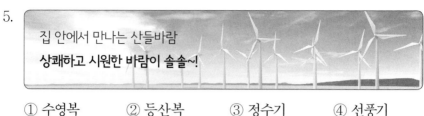

집 안에서 만나는 산들바람
상쾌하고 시원한 바람이 솔솔~!

① 수영복　　② 등산복　　③ 정수기　　④ 선풍기

6.

엄마의 손맛으로!
우리 가족이 먹는다는 생각으로 정성껏 만들겠습니다.

① 호텔　　② 식당　　③ 편의점　　④ 유치원

7.

"안녕하세요?"
따뜻한 인사 한마디가 이웃 사랑의 시작입니다.

① 자원 절약　　② 교통 안전　　③ 환경 보호　　④ 인사 예절

8.

• 하루 한 번, 충분한 물과 함께 섭취하세요.
• 몸에 이상이 나타나면 의사와 상담하세요.

① 상품 안내　　② 주의 사항　　③ 재료 안내　　④ 문의 방법

※ **[9~12] 다음 글 또는 도표의 내용과 같은 것을 고르십시오. (각 2점)**

9.

제15회 서울 국제연극제	
구분	관람료
일반	15,000원
단체(10인 이상)	12,000원
특별권	20,000원

* 관람권은 구매한 당일에만 이용 가능합니다.
* 단체 요금은 평일에만 가능합니다.
* 특별권 구입 시 연극 두 편을 관람할 수 있습니다.

① 관람권은 다음 날 사용 가능하다.
② 토요일에는 단체 할인을 받을 수 있다.
③ 8명이 가면 단체 할인을 받을 수 없다.
④ 특별권을 사면 원하는 연극을 마음대로 볼 수 있다.

10.

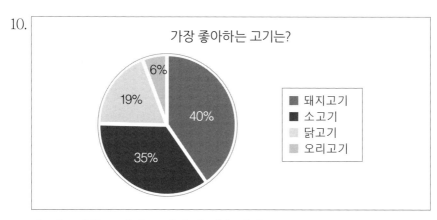

① 닭고기를 좋아하는 사람이 제일 적다.
② 돼지고기를 좋아하는 사람은 전체의 반이 넘는다.

③ 오리고기를 좋아하는 사람은 닭고기를 좋아하는 사람보다 많다.

④ 소고기를 좋아하는 사람은 오리고기를 좋아하는 사람보다 많다.

11.

> 최근 꽃 장식 대신 쌀로 축하의 마음을 전달하는 사람들이 늘고 있다. 결혼식장이나 공연장 앞의 꽃 장식은 몇 시간 지나 곧 버려지는데, 이를 쌀로 대신하는 것이다. 이렇게 모아진 쌀은 도움이 필요한 사람들에게 기부할 수 있다. 낭비를 줄이고, 이웃을 돕는 의미 있는 날을 만들 수 있어 점점 많은 이들이 동참하고 있다. 이에 쌀과 함께 축하 문구를 배송해 주는 업체도 늘고 있다.

① 꽃 장식은 오래도록 보관된다.

② 쌀 전문 업체가 생겨날 것이다.

③ 모인 쌀로 이웃을 도울 수 있다.

④ 사람들은 꽃 장식을 더 좋아한다.

12.

> 물속에서는 자신의 뜻대로 신체를 움직이기 어렵다. 그래서 위급 상황이 일어났을 때에도 스스로 대처하기 어렵다. 물에 들어가기 전에는 반드시 준비 운동을 하고, 심장에서 먼 부분부터 물을 적셔 몸을 적응시켜야 한다. 또한 물속에서 피부가 당겨지는 느낌이 들 때는 몸을 따뜻하게 하고 휴식을 취해야 한다. 만약 위험한 상황에 처했을 때는 주변 사람들에게 적극적으로 도움을 요청해야 한다.

① 물속에서는 육지와 같이 몸을 움직일 수 있다.

② 수영을 잘하면 준비 운동을 하지 않아도 괜찮다.

③ 물에 들어가기 전에는 팔과 다리에 먼저 물을 적셔야 한다.

④ 물속에서는 가급적 스스로 문제를 해결하려 노력해야 한다.

※ [13~15] 다음을 순서대로 맞게 배열한 것을 고르십시오. (각 2점)

13.

> (가) 밤에 잠이 잘 오지 않을까 걱정하기 때문이다.
>
> (나) 많은 사람들은 저녁에 커피 마시는 것을 피한다.
>
> (다) 그래서인지 최근에 디카페인 커피를 찾는 소비자가 증가하였다.
>
> (라) 그러나 카페인을 90% 이상 제거한 디카페인 커피는 이러한 걱정이 줄여 준다.

① (가)-(나)-(다)-(라)　　　② (가)-(다)-(나)-(라)

③ (나)-(가)-(라)-(다)　　　④ (나)-(라)-(가)-(다)

14.

> (가) 아이를 잘 키운다는 것은 어려운 일이다.
>
> (나) 아이의 웃음을 보면 힘들고 어려운 일은 잊게 된다.
>
> (다) 하지만 아이를 키우는 보람과 행복은 그 어느 것에 비할 수 없다.
>
> (라) 한 생명이 건강하고 바르게 자랄 수 있도록 책임을 지는 일이기 때문이다.

① (가)-(라)-(나)-(다)　　　② (가)-(라)-(다)-(나)

③ (라)-(나)-(가)-(다)　　　④ (라)-(다)-(가)-(나)

15.

> (가) 땀은 체온을 조절해 주는 역할을 한다.
> (나) 흔히 알려진 것과 같이, 몸속의 노폐물을 몸 밖으로 내보내는 역할도 한다.
> (다) 그러나 잘 알려지지 않은 땀의 기능이 더 있다.
> (라) 바로 땀이 냄새를 통해 감정을 전달해 준다는 것이다.

① (가)-(나)-(다)-(라)　　　② (가)-(다)-(나)-(라)

③ (라)-(나)-(가)-(다)　　　④ (라)-(다)-(나)-(가)

※ [16~18] 다음을 읽고 (　　　)에 들어갈 내용으로 가장 알맞은 것을 고르십시오. (각 2점)

16.

> 　주말에 늦잠을 자는 사람들이 많다. 부족한 잠을 보충해서 피로를 풀고 싶어 하기 때문이다. 실제로 주말에 잠을 많이 자면 피로나 스트레스가 감소한다는 연구 결과가 있다. 또, 비만의 위험도 (　　　　　　). 그러나 평소보다 2시간 넘게 더 많이 자면 오히려 신체의 리듬이 깨져 더 피곤할 수 있다. 따라서 피로를 풀기 위해서는 평소와 비슷한 시간에 잠들고, 2시간 이상 늦게 깨지 않는 것이 중요하다.

① 진단할 수 있다

② 확인할 수 있다

③ 높아질 수 있다

④ 낮아질 수 있다

17.

사람들은 자신이 본 것을 그대로 믿는 경향이 있다. 그러나 눈에 보이는 것이 사실이 아닐 수 있다. 그 대표적인 예가 바로 착시 현상이다. 착시 현상은 시각이 일으키는 착각으로 모양이나 길이, 색 등이 실제와 달라 보이는 것이다. 착시는 단순히 (　　　　　　　　) 과거의 경험 등이 인식에 영향을 미쳐 나타날 수도 있다.

① 시각의 문제가 아니라
② 모양의 문제가 아니라
③ 인식의 문제가 아니라
④ 경험의 문제가 아니라

18.

한여름 무더위에 옷차림만 잘 해도 일사병에 걸릴 위험을 막을 수 있다. 뜨겁고 강렬한 햇볕에 장시간 노출될 때 일사병에 걸리기 쉬운데 이는 땀을 많이 흘리고 나면 우리 몸속의 염분과 수분이 부족해지기 때문이다. (　　　　　　　) 가능한 한 챙이 넓은 모자를 써서 햇볕을 막고, 얇은 소재의 긴소매 옷을 입어 맨살이 그대로 햇볕에 노출되는 것을 피하는 것이 좋다.

① 일사병을 막기 위해서는
② 염분을 보충하기 위해서는
③ 여름옷을 잘 입기 위해서는
④ 햇볕에 잘 노출시키기 위해서는

> 　과일이나 채소는 색에 따라 성분이 다르다. 토마토와 딸기와 같이 빨간색 과일이나 채소는 노화를 방지하고 피를 맑게 한다. 하얀색인 양파와 마늘은 호흡기 질환에 효과적이다. (　　) 브로콜리처럼 초록색인 과일이나 채소의 경우에는 몸속 노폐물을 배출하여 혈관을 깨끗하게 한다. 그렇기 때문에 건강한 삶을 위해서는 다양한 색상의 음식물을 골고루 섭취해야 한다.

19. (　　)에 들어갈 알맞은 것을 고르십시오.

　① 역시　　　　② 또한　　　　③ 특히　　　　④ 일단

20. 이 글의 내용과 같은 것을 고르십시오.

　① 양파는 노화를 방지한다.

　② 토마토는 호흡기 질환에 좋다.

　③ 딸기는 피를 깨끗하게 한다.

　④ 브로콜리는 노폐물을 쌓아 둔다.

※ **[21~22] 다음 글을 읽고 물음에 답하십시오. (각 2점)**

> 우리 몸의 70%는 물로 구성되어 있다. 신체에 물이 부족하면 피부가 건조해지고, 피로를 쉽게 느끼는 등 건강에 안 좋은 영향을 미칠 수 있다. 그래서 하루에 2L 이상의 충분한 물을 마시는 것이 좋다고 한다. 그러나 다른 한편에서는 너무 많은 양의 물을 마시는 것도 건강에 해롭다고 주장한다. 물을 과다하게 섭취하면 체온이 내려가 몸의 기능이 떨어진다는 것이다. (   ) 사람들은 다른 사람들의 주장에 따라 물을 특별히 많이 마시려고 하거나 물을 마시지 않으려고 애쓴다. 그러나 남의 말을 쉽게 받아들이기보다는 자신의 건강 상태를 파악하여 알맞은 양의 물을 섭취하는 것이 중요하다.

21. (   )에 들어갈 알맞은 것을 고르십시오.

① 귀가 얇은   ② 눈이 높은

③ 발이 넓은   ④ 입이 무거운

22. 이 글의 중심 생각을 고르십시오.

① 2L 이상의 물을 매일 마셔야 한다.

② 우리 몸의 대부분은 물로 구성되어 있다.

③ 자신의 몸 상태에 맞게 물을 마셔야 한다.

④ 물을 너무 많이 섭취하면 건강에 좋지 않다.

만수는 하모니카를 잘 불었다. 나도 그 시절 하모니카를 좋아했기 때문에 둘이는 같이 불었다. 제대로 악보 책을 놓고 부는 것이 아니었다. 만수도 나처럼 악보 책 놓고 배운 하모니카가 아닌 듯 둘이는 닥치는 대로 그야말로 닥치는 대로 학교에서 배운 노래건 거리에서 들은 유행가건 아는 노래면 마구 불어 넘겼다.

누가 먼저 어떤 노래의 첫머리를 시작할라치면 다음 하나가 거기 따라붙었다. 숨이 차고 양 볼이 아픈 줄도 모르고 그냥 불어 댔다. 좀 전에 분 곡을 몇 번이고 되풀이도 했다. 이 아직 소년기를 완전히 벗어나지 못한, 한창의 두 소년은 마치 자기들의 정열이랄까, 정력을 이것으로나 소모시키려는 듯이 불고 또 불었다.

23. 밑줄 친 부분에 나타난 나의 심정으로 알맞은 것을 고르십시오.

① 반갑다   ② 긴장되다

③ 부끄럽다   ④ 신이 나다

24. 이 글의 내용과 같은 것을 고르십시오.

① 나는 항상 새로운 곡을 불었다.

② 만수는 하모니카를 학교에서 배웠다.

③ 나와 만수는 하모니카를 함께 불었다.

④ 나는 악보를 보며 하모니카를 불었다.

※ **[25~27] 다음은 신문 기사의 제목입니다. 가장 잘 설명한 것을 고르십시오. (각 2점)**

25.

> 운전 중 휴대전화 사용, 음주 운전보다 위험

① 운전하면서 휴대전화를 사용하는 것은 술을 마시고 운전하는 것과 같다.

② 운전하면서 휴대전화를 사용하는 것이 술을 마시고 운전하는 것보다 낫다.

③ 운전하면서 휴대전화를 사용하는 것은 술을 마시고 운전하는 것만큼 위험하다.

④ 운전하면서 휴대전화를 사용하는 것은 술을 마시고 운전하는 것보다 위험하다.

26.

> 고정관념을 깬 이색 상품들, 소비자의 주머니 열어

① 이색 상품들 간의 경쟁 때문에 소비자가 즐겁다.

② 소비자가 고정관념을 깬 상품들을 많이 구매한다.

③ 소비자는 고정관념을 깬 상품들을 좋아하지 않는다.

④ 이색 상품들의 가격이 올라 소비자가 구매하기 부담스럽다.

27.

> 세 달째 수출 감소, 경기에 악영향

① 수출이 4개월 동안 줄어들어 경기가 좋지 않다.

② 수출이 4개월 연속 변화가 없어 경기가 불안하다.

③ 수출이 3개월 동안 증가하여 경기가 좋아지고 있다.

④ 수출이 3개월 연속 줄어들어 경기가 나빠지고 있다.

※ **[28~31] 다음을 읽고 (　　　)에 들어갈 내용으로 가장 알맞은 것을 고르십시오. (각 2점)**

28.

> 몸이 피곤해도 침대에 누우면 잠이 깨는 사람들이 있다. 이런 사람들의 대부분은 피곤한 상태임에도 불구하고 침대에 누워 휴대전화를 보거나 책을 읽는 등 다른 행동을 한다. 그러면 (　　　　　　) 잠을 자지 않는 것이 몸에 익숙해져 잠이 오지 않는 것이다. 따라서 전문가들은 반드시 잠을 잘 때에만 침대에 누워야 한다고 조언한다.

① 졸음이 오는 상태에서도

② 침대에 누운 상태에서도

③ 몸이 피곤한 상태에서도

④ 잠을 많이 잔 상태에서도

29.

> 아리랑은 한국의 대표적인 민요로 여러 세대를 거쳐 왔다. 아리랑은 반복되는 후렴 부분과 지역에 따라 다른 내용으로 발전해 온 가사로 구성된다. (　　　　　)를 담고 있는 반면, 구조가 단순하기 때문에 누구나 쉽게 익힐 수 있고, 함께 부르기 좋으며, 다양한 음악 장르와 함께 연주될 수 있다는 장점이 있다.

① 다양한 주제

② 복잡한 가사

③ 간단한 박자

④ 참신한 장르

30.

> 자석은 철을 끌어당기는 성질이 있다. 철과 같은 물질에는 자석과 같은 성질을 가진 원자가 있기 때문이다. 이러한 자석은 우리 생활에서도 유용하게 사용된다. 대표적인 것이 바로 냉장고이다. 냉장고는 문뿐만 아니라 몸체도 철로 만들어졌다. 또, 냉장고 문 안쪽에는 자석이 들어 있다. 그래서 (   ) 몸체에 가까이 가져가면 냉장고 문이 저절로 닫히는 것이다.

① 자석을 끌어당겨

② 자석을 철과 함께

③ 냉장고 문을 닫고

④ 냉장고 문을 연 후에

31.

> 미술 작품은 움직이지 않는 재료로 무언가를 나타내는 것이라는 인식이 지배적이었다. 그러나 요즘은 디지털 이미지를 통해 (   ) 전시가 늘고 있다. 디지털 이미지는 소리나 동영상 등을 통해 기존의 작품에 새로운 재미를 더한다. 고흐나 모네와 같은 유명 화가의 작품도 디지털 이미지를 통하면 실제 작품보다 훨씬 크고 다양하게 표현할 수 있다. 이러한 디지털 이미지는 다른 나라 미술관에서 작품을 빌려 올 필요가 없고, 장소나 기간에 제한 없이 전시할 수 있다는 장점도 있다.

① 움직이지 않는

② 작품을 빌려 오는

③ 미술 작품을 감상하는

④ 유명 화가를 표현하는

※ [32~34] 다음을 읽고 내용이 같은 것을 고르십시오. (각 2점)

32.

음식물 쓰레기는 처리하는 데 비용이 들 뿐만 아니라, 환경을 오염시킨다. 그러나 음식물 쓰레기에는 음식물의 영양분이 그대로 남아 있어 이를 유용하게 사용할 수도 있다. 대표적인 방법이 음식물 쓰레기를 식물이 잘 자라도록 도와주는 비료로 만드는 것이다. 음식물 쓰레기로 만든 비료는 화학 비료와 달리 환경을 오염시키지 않으며, 인체에도 해가 없기 때문에 안심하고 사용할 수 있다.

① 음식물 쓰레기는 화학 비료와 성분이 같다.

② 음식물 쓰레기로 만든 비료는 환경을 오염시킨다.

③ 음식물 쓰레기에는 식물의 성장을 돕는 영양분이 있다.

④ 음식물 쓰레기를 비료로 만드는 것은 많은 비용이 든다.

33.

안쪽에 조명이 설치된 상자 위에서 모래를 사용하여 그리는 그림을 샌드애니메이션이라 한다. 샌드애니메이션은 여러 장면을 연속적으로 그렸다 지우기를 반복하며 한 편의 이야기를 이끌어 나간다. 그림이 그려졌다 사라지는 과정은 모두 실시간으로 관객에게 전달되기 때문에 관객은 모래가 만들어 내는 새로운 장면뿐만 아니라 모래를 뿌리는 손동작까지도 흥미롭게 관람할 수 있다.

① 샌드애니메이션은 정지된 그림이다.

② 샌드애니메이션은 연속적인 장면을 나타낸다.

③ 샌드애니메이션은 작가가 미리 작업해 놓아야 한다.

④ 샌드애니메이션이 만들어지는 과정은 관객이 볼 수 없다.

34.

사람을 처음 만나게 되면 단 몇 초 만에 그 사람에 대한 느낌을 갖게 된다. 이 때문에 면접을 잘 보기 위해서는 짧은 시간 안에 면접관에게 좋은 느낌을 주어야 한다. 그렇다면 면접관에게 좋은 인상을 남기기 위해서는 무엇이 중요할까? 단정한 옷차림이나 화장, 말투 등 여러 요인이 있겠지만 가장 중요한 것은 얼굴 표정이다. 표정을 통해 성격이나 속마음 등이 나타날 수 있기 때문이다. 억지로 만든 표정은 상대에게 들키기 쉽다. 따라서 평소에 즐겁고 바른 생각을 습관화하여 자연스러운 표정이 얼굴에 나타날 수 있도록 해야 한다.

① 첫인상은 짧은 시간 안에 형성된다.

② 억지로 표정을 만들면 속마음을 감출 수 있다.

③ 좋은 인상을 남기기 위해서는 옷차림이 가장 중요하다.

④ 평소에 즐거운 생각을 하면 인상적인 표정을 만들기 쉽다.

※ **[35~38] 다음 글의 주제로 가장 알맞은 것을 고르십시오. (각 2점)**

35.

> 선글라스를 멋을 내기 위한 도구로 생각하는 사람들이 많지만, 사실 선글라스는 강한 자외선으로부터 눈을 보호하기 위한 도구이다. 자외선에 눈이 노출되면 눈에 화상을 입거나 염증이 생길 수 있는데, 선글라스는 이러한 위험을 줄여 준다. 자외선은 한여름에만 위험한 것이 아니다. 눈밭에서의 자외선은 한여름 해변에서의 자외선보다 더 강하다. 이 때문에 스키장이나 눈밭에서 활동을 할 때에도 반드시 선글라스를 착용해야 한다. 또한 선글라스를 구매할 때에는 디자인이나 스타일을 먼저 생각하기보다 자신의 눈 상태와 용도에 맞는 것을 구입하는 것이 좋다.

① 선글라스를 쓰면 더욱 멋이 난다.

② 겨울에도 선글라스를 착용해야 한다.

③ 선글라스는 눈 보호를 위한 도구이다.

④ 자외선에 노출되면 눈에 이상이 생길 수 있다.

36.

> 엘리베이터가 갑자기 멈추면 어떻게 해야 할까? 엘리베이터에 갇히게 되면 사람들은 문을 강제로 열려고 하거나 뛰어서 엘리베이터를 움직여 보려고 한다. 그러나 이러한 행동은 매우 위험하다. 엘리베이터에 충격을 줄 경우 엘리베이터가 제멋대로 움직일 수도 있기 때문이다. 또한 무리해서 빠져나오려다 잘못하여 더 큰 부상을 당하는 경우도 있다. 엘리베이터는 기본적으로 여러 단계의 안전장치가 되어 있기 때문에 고장 난 경우에도 안전하다. 따라서 엘리베이터가 멈췄을 경우에는 비상 버튼을 눌러 도움을 요청한 후, 구조대원이 올 때까지 기다리는 것이 가장 안전한 방법이다.

① 엘리베이터가 고장 난 경우에 최대한 빨리 빠져나와야 한다.

② 엘리베이터가 멈췄을 경우에 문을 억지로 열어서는 안 된다.

③ 엘리베이터에 충격을 주면 엘리베이터가 다시 움직일 수 있다.

④ 엘리베이터에 갇힌 경우 구조대원이 올 때까지 기다려야 한다.

37.

> 매미는 멀리 있는 암컷을 가까이 오도록 하거나 적을 위협할 때 울음소리를 낸다. 매미는 낮에 활동하는 곤충이기 때문에 주로 낮에 울지만 최근에는 밤늦게까지 시끄럽게 울어 매미 소음에 피해를 호소하는 사람들이 많아졌다. 매미가 밤에도 우는 이유는 밤에도 환한 불빛 때문이다. 매미는 이 불빛 때문에 밤을 낮으로 착각하는 것이다. 또한 밤에도 기온이 낮아지지 않아 매미가 울기에 좋은 환경이 제공되는 것이다. 즉, 인간에 의한 환경의 변화가 매미를 밤낮없이 울게 만든 것이다.

① 매미는 원래 낮에만 활동하는 곤충이다.

② 매미는 위험한 상황에 처했을 때 크게 운다.

③ 매미는 불빛 때문에 밤을 낮이라고 생각한다.

④ 밤에도 매미가 우는 것은 환경의 변화 때문이다.

38.

　　그동안 낮잠은 게으른 사람들의 것으로 생각되었다. 그러나 하루 10분에서 20분 사이의 낮잠은 창의성과 집중력을 높여 준다는 연구 결과가 발표되었다. 짧은 시간 동안의 낮잠이 두뇌 기능을 향상시킨다는 것이다. 낮잠을 자기 20분 전에 커피를 마시면 낮잠의 효과를 더욱 높일 수 있다. 커피를 마신 후 낮잠을 잔 경우, 그렇지 않은 경우보다 암기력과 집중력에서 더 좋은 결과를 얻은 것이다. 따라서 낮잠은 이제 더 이상 게으름의 상징이 아니라 몸과 마음의 휴식을 통해 성과를 높이는 효과적인 방법의 하나로 인식되어야 할 것이다.

① 단시간의 낮잠은 업무의 효율을 높인다.

② 낮잠을 자는 것은 집중력과 관련이 높다.

③ 낮잠을 잘 때에는 반드시 커피를 마셔야 한다.

④ 게으른 사람들이 낮잠을 많이 자는 것으로 알려졌다.

39.

다음 달 6일부터 '태령 빙어 축제'가 개최된다. (㉠) 빙어는 깨끗하고 차가운 물에서 살기 때문에 깨끗한 도시 '태령'에서 한겨울에만 만날 수 있다. (㉡) 두껍게 언 얼음에 구멍을 뚫고 빙어를 잡는 재미는 '태령 빙어 축제'가 아니면 즐길 수 없는 재미이다. (㉢) 올해로 10회째를 맞고 있는 '태령 빙어 축제'에서는 직접 잡은 빙어를 요리해서 먹을 수 있는 것은 물론, 얼음 썰매와 얼음 축구 등도 즐길 수 있다. (㉣) 올겨울을 제대로 즐기고 싶다면 '태령 빙어 축제'로 떠나는 것은 어떨까.

보기

또, 눈과 얼음에 둘러싸인 자연과 함께하는 감동 역시 '태령 빙어 축제'에서만 느낄 수 있다.

① ㉠   ② ㉡   ③ ㉢   ④ ㉣

40.

매일 입는 의류나 우리가 사용하는 모든 섬유 제품은 더러워지면 세탁을 해야 한다. (㉠) 우선, 옷깃, 소매 등 더러워진 부분이 표면에 나오도록 옷을 뒤집고 단추를 채워 둬야 더러운 부분의 세탁이 잘된다. (㉡) 또한, 찌든 때는 본세탁 전에 애벌빨래를 해야 빨래의 효과를 높일 수 있다. (㉢) 물 온도 역시 중요한데, 너무 높은 온도는 옷 모양의 변형이나 탈색 위험이 있으므로 미지근한 물이 좋다. (㉣) 그리고 세탁할 때 세제 푼 물에 오랫동안 담가 두면 때가 잘 빠지는 것으로 알고 있지만, 오히려 때가 깊숙이 스며들기 때문에 10분~20분 정도면 충분하다.

─ 보기 ─

세탁을 할 때 제대로 된 세탁 방법을 알고 있으면 더욱 깨끗하게 세탁할 수 있다.

① ㉠　　　② ㉡　　　③ ㉢　　　④ ㉣

41.

> 　박주원 교수의 『다시 보는 역사』는 역사가 현대를 사는 우리에게 주는 가르침을 전달하고 있다. (㉠) 역사학자인 작가가 현대인의 시각으로 역사를 들여다봄으로써 그 속에서 우리가 배워야 할 지혜와 교훈을 설명한다. (㉡) 이 책에서는 출신보다 능력을 존중한 세종대왕의 이야기나 처음에 먹은 마음을 끝까지 지킨 이순신의 이야기 등을 다루고 있다. (㉢) 이 책을 통해 역사를 보게 된다면 역사를 더 쉽게 이해할 수 있을 것이다. (㉣) 또한 우리의 삶의 모습을 돌아보는 기회도 갖게 될 것이다.

보기

> 　이러한 이야기를 단순히 과거에 살았던 한 인물의 이야기로 끝내는 것이 아니라 오늘날을 사는 우리에게 살아갈 방향을 제시해 준다.

① ㉠　　　　② ㉡　　　　③ ㉢　　　　④ ㉣

※ [42~43] 다음 글을 읽고 물음에 답하십시오. (각 2점)

"자, 바로 여기가 우리 집이다."

아버지는 어깨에 짊어진 이불 보따리를 쿵 소리 나게 내려놓으며 우리를 돌아보았다. 그 얼굴엔 자긍심이 가득 배어 있었다. 어머니도 어린아이처럼 환하게 웃으며 살 집을 바라보았다. 검정 루핑으로 덮어 놓은 지붕 위에 햇살이 뜨겁게 내리쬐고 있었다.

바로 여기가 우리 집이다. 아버지의 이 말은 묘한 감동을 주었다. '우리 집'은 나에게 그리 익숙한 낱말은 아니었다. 그동안 우리는 아버지의 친구 집에서 퍽 오랫동안 얹혀살아야 했다. 그 집은 우리 집이 아니었다. 우리 집이란 더 이상 누구의 눈치도 보지 않아도 좋음을 의미한다. 나는 이 사실 때문에 퍽 흥분했던 것 같다. 나는 재빨리 달려가 우리 집을 구석구석 살피기 시작했다.

그러나 우리 집은 내 흥분에 보답할 만큼 썩 훌륭한 편이 못 되었다. 나는 집 담벽 블록 틈바구니에 시멘트가 엉성하게 채워져 있는 것에 무척 신경이 쓰였다. 어느 날 갑자기 와르르 무너질 것만 같았고, 무너지지는 않더라도 그 틈바구니로 바람이 숭숭 새어들 것 같았다. 방문을 열어 보니 더욱 가관이었다. 방 안은 퀴퀴한 곰팡이 냄새에 절어 있었고, 벽지 삼아 발라 놓은 신문지는 군데군데 뜯어진 채 축 늘어져 있었다. 꼭 귀신이 나오는 흉가 꼴이었다.

42. 밑줄 친 부분에 나타난 나의 심정으로 알맞은 것을 고르십시오.

① 기쁘다   ② 당황스럽다

③ 번거롭다   ④ 실망스럽다

43. 이 글의 내용과 같은 것을 고르십시오.

① 우리 집은 새 집이었다.

② 아버지 친구는 우리 집에서 살았다.

③ 어머니는 이사를 와서 기분이 좋았다.

④ 아버지는 이사 온 집이 마음에 들지 않았다.

※ [44~45] 다음을 읽고 물음에 답하십시오. (각 2점)

> 최근 1인 가구가 증가하면서 직접 집을 고치고 꾸미는 사람들이 늘고 있다. 사람들이 혼자만의 공간을 갖게 되면서 자신에게 꼭 맞는 공간과 제품을 원하기 때문이다. 직접 집을 고치면 자신이 원하는 대로 바꿀 수 있고, 전문 업체에 맡길 때보다 비용을 훨씬 절약할 수 있는 장점이 있다. 또, 자신이 직접 고쳤기 때문에 더 큰 보람과 만족을 느낄 수 있다. 그러나 (   ) 혼자 작업을 시작하게 되면 실패로 끝나기 쉽다. 작은 부분까지 꼼꼼히 살피지 않으면 작업이 끝난 후 여러 문제가 나타날 수 있기 때문이다. 그뿐만 아니라 집을 고치기 위해서는 어느 정도 작업에 능숙해야 하기 때문에 처음 집을 고쳐 보는 사람은 어려움을 겪을 수 있다. 또한 자기 집이 아닌 경우, 이사를 할 때 원래의 상태로 돌려놓아야 하는 경우가 있기 때문에 무작정 집 고치기에 나서서는 안 된다.

44. 이 글의 주제로 알맞은 것을 고르십시오.

① 혼자 집 고치기를 할 때는 여러 가지를 고려해야 한다.

② 혼자 집 고치기는 혼자 사는 사람들에게 제일 적합하다.

③ 전문 업체를 이용하여 집을 고치는 것이 가장 바람직하다.

④ 혼자 집 고치기의 장점은 혼자 집 고치기의 단점보다 더 많다.

45. (　　　)에 들어갈 내용으로 가장 알맞은 것을 고르십시오.

① 비용을 아끼면서

② 만족을 느낄 만큼

③ 구체적인 계획 없이

④ 자신이 바라는 대로

※ [46~47] 다음을 읽고 물음에 답하십시오. (각 2점)

> 　눈을 깜박이는 이유는 눈물을 우리 눈에 고루 묻혀 눈을 건조
> 하지 않게 하고, 눈에 들어간 먼지를 씻어 내기 위함이다. (　㉠　)
> 그러나 무언가에 집중을 할 때에는 눈을 깜박이는 횟수가 줄어
> 든다. (　㉡　) 눈물이 부족해서 눈이 피로해지거나 따가운 느낌
> 이 들게 되면 이미 안구 건조증을 앓고 있는 것이다. 안구 건조
> 증은 대부분의 현대인이 앓고 있는 흔한 질병이지만, 이를 그대로
> 둘 경우 다른 질병으로 이어질 수 있어 적절한 치료가 필요하다.
> (　㉢　) 평소에 안구 건조증을 예방하기 위해서는 컴퓨터나 휴대
> 전화를 오래 사용할 경우 중간에 눈을 잠깐 감고 있거나 먼 곳을
> 바라보면서 눈을 쉬게 하는 것이 좋다. (　㉣　) 또 물을 자주 마시
> 고, 의식적으로 눈을 깜박여 주는 것도 좋다.

46. 다음 문장이 들어가기에 가장 알맞은 곳을 고르십시오.

> 우리가 컴퓨터나 휴대전화를 오래 사용할 때 눈이 피곤한 이유다.

① ㉠　　　　　② ㉡　　　　　③ ㉢　　　　　④ ㉣

47. 이 글의 내용과 같은 것을 고르십시오.

① 일부 사람들만 안구 건조증을 앓고 있다.

② 눈을 자주 깜박이는 것은 질병의 하나이다.

③ 안구 건조증은 가벼운 질병이라 그대로 두어도 괜찮다.

④ 물을 자주 마시는 것은 안구 건조증 예방에 도움이 된다.

최근 무인 자동차에 대한 관심이 커지고 있다. 무인 자동차는 운전자 없이 스스로 주행이 가능한 자동차를 말한다. 세계적으로 유명한 IT 기업들이 무인 자동차 개발에 열성적으로 참여하면서 조만간 무인 자동차 시대가 올 것이라는 (   ) 있는 것이다. 그러나 무인 자동차는 최근 한계점이 많이 드러나고 있는 상황이다. 아직 무인 자동차는 중요한 교통 상황에서의 판단력이 많이 부족하다. 운전을 할 때에는 도로 위의 물리적인 상황뿐만 아니라 순간적으로 윤리적 판단을 내려야 하는 다양한 상황에 처하게 되는데, 무인 자동차는 아직 이에 대한 판단 능력이 부족하다는 것이다. 예를 들어 무인 자동차는 차량에 탑승해 있는 사람의 안전과 수십 명의 보행자의 안전이 대립되는 상황일 경우 어느 쪽의 생명이 우선이냐는 윤리적인 상황에서는 판단이 불가능하다. 이러한 상황에서 무인 자동차를 도로 위에서 사용하는 것은 아직 이르다고 할 수 있다.

48. 필자가 이 글을 쓴 목적을 고르십시오.

① 무인 자동차의 문제점을 지적하기 위해

② 무인 자동차의 필요성을 주장하기 위해

③ 무인 자동차의 피해 사례를 제시하기 위해

④ 무인 자동차의 사용 방법을 제안하기 위해

49. ( )에 들어갈 내용으로 알맞은 것을 고르십시오.

① 거부감이 커지고   ② 기대감이 높아지고

③ 만족감이 증가하고   ④ 실망감이 쌓여 가고

50. 밑줄 친 부분에 나타난 필자의 태도로 알맞은 것을 고르십시오.

① 무인 자동차의 필요성을 공감하고 있다.

② 무인 자동차의 안전성에 대해 회의적이다.

③ 무인 자동차 개발자들에 대해 비판적이다.

④ 무인 자동차로 인한 교통 체증을 우려하고 있다.

模擬テスト1

1회 모의고사

解答・解説・訳

聞き取り

1	①	2	26	①	2
2	④	2	27	③	2
3	③	2	28	③	2
4	③	2	29	④	2
5	②	2	30	②	2
6	①	2	31	①	2
7	④	2	32	④	2
8	③	2	33	②	2
9	④	2	34	①	2
10	③	2	35	④	2
11	②	2	36	③	2
12	②	2	37	②	2
13	③	2	38	③	2
14	②	2	39	④	2
15	①	2	40	②	2
16	①	2	41	④	2
17	②	2	42	③	2
18	④	2	43	①	2
19	②	2	44	①	2
20	③	2	45	①	2
21	③	2	46	④	2
22	①	2	47	④	2
23	②	2	48	③	2
24	④	2	49	②	2
25	④	2	50	②	2

読解

1	②	2	26	④	2
2	①	2	27	②	2
3	④	2	28	③	2
4	②	2	29	④	2
5	③	2	30	③	2
6	①	2	31	④	2
7	①	2	32	①	2
8	④	2	33	③	2
9	④	2	34	①	2
10	②	2	35	④	2
11	②	2	36	④	2
12	③	2	37	②	2
13	①	2	38	④	2
14	②	2	39	②	2
15	③	2	40	④	2
16	④	2	41	③	2
17	②	2	42	②	2
18	①	2	43	③	2
19	①	2	44	③	2
20	④	2	45	②	2
21	④	2	46	④	2
22	③	2	47	③	2
23	④	2	48	②	2
24	③	2	49	①	2
25	②	2	50	③	2

聞き取り

[1~3] 다음을 듣고 알맞은 그림을 고르십시오.

1. 남자: 지금 회의실에 가시는 거죠? 제가 짐을 좀 들어 드릴게요.

　　　여자: 감사합니다. 그럼 이 상자 하나만 들어 주시겠어요?

　　　남자: 네, 물론이죠. 다음번에도 짐이 많으면 미리 말씀하세요.

　　　正解: ①

　　　解説: −아/어 주시겠어요?は頼むときに使う表現だ。女性の頼みに男性が네. 물론이
죠.と答えて、男性は女性の頼みを聞いている。そのため、男性と女性が箱を一つ
ずつ持っている①が正解だ。

> [1~3] 次の音声を聞いて、適切な絵を選びなさい。
> 1. 男: 今、会議室に行かれるんですよね？　私が荷物を持ちます。
> 　女: ありがとうございます。では、この箱を一つ持っていただけますか？
> 　男: はい、もちろんです。次も荷物が多かったらあらかじめおっしゃってください。

2. 여자: 저, 실례합니다만 초록 병원이 어디에 있나요?

　　　남자: 초록 병원이요? 저기 큰 간판이 걸린 건물 보이시죠? 그 건물이에요.

　　　여자: 아, 네. 감사합니다.

　　　正解: ④

　　　解説: 女性が男性に病院の場所を聞き、男性が教えている状況だ。男性が**저기 큰 간
판이 걸린 건물 보이시죠?**と言ったのを見ると、男性が病院を指さしている④
が正解だ。

> 2. 女: あの、失礼しますが、チョロク病院はどこにありますか？
> 　男: チョロク病院ですか？　あそこ、大きい看板が掛かった建物見えますよね？　あの建
> 　　物です。
> 　女: あ、はい。ありがとうございます。

3. 남자: 전자책 이용자의 독서 기기에 대해 조사한 결과, 전자책을 이용하는 사
람들은 스마트폰을 가장 많이 사용하는 것으로 나타났습니다. 그 다
음으로는 컴퓨터나 노트북, 태블릿 PC가 뒤를 이었는데 컴퓨터나 노트

북 이용자는 지난해에 비해 다소 감소한 반면, 스마트폰 이용자는 증가한 것으로 조사되었습니다.

正解：③

解説：電子書籍の利用者が使う「読書機器」についての内容だ。読書機器の使用者数は스마트폰、컴퓨터/노트북、태블릿 PCの順に多いと言っているので、③が正解だ。

> 3. 男：電子書籍利用者の読書機器について調査した結果、電子書籍を利用する人はスマートフォンを最も多く使っていることが分かりました。その次にはパソコンやノートPC、タブレットPCが後に続きましたが、パソコンやノートPCの利用者は昨年に比べて多少減少した反面、スマートフォンの利用者は増加したことが調査で分かりました。

[4~8] 다음 대화를 잘 듣고 이어질 수 있는 말을 고르십시오.

4. 여자：여기 떡볶이하고 만두 주세요.

남자：어쩌죠. 만두는 다 팔렸어요.

正解：③아, 좀 더 일찍 올걸 그랬네요.

解説：女性が注文したギョーザが全部売れたという男性の言葉に対して、残念さを表現する③が正解だ。ギョーザが全部売れて注文できない状況なので①は間違い。②は会話の流れと関係ない内容なので、答えにならない。④は命令文で、客が飲食店の主人に言う言葉としては不適切な表現なので間違い。

> [4~8] 次の会話をよく聞いて、続く言葉を選びなさい。
> 4. 女：ここ、トッポッキとギョーザ下さい。
> 　　男：どうしましょう。ギョーザは全部売れました。
> 　　①ギョーザをたくさん下さい。
> 　　②トッポッキがギョーザよりも高いですよね?
> 　　③あ、もう少し早く来ればよかったですね。
> 　　④ギョーザをもっとたくさん作るようにしなさい。

5. 여자：전시회는 잘 끝났어요? 관람객들이 많이 왔다면서요? 못 가 봐서 미안해요.

남자：괜찮아요. 수진 씨 출장 때문에 어쩔 수 없었잖아요.

正解：②다음 전시회에는 꼭 갈게요.

解説：女性の謝罪を受け入れる男性の返答に続く言葉としては、②が適切だ。出張に行ったのは女性本人なので、①は間違い。③は展示会を控えた状況で言う言葉なので、答えにならない。女性は展示会に行けなかったので、④も間違い。

5. 女：展示会はうまくいきましたか？　観覧客がたくさん来たそうですね？　行けなくてすみません。
　　男：いいんですよ。スジンさんは出張のためどうすることもできなかったじゃないですか。
　　①出張はうまくいきましたか？
　　②次の展示会には必ず行きます。
　　③忙しくて到底行けないと思います。
　　④観覧客が多くて絵を見られませんでした。

6. 남자：오래 기다렸지? 늦어서 미안해.
　　여자：늦게 오면 늦게 온다고 연락을 좀 해 주지.
　　正解：①미안해. 휴대폰을 집에 두고 나왔어.
　　解説：連絡をできなかったことについて謝る表現を選べばいい。謝罪の表現と連絡をできなかった理由を話している①が正解だ。②、③は会話とは関係がないので、答えにならない。④は謝罪する男性に対する女性の言葉なので、間違い。

6. 男：かなり待っただろ？　遅れてごめん。
　　女：遅れて来るなら遅れて来ると連絡してよ。
　　①ごめん。携帯電話を家に置きっぱなしで出てきたんだ。
　　②とてもお忙しくて忘れていたようです。
　　③それでは、いつごろ到着しそうですか？
　　④大丈夫。そんなに待ってもいないから。

7. 남자：일이 언제 끝나요? 많이 남았어요?
　　여자：이제 정리만 하면 돼요. 왜요?
　　正解：④그럼 가는 길에 나 좀 역까지 차로 태워 줄 수 있어요?
　　解説：男性が女性に仕事の終わる時間を聞いたところ、女性が왜요?という表現で質問の理由を聞いたので、駅まで車に乗せてほしいからという理由に当たる答えをした④が正解だ。他の選択肢は質問した理由になっていないので、答えにならない。

7. 男：仕事はいつ終わりますか？　たくさん残ってますか？
　　女：後は片付けだけすれば大丈夫です。どうしてですか？
　　①ありがたいけど、手助けは遠慮します。
　　②ちょうど僕も仕事がたくさん残っています。
　　③もちろんです。いつでも気軽に頼んでください。
　　④それでは、帰り道、僕を駅まで車に乗せてくれますか？

8. 남자 : 수진 씨, 휴가에 뭐 할 거예요?

　여자 : 친구들과 제주도에 여행 가기로 했어요.

　正解 : ③좋겠다. 재미있게 잘 다녀와요.

　解説 : 女性が休暇時に旅行に行く計画だと言ったのに対する男性の返答としては、楽しんで来てくださいというあいさつ表現の③が適切だ。①は旅行に行ってきた後に言う言葉で、②、④は女性が休暇の計画がない場合に言う言葉なので答えにならない。

8. 男：スジンさん、休暇に何をするつもりですか？
　　女：友達と済州島に旅行に行くことにしました。
　　①面白かったとのことで、幸いです。
　　②それでは、私と一緒に山に行きましょう。
　　③いいなあ。楽しんで来てください。
　　④休暇の計画を急いで立ててください。

[9~12] 다음 대화를 잘 듣고 여자가 이어서 할 행동으로 알맞은 것을 고르십시오.

9. 남자 : 어제 이 옷을 사 갔는데요, 아이에게 조금 작은 것 같아서요. 이것보다 하나 큰 사이즈로 바꾸고 싶어요.

　여자 : 어쩌죠? 그 색으로 큰 사이즈는 모두 팔렸어요. 큰 사이즈는 파란색만 남았는데 파란색은 어때요?

　남자 : 음……. 한번 보여 주시겠어요?

　여자 : 네. 잠시만 기다려 주세요.

　正解 : ④옷을 가져온다.

　解説 : 男性が青色の服を見せてくれと頼み、女性が네という返事とともに少し待ってくれと言っている状況だ。女性はじきに男性に青色の服を持ってきて見せると考えられるので、④が正解だ。

[9~12] 次の会話をよく聞いて、<u>女性が続いてする行動</u>として適切なものを選びなさい。

9. 男：昨日この服を買ったんですが、子どもには少し小さいようでして。これより一つ大きい
サイズに換えたいです。

　　女：どうしましょう？　その色で大きいサイズは売り切れです。大きいサイズは青色しか残っ
ていませんが、青色はいかがですか？

　　男：うーん……。一度見せてもらえますか？

　　女：はい。しばらくお待ちください。

①家に帰る。　　　　　　　　　　　②服を買う。

③お金を受け取る。　　　　　　　　④服を持ってくる。

10. 여자：우와, 벌써 사람들이 이렇게 많네. 얼마나 기다려야 해요?

　　남자：오늘 단체 손님들이 오셨어요. 좀 오래 기다리셔야 하는데. 한 20분 정
도 기다리셔야 할 것 같아요.

　　여자：오늘은 날이 추워서 갈비탕이 꼭 먹고 싶었는데……. 20분 동안 여기
서 뭐하지?

　　남자：전화번호 남겨 주시면 전화드릴게요. 볼일 보고 오셔도 돼요.

正解：③전화번호를 알려 준다.

解説：20分何をしながら待とうかと言う女性に対し、男性は、電話番号を教えてくれたら
席が空いたときに電話をしてあげると言っている。女性は今日どうしてもカルビタン
を食べたいので男性に電話番号を教えると考えられる。従って、③が正解だ。

10. 女：うわ、もうこんなに人がたくさんいるね。どれくらい待たなければいけませんか？

　　男：今日は団体客がいらしてます。少し長く待たなければいけないですが。大体20分くら
い待たなければいけないと思います。

　　女：今日は寒いからカルビタンを必ず食べたかったのに……。20分間、ここで何しよう？

　　男：電話番号を残してくだされば電話します。用事を済ませていらっしゃっても大丈夫で
すよ。

①カルビタンを食べる。　　　　　　②他の店に行く。

③電話番号を教える。　　　　　　　④食卓に席を取る。

11. 여자：아빠, 이번 주말에 가까운 곳에 나가서 구경도 하고 저녁 먹고 들어올
까요? 엄마 생신이잖아요.

　　남자：그래. 엄마가 좋아하겠구나.

　　여자：어디 가고 싶은 곳이나 드시고 싶은 음식 있으세요?

남자 : 글쎄다. 엄마 생신이니 엄마가 원하는 걸로 하자꾸나. 엄마께 직접 여쭤보는 게 어떻겠니?

正解 : ②엄마께 원하는 메뉴를 여쭤본다.

解説 : 男性と女性は父と娘で、母の誕生日の夕食の計画を話している。食べたい物が何かを尋ねる娘に、父は「ママに直接聞いてみたらどうか?」と答えているので、娘が続けて取る行動としては②が適切だ。

> 11. 女 : パパ、今週末、近所に出掛けて見物もして夕食も食べてきましょうか? ママの誕生日じゃないですか。
> 男 : そうだね。ママが喜ぶだろうね。
> 女 : どこか行きたい場所とか食べたい物はありますか?
> 男 : そうだなあ。ママの誕生日だからママが望むものにしよう。ママに直接聞いてみるのはどうだい?
> ①お母さんの誕生日プレゼントを買う。
> ②お母さんに望むメニューを聞く。
> ③近所に出掛ける。
> ④家族と夕食を食べに出掛ける。

12. 남자 : 샴푸 사야 한다고 하지 않았어? 이 샴푸 어때?

여자 : 맞아. 샴푸를 다 썼어. 음, 이 샴푸 하나 사야겠다. 세일하네.

남자 : 이건 두 개를 사야 10%를 할인해 주는 거야.

여자 : 그러네. 그럼 쌀 때 미리 사 두지 뭐. 샴푸는 계속 쓰는 거니까.

正解 : ②샴푸를 두 개 산다.

解説 : シャンプーを一つ買おうとしている女性に、男性が2個買うと割引になると教えている。女性は男性の話を聞いて、シャンプーはずっと使う物だから値段が安いときに買っておくと言っているので、②が正解だ。

> 12. 男 : シャンプーを買わなきゃって言ってなかった? このシャンプーはどう?
> 女 : そうだ。シャンプーなくなったんだ。うーんと、このシャンプーを一つ買わなきゃ。セールしてるね。
> 男 : これは2個買えば10%割引してくれるんだよ。
> 女 : そうなんだね。それじゃ、安いときに前もって買っておくわ。シャンプーはずっと使う物だから。
> ①米を買う。　　　　　　　　　　②シャンプーを2個買う。
> ③シャンプーで頭を洗う。　　　　④シャンプーを割引販売する。

[13~16] 다음을 듣고 내용과 일치하는 것을 고르십시오.

13. 남자 : 어디 아파? 얼굴이 안 좋아 보여.

여자 : 몸살이 난 것 같아. 몸이 으슬으슬 춥고 머리가 아파.

남자 : 그럼 일찍 들어가서 약 먹고 푹 쉬어. 나머지 일은 내가 정리할게.

여자 : 아냐. 남은 일들은 내가 내일 일찍 나와서 마무리할게. 먼저 들어가서 미안해.

正解 : ③ 여자는 집에 일찍 갈 예정이다.

解説 : 早く帰って休めという男性の言葉に、女性は**먼저 들어가서 미안해**と言っているので、③が正解だ。女性が**아냐**と答えたのは早く帰らないという意味ではなく、残った仕事を男性が片付けると言ったのに対する返事なので、間違えないように注意しなければならない。具合が悪いのは男性ではなく女性なので、①は間違い。男性は女性に薬をあげたのではなく、薬を飲んでゆっくり休めと言葉を掛けてあげたので、②も間違い。残った仕事は、女性が翌日早く来て1人で仕上げると考えられるので、④も間違い。

> [13~16] 次の音声を聞いて、内容と一致するものを選びなさい。
>
> 13. 男 : どこか具合でも悪いの？　顔色悪いみたいだけど。
>
> 女 : 疲れで具合が悪いみたい。ぞくぞく寒気がして頭が痛いの。
>
> 男 : だったら早く帰って薬飲んでゆっくり休んで。残りの仕事は僕が片付けておくよ。
>
> 女 : いいえ。残った仕事は私が明日早く来て仕上げるわ。先に帰ってごめん。
>
> ① 男性は具合が悪い。
>
> ② 男性は女性に薬をあげた。
>
> ③ 女性は家に早く帰る予定だ。
>
> ④ 女性は男性と残った仕事を一緒にするだろう。

14. 여자 : 우리 회사 창립 50주년 기념행사에 참여해 주신 여러분께 감사드립니다. 이번 행사는 이곳 강당에서 오전 10시부터 시작될 예정입니다. 오늘 행사 순서에 대해 간단히 말씀드리겠습니다. 먼저 회사의 발전 모습을 담은 동영상을 보신 후에 회장님의 감사 인사와 공로상 시상이 있을 예정입니다. 행사가 끝나면 강당 입구에서 저희가 준비한 감사 선물을 받아 가시기 바랍니다. 식사 장소는 지하 1층 식당입니다.

正解 : ② 회사가 세워진 지 50년 되었다.

解説 : 会社の創立50周年記念行事の案内をしている。創立50周年とは会社ができてか

ら50年になるという意味なので、②が正解だ。会長は功労賞の授賞をする側なので、①は間違い。記念行事は講堂で行われるので、③も間違い。プレゼントを渡すのは行事が終わってからなので、④も間違い。

> 14. 女：わが社の創立50周年記念行事に参加してくださった皆さまに感謝致します。今回の行事はここ、講堂で午前10時から始まる予定です。今日の行事の順序について簡単にお話しします。まず、会社の発展の様子を収めた動画を見た後、会長の感謝のあいさつと功労賞の授賞がある予定です。行事が終わったら講堂入口で私どもが準備した感謝のプレゼントを受け取っていってくださるようお願いします。食事の場所は地下1階の食堂です。
>
> ① 会長が賞をもらう。
> ② 会社ができてから50年になった。
> ③ 行事は地下1階で行われる。
> ④ 食事後にプレゼントを分けてくれる。

15. 남자：다음은 사건 사고 소식입니다. 밤새 내린 많은 양의 눈으로 인해 출근길 도로가 주차장으로 변했습니다. 밤사이 눈으로 인한 교통사고도 많았는데요, 어젯밤 10시쯤 인천시 한 도로에서 승용차끼리 충돌한 사고가 있었습니다. 이 사고로 승용차 운전자 1명이 부상을 당해 인근 병원에서 치료를 받고 있습니다. 경찰은 보다 정확한 사고 원인을 파악하기 위해 운전자들과 목격자들을 상대로 조사 중이며, 눈길 안전 운전을 당부했습니다.

正解：① 눈 때문에 사고가 많이 났다.

解説：夜の間に起きた事件、事故のニュースだ。夜の間、눈으로 인한 교통사고도 많았는데요と言っているので、①が正解だ。~(으)로 인한 (〜による) は原因または理由を表す表現で、①の~ 때문에と同じ意味だ。警察は事故の調査を行っているところなので、②は間違い。負傷者はまだ治療を受けているところなので、③も間違い。乗用車同士が衝突したので、④も間違い。

> 15. 男：次は事件事故のニュースです。夜通し降った大雪によって出勤路が駐車場に変わりました。夜の間、雪による交通事故も多かったですが、昨夜10時ごろ仁川市のある道路で乗用車同士が衝突する事故がありました。この事故で乗用車の運転者1名がけがをして近くの病院で治療を受けています。警察はより正確な事故原因を把握するため、運転者や目撃者を相手に調査中であり、雪道の安全運転を頼みました。
>
> ① 雪のせいで事故がたくさん起きた。

②警察は事故の調査を終えた。
③負傷者は病院から退院した。
④乗用車と高速バスが衝突した。

16. 여자: 지금 우리 회사 지하 창고에서는 직원들이 운동할 수 있는 체력단련실을 만드는 공사가 한창 진행 중인데요. 이 공사를 처음 제안하신 기획부 윤경로 부장님께 그 이야기를 들어 볼까요?

남자: 제가 회사에서 일을 하다 보니 직원들이 일을 하면서 중간중간 운동을 할 수 있으면 좋겠다는 생각이 들었어요. 운동을 하면 직원들의 체력도 좋아지고 업무의 효율성도 높아질 수 있을 테니까요. 퇴근 후에는 따로 운동을 하러 가기가 어려워요. 그래서 안 쓰는 창고를 개조하면 어떨까 생각하게 된 거예요.

正解: ① 체력단련실은 아직 이용할 수 없다.

解説: 女性が最初に체력단련실을 만드는 공사가 한창 진행 중인데요と言っているのを見ると、工事はまだ終わっていない。従って、①が正解だ。男性が「仕事をしながら途中途中で運動できたらいいな」と言っているところから、トレーニングルームは仕事をしている途中にも利用できると考えられるので、②は間違い。トレーニングルームは現在は使っていない倉庫なので、③も間違い。トレーニングルームを提案した人は企画部のユン・ギョンノ部長なので、④も間違い。

16. 女：今、わが社の地下倉庫では社員が運動できるトレーニングルームを作る工事の真っ最中ですが。この工事を最初に提案なさった企画部のユン・ギョンノ部長にその話を聞いてみましょうか？

男：私が会社で仕事をしていて、社員たちが仕事をしながら合間合間に運動できたらいいなという考えが浮かびました。運動をすれば社員たちの体力も上がり、業務の効率性も高くなり得るからです。退勤後には別途運動しに行くのが難しいです。なので、使わない倉庫を改造したらどうかと考えるようになったのです。

① トレーニングルームはまだ利用できない。
② トレーニングルームは退勤後のみ利用可能だ。
③ トレーニングルームは以前事務室だった場所だ。
④ トレーニングルームを提案した人は運動選手だ。

385

[17~20] 다음을 듣고 남자의 중심 생각을 고르십시오.

17. 남자 : 음식이 많이 싱거운데요?

여자 : 소금이 몸에 안 좋다고 해서 음식을 만들 때 소금을 아예 안 넣어요.

남자 : 소금을 많이 먹으면 몸에 안 좋지만 소금도 몸에 꼭 필요한 성분이에
요. 그래서 적당히 먹어 줘야 해요.

正解 : ② 소금도 적당량은 먹어야 한다.

解説 : 男性は適量の塩は体に必ず必要だと考えているので、②が正解だ。①、③は女性
の考えなので間違い。④は会話と関係のない内容なので、答えにならない。

> [17~20] 次の音声を聞いて、<u>男性</u>の主要な考えを選びなさい。
>
> 17. 男 : 料理の味がすごく薄いんですけど?
>
> 女 : 塩が体に良くないというから、料理を作るときはまったく塩を入れません。
>
> 男 : 塩を取り過ぎるのは体に良くないけど、塩も体に必ず必要な成分ですよ。ですので、適
> 度に取らないといけませんよ。
>
> ① 塩は体に良くない。
>
> ② 塩も適量は取らなければならない。
>
> ③ 料理の味が薄いと健康にいい。
>
> ④ 料理をあまりにも取り過ぎると体に良くない。

18. 여자 : 저 아주머니 좀 봐. 산에서 열매를 다 주워 가고 있어. 그러면 안 되는
거 아냐?

남자 : 그러게 말이야. 산에서 저렇게 열매를 다 가져가면 산에 사는 동물들
이 먹을 게 없어져 버려. 동물들이 가끔씩 먹이를 찾으러 마을로 내려
와서 사람들을 해치기도 하잖아.

正解 : ④ 산에서 나는 열매는 산에 사는 동물들의 먹이이다.

解説 : 男性は、山になっている実がなくなったら山に住む動物が食べる物がなくなると
言っているのを見ると、山の実を動物の餌と考えている。従って、④が正解だ。①
と③は会話と関係のない内容なので、答えにならない。男性は山に住む動物の中
には餌を探しに村に来て人に危害を加えるものもいるとは考えているが、これが
主要な考えではないので②も答えにならない。**해치다**は「けがさせたり、殺したり
する」という意味。

18. 女：あのおばさん、ちょっと見て。山から実を全部拾っていってる。それはいけないんじゃないの？

男：その通りだよ。ああして山から実を全部持っていくと、山に住む動物が食べる物がなくなってしまう。動物が時々餌を探しに村に降りてきて人に危害を加えたりもするじゃないか。

① 山で木を育てて実を採って食べなければならない。
② 山に住む動物は人に被害を与える。
③ 山に住む動物に餌を持っていってあげなければならない。
④ 山になっている実は山に住む動物の餌だ。

19. 남자：저 뉴스 장면이 너무 폭력적이지 않아? 저런 장면은 보여 주면 안 되지.

여자：저런 장면을 보여 주면 상황 이해가 쉽게 잘 되잖아. 사실을 생생하게 전달해 줄 수 있어.

남자：그래도 뉴스는 아이들도 많이 보는데 폭력 장면은 적절히 가렸어야지.

여자：그렇긴 하지만, 실제 화면을 보여 주면 사람들이 범죄에 대한 경각심도 갖지 않을까?

正解：② 폭력 장면을 그대로 뉴스에 내보내면 안 된다.

解説：男性はテレビのニュースは子どもも見るので、あまりにも暴力的な場面は見せてはならず、適切に隠さなければならないと考えているので、②が正解だ。①、④は女性の考えなので間違い。③は会話の内容からずれているので、答えにならない。

19. 男：あのニュースの場面、あまりにも暴力的じゃないか？ ああいう場面は見せちゃいけないだろ。

女：ああいう場面を見せると状況の理解が簡単にできるじゃない。事実を生々しく伝えることができるわ。

男：でも、ニュースは子どももたくさん見るんだから、暴力シーンは適切に隠さないと。

女：それはそうだけど、実際の画面を見せてあげれば人々が犯罪に対して警戒心を持つんじゃないかしら？

① 暴力シーンは内容を生々しく伝える。
② 暴力シーンをそのままニュースで流してはならない。
③ 暴力シーンは状況が簡単に理解されることを妨げる。
④ 暴力シーンを見ると暴力行為に対して警戒心を持つようになる。

20. 여자：선생님께서는 어르신들에게 컴퓨터를 무료로 가르쳐 주고 계시는데요. 이 일을 10년 동안이나 꾸준히 하시는 이유는 무엇입니까?

남자 : 나이가 많으면 아무것도 못한다고 생각하지만 실제로는 그렇지 않아
　　　요. 어르신들도 배우는 것을 즐거워하고, 배운 것을 서로 가르쳐 주시
　　　기도 하면서 성취감을 느끼시기도 하죠. 손자, 손녀들과 이메일을 주고
　　　받는다거나 모르는 것을 인터넷으로 찾아서 문제를 해결했다는 이야
　　　기를 들으면 저도 매우 보람을 느껴요.

正解 : ③나이가 많아도 배우는 것을 즐거워한다.

解説 : 男性はお年寄りも学ぶことを楽しみ、学ぶことを互いに教えながら達成感を感じ
　　　ると考えているので、③が正解だ。①、②、④は会話からは分からないことなので、
　　　答えにならない。어르신は、親と同じくらいかそれより年上の大人を高めて言う言
　　　葉である。

20. 女 : 先生はお年寄りにパソコンを無料で教えていらっしゃいますが。この仕事を10年もの
　　　間ずっとなさる理由は何ですか?
　　男 : 年を取ると何もできないと考えますが、実際にはそうじゃありません。お年寄りも学ぶ
　　　ことを楽しみ、学んだことを互いに教えてあげたりもしながら達成感を感じたりもして
　　　います。孫、孫娘とメールをやりとりするとか、知らないことをインターネットで調べて問
　　　題を解決したという話を聞くと、私もとてもやりがいを感じます。
　　① パソコンを教えるとお金を稼げる。
　　② 孫、孫娘たちはインターネットをうまく使う。
　　③ 年を取っても学ぶことを楽しんでいる。
　　④ お年寄りにパソコンを教えることは難しい。

[21~22] 다음을 듣고 물음에 답하십시오.

여자 : 컴퓨터가 바이러스에 감염된 것 같아. 작업하던 파일에 자꾸 오류가 생
　　　겨.

남자 : 다른 곳에 저장해 두지는 않았어? 중요한 파일은 따로 저장해 두어야
　　　해. 나도 모르게 컴퓨터가 바이러스에 걸려서 파일이 안 열리거나 삭제
　　　될 수도 있으니까.

여자 : 설마 내 컴퓨터도 바이러스에 걸릴 줄 몰랐지. 에이, 어제 열심히 만든
　　　건데 다시 작업해야겠어.

남자 : 이제 작업 틈틈이 저장하고, 다른 곳에도 파일을 복사해 둬. 백신 프로
　　　그램을 사용해서 바이러스에 감염되는 것을 처음부터 예방하는 것도
　　　중요해.

21. 正解：③ 중요한 파일은 다른 곳에도 저장해 둬야 한다.

解説：男性は、パソコンがウイルスに感染してファイルが開かなかったり削除されたりすることがあるので、重要なファイルは作業の合間に保存し、他の場所にも保存しておかなければならないと考えているので、③が正解だ。

> [21~22] 次の音声を聞いて問いに答えなさい。
>
> 女：パソコンがウイルスに感染したみたい。作業していたファイルにしょっちゅうエラーが出る。
>
> 男：他の場所に保存しておかなかったの？　重要なファイルは別に保存しておかなくちゃ。知らないうちにパソコンがウイルスに感染してファイルが開かなかったり削除されたりすることもあるから。
>
> 女：まさか私のパソコンもウイルスに感染するとは思わなかったの。ああ、昨日一生懸命作ったのにもう一度作業しなきゃ。
>
> 男：これから作業の合間に保存して、他の場所にもファイルをコピーしておきな。ウイルス対策ソフトを使って、ウイルスに感染することを最初から予防することも重要だよ。
>
> 21. 男性の主要な考えとして合っているものを選びなさい。
>   ①ファイルはたくさん保存しておくほどいい。
>   ②パソコンはウイルスにあまり感染しない。
>   ③重要なファイルは他の場所にも保存しておかなければならない。
>   ④ウイルス対策ソフトはウイルスを全ては予防できない。

22. 正解：① 여자는 컴퓨터 작업을 다시 해야 한다.

解説：女性のパソコンがウイルスに感染して、作業中のファイルにエラーが出るのでもう一度作業しなければならないと言っているので、①が正解だ。女性はファイルを他の場所に保存しておかなかったので、②は間違い。女性のパソコンがウイルスに感染したせいでファイルにエラーが出ているので、③も間違い。男性のパソコンはウイルス対策ソフトで予防をしていると思われるが、ウイルスに感染するかしないかは分からないので、④は答えにならない。

> 22. 聞いた内容として合っているものを選びなさい。
>   ①女性はパソコンの作業を再度しなければならない。
>   ②女性は他の場所にもファイルを保存しておいた。
>   ③女性が作業したファイルはウイルスを避けた。
>   ④男性のパソコンはウイルスに絶対感染しない。

[23~24] 다음을 듣고 물음에 답하십시오.

　여자 : 안녕하십니까? 친절한 홈쇼핑 고객 센터입니다.

　남자 : 안녕하세요? 주문한 옷을 어제 받아 보았는데 제가 주문한 옷과 다른
　　　　옷이 왔어요.

　여자 : 아, 죄송합니다, 고객님. 저희가 고객님께서 주문하신 옷으로 교환해
　　　　드리도록 하겠습니다.

　남자 : 이번 주말에 입고 나가려고 했는데, 옷이 잘못 오는 바람에 입을 수가
　　　　없을 것 같네요. 그냥 환불받고 싶습니다. 옷은 다시 잘 포장해 놓을게
　　　　요. 다시 가져가시면 좋겠어요.

23. 正解 : ② 옷을 환불하려고 한다.

　解説 : 男性が、注文した服と違う服を配達されてしまったので払い戻しをしてもらおうと
　　　　電話をした状況なので、②が正解だ。女性が、男性が注文した服に交換をしてあ
　　　　げると言っているが、男性は払い戻ししてほしいと言っているので、③は間違い。

> [23~24] 次の音声を聞いて問いに答えなさい。
>
> 女 : こんにちは。親切なホームショッピング顧客センターです。
>
> 男 : こんにちは。注文した服を昨日受け取ったんですが、私が注文した服と違う服が来まし
> 　　た。
>
> 女 : あ、申し訳ありません、お客さま。私どもの方でお客さまが注文なさった服と交換するよう
> 　　に致します。
>
> 男 : 今週末、着て出掛けようと思っていたんですが、服が間違って届いたせいで着られないよ
> 　　うですね。そのまま払い戻ししてほしいです。服はきちんと包装し直しておきます。また持
> 　　って行ってくれたらと思います。
>
> 23. 男性は何をしているか、合っているものを選びなさい。
> 　　①服を包装しようとしている。
> 　　②服を払い戻ししようとしている。
> 　　③服を交換しようとしている。
> 　　④服を注文しようとしている。

24. 正解 : ④ 남자는 주말에 새로 산 옷을 입으려 했다.

　解説 : 男性は、注文した服を今週末に着て出掛けようとしていたが、服が間違って届い
　　　　て着られなくなったと言っているので、④が正解だ。①と②は会話からは分から
　　　　ない内容なので、答えにならない。男性が服を受け取ったのは昨日なので、③は間

違い。

24. 聞いた内容として合っているものを選びなさい。
　①服の包装が破れて届いた。
　②一度注文した服は交換が難しい。
　③男性は注文した服を今日受け取った。
　④男性は週末に新しく買った服を着ようとしていた。

[25~26] 다음을 듣고 물음에 답하십시오.

여자 : 이 학교는 매일 아침 전교생이 운동을 하고 수업을 시작한다고 들었는데요, 소개를 좀 해 주시겠습니까?

남자 : 네, 우리 학교는 매일 아침 수업 시간 전에 전교생이 40분씩 운동을 합니다. 매일 규칙적인 운동은 우리 건강에 매우 도움이 됩니다. 그런데 요즘 학생들은 책상에 앉아서 공부만 하다 보니 체격은 커지는데 체력이 많이 약해요. 그래서 꾸준히 운동할 수 있는 방법을 생각하다 전교생 아침 운동 시간을 만들었어요. 매일 아침 학년별로 나누어서 운동장을 천천히 달리거나 스트레칭과 근육 운동을 하거나 아니면 태권도나 배드민턴 같은 운동을 배우기도 해요. 매일 운동 시간을 가진 이후 학생들이 체력도 좋아지고 공부 스트레스도 많이 줄었다며 매우 만족해합니다.

25. 正解 : ④건강을 위해서는 꾸준한 운동이 필요하다.

解説 : 男性は、毎日の規則的な運動が健康にとても役立つと考えている。生徒の体力が落ちているので、これを地道な運動で強くしようと考えて全校生が毎朝運動する時間を設けたと言っているので、④が正解だ。

[25~26] 次の音声を聞いて問いに答えなさい。

女 : この学校は毎朝全校生徒が運動をして授業を始めると聞きましたが、ちょっと紹介をしていただけますか?

男 : はい、わが校は毎朝授業時間前に全校生徒が40分ずつ運動をします。毎日の規則的な運動はわれわれの健康にとても役立ちます。ですが、最近の生徒は机に座って勉強だけしているので体格は大きくなりますが体力がとても落ちています。そのため、地道に運動できる方法を考えて全校生徒の朝の運動時間を設けました。毎朝学年別に分けて運動場をゆっくり走ったりストレッチと筋肉トレーニングをしたり、あるいはテコンドーやバドミントンなどの運動を習ったりもします。毎日の運動時間を持って以降、生徒が体力も付い

て勉強のストレスも大きく減ったということで、とても満足しています。

25. 男性の主要な考えとして合っているものを選びなさい。
　　①1日に40分なら十分な運動量だ。
　　②勉強のストレスは運動で解消しなければならない。
　　③毎日違う運動をするとより健康になる。
　　④健康のためには地道な運動が必要だ。

26. 正解：①전교생이 운동을 한다.

　　解説：毎朝授業時間前に全校生徒が40分運動をしていると言っているので、①が正解だ。②は会話からは分からない内容なので、答えにならない。生徒たちは勉強のストレスを運動によって解消しているので、③は間違い。運動で良くなったのは体格ではなく体力なので、④も間違い。

26. 聞いた内容として合っているものを選びなさい。
　　①全校生徒が運動をしている。
　　②雨が降ると運動をしない。
　　③生徒たちは運動のストレスを受けている。
　　④運動をするに伴い生徒たちの体格が良くなった。

[27~28] 다음을 듣고 물음에 답하십시오.

　　여자：이제 곧 졸업이지? 너도 졸업할 때 학교에 교복을 기증하는 건 어때?

　　남자：교복을 기증한다고? 그게 '교복 물려주기 운동'이야? 나도 들어 봤어.

　　여자：응. 기증받은 옷을 세탁하고 수선해서 형편이 어려운 학생들이나 그동안 체격이 커져서 다시 교복을 사야 하는 친구들에게 아주 저렴하게 파는 거야.

　　남자：그런데 왜 기증받은 옷을 돈 받고 파는 거지?

　　여자：응. 그 돈으로 기증받은 교복을 세탁하고 수선하는 거야. 어차피 졸업하면 안 입을 옷이니 너도 기증해 봐.

27. 正解：③교복 기증에 참여를 권유하기 위해

　　解説：女性は男性に制服を寄贈してもらって安く販売する**교복 물려주기 운동**について説明して、男性に制服寄贈への参加をすすめているので③が正解だ。

[27~28] 次の音声を聞いて問いに答えなさい。

女：もうすぐ卒業でしょ？ あなたも卒業するとき、学校に制服を寄贈するのはどう？

男：制服を寄贈するって？ それって「制服受け継ぎ運動」か？ 僕も聞いたことある。

女：うん。寄贈された服を洗濯して直して、家計が苦しい生徒やそれまでに体が大きくなって制服を買い直さなければいけない人にすごく安く売るのよ。

男：でも、どうして寄贈された服を金を取って売るのかな？

女：うん。そのお金で寄贈された制服を洗濯して直すのよ。どうせ卒業したら着ない服だから、あなたも寄贈しなよ。

27. 女性が男性に話している意図を選びなさい。
　　① 制服購入を誘導するため
　　② 制服販売を促進するため
　　③ 制服寄贈への参加をすすめるため
　　④ 制服寄贈の計画を説明するため

28. 正解：③ 기증받은 교복은 돈을 주고 구매해야 한다.

解説：寄贈された制服はお金を払って購入しなければならず、制服の販売で集められたお金は洗濯代や修繕費として使われるので、③が正解だ。男性はまだ卒業していないので、①は間違い。②は会話の内容からは分からないので、答えにならない。寄贈された制服は洗濯し、直した後で販売されるので、④は間違い。

28. 聞いた内容として合っているものを選びなさい。
　　① 男性は卒業をした。
　　② 女性は制服を寄贈する予定だ。
　　③ 寄贈された制服はお金を払って購入しなければならない。
　　④ 寄贈された制服は寄贈されたそのままで販売される。

[29~30] 다음을 듣고 물음에 답하십시오.

여자：'이야기 할아버지'라……. 조금 생소한데요. 구체적으로 어떤 일을 하시는지 말씀해 주시겠어요?

남자：말 그대로 이야기를 해 주는 할아버지예요. 재미있고 교훈적인 이야기들을 유치원 어린이들에게 들려주는 것이죠. 할아버지나 할머니가 이야기를 해 주면 아이들은 정말 옛날이야기를 듣는 것처럼 재미있어해요. 아이들에게 친근하게 우리 전통에 대해 알려 줄 수도 있고, 인성 교

육도 할 수 있지요.

여자 : 퇴직 후에도 이렇게 일을 계속하는 것이 힘들지는 않으세요? 특히 유치원 아이들은 한창 장난을 많이 칠 나이라 더 힘들 것 같아요.

남자 : 은퇴 후에도 계속 일을 할 수 있다는 것은 감사하고 기쁜 일이지요. 게다가 이렇게 순수하고 착한 아이들과 함께 일을 할 수 있어서 더욱 기분이 좋습니다. 물론 아이들이 가끔씩 말도 안 듣고 투정을 부리기도 하지만 조금만 잘 타이르면 금세 또 착한 아이로 돌아와요.

29. 正解 : ④ 유치원에서 아이들에게 이야기를 해 주는 사람

解説 : 男性は女性に、自分は幼稚園児たちに面白くて教訓になる話を聞かせてあげるおじいさんだと紹介したので、④が正解だ。

[29~30] 次の音声を聞いて問いに答えなさい。

女 : 「お話おじいさん」ですか……。ちょっと聞き慣れないのですが。具体的にどのようなことをなさるのかおっしゃっていただけますか?

男 : 言葉の通り、話をしてあげるおじいさんです。面白くて教訓になる話を幼稚園児たちに聞かせてあげるんです。おじいさんやおばあさんが話をしてあげると、子どもたちは本当に昔話を聞くように面白がります。子どもたちに身近に伝統について教えることもでき、人間教育もできるでしょう。

女 : 退職後もこうして仕事を続けるのは大変じゃありませんか? 特に、幼稚園児たちはいたずらをする盛りの年齢なので、より大変だと思います。

男 : 引退後も仕事を続けられるということはありがたくうれしいことです。その上、こんなに純粋で優しい子どもたちと一緒に仕事をできて、より気分がいいです。もちろん、子どもたちは時々言うことも聞かないし駄々をこねたりもしますが、ちゃんと言い聞かせればすぐにまた優しい子に戻ります。

29. 男性は誰か、合っているものを選びなさい。
　①幼稚園で子どもたちの面倒を見る人
　②幼稚園で子どもたちを教え育てる人
　③幼稚園で子どもたちと一緒に遊んであげる人
　④幼稚園で子どもたちに話をしてあげる人

---

30. 正解 : ② 남자는 아이들이 순수하다고 생각한다.

解説 : 男性が、純粋で優しい子どもたちと一緒に仕事ができて気分がいいと言っていることから、②が正解だ。①は会話の内容からは分からないので、答えにならない。子どもたちは時々言うことも聞かないし駄々をこねることもあるので、③は間違い。

子どもたちを相手にするのは大変だと言っているのは女性なので、④も間違い。

30. 聞いた内容として合っているものを選びなさい。
   ① 子どもたちは男性を怖がっている。
   ② 男性は子どもたちが純粋だと思っている。
   ③ 子どもたちは一度も問題を起こしていない。
   ④ 男性は子どもたちと働くことが大変だと感じている。

[31~32] 다음을 듣고 물음에 답하십시오.

여자 : 임금피크제에 대한 논의가 뜨겁습니다. 임금피크제는 연봉을 삭감하는 대신 일정 기간 동안 고용을 보장하는 것인데요, 정년을 연장하거나 적어도 정년을 보장받을 수 있다는 점에서 호응을 얻고 있습니다.

남자 : 그러나 임금피크제가 무조건 좋은 것만도 아닙니다. 임금피크제를 시행하면 퇴직금이 줄어들고, 무엇보다 청년들의 일자리가 줄어들 수도 있습니다. 요즘 청년 실업도 심각한 사회 문제가 아닙니까?

여자 : 임금피크제를 시행하면 오히려 일자리 수가 증가할 수도 있습니다. 오래 근무하신 분들의 풍부한 경험과 노하우를 살리면서도 이들의 임금이 줄기 때문에 신규 채용을 늘릴 수 있는 것입니다. 또 평균 수명이 80세가 넘는 시대임을 감안한다면 퇴직 시기에 대해서도 다시 한번 생각해야 할 것입니다.

남자 : 그것도 맞는 말씀입니다. 그러나 퇴직자가 줄어들면서 신규 채용도 줄일 수가 있지요. 임금피크제가 청년들의 일자리를 위협해서는 결코 안될 것입니다.

31. 正解 : ①임금피크제는 청년 일자리를 감소시킬 수 있다.

解説 : 男性は、賃金ピーク制を施行すると退職金が減るし、青年たちの働き口が減ることもあると考えているので、①が正解だ。②は会話の内容からは分からないので、答えにならない。③、④は女性の考えなので間違い。

[31~32] 次の音声を聞いて問いに答えなさい。
女 : 賃金ピーク制についての論議が熱いです。賃金ピーク制は年俸を削減する代わりに一定期間雇用を保障するものですが、定年を延長したり、少なくとも定年を保障してもらえたりするという点で反響を呼んでいます。
男 : ですが、賃金ピーク制は無条件でいいものでもありません。賃金ピーク制を施行すると退

職金が減り、何より青年たちの働き口が減ることもあります。最近、青年失業も深刻な社会問題ではありませんか？

女：賃金ピーク制を施行すると、むしろ働き口の数が増加することもあります。長く勤めた方の豊富な経験とノウハウを生かしながらも彼らの賃金が減るため、新規採用を増やせるのです。また、平均寿命が80歳を超える時代であることを勘案すると、退職時期についてももう一度考えなければならないでしょう。

男：それも一理あります。ですが、退職者が減るにつれて新規採用も減る可能性があるでしょう。賃金ピーク制が青年の働き口を脅かすようなことは決してあってはならないのです。

---

31. 男性の考えとして合っているものを選びなさい。
　　① 賃金ピーク制は青年の働き口を減少させ得る。
　　② 賃金ピーク制は勤労者全体の賃金を減少させる。
　　③ 賃金ピーク制は多くの人から反響を呼んでいる。
　　④ 賃金ピーク制は雇用市場に肯定的な影響を及ぼすだろう。

---

32. 正解：④ 상대방의 의견에 동의하지 않고 있다.

解説：男性は賃金ピーク制を支持する女性の意見に対し、問題点を提示して反対しているので④が正解だ。

---

32. 男性の態度として合っているものを選びなさい。
　　① 賃金ピーク制を支持している。
　　② 賃金ピーク制について説明している。
　　③ 勤労者たちの立場を代弁している。
　　④ 相手の意見に同意していない。

[**33~34**] 다음을 듣고 물음에 답하십시오.

여자：요즘 많은 분들이 외국어 공부에 관심을 갖고 있는데요, 외국어를 공부하고 싶어도 '공부를 시작하기에 나는 너무 늦었어.' 라고 생각하시는 분은 안 계신가요? 한 연구 결과에 따르면, 나이가 들어서도 외국어를 공부하는 것이 기억력 감퇴를 막고, 치매도 늦출 수 있다고 합니다. 평생 모국어만을 사용한 사람보다 외국어를 사용할 수 있는 사람은 치매 발병을 4년 이상 늦출 수 있다고 하네요. 다른 연구에서도 외국어 공부가 지능과 인지 능력 향상에 도움을 준다는 것이 확인되었습니다. 이처럼 외국어 공부는 우리의 뇌 건강에 큰 도움을 줍니다. 그뿐만 아

니라 다양한 문화를 접하며 새로운 경험도 할 수 있게 합니다. 여러분도 '나는 나이가 너무 많은 것 같아.' 라고 주저하지 마시고 외국어 학습에 도전해 보세요.

33. 正解：②외국어 공부의 효과

解説：外国語の勉強の効果についての内容だ。外国語の勉強が脳の健康に役立つだけでなく多様な文化に接して新しい経験もできるようにしてくれるということを話しているので②が正解だ。

> [33~34] 次の音声を聞いて問いに答えなさい。
>
> 女：最近、多くの方が外国語の勉強に関心を持っていますが、外国語を勉強したくても「勉強を始めるには私はもう遅い」とお考えになる方はいらっしゃらないでしょうか？　ある研究結果によると、年を取っても外国語を勉強することが記憶力の減退を防ぎ、認知症も遅らせることができるそうです。一生母国語のみを使った人より、外国語を使える人は認知症発病を4年以上遅らせることができるそうですね。別の研究でも、外国語の勉強が知能と認知能力の向上に役立つということが確認されました。このように外国語の勉強はわれわれの脳の健康に大きく役立ちます。それだけではなく、多様な文化に接して新しい経験もできるようにします。皆さんも「私は年を取り過ぎているようだ」とためらわず、外国語学習に挑戦してみてください。
>
> 33. 何についての内容か、合っているものを選びなさい。
> ①認知症の発病時期
> ②外国語の勉強の効果
> ③年齢と脳の発達の関係
> ④外国語の勉強を通じた文化学習

34. 正解：①외국어 공부를 하면 뇌가 건강해진다.

解説：外国語を勉強することが記憶力の減退を防ぎ、認知症を遅らせ、知能と認知力向上に役立つなど、脳の健康に役立つと言っているので、①が正解だ。外国語を使える人は認知症の発病を遅らせることができると言っているので、②は間違い。③は話の内容からは分からないので、答えにならない。外国語の勉強を通じて多様な文化に接することができるので、④は間違い。

> 34. 聞いた内容として合っているものを選びなさい。
> ①外国語の勉強をすると脳が健康になる。
> ②認知症になった人たちの方が外国語が上手だ。

③高齢の人は新しいことを勉強するのが難しい。
④多様な文化に接することは外国語の勉強に役立つ。

[35~36] 다음을 듣고 물음에 답하십시오.

남자: 오늘 이렇게 좋은 상을 주셔서 감사합니다. 제가 이렇게 우수 선수상
을 받기까지는 제가 축구에만 매진할 수 있도록 도와주신 많은 분들
이 계셨습니다. 먼저 항상 저를 걱정해 주시고, 경기마다 경기장에 와서
응원해 주시는 저희 부모님과 저를 이끌어 주시는 감독님과 코치님,
또 저의 부족한 부분을 보완해 주며 함께 호흡을 맞춰 경기를 뛰는 팀
동료들과 저희 팀을 항상 사랑해 주시는 팬 여러분들이 계십니다. 이
상의 기쁨을 저희를 응원해 주시는 모든 분들과 함께 하고 싶습니다.
이 상은 앞으로 더 잘하라는 의미로 알고 끊임없이 노력하겠습니다. 감
사합니다. 열심히 하겠습니다.

35. 正解 : ④ 수상 소감을 밝히고 있다.

解説 : 男性はサッカー選手で、優秀選手賞受賞の所感を述べているので④が正解だ。
受賞に対する感謝を述べて、自分を助けてくれている両親と監督、コーチ、同僚、
そしてファンに感謝を表している。

[35~36] 次の音声を聞いて問いに答えなさい。
男 : 今日、こんなにいい賞を下さってありがとうございます。私がこうして優秀選手賞をもらう
までは、私がサッカーにだけまい進できるように助けてくださったたくさんの方がいらっ
しゃいました。まず、いつも私のことを心配してくれて毎試合競技場に来て応援してくださ
る両親と、私を引っ張ってくださる監督とコーチ、また、私の未熟な部分を補完しながら一
緒に呼吸を合わせて試合に出るチームの同僚たちと、うちのチームをいつも愛してくださ
るファンの皆さんがいらっしゃいます。この賞の喜びを、私たちを応援してくださる全ての
方と分かち合いたいです。この賞はこれからさらに上手になれという意味だと思って、絶
えず努力します。ありがとうございます。一生懸命頑張ります。

35. 男性は何をしているのか、合っているものを選びなさい。
①サッカーを応援している。
②間違いを反省している。
③両親を心配している。
④受賞の所感を明らかにしている。

36. 正解：③ 남자의 부모는 매번 경기장에서 남자를 응원했다.

解説：男性は、自分が賞をもらうまで助けてくれた人として、毎試合競技場に来て応援してくれた両親について話しているので、③が正解だ。男性は両親や監督、コーチ、同僚、ファンまでいろいろな人の助けをもらってきたので、①は間違い。男性は今日賞をもらったので、②も間違い。優秀選手賞をもらったのは男性自身なので、④も間違い。

> 36. 聞いた内容として合っているものを選びなさい。
> ① 男性は男性一人の力でサッカーをしてきた。
> ② 男性は今後もっと上手にならないと賞をもらえない。
> ③ 男性の両親は毎回競技場で男性を応援した。
> ④ 男性は優秀選手賞をもらった同僚を祝ってあげた。

[37~38] 다음은 교양 프로그램입니다. 잘 듣고 물음에 답하십시오.

남자：'음악 컨설팅'이라는 것을 이번에 처음 알게 되었는데요, '음악 컨설팅 업체'에서 어떤 일을 하는지 자세히 설명해 주시겠습니까?

여자：네. 기자님께서 매장에 가면 매장마다 음악이 흘러나오죠? 제가 하는 일은 그 음악들을 선곡하는 일이라고 이해하시면 쉬울 것 같아요. 매장의 특성과 소비자 행동을 분석해서 해당 매장에 어울리는 곡을 골라 줘요. 음악이 소비자 행동에 영향을 주기 때문이지요. 한 연구 결과에 따르면 매장에서 느린 음악을 틀면 소비자들이 천천히 움직이고, 빠른 음악을 틀면 빠르게 움직인다고 해요. 음악의 박자에 맞추어 소비자들이 움직이는 것이죠. 이 밖에도 날씨나 계절, 시간대에 따라서도 선곡이 달라질 수 있어요. 어떠한 음악을 언제 트느냐가 매장의 이미지와 매출에 큰 영향을 주기 때문에 매우 철저한 분석을 바탕으로 음악을 고르고 있습니다.

37. 正解：② 선곡은 매장 운영에 중요한 요소이다.

解説：女性は、売り場で流れる音楽を選曲する仕事をする人だ。音楽の選曲によって売り場のイメージと売上に大きな影響を与えるので、女性は徹底した分析を基に音楽を選んでいる。これは選曲が売り場の運営に重要だと考えていることになるので、②が正解だ。

399

[37~38] 次は教養番組です。よく聞いて問いに答えなさい。

男：「音楽コンサルティング」というものを今回初めて知ったんですが、「音楽コンサルティン
グ会社」でどのようなことをしているか、詳しく説明してくださいますか?

女：はい。記者さんが売り場に行くと、売り場ごとに音楽が流れてますよね?　私がしている
仕事は、その音楽を選曲することだと理解してくだされば分かりやすいと思います。売り
場の特性と消費者の行動を分析して該当の売り場にふさわしい曲を選びます。音楽が消
費者の行動に影響を与えるからです。ある研究結果によると、売り場でゆっくりとした音
楽をかけると消費者がゆっくり動き、速い音楽をかけると速く動くそうです。音楽のリズム
に合わせて消費者が動くのです。この他にも天気や季節、時間帯によっても選曲が変わ
ることがあります。どんな音楽をいつかけるかが売り場のイメージと売上に大きな影響を
与えるので、とても徹底した分析を基に音楽を選んでいます。

37. 女性の主要な考えとして合っているものを選びなさい。
　①速い音楽であるほど売上に助けになる。
　②選曲は売り場の運営に重要な要素だ。
　③消費者たちが売り場の音楽を選択しなければならない。
　④音楽コンサルティングは誰でもできることではない。

38. 正解：③선곡에 따라 매장의 이미지와 매출이 달라질 수 있다.

　解説：どんな音楽をいつかけるかが売り場のイメージと売上に大きな影響を与えると言
っているので、③が正解だ。①は話の内容からは分からないので、答えにならない。
選曲は消費者の行動だけでなく、天気や季節、時間帯などを分析して行われるの
で、②は間違い。消費者たちをゆっくり動かしたいときはゆっくりした音楽をかけ
るといいので、④も間違い。

38. 聞いた内容と一致するものを選びなさい。
　①消費者たちは軽快な音楽を好む。
　②選曲は消費者の行動だけを分析して行われている。
　③選曲によって売り場のイメージと売上が変わり得る。
　④消費者たちをゆっくり動かしたいときは速い音楽をかけるといい。

[39~40] 다음은 대담입니다. 잘 듣고 물음에 답하십시오.

　여자：현대인은 휴대폰이나 컴퓨터를 많이 사용해서 눈의 피로를 예전보다
더 심하게 느끼는 것 같은데요. 눈의 피로를 풀어 줄 수 있는 다른 방

법으로는 또 무엇이 있을까요?

남자: 네. 앞에서 말씀드린 것처럼 시간마다 눈을 감거나 먼 곳을 보면서 쉬는 것이 중요하고요, 손바닥을 따뜻하게 비벼 눈 위에 살며시 갖다 대고 눈동자를 사방으로 굴려 주는 것도 한 방법입니다. 눈 주위를 가볍게 지압해 주어도 혈액 순환이 활발히 되면서 눈의 피로가 풀릴 수 있습니다. 손으로 눈 주위를 만질 때에는 항상 손이 깨끗해야 한다는 것 잊지 마세요. 더러운 손으로 눈을 만질 경우 눈병이 생기기 쉽습니다. 당근이나 토마토, 블루베리 같은 식품들은 눈 건강에 좋으니 이런 식품들을 자주 섭취하는 것도 눈의 피로 예방에 도움이 됩니다.

39. 正解: ④ 눈의 피로를 줄이기 위해서 눈을 감고 쉬는 것이 도움이 된다.

解説: 女性が目の疲労を取ることができる別の方法としては他に何があるか聞いているのを見ると、これ以前に目の疲労を取る方法について話していたと考えられるので、④が正解だ。女性の質問に男性が앞에서 말씀드린 것처럼 시간마다 눈을 감거나 먼 곳을 보면서 쉬는 것이 중요하고요と話しているのもヒントになる。

[39~40] 次は対談です。よく聞いて問いに答えなさい。

女: 現代人は携帯電話やパソコンをたくさん使って目の疲労を以前よりもひどく感じるようです。目の疲労を取ることができる別の方法としては、他に何があるでしょうか?

男: はい。前で申し上げたように時間ごとに目を閉じたり遠くを見たりしながら休むことが重要でして、手のひらを温かくこすって目の上にそっと当てて瞳を四方に転がすのも一つの方法です。目の周りを軽く指圧するのも血液循環が活発になって目の疲労を取ることができます。手で目の周りを触るときは常に手がきれいでなければいけないということを忘れないでください。汚い手で目を触った場合、目の病気になりやすいです。ニンジンやトマト、ブルーベリーのような食品は目の健康にいいので、これらの食品をたくさん摂取するのも目の疲労予防に役立ちます。

39. この会話の前の内容として適切なものを選びなさい。
　①目は人体で重要な役割をしている。
　②人は携帯電話やパソコンを前よりも多く使用している。
　③目にいい食べ物をたくさん食べることが目の疲労解消にいい。
　④目の疲労を減らすために目を閉じて休むことが役立つ。

40. 正解: ② 눈 주위를 가볍게 누르면 눈의 피로가 풀린다.

解説: 目の周りを軽く指圧するのも血液循環が活発になって目の疲労を取ることができ

ると言っているので、②が正解だ。瞳を四方に転がすのも疲労を取る方法なので、①は間違い。汚い手で目に触れると目の病気になりやすいと言っているが必ずそうだとは言っていないので、③は答えにならない。話の内容からは以前との比較は分からないので、④も答えにならない。

40. 聞いた内容と一致するものを選びなさい。
①瞳を動かすことは目を疲れさせる。
②目の周りを軽く押すと目の疲労が取れる。
③汚い手で目に触れると必ず目の病気になる。
④以前より目の疲労を取る方法が多様になった。

[41~42] 다음은 강연입니다. 잘 듣고 물음에 답하십시오.

남자 : 오늘은 아이들의 언어 발달에 대해 알아보겠습니다. 일반적으로 태어난 후 12개월이 되면 100개 정도의 단어를 인지하고, 20개월이 되면 이해하고 사용하는 어휘가 폭발적으로 증가하게 되며, 48개월이 되어서야 의사소통이 가능하게 됩니다. 아이들의 이러한 발달을 좌우하는 것은 바로 환경인데요. 엄마나 아빠가 아이와 얼마나 많은 이야기를 나누는지가 환경적 요소에서 가장 중요합니다. 부모가 아이에게 많은 이야기를 하고 아이의 행동에 큰 반응을 보인 아이일수록 언어 능력이 뛰어난 것으로 밝혀졌습니다. 아이가 움직이기 시작하고 몇 가지 단어를 이야기하는 시기가 되면 아이들의 호기심을 충족시켜 줄 수 있는 환경도 중요합니다. 아이가 주변에 관심을 갖고 모르는 것을 알아가는 과정을 통해 상상력과 창의력이 커지고, 이에 부모가 적극적으로 대응해 주면 표현력도 커질 수 있는 것이지요.

41. 正解 : ④언어를 배우는 환경이 아이의 언어 발달에 중요하다.

解説 : 子どもたちの言語発達についての内容だ。子どもの言語発達を左右するのは環境だと言っているので、④が正解だ。

[41~42] 次は講演です。よく聞いて問いに答えなさい。

男 : 今日は子どもたちの言語発達について見てみます。一般的に生まれた後12カ月になると100個ほどの単語を認知し、20カ月になると理解して使う語彙が爆発的に増加するようになり、48カ月になると意思疎通が可能になります。子どものこのような発達を左右するのは、まさに環境です。母親や父親が子どもとどれくらいたくさんの話をするかが環境的要

素で最も重要です。両親が子どもにたくさんの話をして子どもの行動に大きな反応を見せた子どもであるほど言語能力が優れていると分かりました。子どもが動き始めて幾つかの単語を話す時期になると、子どもの好奇心を充足させることができる環境も重要です。子どもが周りに関心を持って知らないことを知っていく過程を通じて想像力と創造力が大きくなり、これに両親が積極的に対応してあげると表現力も大きくすることができるのです。

41. 男性の主要な考えとして合っているものを選びなさい。
　① 48カ月には大人と意思疎通ができなければならない。
　② 子どもたちが知らないことはすぐに答えを教えてあげなければならない。
　③ 子どもの創意性を育てるために塾に通わせなければならない。
　④ 言語を学ぶ環境が子どもの言語発達に重要だ。

42. 正解：③ 생후 12개월에는 100개의 단어를 알 수 있다.
　解説：一般的に子どもが生まれて12カ月になると100個ほどの単語を認知すると言っているので、③が正解だ。子どもの言語能力は環境に左右されるので、①、②は間違い。④は話の内容からは分からないので、答えにならない。

42. 聞いた内容と一致するものを選びなさい。
　① 子どもの言語能力は自然に発達する。
　② 全ての子どもの言語能力は同じだ。
　③ 生後12カ月には100個の単語が分かる。
　④ 両親が子どもとたくさんコミュニケーションするほど子どもが疲れやすい。

[43~44] 다음은 다큐멘터리입니다. 잘 듣고 물음에 답하십시오.
　남자 : 한옥에 사용되는 문의 종류는 매우 다양합니다. 들어열개문, 미닫이문, 여닫이문 등 이름만 들어서는 낯선 이 문들이 한옥의 멋을 더해 줍니다. 못이나 다른 접착제의 사용 없이 나무와 나무끼리 연결되어 각각의 문양을 나타내는 한옥의 문은 은은한 아름다움을 내뿜습니다. 한옥의 문이 단순히 예쁘기만 하다고 생각해서는 안 됩니다. 문마다 고유한 기능이 있습니다. 들어열개문은 겨울이 되면 바깥의 바람과 눈을 막아 주는 역할을 하지만, 여름에는 문을 들어 올려 마루와 방의 경계를 없애며 바람이 통할 수 있도록 합니다. 에어컨이나 선풍기 없이도 집

안팎을 드나드는 바람만으로도 집 안이 시원할 수 있도록 한 것이지요. 선조들의 지혜에 놀라지 않을 수 없습니다.

43. 正解：①한옥의 문은 멋과 동시에 고유의 기능이 있다.

解説：男性はさまざまな韓屋の戸を提示しながら、このような戸が美しさに加えてそれぞれ固有の機能があると言っているので、①が正解だ。男性はこれについての根拠として引き上げ開き戸を例に挙げて説明している。③は内容と合っているが主要な内容とは言えないので、答えにならない。

［43~44］次はドキュメンタリーです。よく聞いて問いに答えなさい。

男：韓屋に使われる戸の種類はとても多様です。引き上げ開き戸、引き戸、開き戸など、名前を聞いただけでは耳慣れないこれらの戸は韓屋の趣を加えてくれます。釘や他の接着剤を使わず木と木同士をつなげて、それぞれの文様を表す韓屋の戸は、ほのかな美しさを放ちます。韓屋の戸が単純に美しいだけだと思ってはいけません。戸ごとに固有の機能があります。引き上げ開き戸は、冬になると外の風や雪を防いでくれる役割をしますが、夏には戸を引き上げて縁側と部屋の境界をなくしながら風が通ることができるようにします。エアコンや扇風機なしでも家の内外を出入りする風だけでも家の中が涼しくなるようにしたのです。先祖の知恵に驚かずにはいられません。

43. この話の主要な内容として合っているものを選びなさい。
　①韓屋の戸は趣と同時に固有の機能がある。
　②韓屋の戸のうちで引き上げ開き戸が最も重要だ。
　③韓屋の戸は木同士をつなげて作るというのが特徴だ。
　④韓屋の戸は部屋の境界に位置しないという点が特異だ。

44. 正解：①한옥의 문은 계절마다 기능이 다른 것도 있다.

解説：韓屋の戸のうちの一つである引き上げ開き戸は、冬は外の風や雪を防いでくれ、夏は縁側と部屋の境界をなくして風が通れるようにすると言っているので、①が正解だ。韓屋の戸は木と木の連結がそれぞれの文様を作り出すので、②は間違い。韓屋の戸は釘や接着剤を使わず、木と木同士連結して固定するので、③も間違い。韓屋で使われる戸の種類はとても多様なので、④も間違い。

44. 韓屋の戸についての説明として合っているものを選びなさい。
　①韓屋の戸は季節ごとに機能が異なる物もある。
　②韓屋の戸は一つの模様だけを表す。
　③韓屋の戸は釘を使って互いに固定する。
　④韓屋の戸は種類が多くないのが短所だ。

[45~46] 다음은 강연입니다. 잘 듣고 물음에 답하십시오.

여자 : 겨울에는 날씨가 추워 운동을 안 하시는 분들이 많습니다. 그런데 운동을 하지 않으면 몸이 쉽게 피로해지고 면역력이 떨어져 감기와 같은 질병에 쉽게 걸릴 수 있지요. 그래서 겨울철에도 꾸준히 운동을 하는 것이 바람직합니다. 겨울철에 운동을 할 때는 몇 가지 꼭 지켜야 하는 것들이 있습니다. 제일 중요한 것은 준비 운동을 철저히 하는 것입니다. 날씨가 추워지면 우리 몸의 근육들도 긴장을 하고 있기 때문에 아무런 준비 없이 운동을 시작하게 되면 부상을 당할 확률이 높습니다. 갑자기 혈관이 수축되면서 심장 마비까지도 올 수 있지요. 무리한 준비 운동보다는 스트레칭을 통해 근육을 충분히 풀어 주는 것이 좋습니다. 또 밖에서 운동을 할 때는 모자나 장갑 등을 갖추고 나가서 체온이 손실되는 것을 막는 것이 좋습니다. 평소에 몸이 약한 분들은 무리하게 밖에서 운동을 하기보다 실내에서 운동하는 것을 추천해 드립니다.

45. 正解 : ① 운동을 하지 않으면 면역력이 떨어진다.

解説 : 冬に寒いからと運動をしないと簡単に疲れて免疫力が落ち、風邪などの疾病に簡単にかかり得ると言っているので、①が正解だ。準備運動をしていてけがをするのではなく、準備運動なしで運動をするとけがをする確率が高いので、②は間違い。冬に外で運動をするときは体温が失われるのを防ぐために帽子や手袋などを持っていくといいとあるので、③も間違い。体が弱い人は室内運動をすることをおすすめすると言っているので、④も間違い。

[45~46] 次は講演です。よく聞いて問いに答えなさい。

女 : 冬には寒くて運動をなさらない方が多いです。ですが、運動をしないと体が疲れやすくなり免疫力が落ちて、風邪などの疾病に簡単にかかり得ます。そのため、冬にも絶えず運動をすることが望ましいです。冬に運動をするときは、幾つか必ず守らなければいけないことがあります。一番重要なことは準備運動を徹底して行うことです。寒くなると私たちの体の筋肉も緊張をしているので、何の準備もなく運動を始めることになるとけがをする確率が高いです。突然血管が収縮して心臓まひまでも起こることがあります。無理な準備運動よりもストレッチによって筋肉を十分にほぐしてあげるのがいいです。また、外で運動をするときは帽子や手袋などを持って出掛けて体の熱が失われるのを防ぐのがいいです。普段体が弱い方は無理に外で運動をするより、室内で運動することをおすすめ致します。

45. 聞いた内容と一致するものを選びなさい。
　　① 運動をしないと免疫力が落ちる。

②準備運動をしていてけがをすることがある。
③帽子や手袋は運動の邪魔になることがある。
④冬でも誰もが屋外で運動するのが望ましい。

46. 正解：④겨울철 운동 시 주의할 점을 설명하고 있다.

解説：冬に運動するときに守らなければならないことを提示し、その方法と理由について説明しているので、④が正解だ。

46. 女性の態度として最も適切なものを選びなさい。
①ストレッチの方法を紹介している。
②冬の運動の重要性を主張している。
③冬の心臓まひの原因を究明している。
④冬の運動時の注意すべき点を説明している。

[47~48] 다음은 대담입니다. 잘 듣고 물음에 답하십시오.

여자：어려운 가정환경을 딛고 사업가로 성공하여 빈곤 아동 교육에 힘쓰고 있는 이정준 선생님을 모시고 말씀 나눠 보겠습니다. 안녕하세요, 선생님! 얼마 전에 선생님의 이름을 딴 장학재단도 설립이 되었는데요. 먼저 이 장학재단에 대해 말씀 좀 해 주시겠어요?

남자：네. 제가 빈곤 아동들에게 교육 지원을 처음 시작한 지가 벌써 30년이 넘었는데요. 그때 저와 인연이 닿은 아이들이 벌써 4, 50대 중년이 되었습니다. 고맙게도 이 친구들이 자신들이 받은 도움을 자신과 비슷한 처지의 아이들에게 돌려주고 싶다고 하여 저와 같이 지원 사업을 하다가 그 규모가 커지면서 장학재단을 만들게 되었습니다. 저희들도 경제적으로, 사회적으로 어려운 환경에서 커 왔기 때문에 도움의 필요성을 누구보다 절실히 알고 있지요. 저와 인연의 끈을 놓지 않고 새로운 인연을 만들어 가는 이 친구들이 참으로 대견하고 고맙습니다.

47. 正解：④이정준 장학재단은 아동들의 교육을 지원하고 있다.

解説：男性の名前を付けた奨学財団は貧困児童の教育支援事業が大きくなってできたものなので、④が正解だ。①は会話の内容からは分からないので、答えにならない。男性が教育支援を始めてから30年が過ぎたが、奨学財団ができたのは先日なので、②は間違い。イ・ジョンジュン奨学財団は男性が支援をしてあげた子ども

たちが大人になり、その人たちと一緒に作ったので、③も間違い。

女：貧しい家庭環境を乗り越えて事業家として成功し、貧困児童教育に尽力しているイ・ジョンジュン先生をお迎えしてお話を伺いたいと思います。こんにちは、先生！ 先日先生の名前を付けた奨学財団も設立されましたが。まず、この奨学財団についてお話しいただけますか？

男：はい。私が最初に貧困児童に教育支援を始めてからもう30年がたつのですが。その時、私と縁ができた子どもたちがもう40～50代の中年になりました。ありがたくも、この子たちが自分が受けた助けを自分と似た境遇の子どもたちに返したいと言って私と一緒に支援事業をしていたところ、その規模が大きくなって奨学財団を作ることになりました。私たちも経済的に、社会的に貧しい環境で大きくなってきたので、手助けの必要性を誰より切実に分かっています。私との縁のひもを離さず新しい縁を作っていくこの子たちは本当に感心でありがたいです。

47. 聞いた内容と一致するものを選びなさい。
　①男性は幼い頃から事業家を夢見ていた。
　②イ・ジョンジュン奨学財団はできて30年が過ぎた。
　③イ・ジョンジュン奨学財団はイ・ジョンジュンさん一人で引っ張っている。
　④イ・ジョンジュン奨学財団は児童たちの教育を支援している。

48. 正解：③자신과 같이 아동 지원 사업을 하는 이들을 고맙게 생각하고 있다.

　解説：男性は自分との縁を大切にして一緒に児童支援事業をしてくれている人たちに対して感心し、ありがたく思っているので、③が正解だ。

48. 男性の態度として最も適切なものを選びなさい。
　①奨学財団運営に難しさを感じている。
　②多くの人が奨学財団に参加することを望んでいる。
　③自分と一緒に児童支援事業をする人たちにありがたく思っている。
　④自分が長い間支援事業をしてきたということを満足げに思っている。

[49~50] 다음은 강연입니다. 잘 듣고 물음에 답하십시오.

남자：선거 때가 되면 후보자들이 저마다 공약을 내놓습니다. 공약은 말 그대로 공적인 약속인데, 선거가 끝나면 언제 그런 공약이 있었나 싶게 슬그머니 사라지는 경우가 많았어요. 그래서 매니페스토 운동이 시작된

것입니다. 매니페스토는 원래 자신의 주장과 견해를 분명히 밝히는 행위나 서약서를 일컫는데, 한국에서는 주로 예산 확보나 구체적 실행 계획과 같이 실천할 수 있는 정책 서약서를 뜻합니다. 매니페스토 운동은 공약의 실천 가능성을 따지고 후보자가 당선이 된 이후에도 공약과 관련해서 평가받을 수 있는 환경을 만들어 공약을 지켜 나갈 수 있게 하는 시민운동이지요. 매니페스토 운동을 하게 되면 지연이나 학연이 아니라 공약이 강조된다는 점이 장점입니다. 앞으로의 선거에서 매니페스토 운동이 확산되기를 기대해 봅니다.

49. 正解 : ② 매니페스토 운동은 후보자들의 공약을 중요하게 생각한다.

解説 : マニフェスト運動は選挙の候補者の公約の実践可能性を検討して候補者が当選した後も公約の評価を受けられるように、公約を守るための運動なので、②が正解だ。①、④は話の内容からは分からないので、答えにならない。マニフェスト運動は地縁や学閥ではなく公約が強調されるという長所があるので、③は間違い。

[49~50] 次は講演です。よく聞いて問いに答えなさい。

男 : 選挙時になると候補者がおのおの公約を出します。公約は言葉の通り公的な約束ですが、選挙が終わるといつそんな公約があったのかと思うほどこっそりと消えることが多かったです。そのため、マニフェスト運動が始まったのです。マニフェストはもともと、自分の主張と見解をはっきりと明かす行為や誓約書を指しますが、韓国では主に予算確保や具体的実行計画のような実践できる政策の誓約書を意味します。マニフェスト運動は、公約の実践可能性を検討して候補者が当選した後も公約と関連して評価を受けられる環境を作り、公約を守っていけるようにする市民運動です。マニフェスト運動をするようになれば地縁や学閥ではなく公約が強調されるという点が長所です。今後の選挙でマニフェスト運動が拡散されることを期待しています。

49. 聞いた内容と一致するものを選びなさい。
①マニフェスト運動は全世界的に拡散する勢いだ。
②マニフェスト運動は候補者たちの公約を重要と考える。
③マニフェスト運動の短所は地縁と学閥を強調するというところだ。
④選挙の候補者が自分の主張をあまりにも強く掲げると良くない。

---

50. 正解 : ② 매니페스토 운동이 활발히 일어나기를 희망하고 있다.

解説 : 男性は、今後の選挙でマニフェスト運動が拡散されることを期待していると言っているので、②が正解だ。

50. 男性の態度として最も適切なものを選びなさい。
① マニフェスト運動の副作用について憂慮している。
② マニフェスト運動が活発に起きることを希望している。
③ マニフェスト運動の結果に対して否定的に予想している。
④ マニフェスト運動が選挙期間のみ進められる点に失望している。

[51~52] 다음을 읽고 ⊙과 ⓒ에 들어갈 말을 한 문장씩 쓰십시오.

51. 解答例 : ⊙ 상담하고 싶습니다   ⓒ 찾아뵙겠습니다

解説 : 学生が先生に、論文のテーマのことで相談可能な日程を聞く内容のメールだ。

⊙が含まれる文は、メールを書いた目的についての文になる。上記解答例の他にも、**면담하고 싶습니다**（面談したいです）、**면담을 원합니다**（面談を望みます）などの表現が入ればいい。

ⓒが含まれる文は、先生の都合がいい日に会いに行くという内容になる。上記解答例の他にも、**찾아뵙도록 하겠습니다**（伺うようにします）、**뵈러 가겠습니다**（お目にかかりに行きます）などの表現が入ればいい。

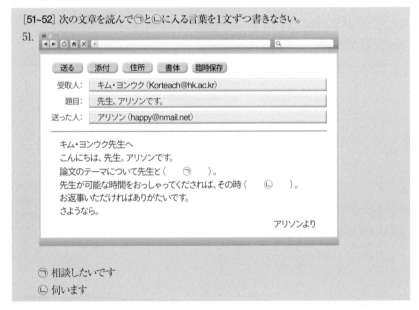

[51~52] 次の文章を読んで⊙とⓒに入る言葉を1文ずつ書きなさい。

51.

| 送る | 添付 | 住所 | 書体 | 臨時保存 |

受取人： キム・ヨンウク (Korteach@hk.ac.kr)

題目： 先生、アリソンです。

送った人： アリソン (happy@nmail.net)

キム・ヨンウク先生へ
こんにちは、先生。アリソンです。
論文のテーマについて先生と（　⊙　）。
先生が可能な時間をおっしゃってくだされば、その時（　ⓒ　）。
お返事いただければありがたいです。
さようなら。

アリソンより

⊙ 相談したいです

ⓒ 伺います

52. 解答例 : ⊙ 쉽게 바뀌지 않는다   ⓒ 좋은 첫인상을 남기는 것이 중요하다

解説 : 第一印象の重要性についての文章だ。第一印象はとても短い間に決定される上に簡単に変わらないので、最初の出会いでいい印象を残すことが重要だという内容の文章だ。

⊙が含まれる文の**일관성**（一貫性）は「一つの方法や態度として最初から最後まで変わらず同じであるという性質」を意味し、人にはこのような一貫性を維持しようとする

心理があると言った。次の文が**그래서**でつながっているのを見ると、㉠が含まれる文は「第一印象が以後の関係にも影響を与える」という事実に対する理由なので、㉠は変わらず一貫性を維持するという内容にならなければならない。上記解答例の他にも、**쉽게 변하지 않는다**（簡単に変わらない）、**바뀌지 않고 끝까지 유지된다**（変わらず最後までそのままだ）などの表現が入ればいい。

㉡が含まれる文は結論の文で、いい印象を残すことが重要だという内容になる。上記解答例の他にも、**좋은 인상을 남겨야 한다**（いい印象を残さなければならない）などの表現が入ればいい。

> 52.　人に初めて会ったら、約5秒から10秒の間の短い時間で印象を把握することになる。このように把握された第一印象は、一貫性を維持しようとする人の心理のため（　㉠　）。そのため、第一印象は以後の関係にも影響を与える。それゆえ、新しい人に会う場であれば（　㉡　）。
>
> ㉠ 簡単に変わらない
> ㉡ いい第一印象を残すことが重要だ

[53] 다음 그림을 보고 악기를 어떻게 나눌 수 있는지 200~300자로 쓰십시오.

53. 解答例：　악기는 크게 현악기, 관악기, 타악기 등 세 가지로 분류할 수 있다. 우선, 현악기는 달려 있는 줄을 튕기거나 마찰시켜 소리를 내는 악기를 의미하는데 바이올린 또는 첼로가 이 종류에 속한다. 다음, 관악기는 플루트나 트럼펫과 같이 관을 불어 진동시킨 공기로 소리를 내는 악기를 가리킨다. 마지막으로, 타악기는 손 또는 채로 두들겨 소리를 내는 악기를 의미하는데 그 대표적인 예로 드럼과 심벌즈를 들 수 있다. 이를 통하여 악기는 연주하는 방법에 따라 종류를 나눌 수 있음을 알 수 있다.

解説：提示した対象について分類する文章を書く問題だ。楽器について簡単に定義する文でもいいし、**악기에는 다양한 종류가 있다**（楽器には多様な種類がある）などの文で始めてもいい。次に、**악기는 소리 내는 방식을 기준으로 나누면 크게 현악기, 관악기, 타악기로 나눌 수 있다**（楽器は音を出す方法を基準として分けると、大きく弦楽器、管楽器、打楽器に分けることができる）などのように展開していくといい。

解答例は、図表に提示された内容をうまく含めて文章にしている。**우선**（まず）、**다음(으로)**（次に）、**마지막(으로)**（最後に）、**그 대표적인 예로**（その代表的な例として）などの表現を適切に使い、さらに楽器の分類の基準について最後の文で述べ、文章を滑

らかに締めくくっている。

[53] 次の絵を見て、楽器をどのように分けられるか、200～300字で書きなさい。

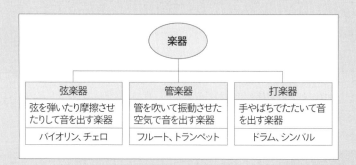

　　楽器は大きく弦楽器、管楽器、打楽器の三つに分類できる。まず、弦楽器は付いている弦を弾いたり摩擦させたりして音を出す楽器を意味するが、バイオリンまたはチェロがこの種類に属する。次に、管楽器はフルートやトランペットのように管を吹いて振動させた空気で音を出す楽器を指す。最後に、打楽器は手またはばちでたたいて音を出す楽器を意味するが、その代表的な例としてドラムとシンバルを挙げることができる。これを通じて、楽器は演奏する方法によって種類を分けることができることが分かる。

[54] 다음을 주제로 하여 자신의 생각을 600~700자로 글을 쓰십시오.

54. 解答例 :　간접흡연이란 담배를 직접 피우지는 않는 사람이 주변에 있는 흡연자가 내뿜는 담배 연기를 간접적으로 흡입하는 것을 의미한다. 연구 결과에 의하면 간접흡연은 직접흡연에 못지않게 몸에 해로우며 각종 질병을 발생시키는 원인으로 밝혀졌다. 이와 같이 간접흡연의 피해를 증명하는 연구 결과가 부단히 나오고 있으므로 많은 국가에서 간접흡연으로 인한 문제를 인식하여 이러한 피해를 최소화하기 위해 다양한 대책을 마련하기 시작했다. 길거리 흡연을 규제하는 것이 그 중에 하나였다.

　한국에서는 간접흡연의 피해를 줄이기 위해 별도로 흡연 구역 또는 흡연실을 설치함과 더불어 일부 길거리에서의 흡연을 규제하고 있다. 나는 길거리에서 흡연을 규제하는 것을 찬성한다. 그 이유로는 길거리는 모두가 함께 이용하는 공공장소일 뿐만 아니라 일상생활에서 남녀노소 누구나 쉽게 접할 수 있는 장소이기 때문이다. 흡연은 개인의 권리라고 할 수 있지만 타인에게 피해가 되지 않도록 공공장소에서는 자제해야 한다고 생각한다.

また、路上喫煙は他人に被害を及ぼすだけでなく、たばこの吸い殻を無断で投棄するなど環境問題を引き起こす可能性がある。たとえ路上喫煙の規制は現在韓国の一部地域でのみ実行されているが、意義のある始まりであり、今後さらに肯定的な結果を導き出せるだろう。

解説：路上喫煙規制に対する自分の考えを明かしてその理由を叙述する問題だ。路上喫煙規制に対して賛成または反対の立場を提示して、自分の立場を支えるための具体的な根拠を提示しなければならない。

　解答例は、序論で間接喫煙の定義とそれによる被害について説明し、路上喫煙規制が間接喫煙の対策として選ばれている現況について言及した。本論では、本格的に路上喫煙規制について賛成する立場を提示して、いくつかの妥当な根拠を挙げて説明し、路上喫煙を規制する制度の肯定的効果について期待する文で文章を滑らかに締めくくっている。

---

[54] 次をテーマにして自分の考えを600～700字で文章を書きなさい。
　　間接喫煙の被害を減らすために路上での喫煙を規制する国が増えています。韓国も一部地域では路上喫煙を規制しています。皆さんは路上喫煙規制についてどのように考えますか？ また、そのように考えた理由は何ですか？ これについて書きなさい。

　　　間接喫煙とは、たばこを直接吸わない人が周りにいる喫煙者が吐き出すたばこの煙を間接的に吸入することを意味する。研究結果によると、間接喫煙は直接喫煙に劣らず体に害があり、各種の疾病を発生させる原因と分かった。このように間接喫煙の被害を証明する研究結果が絶え間なく出てきているので、多くの国で間接喫煙による問題を認識してこのような被害を最小化するためにさまざまな対策を準備し始めた。路上喫煙を規制することもその中の一つだった。
　　　韓国では間接喫煙の被害を減らすために別途喫煙区域または喫煙室を設置するとともに、一部の路上での喫煙を規制している。私は路上での喫煙を規制することに賛成する。その理由としては、路上は皆が一緒に利用する公共の場であるだけでなく、日常生活で老若男女誰もが身近に接することのある場所だからだ。喫煙は個人の権利だと言えるが、他人に被害とならないように、公共の場では自制しなければならないと思う。
　　　さらに、路上喫煙は他人に被害を与えるのに加え、たばこの吸い殻のポイ捨てなど環境問題を呼び起こす可能性がある。たとえ路上喫煙規制は現在韓国の一部地域でのみ実行されているとしても、意味がある試みであり、今後より肯定的な結果を引き出せるだろう。

[1~2] (　　)에 들어갈 가장 알맞은 것을 고르십시오.

1. 正解：②먹어야

解説：-아/어야 (〜してこそ) は前と後ろをつなげる役割をし、条件を表す。

> [1~2] かっこに入る最も適切なものを選びなさい。
> 1.　ご飯を (　　) 薬を飲める。
> 　① 食べたり　　　　　　　　② 食べてこそ
> 　③ 食べるか　　　　　　　　④ 食べても

2. 正解：①가려고

解説：-려고 하다 (〜しようとする) は主語の意図を表すもので、まだ行動に移していないが近い未来にしようとすることを意味する。

> 2.　明日は朝早く起きて運動に (　　) 思う。
> 　① 行こうと　　　　　　　　② 行くが
> 　③ 行ったら　　　　　　　　④ 行くので

[3~4] 다음 밑줄 친 부분과 의미가 비슷한 것을 고르십시오.

3. 正解：④먹을 정도로

解説：-을 만큼 (〜するほど) は程度が似ていることを表す表現で、-을 정도로もほぼ同じ意味だ。

> [3~4] 次の下線を引いた部分と意味が似ているものを選びなさい。
> 3.　ご飯を2杯も<u>食べるほど</u>おなかがすいていた。
> 　① 食べる代わり　　　　　　② 食べるかと思って
> 　③ 食べたせいで　　　　　　④ 食べるほどに

4. 正解：②큰 듯했다

解説：-ㄴ 것 같다 (〜するようだ) は、ある動作や状態に対する話者の推測または不確実な判断を表す表現で、-ㄴ 듯하다もほぼ同じ意味だ。

4. 久しぶりに会ったおいの背がとても伸びたようだった。
　　① 伸びようとした　　　　　　　　② 伸びたようだった
　　③ 伸びるだけあった　　　　　　　④ 伸びることができた

[5~8] 다음은 무엇에 대한 글인지 고르십시오.

5. 正解：③ 신발

解説：「長く歩いても楽」というのは靴を指している。

[5~8] 次は何についての文か、選びなさい。

5.
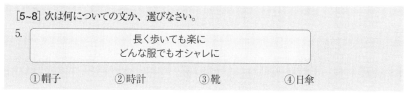
長く歩いても楽に
どんな服でもオシャレに

　　① 帽子　　　　② 時計　　　　③ 靴　　　　④ 日傘

6. 正解：① 치과

解説：歯の健康を確認できる場所は歯科だ。

6.
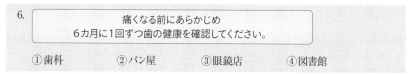
痛くなる前にあらかじめ
6カ月に1回ずつ歯の健康を確認してください。

　　① 歯科　　　　② パン屋　　　　③ 眼鏡店　　　　④ 図書館

7. 正解：① 물 절약

解説：가뭄は「干ばつ、日照り」のこと。干ばつを克服するためにしなければならないこととして、水を節約する方法を提示している。

7.
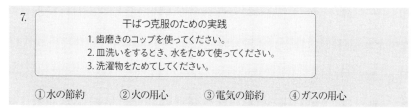
干ばつ克服のための実践
1. 歯磨きのコップを使ってください。
2. 皿洗いをするとき、水をためて使ってください。
3. 洗濯物をためてしてください。

　　① 水の節約　　　② 火の用心　　　③ 電気の節約　　　④ ガスの用心

8. 正解：④ 교환 안내

解説：商品を買った後に違う物に換えるときに注意すべき点についての内容だ。

8.

> ・商品を受け取った後15日以内に可能です。
> ・商品を使った場合、商品がなくなったり壊れたりした場合、申請は不可能です。

①販売場所　　②購入方法　　③利用方法　　④交換案内

[9~12] 다음 글 또는 도표의 내용과 같은 것을 고르십시오.

9. 正解：④한복을 입고 가면 입장료가 할인된다.

解説：博覧会の入場料についての案内文だ。韓服を着て来た人は2,000ウォン割引するとあるので、④が正解だ。駐車券は入場券を購入した人のみ購入できるので、①は間違い。子どもの入場料については記載がないので、②は答えにならない。団体割引は平日のみ適用なので、③は間違い。

[9~12] 次の文章または図表の内容と同じものを選びなさい。

9.
第25回 全州韓屋博覧会

区分	価格
一般	8,000ウォン
団体（15人以上）	5,000ウォン
駐車券	4,000ウォン

＊団体料金は平日のみ可能です。
＊韓服を着ていらした方は2,000ウォン割引致します。
＊駐車券は入場券を購入された方のみ購入可能です。

①駐車券のみ別途購入可能だ。
②子どもは無料で入場が可能だ。
③日曜日は団体割引を受けられる。
④韓服を着て行けば入場料が割引になる。

10. 正解：②시계는 남자가 가장 받고 싶어 하는 선물이다.

解説：グラフの棒の高さは回答者数の比率を表す。縦軸で男性の棒の高さが一番高い項目が時計で、時計は男性が一番もらいたいプレゼントなので②が正解だ。靴をもらいたがる男性はいるので、①は間違い。男性は時計を、女性は化粧品を最ももらいたがっているので、③も間違い。服をプレゼントしてほしいと思う人は女性より男性の方が多いので、④も間違い。

10.

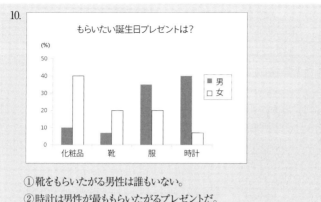

① 靴をもらいたがる男性は誰もいない。
② 時計は男性が最ももらいたがるプレゼントだ。
③ 男女とも化粧品を最も多くもらいたがっている。
④ 服をプレゼントしてほしいと思う人は男性より女性の方が多い。

11. 正解：②나이를 먹어도 뇌는 젊어질 수 있다.

解説：持続的に運動をすると老人の脳も若返ることがあるとあるので、②が正解だ。運動をするとストレスが減少するので、①は間違い。老人の脳も運動で刺激すれば発達させることができるので、③も間違い。ストレスは脳の老化をより早めるなど関係があるので、④も間違い。

> 11.　脳も年を取れば老いる。ストレスは脳の老化をより早く来させる。しかし、持続的に運動をすると、老人の脳も若返ることがある。脳を刺激して発達させるのだ。運動はストレスも減少させる。従って、脳を若く健康に維持するためには、毎日30分以上欠かさず運動するのが良い。
> ① 運動をするとストレスが増加する。
> ② 年を取っても脳は若くなれる。
> ③ 老人の脳はそれ以上は発達しない。
> ④ ストレスと脳の健康は互いに関係ない。

12. 正解：③얼음 카페는 여름에 인기가 좋다.

解説：氷カフェは、夏に暑さを避けて異色体験をしようとする人でより混むので、③が正解だ。氷カフェには滑り台やそりなどの遊ぶ施設があるので、①は間違い。氷カフェは夏にも営業するので、②も間違い。氷カフェは人気があるので、④も間違い。

12.　真夏にも冬を感じられる氷カフェが人気を呼んでいる。氷カフェは椅子やテーブル、皿までも全部氷で作られている。客は氷カフェで簡単な食事と飲み物を取ることができ、氷の滑り台や氷のそりなどの遊びも楽しめる。そのため、氷カフェは暑さを避けて異色体験をしようとする人たちで夏により混む。

①氷カフェには遊ぶ施設がない。

②氷カフェは冬にのみ営業する。

③氷カフェは夏に人気がある。

④氷カフェにはまだ客が多くない。

[13~15] 다음을 순서대로 맞게 배열한 것을 고르십시오.

13. 正解：①(가)-(나)-(다)-(라)

解説：A. 最初の文は(가)または(라)だ。

B. (라)で~이 그 예이다という表現を使っているので、(라)は前で出たある文の例を提示する文となり、最初の文にはなれない。すなわち、(가)の文が最初の文だ。

C. 2番目に来る文は(나)または(다)だ。

D. (나)の그래서は前の文が後ろの文の原因や理由であることを意味する。マスメディアがより慎重に言葉を使わなければならない理由は、マスメディアが大衆の言語生活に多くの影響を及ぼすからなので、(가)-(나)の順でつなげるのが自然だ。

E. 選択肢のうち、(가)-(나)の順に並んでいるのは①である。

F. (다)の그러나は後ろの文の内容が前の内容と反対であることを表す。マスメディアが間違った言葉を使うことは、(나)のマスメディアが慎重に言葉を使わなければならないという内容と反対となることなので、(나)-(다)の順でつながるのが自然だ。(라)は(다)の後ろに続いて間違った言葉の使用についての例を提示している。すなわち、①(가)-(나)-(다)-(라)の順が論理的に自然だ。

[13~15] 次の文を順番通りに正しく並べたものを選びなさい。

13. (가) マスメディアは大衆の言語生活に多くの影響を及ぼす。

(나) そのため、マスメディアはより慎重に言葉を使わなければならない。

(다) しかし、マスメディアが間違った言葉を使うことが時々ある。

(라) 不適切な単語を使ったり不必要な外国語を使ったりすることなどがその例だ。

14. 正解：③(다)-(가)-(라)-(나)

解説：A. 最初の文は(가)または(다)だ。

B.～D. (가)で~도を使っているのを見ると、(가)は(다)の文に続いて、喫煙が有害であるという事実を知っている全ての人と同じく、政府もまた問題を認めて政策を出したとつなげると自然だ。すなわち、最初の文は(다)で、2番目の文は(가)だ。

E. 選択肢のうち、(다)－(가)の順に並んでいるのは③である。

F. (라)は、(가)の政府が出した政策についての内容なので、(가)の次に(라)をつなげればいい。(나)の그러나は前の文と後ろの文の内容が反対のときに使う表現で、政府の政策についての内容である(가)－(라)に続けて(나)をつなげれば、政策も重要だが何より喫煙者本人の意志が重要だという内容で自然につながる。すなわち、③(다)－(가)－(라)－(나)の順が論理的に自然だ。

14. (가) 政府も喫煙者を減らすための政策を打ち出した。
(나) しかし、何よりも喫煙者本人の意志が重要だ。
(다) 喫煙が健康の害になる事実は誰もが皆知っている。
(라) たばこの値段を引き上げ、たばこの箱に警告の絵を入れることだ。

15. 正解：③ (라)－(가)－(다)－(나)

解説：A. 最初の文は(다)または(라)だ。

B. (다)の文は-기 위해서다という表現で終わっているのを見ると、前の文で話している内容に対する理由を表している。すなわち、(다)の文は最初の文になれないので、(라)の文が最初の文だ。

C. 2番目に来る文は(가)または(나)だ。

D. (라)の文の次に来る文はペットと一緒に外出したときに守らなければならない別の規則を話している(가)の文だ。(가)で使った또は似ているものを羅列するときに使う表現で、(라)と(가)をつないでいる。

E. 選択肢のうち、(라)－(가)の順に並んでいるのは③である。

F. (라)－(가)はペットと一緒に外出するときに守らなければならない事項で、(다)はこれらの事項を守らなければならない理由だ。最後に(나)は前で言った事項を守らなかったときに起こり得る状況についての内容だ。すなわち、③(라)－(가)－(다)－(나)の順が論理的に自然だ。

15. (가) また、首にリードを付けるような安全措置をしなければならない。
(나) そうでない場合、警告や罰金などの処罰を受けることがある。
(다) ペットによって他の人に被害を与えることを防ぐためだ。
(라) ペットを連れて外出するとき、ペットの排せつ物は必ず片付けなければならない。

419

[16~18] 다음을 읽고 (   )에 들어갈 내용으로 가장 알맞은 것을 고르십시오.

16. 正解：④나뭇잎을 잘라 옮기는

解説：ハキリアリというアリの生態についての内容だ。**잎꾼개미**という名前は、ハキリアリが木こり (**나무꾼**) の姿に似ていることから付いたと説明されている。木こりは木を切って運ぶ仕事をするが、その姿と、ハキリアリが木の葉を切って運ぶ姿が似ているということなので、④が正解だ。

> [16~18] 次の文章を読んで、かっこに入る内容として最も適切なものを選びなさい。
>
> 16.　ハキリアリは木の葉を餌に使う。(　　) 格好が木こり (**나무꾼**=ナムックン) の姿に似ているのでハキリアリ (**잎꾼개미**=イプクンゲミ) という名前が付いた。ただし、切ってきた葉をそのまま食べるのではなく細かく切って練り物を作り、発酵させる。ハキリアリは各自の仕事を分けて分業をし、また互いに力を集めて協業をしもする。そのため、ハキリアリは「農業をするアリ」と呼ばれもする。アリのこのような姿は人の姿と似ている。
>
> ①木の葉を栽培する　　　　　　　②木の葉を保護する
> ③木の葉をおいしく食べる　　　　④木の葉を切って運ぶ

17. 正解：②냄새가 깨끗이 없어지는 것은 물론

解説：冷蔵庫の臭いをなくす方法についての内容だ。まず、冷蔵庫に緑茶やコーヒーのかすを入れておく方法を紹介している。さらに、ビールやお酢で冷蔵庫を拭くと臭いがなくなるのはもちろん殺菌、消毒効果もあるという内容になるので、②が正解だ。

> 17.　冷蔵庫に保管中の食べ物と水分のせいで、冷蔵庫から臭いがすることがたびたびある。しかし、冷蔵庫の臭いをなくす方法は思ったより簡単だ。緑茶のかすやコーヒーのかすを入れておくだけでも冷蔵庫の臭いが除去される。また、飲み残しのビールやお酢を使って冷蔵庫を拭くと (　　) 殺菌および消毒効果まで得られる。
>
> ①掃除をしなくてもいいのはもちろん
> ②臭いがきれいになくなるのはもちろん
> ③残ったビールとお酢を捨てられるのはもちろん
> ④ビールやお酢の臭いが冷蔵庫からするのはもちろん

18. 正解：①재미있게 배울 수 있을 뿐만 아니라

解説：映画やドラマを見ながら外国語を学ぶ方法についての内容だ。全ての選択肢に、前で言ったこと以外にも他のことがあることを表す**-을 뿐(만) 아니라**がある。よって、かっこの中には、その後ろのその国の人が使う自然な言葉を学ぶことができ

るというような、映画やドラマを見ながら外国語を学ぶ長所が入ると自然につながるので、①が正解だ。

> 18. 映画やドラマなどを見ながら外国語を学ぶ人が増えた。この方法は自分が好きなものを通して外国語を学ぶことができるので（　　　）実際にその国の人が使う自然な言葉を学ぶことができるという長所がある。また、学習するのに多くの費用がかからない。
> ① 面白く学ぶことができるだけでなく
> ② 勉強をたゆまずできないだけでなく
> ③ 間違った言語を学べるだけでなく
> ④ 知らないことを聞くことができるだけでなく

[19~20] 다음 글을 읽고 물음에 답하십시오.

19. 正解：①바로

解説：静電気についての内容だ。~ 때문이다はある事実に対する理由を言うときに使う表現で、かっこがある文は髪をとかしたり服を脱いだりするとき体に電気が流れる理由だ。바로は「他ではなく確かにそれ」という意味で、ある事実を強調する副詞だ。従って、①が正解だ。

> [19~20] 次の文章を読んで、問いに答えなさい。
> 　髪をとかすときや服を脱ぐとき、体に瞬間的に電気が流れることがある。（　　　）静電気のせいだ。静電気は乾燥した日に、より発生しやすい。静電気をささいなことと考えがちだが、一歩間違えば火災事故につながることがあるので注意しなければならない。静電気予防のためには、室内の湿度を適正に維持し、水をよく飲んで体内の水分量を高めるのがいい。
>
> 19. かっこに入る適切なものを選びなさい。
> 　① まさに　　　② なんと　　　③ よりによって　　　④ 特に

20. 正解：④머리를 빗을 때 정전기가 발생할 수 있다.

解説：髪をとかすときや服を脱ぐときに静電気が流れるので、④が正解だ。静電気は火災事故につながることがあるので、①は間違い。湿度を適正に維持すると静電気を予防できるので、②も間違い。静電気は乾燥した日により発生しやすいとあることから、普通の日にも発生すると分かるので、③も間違い。

20. この文章の内容と同じものを選びなさい。
　　①静電気は危険ではない。
　　②湿度と静電気は関係がない。
　　③静電気は乾燥した日にのみ発生する。
　　④髪をとかすとき、静電気が発生することがある。

[21~22] 다음 글을 읽고 물음에 답하십시오.

21. 正解：④너 나 할 것 없이
　　解説：市民が交通事故からおばあさんを救助した事例を提示して、小さな関心と実践が他人にとって大きな助けとなり得るという内容だ。かっこが含まれる文は、市民が皆一つになって力を集めたという意味になるので、④が正解だ。

[21~22] 次の文章を読んで、問いに答えなさい。
　　道を渡っていて乗用車とぶつかり車のタイヤの下敷きになったおばあさんを市民らが救い出した。事故現場を目撃した市民が（　　　　　）一つになり、乗用車を持ち上げたのだ。市民らが素早く救助したおかげでおばあさんは大きなけががないことが確認された。人は自分が金持ちだったりすごい人だったりしなければ他人を助けられないと考える。しかし、他人に対する小さな関心と実践が他の人には大きな助けになることがある。

21. かっこに入る適切なものを選びなさい。
　　①顔が広く　　　　　　　　　　　②顔を出して
　　③しきりに褒めるように　　　　　④誰も彼も

22. 正解：③남을 생각하는 마음만 있으면 다른 사람을 도울 수 있다.
　　解説：お金が多かったりすごい人であったりしなくても、他人に対する関心と実践が他の人にとって大きな助けになり得るという内容なので、③が正解だ。

22. この文章の主要な考えを選びなさい。
　　①乗用車を一人で持ち上げることは簡単なことではない。
　　②おばあさんが大きなけがを負わなかったのは幸いなことだ。
　　③他人のことを考える心さえあれば、他の人を助けることができる。
　　④他の人を助けるには自分がまずすごい人にならなければならない。

[23~24] 다음 글을 읽고 물음에 답하십시오.

23. 正解：④ 불만스럽다

解説：登山が嫌いな「私」が、また山に行くことになった状況で感じる心情である。山に
行くことが気に入らなくて、納得できない感じがあることを表現しているので、④
が正解だ。**산행**(山行)は山道を歩くことを意味する。

[23~24] 次の文章を読んで、問いに答えなさい。

　私は山が嫌いだ。いや、登山が嫌いと言ってこそ正しい表現だろう。いつでも山を登るとき
は人より遅れをとってぶつぶつ不平を言った。「どうせ下りてくるのに何をしにわざわざ登るの
か分からない。」そして人が下りてくる道に座って一行を待つこと数回、今では最初から山の入
口にも行かない。

　それなのにまた山歩きだなんて……。入口で摩尼山の高さがそれほど高くないという事実
を知って安堵のため息をついたが、山の中腹にも着かずにもう疲れ始めた。しかし、家族と一
緒のときのように気軽に登れそうにないとも言えず、歯を食いしばって山の頂上まで登るしか
なかった。

23. 下線を引いた部分に表れた私の心情として適切なものを選びなさい。
　①緊張する　　　　　　　　②余裕だ
　③暇だ　　　　　　　　　　④不満だ

---

24. 正解：③ 나는 결국 마니산 정상에 올랐다.

解説：「私」は登山が好きではないが、他の人に登れないと言えず頂上まで登るしかな
かったとあるので、①は間違いで、③が正解だ。摩尼山はそれほど高くない山なの
で、②は間違い。「私」は一行と一緒に山の頂上まで登ったので、④も間違い。

24. この文章の内容と同じものを選びなさい。
　①私は登山によく行く。
　②摩尼山は高さが高い山だ。
　③私は結局摩尼山の頂上に登った。
　④私は摩尼山の入口で一行を待った。

[25~27] 다음은 신문 기사의 제목입니다. 가장 잘 설명한 것을 고르십시오.

25. 正解：② 내일 오후에는 일부 지역에 눈이 내리고, 밤부터 전국에 눈이 내리겠다.

解説：**곳곳**は「いろいろな場所」または「あちこち」という意味だ。記事の見出しは午後

から一部地域のあちこちで雪が降り始めて夜中には全国に拡大するだろうという
内容だ。

[25~27] 次は新聞記事の見出しです。最もよく説明したものを選びなさい。
25. 明日午後から所々に雪、夜中に全国に拡大
　①明日午後には全国に雪が降り、夜からだんだんやむだろう。
　②明日午後には一部地域に雪が降り、夜から全国に雪が降るだろう。
　③明日午後から一部地域に雪が降り、夜には全国に雨が降るだろう。
　④明日午後から全国に雪が降り、夜には一部地域にのみ雪が降るだろう。

26. 正解：④하나농구단에 새로운 감독이 들어와 팀의 경기 결과가 더 좋아질 것
이다.

解説：쑥는、急に上がったり下がったりする様子を表す表現だ。バスケットボールチーム
に新監督を受け入れることになって期待感が上昇しているという内容の記事だ。

26. ハナ・バスケットボールチーム、新監督の迎え入れで期待が高まる！
　①ハナ・バスケットボールチームに新しい監督が来るだろう。
　②ハナ・バスケットボールチームがこれまでの監督に大きな期待をしている。
　③ハナ・バスケットボールチームがこれまでの監督と一緒に試合の準備をするだろう。
　④ハナ・バスケットボールチームに新しい監督が来てチームの試合結果がもっと良くなる
　だろう。

27. 正解：②날씨가 추워서 할인 행사를 하는 매장도 손님이 없다.

解説：썰렁(하다)は、あるべきものがなくてどこかがらんとした感じを言う。記事の見出
しは、寒さのために売り場で割引イベントをしているのに客がいないという内容だ。

27. 寒いせいで割引イベントにも売り場はがらん
　①寒いので割引イベントをする売り場が増えている。
　②寒いので割引イベントをする売り場も客がいない。
　③寒いので割引イベントで売り場に客を引っ張っている。
　④寒くても割引イベントをする売り場には客が多い。

[28~31] 다음을 읽고 (　　)에 들어갈 내용으로 가장 알맞은 것을 고르십시오.

28. 正解：③오랜 시간에 걸쳐 추출하기 때문에

解説：더치 커피という、コーヒーの一種についての内容だ。かっこの中には、ダッチコー

ヒーが一般のコーヒーに比べて苦みが少なく熟成された味が出る理由が入らな
ければならない。かっこの前には、ダッチコーヒーが常温の水を1滴ずつ落として
コーヒーを抽出するとあるので、③が正解だ。

[28~31] 次の文章を読んで、かっこに入る内容として最も適切なものを選びなさい。

28. コーヒーに対する関心が高まるにつれて多様な方式で抽出したコーヒーが注目されてい
る。最近人気があるコーヒーはダッチコーヒーだ。ダッチコーヒーは常温の水を1滴ずつ落
として抽出する。（　　　）一般のコーヒーに比べて苦みが少なくワインのように熟成され
た味が出る。オランダの商人がコーヒーを長く保管するために考え出した方法ということで
ダッチコーヒーという。
① 人気が高いので　　　　　　　　　② 短時間で教育するので
③ 長い時間にわたって抽出するので　④ 多様な方式で味を引き出すので

29. 正解：④ 나이가 들면 지혜로워진다

解説：年齢と脳の関係についての内容だ。年を取るほど脳の神経網が発達して若者に
比べて感情を読む能力や総合的判断能力が優れているので、かっこの中には年
を取った人がより優れているという内容の表現が入らなければならない。③と④
のうち、脳の能力と関連しているのは④だ。

29. 年を取ると脳細胞の数が減るので記憶力が落ちる。しかし、年を取るほど脳のいろ
いろな領域を連結する神経網は発達していく。そのため、若者に比べて他の人の感情を読
んだり総合的な判断をしたりする能力はより優れている。（　　　）という言葉が科学的
に立証されたのだ。しかし、慌てたり萎縮したりした場合、脳の連結網が止まることもある。
① 若いほど優れている　　　　　　　② 若いほど賢い
③ 年を取ると活発になる　　　　　　④ 年を取ると賢くなる

30. 正解：③ 여러 명이 함께 탈 수 있는

解説：フランスのある地方都市で、スクールバスの代わりに、大きな自転車で登下校する
制度を導入したという内容だ。かっこが含まれる文は自転車スクールバス制度が
どのようなものか説明する文であり、すぐ後に続く文では自転車スクールバスは大
人1人と生徒が皆ペダルを踏んで動かすとあるので、③が正解だ。

30. フランスのある地方都市では自転車スクールバスを導入した。自転車スクールバスは
（　　　）大きな自転車をスクールバスとして利用したものだ。ボランティアの大人1人と
生徒らが全員ペダルを踏んで動かす。自転車スクールバスは登下校の道で自然に運動を
することができるという長所がある。また、環境を汚染させないというのも大きな長所だ。

①数人が個別に買った	②数人が全員賛成する
③数人が一緒に乗れる	④数人が各自乗って通う

31. 正解：④비용 절감은 물론

解説：二つの店が一つの店舗を使って、昼の時間と夜の時間を分けて店を運営するという内容だ。かっこが含まれる文は、この方法の長所を説明している。すぐ前の文に創業費用や運営費用を減らすためにこのような方法を使っているとあるので、④が正解だ。

31.　店舗を共有する店が生まれた。昼は麺類を売る食堂として、夜は室内屋台として運営する方式だ。同じ場所を使うが、二つの店の社長は違う。創業費用と運営費用を減らすためにこのように運営しているのだ。(　　　　)客まで共有できる長所がある。
①店の運営もまた
②場所と関係なく
③店の社長とともに
④費用節減はもちろん

[32~34] 다음을 읽고 내용이 같은 것을 고르십시오.

32. 正解：①애완동물로 심리 치료가 가능하다.

解説：ペットを飼うことが心理治療の一つの方法として利用されているので、①が正解だ。ペットは心臓疾患の危険を下げて寿命まで延ばすことができるので、②は間違い。ペットは人の面倒を見てくれて慰める役割をするので、③も間違い。ペットを飼うことでうつ病やストレスを減少させ得るので、④も間違い。

[32~34] 次の文章を読んで、内容が同じものを選びなさい。

32.　ペットを飼うことは人が動物の面倒を見ることだと考えがちだが、動物も人の面倒を見てくれ、人を慰めるのに大きな役割を果たすものと知られている。動物をなでて目を合わせる単純な行動だけでも、うつ病やストレスを減少させることができるのだ。また、心臓疾患の危険も下げ、寿命まで延ばすことができる。このような効果が確認されるにつれ、ペットを飼うことが心理治療の一つの方法として利用されてもいる。
①ペットで心理治療が可能だ。
②ペットが疾病の危険を増加させる。
③ペットは人の気持ちを慰めることは難しい。
④ペットの面倒を見ることはひどいストレスとなる。

33. 正解：③ 산업 분야에서는 이미 로봇이 활용되고 있다.

解説：生物学で、人間が近くで観察するのが難しい動物の研究にロボットを使っているという内容だ。産業や医療分野に続いて生物学の分野にまでロボットが活用されているとあるので、生物学の分野以前に産業や医療分野でロボットが使われていると分かるので③が正解だ。リスは人を見ただけで怖がって逃げるので、①は間違い。全ての動物の研究にロボットを使っているかどうかは文章からは分からないので、②は答えにならない。リスの研究には人の代わりにロボットを投入して観察するので、④は間違い。

33. 生物学では、人間が近くで観察するのが難しい動物の研究にロボットを使っている。例えば、リスは人を見ただけで怖がって逃げるので観察研究が難しい。ここにリスと似たロボットを投入して遠隔で操縦すれば、彼らの健康診断や生態探査を無事に終えることができるのだ。産業と医療分野に続き生物学の分野にまでロボットが活用されるにつれ、より多くの動植物の生態を把握できるものと期待される。
① リスは人間と非常に親しい動物だ。
② 全ての動物の研究にロボットを使う。
③ 産業分野ではすでにロボットが活用されている。
④ リスの研究には人が直接出て観察する。

34. 正解：① 멍하게 있으면 새로운 생각이 떠오르기 쉽다.

解説：人の脳はぼーっとしているときにも速く動き、何も考えていないときに創意性と関連した脳の部位が活動するという。창의성は新しいことを考え出す特性を意味する単語なので、①が正解だ。「ぼーっとする大会」では、歌を聴いたり携帯電話を見たり寝たりしたら脱落なので、②は間違い。ぼーっとしているときも脳は速く動いているので、③も間違い。創意性と関連した脳の部位は何も考えないときに活動するので、④も間違い。

34. 何も考えずぼーっとしている「ぼーっとする大会」がある。皆が忙しく時間に追われて生きる時代に「何もしないこと」について考える時間を持つためだ。この大会では歌を聴いたり携帯電話を見たり寝たりしたら全て脱落。実際に人の脳はぼーっとしているときも速く動いている。散歩をしたりシャワーをしたりするとき、寝る前のように何も考えないときには創意性と関連した脳の部位が活動するのだ。
① ぼーっとしていると新しい考えが浮かびやすい。
② 「ぼーっとする大会」で歌を聴くことは許されている。
③ 何も考えないとき、われわれの脳は止まっている。
④ 創意性と関連した脳の部位は忙しく動いてこそ活動する。

[35~38] 다음 글의 주제로 가장 알맞은 것을 고르십시오.

35. 正解：④긴장을 있는 그대로 받아들이는 것이 효과적이다.

解説：適切な緊張の肯定的な効果についての内容だ。適切な緊張はあることを遂行するのに良い結果をもたらし得るため、緊張感から抜け出そうと努力するより、緊張を肯定的に考えれば効果的に活用できるというのがこの文章の主題なので、④が正解だ。

[35~38] 次の文章の主題として最も適切なものを選びなさい。

35.　適切な緊張は仕事や試験においてより良い結果をもたらし得る。緊張感のような短期的なストレスは記憶力と集中力、問題解決能力を最大限に引き上げるからだ。従って、重要な瞬間に押し寄せる緊張感を振り切ろうと努力するより、この緊張感が自分に肯定的に作用し得ると考えたなら、緊張を効果的に活用できるだろう。
①緊張は集中力と記憶力を減少させる。
②緊張を振り切ることが何より重要だ。
③緊張は仕事や試験の結果に悪影響を与える。
④緊張をありのまま受け入れることが効果的だ。

---

36. 正解：④베이킹파우더가 세제 대용으로 주목받고 있다.

解説：食材や皿を洗うのに使う洗剤についての内容だ。今の洗剤は大量に摂取した場合、健康に問題を引き起こし得るため、代用品として洗浄力と殺菌力が高く消費者に人気のあるベーキングパウダーを活用した製品開発が積極的に行われているというのがこの文章の主題なので、④が正解だ。

36.　食材や皿を洗って残った洗剤は、食べ物を通じてわれわれの体に入ってきやすい。洗剤を大量に摂取した場合、健康に問題を引き起こし得るので、材料や食器に残っても安全な製品を探す消費者が増えている。特に、ベーキングパウダーは洗浄力と殺菌力が高いながらも、パンの材料として使われるほど安全な製品と認識され、消費者に人気が高い。これに力を得て業界でもベーキングパウダーを活用した多様な製品開発に積極的に努力している。
①ベーキングパウダーは人体に有害だ。
②ベーキングパウダーは種類が多様だ。
③ベーキングパウダーはパンの風味を良くする。
④ベーキングパウダーが洗剤の代用として注目されている。

---

37. 正解：②맛은 다양한 감각이 모여 느껴지는 것이다.

解説：味は周辺環境や音楽によっても変わる。つまり、単純に舌で味わう感覚だけでな

く、いろいろな感覚が脳に統合されて味を感じることになるというのがこの文章の主題なので、②が正解だ。

37.　飛行機で飲むトマトジュースの方が濃く感じる理由は何だろうか？ それは飛行機の騒音のせいだ。騒音は甘味を伝える体系を妨害して甘味をあまり感じさせず、こくをより強く感じさせる。反対に甘味をより強く感じさせるためにはピアノで演奏された音楽を聞けばいい。また、苦い味をより感じたければ金管楽器で演奏された音楽を聞くのがいい。このように、味は単純に舌だけで感じるものではなく、いろいろな感覚が脳に統合されて感じるのだ。
①ピアノの演奏は苦い味を強くする。
②味はさまざまな感覚が集まって感じられるものだ。
③うるさい音は甘味の伝達体系に影響を与える。
④騒音があるとトマトジュースの味はより濃くなる。

38. 正解：④남이 보지 않더라도 자신의 일을 하는 사람은 존경할 만하다.
解説：尊敬できる人についての内容だ。ある偉人が友達の家で働く召使いの事例を提示して、自分が尊敬する人は一人でいるときも誰かが見ているときと同じように仕事をする人だと言ったというのがこの文章の主題なので、④が正解だ。

38.　ある偉人は、自分が最も尊敬する人物は友達の家で働く召使いだと言いました。主人や同僚が誰もいないときにもカーペットの下を掃除するのを見たからです。カーペットの下はわざわざ見ない限り汚れがあまり目立たない場所です。この偉人は、自分が尊敬する人は一人でいるときも誰かが見守っているときのように何の変化もなく仕事をする人だと言いながら、友達の家の召使いを尊敬する人物として選んだのです。
①自分の人生に変化がない人は尊敬するに値する。
②一人でいる人を静かに慰める人は尊敬するに値する。
③最も汚い場所を一生懸命掃除する人は尊敬するに値する。
④他人が見てなくても自分の仕事をする人は尊敬するに値する。

[39~41] 다음 글에서 〈보기〉의 문장이 들어가기에 가장 알맞은 곳을 고르십시오.
39. 正解：②〇
解説：ある電子会社の「家族の日」制度を紹介する内容だ。まずこの制度について、次に制度の運営計画について、最後に期待される効果について述べられている。〈보기〉の文は、制度の試験運営を行って長所や短所を分析するとある。〇の後ろの文には、試験運営で現れた短所を補うとあるので、〈보기〉の文は〇の位置に入

ると自然につながる。

[39~41] 次の文章で、〈보기〉の文が入るのに最も適切な場所を選びなさい。

39.　チェゴ電子は来月から「家族の日」制度を導入する。（　㉠　）この制度は毎月第2、第
　　4水曜日、残業や退勤後の会食などをやめて家族と一緒に時間を過ごすよう促す制度だ。
　　（　㉡　）来年からは試験運営で現れた短所を補って拡大運営する計画も持っている。
　　（　㉢　）チェゴ電子は「家族の日」制度が社員たちの業務効率を高め、家族に優しい
　　企業という会社のイメージアップに役立つものと期待している。（　㉣　）

　　　チェゴ電子は企画本部を中心に試験運営をして、運営過程での長所や短所を分析する
　　計画だ。

40. 正解：④㉣

解説：「壁に止まったハエ効果」という、ある心理学的効果についての内容だ。〈보기〉
　　　の文の이러한は前で言った内容に再度言及するとき使う表現で、〈보기〉の文の
　　　前には何らかの方法に関する内容があるはずだ。㉣の前の文は失敗やミスなどで
　　　つらいとき、第三者の観点から自分を眺めることが慰めを得て力を得られる方法と
　　　いう内容なので、〈보기〉の文が㉣の位置に入ると自然につながる。

40.　「壁に止まったハエ効果」というものがある。（　㉠　）心理学でこの用語は「客観的
　　な観点」、「第三者の観点」を意味する。（　㉡　）この効果を説明した心理学者が壁に
　　止まったハエをその例に挙げて説明したことに由来している。（　㉢　）失敗やミスなど
　　でつらいとき、第三者の観点である壁に止まったハエの視線で自分を眺めてみると、慰め
　　を得て新しい力を得るということだ。（　㉣　）

　　　このような方法はうつ病患者の治療にも役立つ。

41. 正解：③㉢

解説：あるベストセラー本を紹介する文章だ。㉢の前で、この本が真のコミュニケーショ
　　　ンのための沈黙について書かれていると述べているので、㉢の部分に、〈보기〉
　　　の文のコミュニケーションの基本は相手の話を聞くことにあるという内容が入ると
　　　自然につながる。

41.　コ・サンホ博士の『価値ある沈黙』が5週連続ベストセラー1位となり、書店街で突風を
　　起こしている。（　㉠　）ノンフィクション図書がこのように長く販売1位となったのは異例
　　なことだ。（　㉡　）この本はコミュニケーションが強調される現代社会で真のコミュニケ
　　ーションのための沈黙の価値を発見させる。（　㉢　）また、沈黙が状況によっていろい

ろな意味に解釈され得ることを生活の中の例を通じて読者に見せてくれる。（　ㄹ　）

コミュニケーションにおいて、最も基本となるのは相手の話をよく聞いてあげることにあるということだ。

[42~43] 다음 글을 읽고 물음에 답하십시오.

42. 正解 : ② 난처하다

解説 : ある家族の父親についての話だ。下線部分は、父親が想定外のことを言い出して「とんでもない」と飛び上がった兄の言葉なので、②が適切だ。**명색**は「内実が伴わない肩書」のことで、ここでは控えめな表現として使っている。

[42~43] 次の文章を読んで、問いに答えなさい。

お父さんは嫉妬深い。他人に負けては生きられない。特に取るに足らないことには敏感だ。大金を稼ぐだとか新大陸を発見するとかいうことは夢にも思っていなくて、世界で最も優れたマンション警備員になるのには熱心だった。兄さんが、自分の会社に警備員のポストが空いたが、最近人がいなくて悩んでいると、何気なく言ったのが事の始まりだった。お父さんがそのポストに就くと腕まくりして名乗り出た。

「俺はまだ年老いてなんかいない。泥棒から守りながら3日間徹夜することもできる。」

兄さんはすぐ、とんでもないと飛び上がった。

<u>「お父さん。社員たちが何と言うと思いますか。仮にも僕が社長なのに、お父さんに警備をさせるだなんて。」</u>

お父さんは、理由はどうあれ他人が飛び上がって驚いているときは、とにかく冷静、沈着になる。軍隊時代に保安部隊に勤務していて身に付いた特技だ。

「どうした、一家で全てを独占していると言われるかと思って怖いのか?」

そう言いながら私をそっと横目でにらんだ。

42. 下線を引いた部分に表れた兄の心情として適切なものを選びなさい。

①気の毒だ　　　　　　②困っている

③寂しい　　　　　　　④恥ずかしい

43. 正解 : ③ 형은 회사를 경영하고 있다.

解説 : 兄は「僕が社長なのに……」と言っているので、③が正解だ。①、②はいずれも文章にないので答えにならない。他人に負けるのが我慢できないのは「お父さん」で、「私」がそうだとは書いていないので、④は間違い。

43. この文章の内容と同じものを選びなさい。
　　①お父さんは警察官だ。
　　②私はマンションの警備員だ。
　　③兄は会社を経営している。
　　④私は他人に負けるのが我慢できない。

[44~45] 다음을 읽고 물음에 답하십시오.

44. 正解：③저비용항공사 이용 시에는 반드시 살펴야 할 것이 있다.
　　解説：格安航空会社についての話だ。格安航空会社は、安い価格の代わりに、払い戻しや交換が不可能だったり、サービスなどに別途の条件があったりするので、抜かりなく調べなければならないというのがこの文章の主題なので③が正解だ。

[44~45] 次の文章を読んで、問いに答えなさい。
　　格安航空会社は、機内サービスを減らしたり営業方式を単純化したりして運営コストを節減する代わりに、利用客に安い価格で航空券を提供する。主に国内線を運航しているが、場合によっては近距離の国際線を運航することもある。格安航空会社は大型の航空会社の航空券の70〜80％水準の価格を前面に出して、国内線、国際線共に量的に大きく成長している。しかし、格安航空会社を利用するときはいくつか知っておかなければならないことがある。まず、払い戻しや交換が可能かどうかだ。大部分の格安航空会社では、払い戻しや交換が不可能な場合が多い。さらに、格安航空会社は飛行時に最も基本的なことだけを提供するので、手荷物や機内食などに（　　　　）ことがある。従って、予約前に提供してもらえるサービスや値段などを抜かりのないよう検討しなければならない。

44. この文章の主題として適切なものを選びなさい。
　　①格安航空会社の利用には不便が伴う。
　　②格安航空会社は国内線、国際線の両方とも運営している。
　　③格安航空会社の利用時は必ず調べなければならないことがある。
　　④格安航空会社は運営費用を減らすためにいろいろ努力をしている。

45. 正解：②추가 비용을 요구할
　　解説：格安航空会社は、最も基本的なサービスだけを提供し、運営コストを節減することで、安いチケットを提供しているという。かっこの中には基本的なこと以外のサービスを求めるときに起こり得ることについての内容が入らなければならないので、②が正解だ。

45. かっこに入る内容として最も適切なものを選びなさい。
  ① 異色な提案をする　　　　　② 追加費用を要求する
  ③ 新しいサービスを提供する　④ 最高のサービスを追求する

[46~47] 다음을 읽고 물음에 답하십시오.

46. 正解：④ ㉣

解説：〈보기〉の文の後ろに、ツバメが低く飛んだりアリが忙しく動いたりすることを、雨が降る前触れと見たことについての具体的な説明が提示されれば、自然につなぐことができる。従って、④が正解だ。

[46~47] 次の文章を読んで、問いに答えなさい。
　科学的な観測装備がそろえられなかった過去には、どのように天気を予測したのだろうか？（　㋐　）過去の気象予測方法は経験に基づいた予測がほとんどだったが、原始的な方法と見なすには相当に科学的な部分が多い。（　㋑　）例えば、「おばあさんの膝がうずいたら雨が降る」という俗説を確認してみよう。（　㋒　）雨が降る前の低い気圧と空気中の高い湿度は神経痛を誘発する。それで、体がうずくのだ。（　㋓　）実際に湿度が高い日、ツバメなどの鳥や昆虫は羽が重くなって低く飛ぶことになり、アリも自分たちの食料と卵を安全な場所に移そうとずっと動くということだ。

46. 次の文が入るのに最も適切な場所を選びなさい。
　　また、ツバメが低く飛んだりアリが忙しく動いたりするのも、雨が降る前触れと見ていた。

47. 正解：③ 곤충들은 습도가 높으면 날개가 무거워진다.

解説：湿度が高い日、鳥や昆虫は羽が重くなって低く飛ぶことになるとあるので、③が正解だ。過去の気象予測は経験に基づいた予測がほとんどだったが、相当科学的な部分が多いので、①は間違い。雨が降る前の低い気圧は神経痛をより感じさせるので、②も間違い。アリが食料や卵を安全な場所に動かし始めるのは雨が降る前触れなので、④も間違い。

47. この文章の内容と同じものを選びなさい。
  ① 過去の気象予測は間違った部分が多い。
  ② 気圧が低いと神経痛をあまり感じられない。
  ③ 昆虫は湿度が高いと羽が重くなる。
  ④ アリは雨が降り始めると卵を移し始める。

[48~50] 다음을 읽고 물음에 답하십시오.

48. 正解 : ②미세 먼지에 대한 문제 해결의 중요성을 주장하기 위해

解説 : PM10の危険性とPM10問題を解決するための政府の努力についての文章だ。筆者は文章の最後の部分で、PM10問題の解決のために持続的な努力が必要であることを強調しているので②が正解だ。

[48~50] 次の文章を読んで、問いに答えなさい。

PM10は粒子が小さくて鼻や口などで除去されず、気管支や肺にたまって各種の疾病を引き起こす。粒子がとても小さいPM2.5の一部は、脳まで炎症を引き起こして、うつ病や認知機能にも影響を及ぼす。PM10は、山火事や砂嵐のほこりのような自然的原因と、自動車のばい煙や石炭の消費のような人為的原因によって発生する。政府ではこのようなPM10から国民の健康を(　　　)PM10警報制を全国的に施行している。PM10が危険レベルで発生したら、自治体と協議して道路清掃などを強化してPM10に対処するのだ。さらに、古い自動車の排気ガスを減らすためのいろいろな方法や首都圏大気汚染総量制を施行している。しかし一方では、PM10の問題解決のためにより強力な制度を設けなければならないという声が大きい。PM10の管理基準が世界保健機関レベルに及ばないというのだ。どちらの立場に立とうとも、一つはっきりしているのはPM10は国民の健康に有害であり、これを解決するための持続的な努力が必要だということだ。

48. 筆者がこの文章を書いた目的を選びなさい。
①PM10に関する問題解決方法を説明するため
②PM10に関する問題解決の重要性を主張するため
③PM10に関する問題解決方法の根拠を提示するため
④PM10に関する問題解決を取りまく社会的葛藤を解消するため

49. 正解 : ①보호하기 위해

解説 : かっこの中には政府がPM10警報制を施行する理由についての内容が含まれていなければならない。文章の全体的な内容から見るとき、政府がPM10警報制を施行する理由は危険なPM10から国民の健康を守るためなので、①が正解だ。

49. かっこに入る内容として適切なものを選びなさい。
①保護するため　　　　　　②確認するため
③治療するため　　　　　　④維持するため

50. 正解 : ③미세 먼지 해결책의 필요성을 강조하고 있다.

解説 : 下線を引いた部分で筆者は、PM10の問題解決策についてどういう立場であって

も、PM10が国民の健康に有害だという事実は変わらず、解決のための持続的な
努力が必要だという事実を強調しているので③が正解だ。

50. 下線を引いた部分に表れた筆者の態度として適切なものを選びなさい。
　　①政府の政策に対して肯定的だ。
　　②PM10の解決方法に対して懐疑的だ。
　　③PM10の解決策の必要性を強調している。
　　④PM10解決のための政府の努力を信じられないでいる。

模擬テスト2

2회 모의고사

解答・解説・訳

聞き取り

1	②	2	26	①	2
2	③	2	27	③	2
3	①	2	28	④	2
4	④	2	29	④	2
5	③	2	30	④	2
6	①	2	31	①	2
7	①	2	32	①	2
8	③	2	33	③	2
9	④	2	34	①	2
10	③	2	35	②	2
11	③	2	36	③	2
12	②	2	37	①	2
13	④	2	38	④	2
14	②	2	39	①	2
15	②	2	40	①	2
16	④	2	41	③	2
17	①	2	42	④	2
18	④	2	43	③	2
19	①	2	44	②	2
20	③	2	45	①	2
21	④	2	46	④	2
22	②	2	47	④	2
23	④	2	48	②	2
24	②	2	49	③	2
25	②	2	50	④	2

読解

1	③	2	26	③	2
2	②	2	27	④	2
3	④	2	28	①	2
4	②	2	29	②	2
5	①	2	30	③	2
6	②	2	31	④	2
7	③	2	32	②	2
8	④	2	33	②	2
9	②	2	34	④	2
10	②	2	35	②	2
11	②	2	36	②	2
12	④	2	37	③	2
13	①	2	38	④	2
14	③	2	39	①	2
15	④	2	40	②	2
16	③	2	41	③	2
17	②	2	42	③	2
18	③	2	43	③	2
19	①	2	44	④	2
20	①	2	45	③	2
21	②	2	46	①	2
22	④	2	47	④	2
23	③	2	48	④	2
24	④	2	49	①	2
25	④	2	50	②	2

聞き取り

[1~3] 다음을 듣고 알맞은 그림을 고르십시오.

1. 여자 : 어, 음료수가 왜 안 나오지?

남자 : 어디 봐요. 어, 돈도 넣었는데 왜 버튼이 안 눌리지?

여자 : 아무래도 고장이 난 것 같아요. 관리자에게 전화를 걸어야겠어요.

正解 : ②

解説 : 男性と女性が飲み物の自動販売機の前でしている会話だ。女性が最後に電話を
かけなきゃと言っているので、②が正解だ。自動販売機が故障して飲み物が出て
きていない状況なので、①も③も間違い。

[1~3] 次の音声を聞いて、適切な絵を選びなさい。
1. 女 : あれ、どうして飲み物が出ないんだろ?
男 : ちょっと見せて。あ、お金を入れたのにどうしてボタンが押せないんだ?
女 : やっぱり故障しているようですね。管理者に電話をかけなきゃ。

2. 여자 : 영화 보면서 먹을 간식을 좀 살까?

남자 : 좋아. 안 그래도 배가 좀 고팠어. 뭘 살까?

여자 : 콜라랑 팝콘 어때?

正解 : ③

解説 : 女性と男性が映画館の売店の前で会話をしている。女性が映画を見ながら食べ
るおやつを買おうと言い、男性も좋아と同意をしたので、食べ物を買っている③
が正解だ。

2. 女 : 映画を見ながら食べるおやつを買おうか?
男 : いいね。ちょうどおなかがちょっとすいていたんだ。何を買おうか?
女 : コーラとポップコーンはどう?

3. 남자 : 여러분은 저가 항공을 이용해 보신 적이 있으십니까? 한 보고서에 따
르면 국내 저가 항공 이용객 수는 2008년 이후 점점 증가하여 2015년
에 최고였습니다. 저가 항공을 이용하여 가는 곳으로는 제주가 가장
많았고, 김포와 부산이 차례로 그 뒤를 이었습니다.

正解：①

解説：格安航空の利用客数はだんだん増加して2015年が最高と言っているので、①が正解だ。格安航空の目的地として多い場所は済州、金浦、釜山の順だと言っているが、③、④のドーナツグラフはそのようになっていないので、間違い。

3. 男：皆さんは格安航空を利用されたことがおありですか？　ある報告書によると、国内の格安航空利用客数は2008年以降だんだん増加し、2015年に最高でした。格安航空を利用して行く場所としては済州が最も多く、金浦と釜山が順にその後に続きました。

[4~8] 다음 대화를 잘 듣고 이어질 수 있는 말을 고르십시오.

4. 남자：민수 씨가 오늘 회사에 늦게 나온다고 연락이 왔어요.

　　여자：왜요? 무슨 일이 있대요?

　　正解：④ 몸이 안 좋아서 병원에 다녀온대요.

　　解説：女性が男性にミンスさんが遅れる理由を聞いたので、その理由となる④が正解だ。

[4~8] 次の会話をよく聞いて、続く言葉を選びなさい。
4. 男：ミンスさんが今日会社に遅れて来ると連絡が来ました。
　　女：どうしてですか？　何があったって言っていましたか？
　　①11時くらいに来るそうです。
　　②明日も遅れそうとのことです。
　　③何時までに来るように言いましょうか？
　　④具合が悪くて病院に行ってくるそうです。

5. 여자：곧 마감인데 아직까지 과제를 다 안 했으면 어떡해?

　　남자：과제 제출 이번 주말까지 아니야?

　　正解：③ 내일이 마감이니 서둘러 끝내도록 해.

　　解説：男性が課題の提出日を聞いたので、明日が締め切り日だという③が適切な答えだ。女性が最初に곧 마감인데と言っていることから、女性は締め切り日を知っているので、④は答えにならない。

5. 女：もうすぐ締め切りなのに、まだ課題を終わらせてなくてどうするの？
　　男：課題の提出は今週末までじゃないの？
　　①私も昨日課題を出したわ。
　　②今回の課題は難しくなかった？

③明日が締め切りだから急いで終えるようにしなさい。
④私は締め切り日がいつかよく知らないわ。

6. 남자 : 또 커피를 마셔요? 커피를 너무 많이 마시면 몸에 안 좋아요.

여자 : 밤에 잠을 잘 못 자서 커피를 줄이려고 하는데 생각만큼 쉽지 않아요.

正解 : ① 커피 대신 다른 차를 마셔 봐요.

解説 : 커피를 줄이다는「コーヒーを飲む回数または量を減らす」という意味だ。女性が
コーヒーを減らしたいが簡単ではないと言っているので、コーヒーの代わりに他の
お茶を飲んでコーヒーを減らす方法を話している①が正解だ。

6. 男 : またコーヒーを飲むんですか？　コーヒーを飲み過ぎると体に良くないですよ。

女 : 夜によく眠れなくてコーヒーを減らそうと思うんですが、思うほど簡単じゃありません。

①コーヒーの代わりに他のお茶を飲んでみてください。

②夜に深く眠っていてよく分かりませんでした。

③私もコーヒーよりコーラの方がおいしいです。

④考え過ぎると頭が痛いでしょう。

7. 여자 : 시험이 너무 어려웠어. 답을 많이 못 썼어.

남자 : 다음번 시험은 더 잘 볼 수 있을 거야.

正解 : ① 공부를 더 많이 할걸 그랬어.

解説 : 女性は試験が難しくて答えをあまり書けなかったと言っているので、そのことを反
省して言っている①が正解だ。-(으)ㄹ걸 그랬다は「〜すればよかった」という
意味の表現。

7. 女 : 試験がすごく難しかった。答えをあまり書けなかった。

男 : 次の試験はもっとうまくいくよ。

①勉強をもっとすればよかった。

②みんな試験がうまくいかなかったみたいだね。

③難しい問題を解くなんて、本当にすごい。

④次の試験では答えをたくさん書けそうにない。

8. 여자 : 집에 과일이 하나도 없어. 올 때 사과와 바나나 좀 사 오겠니?

남자 : 네. 사과하고 바나나만 사면 돼요?

正解 : ③ 네가 먹고 싶은 것이 있으면 더 사도 돼.

解説：男性がリンゴとバナナを買えば十分か聞いているので、その返事としては「それだけ買えばいい」または「他の物をもっと買ってもいい」などがあり得る。従って、③が適切な答えだ。

> 8. 女：家に果物が一つもないんだ。帰りにリンゴとバナナを買ってきてくれる？
>   男：はい。リンゴとバナナだけ買えばいいですか？
>   ① それならおなかがいっぱいになると思う。
>   ② 私はリンゴは好きじゃない。
>   ③ 自分が食べたい物があったらもっと買ってもいいよ。
>   ④ それじゃ、他の人が家に来るまで待ってみようか？

[9~12] 다음 대화를 잘 듣고 여자가 이어서 할 행동으로 알맞은 것을 고르십시오.

9. 남자：네, 한국전자 홍보팀입니다.

여자：안녕하세요? 마케팅팀 김은영입니다. 배정우 부장님과 통화 가능할까요?

남자：부장님 지금 회의 들어가셨습니다. 전하실 말씀 있으시면 메모 남겨 드릴까요?

여자：아니요, 제가 다시 전화 드리겠습니다.

正解：④ 홍보팀에 다시 전화를 건다.

解説：女性は広報チームの部長に電話をかけたが、会議のため不在だった。女性が最後に제가 다시 전화 드리겠습니다と言ったところを見ると、女性が続いてする行動としては④が適切だ。

> [9~12] 次の会話をよく聞いて、女性が続いてする行動として適切なものを選びなさい。
> 9. 男：はい、ハングク電子広報チームです。
>   女：こんにちは。マーケティングチームのキム・ウニョンです。ペ・ジョンウ部長と通話できますでしょうか？
>   男：部長は今、会議中です。伝言があればメモを残しましょうか？
>   女：いいえ、こちらからまた電話します。
>   ① メモを残す。   ② 会議に入る。
>   ③ 部長と電話で話す。   ④ 広報チームにまた電話をかける。

10. 여자：네가 빌린 그 책 나도 좀 봐도 돼?

남자：응, 난 다 읽었어. 그럼 네가 읽고 도서관에 반납해 줄래?

여자：응. 그렇게. 언제까지 반납하면 되는데?

남자 : 다음 주 화요일까지. 늦지 않게 반납해 줘.

正解 : ③ **남자에게 책을 빌린다.**

解説 : 男性が図書館から借りた本を女性も読みたいと言い、男性が火曜日までに本を
図書館に返してほしいと言っている。それに対し、女性はそうすると答えているの
を見ると、女性は男性から本を借りると考えられるので、③が正解だ。

---

10. 女 : あなたが借りたその本、私もちょっと読んでもいい？
    男 : うん、僕はもう全部読んだよ。それじゃ、君が読んで図書館に返してくれる？
    女 : うん。そうする。いつまでに返せばいいの？
    男 : 来週の火曜日まで。遅れないように返して。
    ① 図書館に行く。　　　　　　　　② 本をすぐに返す。
    ③ 男性に本を借りる。　　　　　　④ 火曜日に男性に会う。

---

11. 남자 : 와, 오늘 날씨가 정말 후텁지근한걸. 내일 비가 오려고 이렇게 더운 건가?

여자 : 내일 비가 온대요? 내일 비 오면 안 되는데…….

남자 : 참, 내일 야외 수업이 있다고 했지요? 비 오면 기온이 내려갈 테니 겉옷
을 챙겨 가요.

여자 : 네. 혹시 모르니 그래야겠네요.

正解 : ③ **겉옷을 준비한다.**

解説 : 男性が上着を持って行くように言ったところ、女性はそうしなければならないと答
えたので、③が正解だ。

---

11. 男 : わあ、今日はすごく蒸し暑いね。明日雨が降るからこんなに暑いのかな？
    女 : 明日雨が降るって言ってましたか？　明日雨が降ったら駄目なのに……。
    男 : そうか、明日野外授業があると言っていましたよね？　雨が降ったら気温が下がるだ
       ろうから、上着を持って行ってください。
    女 : はい、念のためそうしなければいけませんね。
    ① 扇風機をつける。　　　　　　　② 傘を乾かす。
    ③ 上着を準備する。　　　　　　　④ 野外授業を欠席する。

---

12. 남자 : 회원 카드를 다시 만드는 거예요?

여자 : 네. 지갑을 잃어버리면서 함께 잃어버렸어요.

남자 : 카드 발급까지는 일주일 정도 소요되고요, 여기에 다시 와서 찾으셔도
되고, 아니면 우편으로 발송해 드릴 수도 있어요. 우편 발송을 원하시
면 여기 신청서에 주소를 적어 주세요.

여자 : 네. 그럼 우편으로 보내 주세요.

正解 : ②신청서에 주소를 적는다.

解説 : 男性が新しい会員カードを郵便で受け取るには申請書に住所を書くように言った
ところ、女性は郵便で送ってほしいと答えている。従って、女性は申請書に住所を
書くと考えられるので、②が正解だ。

---

12. 男 : 会員カードをまた作るんですか?

女 : はい。財布をなくして一緒になくしました。

男 : カードの発給までは1週間ほどかかりまして、ここに再度来て受け取られてもいいし、も
しくは郵便で発送することもできます。郵便での発送をお望みならこちらの申請書に
住所を書いてください。

女 : はい。それでは郵便で送ってください。

①郵便番号を確認する。　　　　　②申請書に住所を書く。

③なくした財布を捜す。　　　　　④会員カードを取りに来る。

[13~16] 다음을 듣고 내용과 일치하는 것을 고르십시오.

13. 여자 : 그 가수 콘서트에 꼭 가고 싶었는데 푯값이 너무 비싸서 망설여져.

남자 : 너 예전부터 콘서트 가겠다고 아르바이트 한 거 아니었어? 학생 할인
가격도 그렇게 비싸?

여자 : 학생 할인이 돼? 그건 어떻게 할인받을 수 있는 거야? 할인이 되면 콘
서트에 당연히 가야지.

남자 : 학생 할인 티켓으로 예약을 하고, 표를 찾을 때 학생증을 보여 주면 돼.

正解 : ④여자는 콘서트에 가려고 전부터 아르바이트를 했다.

解説 : 男性が女性に너 예전부터 콘서트 가겠다고 아르바이트 한 거 아니었어?と
言っているのを見ると、女性がコンサートに行くために前からアルバイトをしていた
と考えられるので、④が正解だ。割引チケットは受け取るとき学生証を見せなけれ
ばならないので、①は間違い。女性はまだチケットを買っていないので、②も間違
い。女性はチケットが割引になるならコンサートに当然行かなければならないと言
っているので、③も間違い。

[13~16] 次の音声を聞いて、内容と一致するものを選びなさい。

13. 女 : あの歌手のコンサートに必ず行きたかったけど、チケット代がとても高くて迷うよ。

男 : 君、前からコンサートに行くと言ってアルバイトをしてたんじゃなかったっけ?　学生
割引の値段もそんなに高いの?

女：学生割引ができるの？ それはどうやって割引してもらえるの？ 割引になるならコンサートに当然行かなくちゃ。

男：学生割引チケットで予約をして、チケットを受け取るとき学生証を見せればいいよ。

①学生割引は学生証がなくても可能だ。

②女性はコンサートのチケットを割引してもらって買った。

③割引が可能でも女性はコンサートに行くのをためらっている。

④女性はコンサートに行こうと前からアルバイトをしていた。

14. 여자：관리사무소에서 안내 말씀 드리겠습니다. 쾌적한 아파트 환경 조성을 위해 쓰레기는 정해진 날짜에 배출해 주시기 바랍니다. 우리 아파트 쓰레기 배출일은 매주 수요일, 일요일입니다. 정해진 요일 이외에는 쓰레기장이 열려 있지 않습니다. 조금 불편하시더라도 살기 좋은 아파트를 위해 다 같이 협조 바랍니다. 감사합니다.

正解：②월요일은 쓰레기를 버릴 수 없다.

解説：ごみ出しの日は毎週水曜日と日曜日で、その日しかごみ捨て場は開いておらず、ごみを捨てられないので、①、③は間違いで、②が正解だ。④は話の内容からは分からないので、答えにならない。

14. 女：管理事務所からご案内申し上げます。快適なマンション環境を作るため、ごみは決められた日に出すようにお願いします。当マンションのごみ出しの日は毎週水曜日、日曜日です。決められた曜日以外は、ごみ捨て場は開いていません。少しご不便でも、住みやすいマンションのために皆さんご協力お願いします。ありがとうございます。

①ごみ捨て場はいつでも開いている。

②月曜日はごみを捨てられない。

③ごみは週に1回のみ捨てられる。

④ごみ出しに困難があったら管理事務所に連絡すればいい。

15. 남자：다음은 생활과 경제 소식입니다. 그동안 집에서 요리 후에 남은 식용유를 처리하기 어려우셨죠? 최근에는 이 기름을 이용해 비누를 만들어 쓰는 사람들이 늘고 있다고 합니다. 버려지는 기름으로 만든 비누를 사용하면 환경오염도 줄이고, 에너지도 아낄 수 있습니다. 만드는 방법도 간단합니다. 폐식용유에 수산화나트륨을 섞어 굳히기만 하면 됩니다.

正解：②폐식용유 비누를 사용하면 환경에 도움이 된다.

解説：**페식용유**は「廃食用油」のこと。廃油で作ったせっけんを使えば環境汚染を減らし、エネルギーを節約できると言っているので、②が正解だ。①、③は、話の内容からは分からないので、答えにならない。廃油せっけんを作るには廃油と水酸化ナトリウムさえあればいいので、④は間違い。

15. 男：次は生活と経済のニュースです。これまで、家で料理の後に残った食用油を処理するのは大変でしたよね？　最近はこの油を利用してせっけんを作って使う人が増えているそうです。捨てられる油で作ったせっけんを使えば、環境汚染も減らし、エネルギーも節約できます。作る方法も簡単です。廃油に水酸化ナトリウムを混ぜて固めさえすればいいです。
　①廃油せっけんの使用は皮膚の疾患にいい。
　②廃油せっけんを使うと環境の助けとなる。
　③廃油せっけんを使う人は不便を訴えている。
　④廃油せっけんを作るためにはたくさんの材料が必要だ。

16. 남자：주방장님께서는 30년 동안 오스트리아에서 한국 식당을 운영하시며 한국 음식을 알리는 일에 앞장서고 계시는데요. 특별히 한국 음식을 알리는 일을 하게 된 계기가 있을까요?

여자：제가 30년 전에 오스트리아에 처음 왔을 때는 사람들이 한국이라는 나라에 대해 잘 모르고 있었어요. 그래서 한국을 알릴 수 있는 방법이 무엇이 있을까 생각하다가 주변 사람들에게 한국 음식을 만들어 대접하기 시작했습니다. 그러자 사람들이 음식을 맛있게 먹고 한국 음식과 한국에 대해 더 알고 싶어 했죠. 그래서 시작하게 되었어요.

正解：④여자는 현재 오스트리아에서 한국 식당을 운영하고 있다.

解説：女性は30年間オーストリアで韓国食堂を運営しているので、③は間違い、④が正解だ。①、②は話の内容からは分からないので、答えにならない。

16. 男：料理長は30年間オーストリアで韓国食堂を運営なさって、韓国料理を普及させる先頭に立っていらっしゃいます。韓国料理の普及をするようになった、これといったきっかけはあるのでしょうか？
　女：私が30年前にオーストリアに初めて来たときは、周りの人が韓国という国についてよく知りませんでした。そのため、韓国のことを広めることができる方法として、何があるか考えて、周りの人に韓国料理を作ってもてなし始めました。すると、人々が料理をおいしく食べて、韓国料理と韓国についてもっと知りたがったんです。それで始めることになりました。
　①女性は料理が好きで料理長になった。

② 女性は韓国のことを広めるために友達と付き合った。
③ 女性はオーストリアに住んで30年たっていない。
④ 女性は現在オーストリアで韓国食堂を運営している。

[17~20] 다음을 듣고 남자의 중심 생각을 고르십시오.

17. 남자 : 아이 학원을 뭘 그렇게 많이 보내요? 서너 개는 다니는 거 같은데요?

여자 : 피아노 학원은 아이가 다니고 싶어 하고, 나머지 학원은 학교 공부를 따라가려면 어쩔 수 없어요.

남자 : 아이 스스로 공부하는 습관을 익히는 것이 중요해요. 처음에는 어렵겠지만 아이 스스로 공부할 수 있도록 도와주세요.

正解 : ① 스스로 공부하는 것이 중요하다.

解説 : 男性は親が子どもをたくさんの塾に通わせるのではなく、子どもが自ら勉強する習慣を身に付けることが重要だと考えているので、①が正解だ。②、③、④は会話と関係のない内容なので、答えにならない。

[17~20] 次の音声を聞いて、**男性**の主要な考えを選びなさい。

17. 男：どうして子どもを塾にそんなにたくさん通わせるんですか？　3、4個は通っているようですが？

女：ピアノ塾は子どもが通いたがっているし、後の塾は学校の勉強に付いていくためには仕方ありませんよ。

男：子どもが自ら勉強する習慣を身に付けることが重要です。最初は難しいと思いますが、子どもが自ら勉強できるように手伝ってあげてください。

① 自ら勉強することが重要だ。
② 一人で勉強すると子どもが難しがる。
③ 塾でたくさんのことを勉強できる。
④ 子どもが通いたがっている塾にだけ通わせなければならない。

18. 남자 : 벌써 점심시간이네요. 점심 먹으러 가요.

여자 : 맛있게 드시고 오세요. 저는 점심 안 먹으려고요. 요새 살이 너무 쪄서 살을 좀 빼고 싶거든요.

남자 : 무조건 굶는 것은 몸에 좋지 않아요. 굶는다고 살이 빠지지도 않고요. 음식을 골고루 먹으면서 운동을 열심히 하는 것이 중요해요.

正解 : ④ 살을 빼기 위해 굶는 것은 몸에 해롭다.

解説：男性は、痩せるためには食事を抜くより、食べ物をきちんと食べながら運動をすることが大事だと考えている。やみくもに食事を抜くことは体に良くないと言っているので、④が正解だ。①は女性の考えと思われるので間違い。②、③は会話の内容からずれているので、答えにならない。

18. 男：もうお昼の時間ですね。お昼食べに行きましょう。
    女：いってらっしゃい。私は昼ご飯を食べないつもりです。最近太りすぎたのでちょっと痩せたいんです。
    男：やみくもに食事を抜くのは体に良くないですよ。食事を抜いたからって痩せもしないですし。食べ物をきちんと食べながら運動を一生懸命することが大事です。
    ① 食事を抜くと痩せることができる。
    ② 女性は太っていない。
    ③ 昼食の時間にはご飯を食べなければならない。
    ④ 痩せるために食事を抜くのは体に有害だ。

19. 남자 : 요새 급하지도 않으면서 구급차를 불러 이용하는 사람들이 늘었대. 구급차를 이용할 때마다 돈을 받는 게 좋을 것 같아.

여자 : 그게 무슨 소리야. 돈을 받으면 안 되지. 사람들이 급할 때 부담 없이 이용할 수 있게 해야지.

남자 : 자기 마음대로 구급차를 이용하는 사람 때문에 정작 급한 사람이 이용 못하면 안 되잖아.

여자 : 그렇다고 모든 사람들에게 돈을 받으면 안 되지.

正解：① 구급차는 필요한 사람만이 이용해야 한다.

解説：男性は、緊急ではない人が救急車を利用することを減らすために、救急車の利用料を取らなければならないと考えているので、①が正解だ。②は女性の考えだ。③、④は会話の内容からずれているので、答えにならない。

19. 男：最近、緊急でもないのに救急車を呼んで利用する人が増えたんだって。救急車を利用するたびにお金を取るのがよさそうだよ。
    女：何言っているの。お金を取ったら駄目でしょ。緊急のとき人が負担なく利用できるようにしなきゃ。
    男：自分勝手に救急車を利用する人のせいで、いざというときに緊急の人が利用できなかったら駄目じゃないか。
    女：だからって全ての人からお金を取ったら駄目でしょ。
    ① 救急車は必要な人のみが利用しなければならない。
    ② 救急車は負担なしで利用できなければならない。

③救急車を利用する人には注意をしなければならない。
④お金を払えば不必要な人も救急車を利用できる。

20. 여자：최 교수님, 최 교수님은 청소년을 대상으로 강연을 많이 하시는데, 강
연에서 주로 강조하시는 것은 무엇인가요?

남자：스스로를 귀하게 생각하라는 이야기를 많이 해요. 요즘 사람들은 너
무 다른 사람의 시선을 의식하며 살아요. 청소년들도 마찬가지고요.
다른 사람의 소리가 아닌 내가 원하는 것, 잘하는 것에 대해 고민하고
살아야 해요. 청소년기에 이런 고민들을 하는 것이 중요하지요. 그래서
앞으로도 이러한 내용들을 많이 알리려 해요.

正解：③나를 값진 존재로 여기는 것이 중요하다.

解説：女性に講演で強調していることを聞かれ、男性は自らを貴いと思えという話をよく
すると答えているので、③が正解だ。**값지다**は**귀하다**とほぼ同義の言葉だ。①、
②、④は会話の内容からずれているので、答えにならない。

20. 女：チェ教授、チェ教授は青少年を対象とした講演をたくさんされていますが、講演で主
に強調なさることは何でしょうか?

男：自らを貴いと思えという話をよくします。最近の人たちは他の人の視線をとても意識し
ながら生きています。青少年たちも同じです。他の人の声ではく自分が望むこと、上手
なことについて悩んで生きなければいけません。青少年期にこのような悩みを持つこ
とが重要です。そのため、今後もこのような内容をたくさん知らせようと思います。

①講演に耳を傾けることが重要だ。
②人生について悩んではならない。
③自分を貴い存在と思うことが重要だ。
④他の人を意識すると人生の質が良くなる。

[21~22] 다음을 듣고 물음에 답하십시오.

여자：이 학교는 아침밥도 학교에서 주는 것으로 유명한데 어떻게 그런 생각
을 하시게 되었나요?

남자：아침밥을 먹어야 뇌가 활발히 운동을 해서 공부하는 학생들은 아침
밥을 먹는 게 중요해요. 그런데 학생들이 아침에 많이 굶고 다니더라고
요. 그래서 학교에서 아침밥을 주게 되었어요.

여자 : 점심도 학교에서 주는데 아침밥까지 학교에서 주려면 상당히 번거로울
　　　것 같아요.

남자 : 준비하는 게 조금 힘들기는 하지만 아이들의 건강을 위해서라면 꼭 해
　　　야 할 일이지요.

21. 正解 : ④ 아침밥은 학생들의 건강을 위해 필요하다.

解説 : 男性は、朝食を取ることが生徒の健康のために重要だと考えているので、④が正
　　　解だ。

[21~22] 次の音声を聞いて問いに答えなさい。

女 : この学校は朝食も学校で出すことで有名ですが、どうしてそのような考えをするようになっ
　　　たんですか?

男 : 朝食を取ってこそ脳が活発に働くので、勉強する生徒は朝食を取ることが重要です。です
　　　が、朝食を取らずに学校に来る生徒が多かったんです。そのため、学校で朝食を出すこと
　　　になりました。

女 : 昼食も学校で出しますが、朝食まで学校で出すのはとても煩わしいように思います。

男 : 準備するのは少し大変ですが、子どもたちの健康のためには必ずしなければならない仕
　　　事でしょう。

21. 男性の主要な考えとして合っているものを選びなさい。
　　　① 脳の運動は健康に重要だ。
　　　② 朝ご飯を食べない生徒が多い。
　　　③ 体が大変じゃないと健康を守れない。
　　　④ 朝ご飯は生徒の健康のために必要だ。

---

22. 正解 : ② 밥을 먹어야 뇌가 활발히 운동을 한다.

解説 : 男性は、朝食を取ってこそ脳が活発に働くと言っているので、②が正解だ。①は会
　　　話の内容からは分からないので、答えにならない。この学校は昼食も学校で出す
　　　ので、③は間違い。生徒たちの朝ご飯を準備するのは少し大変だと言っているの
　　　で、④も間違い。

22. 聞いた内容として合っているものを選びなさい。
　　　① 朝ご飯を出す学校がたくさん増えた。
　　　② ご飯を食べてこそ脳が活発に運動をする。
　　　③ 昼ご飯は生徒が各自準備しなければならない。
　　　④ 男性は生徒たちの朝ご飯を準備するのが楽しい。

[23~24] 다음을 듣고 물음에 답하십시오.

남자 : 거기 맛나식당이죠? 다음 주 토요일에 예약을 하려고 하는데요.

여자 : 네, 다음 주 토요일이요? 몇 시에 몇 분 자리를 예약해 드리면 될까요?

남자 : 저녁 7시에 20명이 저녁을 먹을 거예요. 아이가 3명 있는데 아이 자리는 따로 준비해 주실 수 있으신가요?

여자 : 네, 그럼요. 그럼 20분이 들어갈 수 있는 방으로 예약해 드리겠습니다. 아동용 식기와 의자도 따로 준비해 드릴게요. 메뉴를 미리 주문해 주시면 오시자마자 바로 드실 수 있어요. 미리 주문하고 싶으시면 하루 전까지 전화 주시면 됩니다.

23. 正解 : ④ 식사 장소를 예약하고 있다.

解説 : 男性は来週土曜日の夜に食事をするために、食堂に予約の電話をかけているので、④が正解だ。

> [23~24] 次の音声を聞いて問いに答えなさい。
>
> 男 : そちら、マンナ食堂ですよね？　来週土曜日に予約をしようと思うんですが。
>
> 女 : はい、来週土曜日ですか？　何時に何名様の席を予約すればいいでしょうか？
>
> 男 : 夜7時に20人が夕食を食べます。子どもが3人いますが、子どもの席は別に用意していただけますか？
>
> 女 : はい、もちろんです。それでは20名様が入ることができる部屋で予約致します。子ども用食器と椅子も別途準備しておきます。メニューをあらかじめ注文してくだされば、いらっしゃってすぐにお召し上がりいただけます。あらかじめ注文なさるなら、1日前までにお電話くだされればいいです。
>
> 23. 男性は何をしているか、合っているものを選びなさい。
> ① 食事の場所を点検している。
> ② 食事の場所を推薦している。
> ③ 食事の場所を確認している。
> ④ 食事の場所を予約している。

24. 正解 : ② 총 20명이 함께 식사하게 된다.

解説 : 男性は20人が夕食を食べると言っているので、②が正解だ。集まりは来週土曜日なので、①は間違い。女性が子ども用の食器と椅子を別途準備すると言っているので、③も間違い。④は会話の内容からは分からないので、答えにならない。

24. 聞いた内容として合っているものを選びなさい。
　　① 集まりは今週土曜日だ。
　　② 総勢20人が一緒に食事することになる。
　　③ 子どもたちも大人と同じ椅子に座ることになる。
　　④ 男性は食事を前もって注文したがっている。

[25~26] 다음을 듣고 물음에 답하십시오.
　여자 : 자전거를 타고 100일 동안 전국 일주를 한 김동완 씨를 만났습니다.
　　　　많은 도전 중에서도 자전거로 전국 일주를 하신 이유가 무엇입니까?
　남자 : 지난여름에 작은 섬으로 휴가를 갔다가 그곳 매력에 푹 빠졌었습니다.
　　　　경치도 좋고, 마을 분들도 편하게 대해 주셔서 모처럼 휴가다운 휴가
　　　　를 보내고 왔어요. 그래서 '우리나라에도 알려지지 않은 멋진 곳들이
　　　　많구나, 그곳들을 모두 가 보고 싶다.' 이런 생각을 했지요. 그리고 자
　　　　연을 훼손시키지 않기 위해서 자전거 여행을 선택하게 되었습니다. 이
　　　　아름다움을 우리 후손들도 볼 수 있게 해야지요. 계속 자전거를 타는
　　　　것이 힘들기는 했지만 자연을 훼손하지 않고도 즐길 수 있는 방법을 알
　　　　게 되어서 매우 좋았습니다. 앞으로도 기회가 되면 이번에 못 가 본 곳
　　　　들을 자전거로 또 가 보고 싶어요.

25. 正解 : ② 자연을 지키면서 즐기는 것이 중요하다.
　解説 : 男性は自然を損なわないために自転車に乗って全国一周をした。自転車旅行は美
　　　　しい自然を損なわずに楽しめるいい方法だと思っているので、②が正解だ。

[25~26] 次の音声を聞いて問いに答えなさい。
女 : 自転車に乗って100日の間、全国一周をしたキム・ドンワンさんに会いました。数ある挑戦
　　の中でも、自転車で全国一周をなさった理由は何ですか?
男 : 去年の夏、小さい島に休暇で行って、そこの魅力にすっかりはまりました。景色も良く、村
　　の人たちも気軽に接してくださって久しぶりに休暇らしい休暇を過ごしてきました。それで
　　「私たちの国にも知られていない素敵な所がたくさんあるんだな、それらに全て行ってみ
　　たい。」こう思いました。そして、自然を損なわないために自転車旅行を選択することになり
　　ました。この美しさを子孫も見ることができるようにしないといけないですよね。ずっと自
　　転車に乗ることは大変ではありましたが、自然を損なわなくても楽しめる方法を知ること
　　ができてとても良かったです。これからも機会があれば今回行けなかった場所に自転車
　　でまた行ってみたいです。

25. 男性の主要な考えとして合っているものを選びなさい。
   ① 子孫に多くのものを与えなければならない。
   ② 自然を守りながら楽しむのが大切だ。
   ③ 自転車で旅行をすると自然を損なうこともある。
   ④ 自然を保存できる方法を探し続けなければならない。

26. 正解：① 김동완 씨는 섬으로 휴가를 간 적이 있다.

解説：キム・ドンワンさんは去年の夏、小さい島に休暇で行ったと言っているので、①が正解だ。②は話の内容からは分からないので、答えにならない。100日の間、全国一周をしたと言っているので、③は間違い。行けなかった場所に自転車でまた行ってみたいと思っているので、④も間違い。

26. 聞いた内容として合っているものを選びなさい。
   ① キム・ドンワンさんは島に休暇で行ったことがある。
   ② キム・ドンワンさんは今回自転車を初めて習った。
   ③ キム・ドンワンさんは100日以上かけて全国一周をした。
   ④ キム・ドンワンさんは自転車旅行に二度と行かないだろう。

[27~28] 다음을 듣고 물음에 답하십시오.

여자 : 사무실에 커피 기계를 하나 들여놓는 것은 어때? 밖에서 사 먹는 커피가 너무 비싸. 우리가 조금씩 돈을 모아서 기계를 사고, 매달 조금씩만 돈을 내서 원두를 사다 놓으면 각자 커피 사 마시는 것보다 돈이 적게 들 텐데 말이야.

남자 : 에이, 커피값이 비싼 것은 사실이지만 모두 똑같이 돈을 내는 것은 불공평하지 않아? 커피를 많이 안 마시는 사람도 많이 마시는 사람하고 돈을 똑같이 내야 한다면 말이야.

여자 : 아니면 커피값은 싸게 정해 놓고, 커피를 마실 때마다 자율적으로 저금통에 돈을 넣게 하는 것은 어때? 이 돈에 부서 운영비를 합쳐서 원두를 사면 되지 않을까?

남자 : 관리도 문제야. 기계를 사 놓으면 누군가 기계를 씻고, 관리하는 것도 번거로워.

여자 : 조금 수고스러워도 사무실에 커피 기계가 있으면 모두의 돈을 많이 아

낄 수 있을 것 같은데.

27. 正解：③커피 기계 구매를 제안하기 위해

解説：들여놓다という表現には物を購入するという意味がある。女性は最初にコーヒーマシンの購入を提案し、繰り返しコーヒーマシンとコーヒー豆を購入して使う方法について話しているので、③が正解だ。

[27~28] 次の音声を聞いて問いに答えなさい。

女：事務室にコーヒーマシンを一つ買い入れるのはどう？ 外で買って飲むコーヒーは高すぎるよ。私たちが少しずつお金を集めてマシンを買って、毎月少しずつお金を出してコーヒー豆を買っておけば各自コーヒーを買って飲むよりお金がかからないはずよ。

男：ねえ、コーヒーの値段が高いのは事実だけど、皆同じように金を出すのは不公平じゃないか？ コーヒーをあまり飲まない人もたくさん飲む人と同じようにお金を出さなくちゃいけないならね。

女：あるいは、コーヒーの値段を安く決めておいて、コーヒーを飲むたびに自主的に貯金箱にお金を入れるようにするのはどう？ このお金に部署運営費を合わせてコーヒー豆を買えばいいんじゃない？

男：管理も問題だよ。マシンを買っておいたら誰かがマシンを洗い、管理するのも面倒だ。

女：少し手間でも事務室にコーヒーマシンがあったら皆のお金をたくさん節約できると思うけど。

27. 女性が男性に話している意図を選びなさい。
　①コーヒーマシンを広報するため
　②コーヒーの値段引き下げを促すため
　③コーヒーマシン購入を提案するため
　④コーヒーマシンの管理方法を説明するため

---

28. 正解：④남자는 커피 값을 모두 똑같이 내는 것이 못마땅하다.

解説：男性はコーヒーをあまり飲まない人とたくさん飲む人が同じようにお金を払うことが不公平だと言っているので、④が正解。女性は外で買って飲むコーヒーは高すぎると言っているので、①は間違い。②、③は会話の内容からは分からないので、答えにならない。

---

28. 聞いた内容として合っているものを選びなさい。
　①女性はコーヒーの値段が高いと思っていない。
　②女性はコーヒーマシンを安く買う方法を知っている。
　③男性はコーヒーマシンの管理を自分が引き受けようとしている。
　④男性はコーヒーの値段を皆全く同じように払うことが不満だ。

[29~30] 다음을 듣고 물음에 답하십시오.

여자: 하루 종일 관광객들에게 문화재를 안내하시려면 힘들지 않으세요? 오늘같이 추운 날은 밖에서 일하기 더 힘드실 것 같아요.

남자: 힘들지만 보람도 매우 큰 직업이죠. 사람들에게 잘못된 정보를 알려 주면 안 되니까 저도 매일 우리 문화재에 대해 공부를 하게 됩니다. 공부를 하면 할수록 문화재의 매력에 더욱 빠지게 되는 거 같아요. 또 다양한 국적과 다양한 연령대의 사람들을 만나면서 세계 여러 나라의 문화와 문화재에 대해 알게 되는 것도 무척 재미있지요. 나라마다 문화나 문화재가 모두 다르게 보이지만 서로 비슷한 부분도 많이 있어요. 이런 것들을 알게 될 때마다 문화나 문화재에 담긴 인류 공통의 가치에 대해 생각해 보게 됩니다.

29. 正解 : ④ 문화재 해설사

解說: 女性が最初に、男性に하루 종일 관광객들에게 문화재를 안내하시려면 힘들지 않으세요?と言ったのを見ると、男性は文化財を案内する解説者なので、④が正解だ。男性は女性に文化財を解説する仕事の意味と楽しさについて説明している。

[29~30] 次の音声を聞いて問いに答えなさい。

女: 1日中観光客に文化財を案内なさるのは大変ではありませんか？　今日のように寒い日は、外で働くのがさらに大変だと思います。

男: 大変ですが、やりがいもとても大きい仕事です。人に間違った情報を教えてはいけないので、私も毎日わが国の文化財について勉強をすることになります。勉強をすればするほど、文化財の魅力により夢中になるようです。また、さまざまな国籍とさまざまな年齢層の人に会って、世界のいろいろな国の文化と文化財について知ることができるのもとても面白いです。国ごとに文化や文化財が全て違うように見えますが、互いに似ている部分もたくさんあります。こういうことを知るたびに、文化や文化財に込められた人類共通の価値について考えます。

29. 男性は誰か、合っているものを選びなさい。
① 文化財の管理員　　　　　　　② 文化財の広報員
③ 文化財の発掘者　　　　　　　④ 文化財の解説者

30. 正解 : ④ 남자는 일을 하면서 세계의 문화에 대해서도 배우게 된다.

解說: 男性は、さまざまな国籍とさまざまな年齢層の人に会って、世界のいろいろな国の

文化と文化財について知ることができるのが面白いと言っているので、①は間違いで、④が正解だ。国ごとに文化や文化財は違うが、似ている部分もたくさんあるので、②は間違い。男性はさまざまな国籍の人に韓国文化と文化財を案内する仕事をしているので、③も間違い。

30. 聞いた内容として合っているものを選びなさい。
　①男性は毎日同じ人たちに会う。
　②各国は完全に違う文化を持っている。
　③男性は韓国人に伝統文化を教える仕事をしている。
　④男性は仕事をしながら世界の文化についても学んでいる。

[31~32] 다음을 듣고 물음에 답하십시오.
　여자: 금연 구역이 점점 늘어나고는 있지만 여전히 길거리에서 담배 피우는 분들이 많습니다. 이제는 길거리 흡연도 규제해야 한다고 생각합니다.
　남자: 흡연 장소를 마련해 놓지 않고 규제만 하는 것은 옳지 않다고 생각합니다. 건물 내 금연 구역이 늘어나다 보니 흡연자들이 점점 길거리로 내몰린다고 생각합니다. 그런데 이제 길에서도 담배를 못 피우게 하면 흡연자들은 어디서 담배를 피웁니까?
　여자: 그러나 길거리에서 흡연할 경우 간접흡연의 피해가 상당합니다. 이미 간접흡연의 위험성은 잘 아시지 않습니까?
　남자: 담배도 커피나 차처럼 기호 식품의 하나입니다. 그런데 유독 담배에만 지나친 규제를 가하는 것은 옳지 않다고 봅니다. 흡연자들도 행복추구권이 있다는 것을 잊지 말아 주십시오.

31. 正解: ①길에서 흡연하는 것을 규제해서는 안 된다.
　解説: 男性は路上喫煙規制に反対している。すでに建物内の禁煙区域が多い状況で何の代案もなく規制するのは正しくないと話している。さらにコーヒー、お茶と同じ嗜好品であるたばこにのみ規制を加えることは喫煙者の幸福追求権を侵害すると考えているので、①が正解だ。

[31~32] 次の音声を聞いて問いに答えなさい。
女: 禁煙区域がだんだん増えてはいますが、依然として路上でたばこを吸う人がたくさんいます。もはや路上喫煙も規制しなければいけないと思います。
男: 喫煙場所を用意せずに、規制だけをするのは正しくないと思います。建物内の禁煙区域

が増えたので、喫煙者たちがだんだん路上に追い出されているのだと思います。ですが、今、路上でもたばこを吸えなくしたら、喫煙者たちはどこでたばこを吸うんですか？

女：でも、路上で喫煙した場合、受動喫煙の被害がすごいです。すでに受動喫煙の危険性はよくご存じではありませんか？

男：たばこもコーヒーやお茶のように嗜好品の一つです。それなのに、とりわけたばこにだけ過ぎた規制を加えることは正しくないと思います。喫煙者たちにも幸福追求権があるということを忘れないでください。

31. 男性の考えとして合っているものを選びなさい。
　①路上で喫煙することを規制してはならない。
　②たばこはコーヒーやお茶のような嗜好品とは違う。
　③市民の健康が喫煙者の幸福追求権よりも優先される。
　④受動喫煙被害を防ぐことができる方法を用意しなければならない。

32. 正解：①상대방의 의견에 반대하고 있다.

　解説：路上喫煙を規制しなければならないという女性の主張に対して、男性は喫煙場所に対する代案なしで規制することは正しくないということと喫煙者たちの幸福追求権も尊重しなければならないということを根拠として提示して反対しているので、①が正解だ。

32. 男性の態度として合っているものを選びなさい。
　①相手の意見に反対している。
　②喫煙者の立場を批判している。
　③路上喫煙禁止に賛成している。
　④喫煙規制の規則について説明している。

[33~34] 다음을 듣고 물음에 답하십시오.

여자：인사는 사전적 의미로 '마주 대하거나 헤어질 때에 예를 표하는 말이나 행동'을 의미합니다. 인사를 함으로써 상대에게 존중의 의미를 전달할 수 있는 것이지요. 한 유명한 야구 감독은 그의 저서에서 "인사하지 않는다는 것은 상대에 대한 존중이 없다는 것이고, 존중이 없다는 것은 겸손이 없고, 겸손이 없으면 오만하다는 뜻이다. 그래서 선수들에게 제일 먼저 가르친 게 인사하는 것이었다."라고 이야기합니다. 인사가 매우 중요하다고 생각한 것이지요. 인사를 잘하면 상대방에게 좋은 인상

을 남길 수 있고, 마음의 벽을 허물 수도 있습니다. 오늘 만나는 사람들에게 먼저 웃으며 인사를 해 보는 것은 어떨까요? 처음에는 조금 쑥스러울지 모르겠지만 인사를 하는 여러분도, 인사를 받는 상대방도 모두 기분 좋은 하루가 될 수 있을 것입니다.

33. 正解：③인사의 중요성

解説：あいさつの意味を説明し、あいさつが重要な理由をある有名野球監督の著書を引用して強調しているので、③が正解だ。

[33~34] 次の音声を聞いて問いに答えなさい。

女：あいさつは辞書的な意味で「出会ったり別れたりするときに礼を表す言葉や行動」を意味します。あいさつをすることにより相手に尊重の意味を伝えることができるのです。ある有名な野球監督は、彼の著書で「あいさつしないということは相手に対する尊重がないということであり、尊重がないということは謙虚さがなく、謙虚さがないというのは傲慢だという意味だ。だから選手に最初に教えたのはあいさつすることだった。」と話しています。あいさつがとても重要だと考えたのでしょう。あいさつをきちんとすれば相手にいい印象を残すことができ、心の壁を崩すこともできます。今日会う人に、先に笑いながらあいさつをしてみるのはどうでしょうか？　最初は少し照れくさいかもしれませんが、あいさつをする皆さんも、あいさつをされる相手も、双方気分のいい一日になるでしょう。

33. 何についての内容か、合っているものを選びなさい。
　①人間関係
　②尊重の意味
　③あいさつの重要性
　④正しいあいさつの方法

---

34. 正解：①인사로 상대에게 존중을 나타낼 수 있다.

解説：あいさつをすることによって相手に尊重の意味を伝えることができると説明しているので、①が正解だ。あいさつは相手にいい印象を残し、心の壁を崩してくれるので、②は間違い。野球監督はあいさつすることを最初に教えたので、③も間違い。話の中では野球監督の著書が引用されているだけなので、④も間違い。

---

34. 聞いた内容として合っているものを選びなさい。
　①あいさつで相手に尊重を表すことができる。
　②相手からあいさつをされると警戒心が生まれる。
　③野球監督は球を投げる方法をまず教えた。
　④野球監督はテレビに出て話をした。

[35~36] 다음을 듣고 물음에 답하십시오.

남자 : 안녕하십니까? 만세기업 마케팅부 오정수입니다. 바쁘신 중에도 간담
회에 참석해 주신 여러분, 진심으로 감사합니다. 오늘 이 간담회는 저희
회사가 최근 시장에 내놓은 청소기 '슈퍼 싹싹'에 대한 여러분의 의견
을 듣고자 마련하였습니다. 저희 '슈퍼 싹싹'은 오랜 연구 끝에 미세
먼지와 진드기까지도 한 번에 깨끗이 청소할 수 있도록 개발되었습니
다. 그러나 앞으로 더 좋은 제품을 소비자 여러분께 제공하기 위하여
여러분께서 '슈퍼 싹싹'을 사용하면서 느끼셨던 불편함과 불만족 요
소를 소중히 듣고자 합니다. 여러분의 좋은 의견을 기대하겠습니다. 여
러분께서 주신 의견은 '슈퍼 싹싹'의 보완과 다음 제품 개발 시에 적
극적으로 반영하도록 하겠습니다.

35. 正解 : ② 간담회의 목적을 설명하고 있다.

解説 : 男性の会社は新製品の掃除機「スーパーサッサッ」に対する消費者の意見を聞こ
うと懇談会を開催したと言って、この会の目的を説明しているので、②が正解だ。

[35~36] 次の音声を聞いて問いに答えなさい。

男 : こんにちは。マンセ企業マーケティング部のオ・ジョンスです。お忙しい中、懇談会にご参
加くださった皆さま、心より感謝します。今日この懇談会は、当社が最近発売した掃除機
「スーパーサッサッ」に対する皆さまの意見を伺おうと用意しました。わが「スーパーサッ
サッ」は長い研究の末にPM10やダニまでも一度にきれいに掃除できるように開発されま
した。ですが、今後より良い製品を消費者の皆さまに提供するために、皆さまが「スーパー
サッサッ」を使ってお感じになった不便な点や不満要素に丁寧に耳を傾けたいと思います。
皆さまの良い意見をお待ちしています。皆さまが下さった意見は「スーパーサッサッ」の補
完と次の製品開発時に積極的に反映するようにします。

35. 男性は何をしているのか、合っているものを選びなさい。
① 新製品を広報している。
② 懇談会の目的を説明している。
③ 消費者の不満を解決してくれている。
④ 「スーパーサッサッ」の長所を強調している。

36. 正解 : ③ '슈퍼 싹싹'은 진드기도 청소할 수 있다.

解説 : 「スーパーサッサッ」はPM10やダニまでも一度に掃除できるように開発されたと言
っているので、③が正解だ。①、②は、話の内容からは分からないので、答えにな

2회 모의고사 聞き取り 解答・解説・訳

459

らない。男性は、消費者が製品を使いながら感じた不便な点や不満要素についての意見を待っていると言っているので、④は間違い。

---

36. 聞いた内容として合っているものを選びなさい。
① 現在、次の製品開発が進行中だ。
② 「スーパーサッサッ」は改善点が多い製品だ。
③ 「スーパーサッサッ」はダニも掃除できる。
④ 懇談会では不満要素を話してはならない。

[37~38] 다음은 교양 프로그램입니다. 잘 듣고 물음에 답하십시오.

남자: 오늘은 김치연구소 김은숙 소장님을 모시고 김치연구소에서 하는 일에 대해 이야기를 들어 보겠습니다. 안녕하세요, 소장님?

여자: 안녕하세요? 저희 김치연구소는 각 지역의 특성을 가진 김치를 찾아내고 그 전통의 제조 방식이 보존될 수 있도록 여러 지원을 제공하는 일을 하고 있습니다. 우리가 김치에 대해서 많이 알고 있다고 생각하지만 실제로는 모르고 있는 김치 종류가 많아요. 같은 김치라 해도 집집마다 김치 담그는 방법이 달라 그 맛도 다르다는 건 다들 알고 계실 거예요. 저희 연구소는 이러한 다양한 김치의 종류와 제조 방법을 후대에 그대로 전해 주려고 노력하고 있어요. 김치 하나에도 각 지역의 특색과 문화가 담겨 있기 때문이지요. 또 젊은 세대들이 김치를 좋아하도록 하기 위해 젊은이들의 입맛에 맞는 김치도 개발하고 있어요.

37. 正解 : ① 김치는 후대에 전해져야 한다.

解説 : 女性は、キムチ研究所では多様なキムチの種類と製造方法を後世にそのまま伝えようと努力していると言っているので、①が正解だ。

[37~38] 次は教養番組です。よく聞いて問いに答えなさい。

男: 今日はキムチ研究所のキム・ウンスク所長をお迎えして、キムチ研究所でしている仕事について話を聞こうと思います。所長、こんにちは。

女: こんにちは。当キムチ研究所は各地域の特性を持ったキムチを見つけ出して、その伝統の製造方法が保存されるように、いろいろな支援を提供する仕事をしています。われわれはキムチについてたくさん知っていると考えますが、実際には知らないキムチの種類がたくさんあります。同じキムチといっても、家ごとにキムチの漬け方が違い、その味も違うということは皆さんご存じでしょう。当研究所は、このような多様なキムチの種類と製造方法を後世にそのまま伝えようと努力しています。キムチ一つにも各地域の特色や文化が込められている

からです。また、若い世代の人たちがキムチを好きになってくれるように、若者たちの口に
合うキムチも開発しています。

37. 女性の主要な考えとして合っているものを選びなさい。
　①キムチは後世に伝えられなければならない。
　②キムチは味がいつも一定でなければならない。
　③キムチの種類がより多様にならなければならない。
　④若い世代はキムチがあまり好きではない。

38. 正解：④ 김치연구소에서는 새로운 김치를 개발한다.

解説：キムチ研究所では、若い世代がキムチを好きになるように若者たちの口に合うキム
　　　チを開発していると言っているので、④が正解だ。キムチは地域ごとに特性がある
　　　ので、①は間違い。知らないキムチの種類はたくさんあるので、②も間違い。キムチ
　　　の成分分析については、話の内容からは分からないので、③は答えにならない。

38. 聞いた内容と一致するものを選びなさい。
　①地域ごとのキムチの味は同じだ。
　②人は全てのキムチの種類を知っている。
　③キムチ研究所ではキムチの成分を分析している。
　④キムチ研究所では新しいキムチを開発している。

[**39~40**] 다음은 대담입니다. 잘 듣고 물음에 답하십시오.

여자：이렇게 요리 방송이 인기를 끌면서 요리사에 대한 관심도 높아지고 집
　　　에서 간단히 음식을 만드는 방법에 대한 사람들의 관심이 높아졌는데
　　　요. 요리 방송이 인기를 얻게 된 이유는 무엇일까요?

남자：여러 이유가 있겠지만 1인 가구가 늘었다는 점이 하나의 큰 이유가 아
　　　닐까 생각합니다. 최근 요리 방송에서는 혼자서 간단히 만들 수 있는
　　　음식이나 냉장고에 남은 재료를 활용하는 음식들을 많이 선보이고 있
　　　지요. 또는 내가 만들지 못하는, 먹지 못하는 음식들을 방송을 통해
　　　보면서 간접적으로 만족을 느끼는 것도 요리 방송 인기의 이유가 될
　　　수 있습니다. 이러한 요리 방송은 대부분 저녁 시간대나 밤 10시에서
　　　11시에 방송되고 있는데요, 한참 배가 고플 때 방송을 하여 시청자들
　　　이 대리 만족을 하도록 하는 것이지요.

39. 正解：① 요리 방송의 인기가 높다.

解説：女性が最初に使った**이렇게**という表現は前で言及した内容を要約して言うときに使う表現だ。女性が**이렇게 요리 방송이 인기를 끌면서‥‥‥ 음식을 만드는 방법에 대한 사람들의 관심이 높아졌는데요**と言っているのを見ると、この会話の前では料理放送の高い人気について会話をしたと考えられるので、①が正解だ。

[39~40] 次は対談です。よく聞いて問いに答えなさい。

女：このように、料理放送が人気を呼んで料理人に対する関心も高まり、家で簡単に料理をする方法に対する人々の関心が高まりましたが。料理放送が人気を得ることになった理由は何でしょうか？

男：いろいろ理由があるでしょうが、単身世帯が増えたという点が一つの大きな理由ではないかと思います。最近、料理放送では、一人で簡単に作ることができる料理や、冷蔵庫に残った材料を活用する料理をたくさん公開しています。または、自分では作れない、食べられない料理を放送を通じて見ながら、間接的に満足を感じることも料理放送の人気の理由になり得ます。このような料理放送は、ほとんど夕方の時間帯や夜10時から11時に放送されていますが、とてもおなかがすいているときに放送をして、視聴者が見て満足できるようにしているんです。

39. この会話の前の内容として適切なものを選びなさい。
　①料理放送の人気が高い。
　②料理放送の製作が難しい。
　③料理人が放送にたくさん出演している。
　④冷蔵庫の機能に対する関心が高い。

---

40. 正解：① 혼자 사는 사람들이 증가하였다.

解説：女性が、料理放送が人気を得るようになった理由を聞くと、男性は単身世帯の増加が理由のうちの一つだと答えたので、①が正解だ。**가구**（家口）は**세대**（世帯）、**식구**（食口）と同義の言葉だ。①の**혼자 사는 사람들**は**1인 가구**と言い換えることができる。料理放送は主に夕方の時間帯や夜10時から11時に放送されるので、②は間違い。③、④は話の内容からは分からないので、答えにならない。

---

40. 聞いた内容と一致するものを選びなさい。
　①一人暮らしをする人が増加した。
　②料理放送は主に朝に放送される。
　③料理放送を見ると食べ物をたくさん食べることになる。
　④料理放送には値段が高い食べ物がたくさん出てくる。

[41~42] 다음은 강연입니다. 잘 듣고 물음에 답하십시오.

남자: 여러분, 여러분은 황제펭귄의 '허들링'에 대해 들어 본 적이 있나요? 황제펭귄은 영하 50도가 넘는 남극에서 알을 낳고 새끼를 키우며 삽니다. 암컷 황제펭귄이 알을 낳고 몸의 영양을 보충하러 떠나면 수컷 황제펭귄은 자신의 주머니에 새끼를 품고 새끼가 알에서 나올 때까지 두세 달 동안 아무것도 먹지 않고 알을 보호합니다. 혹한의 추위를 견디며 알을 보호하기 위해서 황제펭귄들은 서로 몸을 밀착하여 추위를 막습니다. 그리고 바깥쪽에 있는 황제펭귄이 힘들 때쯤에는 안쪽에 있던 황제펭귄들이 밖으로 나가면서 서로 자리를 바꾸죠. 이런 과정을 '허들링'이라고 하는데, 이러한 허들링을 계속 반복해 가면서 추위로부터 알과 자신을 지켜내는 것이지요. 어려울 때일수록 협동하는 펭귄들의 지혜를 우리도 배울 필요가 있습니다.

41. 正解 : ③ 황제펭귄으로부터 협동을 배워야 한다.

解説 : コウテイペンギンが、酷寒の環境で互いに協同して、卵と自分たちを守って生存していくことに関する話である。男性は、互いに協同して寒さに打ち勝つペンギンたちの知恵を学ばなければならないと考えているので、③が正解だ。

[41~42] 次は講演です。よく聞いて問いに答えなさい。

男: 皆さん、皆さんはコウテイペンギンの「ハドリング」について聞いたことはありますか？ コウテイペンギンは零下50度を下回る南極で卵を産んでひなを育てて生きています。雌のコウテイペンギンが卵を産んで体の栄養を補充しに離れると、雄のコウテイペンギンは自分の袋にひなを抱いて、ひなが卵から出てくるまで2、3カ月間何も食べずに卵を保護します。厳しい寒さに耐えながら卵を保護するためにコウテイペンギンたちは互いに体を密着して寒さを防ぎます。そして、外側にいるコウテイペンギンが大変になってきた頃には内側にいたコウテイペンギンが外に出てきて互いに位置を変えます。このような過程を「ハドリング」と言いますが、このようなハドリングをずっと繰り返しながら寒さから卵と自分を守り抜くのです。大変なときほど協同するペンギンたちの知恵を私たちも学ぶ必要があります。

41. 男性の主要な考えとして合っているものを選びなさい。
① コウテイペンギンのように健康を守らなければならない。
② コウテイペンギンのように子どもを愛さなければならない。
③ コウテイペンギンから協同を学ばなければならない。
④ コウテイペンギンを守るために自然を保護しなければならない。

42. 正解：④ 황제펭귄은 수컷이 알을 보호한다.

解説：雌が卵を産んで体の栄養を補充しに離れると、雄が卵を保護すると言っているので、④が正解だ。①は話の内容からは分からないので、答えにならない。南極は零下50度を下回る環境なので、②は間違い。コウテイペンギンはハドリングによって互いに協同して寒さに打ち勝つので、③も間違い。

[43~44] 다음은 다큐멘터리입니다. 잘 듣고 물음에 답하십시오.

　여자：찬 국수라는 뜻을 가진 냉면은 차가운 면과 육수 때문에 오늘날에는 여름에 많이 찾는 음식이 되었지만 원래는 겨울철 대표 음식이다. 1849년 편찬된 전통 풍속에 관한 책인 『동국세시기』에는 냉면이 추위가 시작되는 11월 음식으로 소개되고 있다. 요즘에는 냉면이라 하면 크게 평양냉면과 함흥냉면으로 나누는데 평양냉면은 반죽에 메밀을 많이 넣어 부드러운 면을 시원한 육수와 함께 내는 냉면이고, 함흥냉면은 고구마나 옥수수 전분을 넣어 쫄깃한 면을 매콤한 양념장과 함께 내는 냉면이다. 추운 겨울에 차가운 냉면을 먹는 것에서 '이한치한', 즉 추위를 통해 추위를 이겨 낸 조상들의 생활 모습을 살펴볼 수 있다.

43. 正解：③ 냉면은 원래 주로 겨울에 먹는 음식이었다.

解説：冷麺は、現在は夏にたくさん食べる食べ物だが、もともとは冬の代表的な食べ物で、寒さによって寒さに打ち勝つ方法で冬に冷たい冷麺を食べたと話しているので、③が正解だ。

ムン冷麺はサツマイモやトウモロコシのでんぷんを入れたこしのある麺をやや辛い薬味を加えたタレと一緒に出す冷麺だ。寒い冬に冷たい冷麺を食べることから「以寒治寒」、すなわち寒さをもって寒さに打ち勝った先祖の生活の姿がうかがえる。

43. この話の主要な内容として合っているものを選びなさい。
① 冷麺は北の方に由来する食べ物だ。
② 冷麺の名前はスープに由来している。
③ 冷麺はもともと主に冬に食べる食べ物だった。
④ ピョンヤン冷麺とハムン冷麺は作り方が違う。

44. 正解：② 전통 풍속에 관한 책에 냉면이 소개되었다.

解説：1849年に編さんされた伝統風俗に関する本『東国歳時記』に、冷麺が11月の食べ物として紹介されていたので、②が正解だ。ハムン冷麺の特徴はこしがある麺とやや辛い味なので、①は間違い。ピョンヤン冷麺の特徴はスープがさっぱりして麺が柔らかいので、③も間違い。最近は冷麺を夏によく食べるので、④も間違い。

44. 冷麺についての説明として合っているものを選びなさい。
① ハムン冷麺はさっぱりして麺が柔らかい。
② 伝統風俗に関する本に冷麺が紹介された。
③ ピョンヤン冷麺はこしがある麺とやや辛い味が特徴だ。
④ 最近は寒い冬にのみ冷麺を食べる。

[45~46] 다음은 강연입니다. 잘 듣고 물음에 답하십시오.

남자 : 미세 먼지라고 하면 자동차나 공장에서 나오는 연기를 많이 생각하시는데요. 집 안에서 요리를 할 때도 미세 먼지가 많이 발생합니다. 생선이나 고기를 굽거나 채소를 기름에 볶을 때 미세 먼지가 가장 많이 발생하는데요. 이때는 평상시보다 평균 70배나 많은 미세 먼지가 발생했습니다. 반면, 미세 먼지가 가장 적게 발생하는 조리 방법은 고기를 물에 넣고 삶을 때였습니다. 그러나 이때도 미세 먼지의 농도는 평상시보다 2배 이상 많았습니다. 이러한 미세 먼지를 많이 접하게 되면, 염증을 일으킬 수도 있고, 심한 경우 암을 발생시킬 수도 있습니다. 이 때문에 집에서 음식을 할 경우에는 반드시 30분 이상 창문을 열어 오염된 공기를 밖으로 나가게 해 주는 것이 좋습니다.

45. 正解：① 요리를 할 때 미세 먼지가 발생한다.

解説：PM10は自動車や工場から出る煙と考える人が多いが、家の中で料理をするときも PM10がたくさん発生すると言っているので、①が正解で、③は間違い。ゆでる方法でもPM10濃度は平常時より2倍以上多かったので、②は間違い。④は話の内容からは分からないので、答えにならない。

> [45~46] 次は講演です。よく聞いて問いに答えなさい。
> 男：PM10といえば、自動車や工場から出る煙をよく思い浮かべますが、家の中で料理をするときもPM10がたくさん発生します。魚や肉を焼いたり野菜を油で炒めたりするとき、PM10が最も多く発生します。このときは平常時より平均70倍もPM10が発生しました。反面、PM10の発生が最も少ない調理方法は肉を水に入れてゆでるときでした。ですが、このときもPM10の濃度は平常時より2倍以上多かったです。このようなPM10にたくさん接するようになると、炎症を引き起こすこともあり、ひどい場合がんを発生させることもあります。このため、家で料理をする場合は必ず30分以上窓を開けて汚染された空気を外に出すようにするのがいいです。
>
> 45. 聞いた内容と一致するものを選びなさい。
>   ①料理をするときPM10が発生する。
>   ②ゆでる方法はPM10を発生させない。
>   ③工場から出るほこりだけをPM10と言う。
>   ④体をきれいに洗えばPM10をなくすことができる。

46. 正解：④ 미세 먼지의 발생 원인과 대처 방법을 설명하고 있다.

解説：男性はPM10の発生原因を説明して、PM10の発生が少ない調理法と発生した PM10への対処方法を説明しているので、④が正解だ。

> 46. 男性の態度として最も適切なものを選びなさい。
>   ①効率的な調理方法を提示している。
>   ②PM10減少の原因を分析している。
>   ③PM10の濃度測定方式を批判している。
>   ④PM10の発生原因と対処方法を説明している。

[47~48] 다음은 대담입니다. 잘 듣고 물음에 답하십시오.

남자：최근 창업에 관한 관심이 부쩍 늘었습니다. 그런데 한 조사에 따르면 창업자 4명 중 3명이 5년 안에 폐업한다고 하는군요. 1년이 채 안 돼

서 문을 닫는 경우도 19%에 이른다고 합니다. 어떻게 하면 성공적인 창업을 할 수 있을까요?

여자: 성공적인 창업이 무엇일까요? 단순히 돈을 많이 벌면 성공적인 창업이라 말할 수 있을까요? 창업에 성공하려면 내가 창업을 통해 무엇을 이루고 싶은지가 명확해야 합니다. 또 기존의 가게나 사업들과 어떠한 차이를 가지고 갈 것인지를 명확히 해야 합니다. 우리가 쉽게 접하는 떡볶이도 사람들이 일부러 먼 곳에서부터 찾아가는 가게들을 살펴보면 다들 그 집만의 비법이 있습니다. 바나나를 갈아 양념의 단맛을 낸다든지, 감자 삶은 물을 넣어 떡에 양념이 잘 배도록 한다든지 하는 것입니다. 창업은 관심만 있다고, 자금만 있다고 시작할 수 있는 것이 아닙니다. 먼저 목적을 뚜렷이 하고, 그 목적을 이룰 수 있도록 연구하고 고민하는 것이 필요합니다.

47. 正解 : ④ 창업 성공을 위해서는 가게의 특징이 분명해야 한다.

解説 : 起業に成功するには目的が明確でなければならず、自分の店だけの特徴と言える既存の店との違いが明確でなければならないので、④が正解だ。起業者の19%は1年たたずに廃業するので、①は間違い。資金があっても、起業の目的と事業の特徴が明確でなければ成功しないので、②も間違い。③は話の内容からは分からないので、答えにならない。

[47~48] 次は対談です。よく聞いて問いに答えなさい。

男：最近、起業に関する関心がぐっと増えました。ですが、ある調査によると、起業者の4人中3人が5年以内に廃業するそうです。1年たたずに廃業するケースも19%に達するそうです。どうすれば起業を成功させることができるでしょうか？

女：起業の成功とは何でしょうか？　単純にお金をたくさん稼げば起業の成功と言えるでしょうか？　起業に成功するには、自分が起業を通して何を成したいかが明確でなければいけません。また、既存の店や事業とどのような違いを出してやっていくのかを明確にしなければいけません。私たちがよく接するトッポッキも、人がわざわざ遠い所から訪れる店を調べてみると、皆その店だけの秘法があります。バナナをすり下ろしてタレの甘い味を出すとか、ジャガイモのゆで汁を入れて餅にタレがよく染み込むようにするとかしているのです。起業は関心だけがあっても資金だけがあっても始められるものではありません。まず目的をはっきりさせて、その目的を達成できるように研究して悩むことが必要です。

47. 聞いた内容と一致するものを選びなさい。
　①起業者の19%は5年以内に廃業する。

48. 正解 : ② 성공적인 창업을 위한 방법을 제시하고 있다.

解説 : 女性は、起業に成功するための方法を提示して、成功した店の事例を挙げて説明
しているので、②が正解だ。

48. 女性の態度として最も適切なものを選びなさい。
①廃業した人を残念に思っている。
②起業の成功のための方法を提示している。
③成功した飲食店の料理秘法を分析している。
④起業に成功した店と失敗した店を比較している。

[49~50] 다음은 강연입니다. 잘 듣고 물음에 답하십시오.

여자 : '동안 열풍'이 불면서 피부와 외모에 대한 관심이 부쩍 높아졌지요?
이제는 여성뿐만 아니라 남성도 외모를 가꾸는 분들이 늘어났는데요.
그래서 최근에는 남성용 화장품들도 종류가 훨씬 다양해졌어요. 그런
데 정작 화장품을 안전하게 사용하는 법에 대해서는 잘 모르고 계신
것 같아요. 화장품은 피부를 통해 흡수되기 때문에 음식이나 약처럼
심각한 위험을 일으키는 경우는 드물지만 실제로 병원에 가 보면 화장
품 부작용 때문에 온 환자들이 많습니다. 화장품을 사용하면서 가장
중요한 것은 깨끗하게 사용하는 것입니다. 화장품을 사용할 때에는 손
을 깨끗하게 씻은 후 사용하고, 사용 후에는 바로 뚜껑을 닫아 보관하
는 것이 좋아요. 화장붓과 같은 화장 도구들도 정기적으로 씻어서 사
용해야 하지요. 그렇지 않으면 화장품이 먼지나 세균에 오염되어 우리
피부에 닿게 되고, 그러면 피부에 염증이 생길 수 있어요.

49. 正解 : ③ 화장품은 깨끗한 손으로 만져야 한다.

解説 : 化粧品は手をきれいに洗った後に使わなければならないので、③が正解だ。化粧
品の副作用のせいで病院を訪れる患者がたくさんいるので、①は間違い。②、④
は話の内容からは分からないので、答えにならない。なお、韓国語の**동안**（童顔）
は文字通りの顔が幼く見えるという意味にとどまらず、年齢よりも若く見えることも

指すので注意が必要だ。

[**49~50**] 次は講演です。よく聞いて問いに答えなさい。

女： 「童顔ブーム」が来て、肌と外見に対する関心がぐっと高まりましたよね？ 今では女性
　　だけでなく男性も外見を整える方が増えましたが。そのため、最近では男性用化粧品も
　　種類がはるかに多様になりました。ですが、実際に化粧品を安全に使う方法についてはよ
　　くご存じでないようです。化粧品は肌を通じて吸収されるので、食べ物や薬のように深刻
　　な危険を引き起こすケースはまれですが、実際に病院に行ってみると化粧品の副作用の
　　せいで来た患者がたくさんいます。化粧品を使いながら最も重要なことは、清潔に使うこ
　　とです。化粧品を使うときは手をきれいに洗った後に使い、使用後にはすぐにふたを閉め
　　て保管するのがいいです。化粧筆などの化粧道具も定期的に洗って使わなければいけま
　　せん。そうでないと、化粧品がほこりや細菌に汚染されて私たちの肌に触れることになり、
　　そうすると肌に炎症が起きることがあります。

49. 聞いた内容と一致するものを選びなさい。
　①化粧品は副作用がない。
　②化粧品は少量だけ塗るのがいい。
　③化粧品はきれいな手で触れなければならない。
　④男性用化粧品の種類が女性用より多様だ。

50. 正解：④ 올바른 화장품 사용법을 설명하고 있다.
　解説：女性は、安全で正しく化粧品を使うためのいくつかの方法とその理由について説
　　　　明しているので、④が正解だ。

50. 女性の態度として最も適切なものを選びなさい。
　①食べ物に化粧品を例えている。
　②化粧品の汚染度を測定している。
　③多様な化粧品の種類を提示している。
　④正しい化粧品の使用法を説明している。

[51~52] 다음을 읽고 ㉠과 ㉡에 들어갈 말을 한 문장씩 쓰십시오.

51. 解答例 : ㉠ (신입) 회원을 모집합니다　㉡ 제출하시면 됩니다

解説 : ラジオ放送サークルが会員を募集する案内文だ。

㉠が含まれる文は、案内文を書いた目的を明かしている文で、会員募集をしているという内容になる。上記解答例の他にも、**신입 회원을 모집하고 있습니다**（新入会員を求めています）、**신입 회원을 찾습니다**（新入会員を探しています）などの表現が入ればいい。

㉡が含まれる文は、志願方法についての説明である。上記解答例の他にも、**오시면 됩니다**（いらっしゃればいいです）、**제출하시기 바랍니다**（提出してください）などの表現が入ればいい。

> [51~52] 次の文章を読んで㉠と㉡に入る言葉を1文ずつ書きなさい。
>
> 51.
> **会員募集**
> ラジオ放送サークル「ラジオ友達」では（　㉠　）。
> 普段ラジオ放送を楽しく聞いている方、ラジオ放送を作りたかった方、どなたも歓迎します。
> 「ラジオ友達」と一緒に活動したい方は志願書を作成して3月31日までに学生会館316号に（　㉡　）。
> 面白くて気楽なラジオ放送を「ラジオ友達」と一緒に作ってみましょう！
>
> ㉠　(新入) 会員を募集します
> ㉡　提出なされればいいです

52. 解答例 : ㉠ 물건을 살 우려가 있다　㉡ 쇼핑을 하지 않는 것이 좋다

解説 : 買い物をするときの気分が買い物に与える影響についての文章だ。

㉠が含まれる文は、気分が良くないとき買い物をする場合に発生する良くない結果についての文だ。上記解答例の他にも、**물건을 살 수 있다**（物を買うことがある）、**물건을 사기 쉽다**（物を買いがちだ）などの文が入ればいい。

㉡が含まれる文は、文章の結論の文で、気分が良くないときは買い物をしない方がいいという内容が入る。上記解答例の他にも、**쇼핑하지 말아야 한다**（買い物をしてはならない）、**물건을 사지 않는 것이 좋다**（物を買わないのがいい）などの表現が入ればいい。

52. 気分が良くないとき、買い物をして気分をほぐすことがある。しかし、憂鬱だったり悲しかったりするときに買い物をすると、より高い値段で（　㋐　）。あるいは、必要でない物を衝動的に買ったりもする。良くない感情が理性的な判断を曇らせるからだ。従って、気分が良くないときは（　㋑　）。

㋐ 物を買う恐れがある
㋑ 買い物をしない方がいい

[53] 다음은 '의류 구매 장소'에 대해 20대와 60대를 대상으로 실시한 설문 조사입니다. 그래프를 보고, 조사 결과를 비교하여 200~300자로 쓰십시오.

53. 解答例：　20대와 60대를 대상으로 한 설문 조사를 통하여 그들이 선호하는 의류 구매 장소를 살펴보았다. 조사 결과에 따르면 20대는 인터넷 쇼핑을 통해 의류를 제일 많이 구매하는(70%) 반면에 60대는 매장에서 의류를 구입하는 것을 가장 선호하는 것으로 나타났다(60%). 한편, 2위로 20대는 매장에서 의류를 구입한다고 응답하였으며(20%) 홈쇼핑을 이용하는 사람은 가장 작은 비중을 차지했다(10%). 이와 달리, 60대는 매장 이외에 홈쇼핑을 2위로 많이 이용한다(35%). 그러나 인터넷 쇼핑을 통하여 의류를 구입하는 60대는 아주 소수임이 드러났다(5%). 이러한 조사 결과를 통하여 일상생활에서 가장 많이 접한 매체가 사람의 소비 활동에 큰 영향을 준다고 쉬이 짐작할 수 있다.

解説：比較して書けというのは、比較対象の間の似ている点や違う点などを整理して書けということだ。この問題では、「衣類購入場所」について20代と60代を対象に実施したアンケートの結果を比較して書けと指示している。

　解答例は、グラフの内容を基準に、調査結果を比較して文章をうまく作成している。必要な内容を全て含み、論理的に構成されており、**조사 결과에 따르면**（調査結果によると）、**선호하는 것으로 나타났다**（好むことが分かった）、**비중을 차지했다**（比重を占めた）、**~이/가 드러났다**（～が分かった）などの多様な表現をとても豊富に使っている。結論の文を最後に配置して、きちんと文章を締めくくっている。

[53] 次は「衣類購入場所」について20代と60代を対象に実施したアンケートです。グラフを見て、調査結果を比較して200～300字で書きなさい。

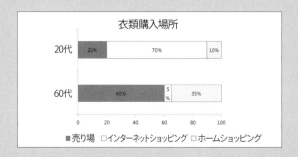

衣類購入場所

■売り場　□インターネットショッピング　□ホームショッピング

53. 20代と60代を対象にしたアンケートを通じて彼らが好む衣類購入場所を調べた。調査結果によると、20代はインターネットショッピングを通じて衣類を一番たくさん買う（70%）反面、60代は売り場で衣類を購入することを最も好むことが分かった（60%）。一方、2番目に20代は売り場で衣類を購入すると答え（20%）、ホームショッピングを利用する人は最も小さな比重を占めた（10%）。これとは異なり、60代は売り場の他にホームショッピングを2番目に多く利用している（35%）。しかし、インターネットショッピングを通じて衣類を購入する60代はとても少数であることが分かった（5%）。このような調査結果を通じて、日常生活で最も多く接するメディアが、人の消費活動に大きな影響を与えると容易に推測できる。

[54] 다음을 주제로 하여 자신의 생각을 600~700자로 글을 쓰십시오.

54. 解答例： 21세기에 접어들면서 전 세계가 지식 정보 사회로 옮겨 가며 매우 급속도로 변화하고 있다. 빠른 변화에 뒤쳐지지 않기 위해 많은 국가에서 경제, 사회, 문화, 교육 등 다양한 측면에서 노력을 보이고 있다. 특히 교육에 있어서 '창의적 인재' 육성 과정이 새롭게 언급되며 주목을 받고 있다. 심지어 국가 교육과정에 도입되어 학교에서 '창의적 인재' 육성 과정을 운영하는 국가도 많다.

먼저, '창의적 인재'란 창의적 사고 능력을 비롯하여 문제 해결 능력, 비판적 사고 능력 등을 갖춘 인재를 의미한다. 따라서 '창의적 인재' 육성 과정은 학생이 스스로 새로운 아이디어를 개발할 수 있으며 자신의 아이디어와 배운 학문들을 창의적으로 활용할 수 있는 역량을 기르는 것에 목표를 두었다. '창의적 인재'를 육성하는 것은 과거 학교에서 학생들에게 주입식으로 학문 지식을 그대로 입력시키는 전통 교육과 차이를 갖는다. 이러한 이유로 이전의 전통 학교 교육은 학생들의 창의적 사고를 배양하는 것보다 단순 학문적 지식을 가르치는 것에 더 가깝다고 볼 수 있다.

　현재 전 세계에서 인터넷을 통해 지식 정보를 실시간으로 빠르게 접할 수 있으므로 학문 지식을 가지고 있는 사람이 많아지며 이에 따라 사회에서 경쟁률도 높아질 수 밖에 없게 된다. 그러나 학문 지식을 그대로 받아들인 사람이 대부분이므로 지식을 실제 상황에 적합하게 활용하지 못하는 단점이 있다. 따라서 지식을 직접 창출하고 활용할 수 있으며 판단 능력이 있는 '창의적 인재'가 매우 필요하다고 결론을 내릴 수 있다.

解説：現代社会の特性に適合した「創意的人材」はどんな人物か、自分の意見を提示し、具体的な理由を挙げて叙述する問題だ。自分が考える現代社会の特性とそれに適合した創意的人材を定義し、そのような人材が必要である理由を記述しなければならない。

　解答例は、現代社会で「創意的人材」がどんな人物か定義して、学校でそのような人材を育成するためにどのような教育をしているか提示することによって、創意的人材の特性について説明している。文章の後半部では、そのような創意的人材が必要な理由について、情報社会である現代社会の特性と関連付けて説明している。語彙と文法の使用が適切で、文の構成がとても自然だ。

> [54] 次をテーマにして自分の考えを600〜700字で文章を書きなさい。
> 　現代社会では「創意的人材」に対する必要性が強調されています。現代社会の特徴と関連させて「創意的人材」について下の内容を中心に自分の考えを書きなさい。
> ・現代社会で必要な「創意的人材」とはどんな人物ですか？
> ・現代社会で「創意的人材」が必要な理由は何ですか？

54.　21世紀に入って、全世界が知識情報社会へ移行しながら、とても急速に変化している。速い変化に遅れを取らないようにするため、多くの国で経済、社会、文化、教育などさまざまな側面で努力を見せている。特に教育において「創意的人材」育成課程が新しく言及されて注目を浴びている。さらには国家の教育課程に導入され、学校で「創意的人材」育成課程を運営する国も多い。

　まず、「創意的人材」とは、創意的思考能力をはじめ、問題解決能力、批判的思考能力などを備えた人材を意味する。従って、「創意的人材」育成課程は、学生が自ら新しいアイデアを開発できて自分のアイデアと学んだ学問を創意的に活用できる力量を育てることに目標を置いた。「創意的人材」を育成することは、過去の学校で学生に詰め込み式に学問知識をそのままインプットさせる伝統教育と違いがある。このような理由で、以前の伝統学校教育は、学生の創意的思考を育てるより、単純な学問的知識を教えることにより近いと見ることができる。

　現在、全世界でインターネットを通じて知識情報にリアルタイムで速く接することができ

473

るので、学問知識を持っている人が増え、これによって社会で競争率も高まる他なくなる。しかし、学問知識をそのまま受け入れる人がほとんどなので、知識を実際の状況に適切に活用できない短所がある。従って、知識を自ら創出して活用できて判断能力がある「創意的人材」がとても必要だと結論を下すことができる。

[1~2] (　　)에 들어갈 가장 알맞은 것을 고르십시오.

1. 正解：③온다면

解説：−ㄴ다면 (〜するなら) は「前の内容を事実だと仮定したら」という意味を表す。

> [1~2] かっこに入る最も適切なものを選びなさい。
> 1. 明日もこのように雨がたくさん (　　) 遠足は行けないだろう。
> 　①降ってこそ　　　　　　　　②降っても
> 　③降るなら　　　　　　　　　④降っていたと思ったら

2. 正解：②먹을지

解説：−을지 (〜するか) は推測に対する漠然とした疑問を表す。

> 2. 昼ご飯に友人たちと何を (　　) 考えなければ。
> 　①食べようが　　　　　　　　②食べるか
> 　③食べていたら　　　　　　　④食べるなら

[3~4] 다음 밑줄 친 부분과 의미가 비슷한 것을 고르십시오.

3. 正解：④동안에

解説：−ㄴ 사이 (〜した間) はある時から別のある時までの間隔を意味する表現で、−ㄴ 동안もほぼ同じ意味だ。

> [3~4] 次の下線を引いた部分と意味が似ているものを選びなさい。
> 3. 私が家を空けた間に宅配が到着した。
> 　①ついでに　　　　　　　　　②代わりに
> 　③せいで　　　　　　　　　　④間に

4. 正解：②도와주어서

解説：덕분 (おかげ) は誰かが施してくれた恩恵や助力を意味する表現で、덕분에(덕분으로)の前の内容は、主に肯定的な結果が生じることになった背景や原因などを表す。一方、主に否定的な現象が生じた理由や原因の場合は、탓 (せい) を使う。試験に通過したという肯定的な結果は、兄が手伝ってくれたから得られたという内容だ。選択肢のうち、原因または理由を表す表現である−아/어서を含んでい

る②と入れ替え可能だ。

4. 兄がたくさん手伝ってくれたおかげで試験に通過することができた。
　　①手伝ってくれてこそ　　　　　　②手伝ってくれて
　　③手伝ってくれたせいで　　　　　④手伝ってくれたついでに

[5~8] 다음은 무엇에 대한 글인지 고르십시오.

5. 正解：①의자

解説：選択肢のうち、一行目の**앉다**と直接関連のあるものは椅子だけである。

[5~8] 次は何についての文か、選びなさい。

5.
| 長く座っていてもたった今座ったように楽に |
| 腰に負担にならないように楽に |

①椅子　　　　②机　　　　③本棚　　　　④食卓

6. 正解：②시장

解説：市場の広告だ。**장바구니**は市場で購入した物を入れる「かご」、または「かばん」のことをいう。

6.
| 多様で手頃な品物で買い物かごをいっぱいに |
| 隣人の情で幸せをいっぱいに |

①書店　　　　②市場　　　　③病院　　　　④食堂

7. 正解：③관람 예절

解説：公演中に観覧客が守らなければならない注意事項の案内だ。**-아/어 주세요、-지 마세요**などの表現を使って、守らなければならない事項について伝えている。

7.
| ・携帯電話はマナーモードにしてください。 |
| ・前の人の椅子を足で蹴らないでください。 |
| ・公演中は写真を撮らないでください。 |

①食事のマナー　　②電話のマナー　　③観覧のマナー　　④ボランティアのマナー

8. 正解：④제품 설명

解説：画質、音質、バッテリーなどの単語から、電子製品の説明であることが分かる。

8.
> ♤ 生き生きとした画質
> ♤ 小さな音まで聞こえるはっきりした音質
> ♤ 最大11時間持続する強力なバッテリー

①旅行の紹介　　②場所の案内　　③社員の募集　　④製品の説明

[9~12] 다음 글 또는 도표의 내용과 같은 것을 고르십시오.

9. 正解：②20가족만 체험에 참여할 수 있다.

解説：선착순은「先着順」で、선착순 20가족 마감は先に電話をかけて受付をした順に20家族まで受け付けるという意味なので、②が正解だ。体験は週末の土曜日の午後に行われるが、土曜日は평일（平日）ではないので①は間違い。体験に参加するにはまず電話をかけて参加申請をして、受け付けられなければ参加できないので、③も間違い。参加費は1家族1万ウォンずつなので、④も間違い。

> [9~12] 次の文章または図表の内容と同じものを選びなさい。
>
> 9.
> > ［動物体験］赤ちゃんトラとの1日！
> > ◎ 日時：4月6日（土）　14:00〜16:00
> > ◎ 場所：ソウル動物園 前庭
> > ◎ 参加費：1家族当たり10,000ウォン
> > ◎ 申請方法：電話受付（02-987-6543）
> > ＊先着順 20家族で締め切り！
>
> ①体験は平日午後に行われる。
> ②20家族のみ体験に参加できる。
> ③体験に参加するには参加費を払えばいい。
> ④1人1万ウォンずつ参加費を払わなければならない。

10. 正解：②남자는 퇴근 후 휴식을 하는 경우가 가장 많다.

解説：棒グラフの棒の高さは回答者数の比率を表している。男性の棒の高さが一番高いのは休息の部分で、男性は退勤後に休息を取るケースが最も多いので、②が正解だ。運動をする比率は男性と女性で同じなので、①は間違い。集まりに出掛ける比率は女性より男性が高いので、③も間違い。女性は家事をする人が休息を取る人より多いので、④も間違い。

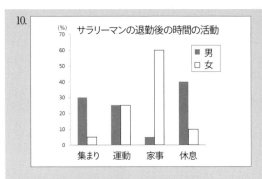

10.

①男性は女性より運動をする比率がより低い。
②男性は退勤後、休息を取るケースが最も多い。
③女性は男性より集まりに出掛ける比率がより高い。
④女性は休息を取る人が家事をする人より多い。

11. 正解：②대회 본선은 텔레비전을 통해 방송된다.

解説：大会本選はハヌル放送を通じて全国に放映されるので、②が正解だ。参加は「韓国に住んでいる外国人」が条件なので、①、③は間違い。自分が最も好きな韓国料理を作らなければならないので、④も間違い。

11.　ハヌル放送局では来る3月20日、韓国料理作り大会を開催する。この大会は韓国に住む外国人であれば誰でも参加でき、「私が最も好きな韓国の食べ物」をテーマに行われる。参加したい人はハヌル放送局ホームページで申請できる。地域予選を経て本選には総勢30名が進出し、本選はハヌル放送を通じて全国に放映される。
①申請をすれば誰でも参加可能だ。
②大会の本選はテレビを通じて放送される。
③海外に住んでいる人も参加が可能だ。
④自分が最も上手に作れる料理を作ればいい。

12. 正解：④새싹 채소는 다 자란 채소에 비해 영양이 더 좋다.

解説：新芽野菜は成長し切った野菜より多くの栄養素が含まれているので、④が正解だ。新芽野菜を市場で買うのが難しいかは文章からは分からないので、①は答えにならない。新芽野菜を自分で育てて食べる人が増えているので、②は間違い。新芽野菜は芽が出たばかりの野菜のことをいうので、③も間違い。**싹**は、植物の種、茎、根などから初めて出てくる若い葉や茎を意味する。

12. 最近、新芽野菜を自分で育てて食べる家庭が増えている。新芽野菜は芽が出たばかりの幼い野菜のことをいう。この時期の野菜には成長し切った野菜よりも、より多くの栄養素が含まれている。植物は新芽が出る時期に最も活発に成長するからだ。清潔で簡単に育てることができるという点も新芽野菜を家で育てる理由のうちの一つだ。

① 新芽野菜は市場で買うのが難しい。

② 新芽野菜を買って食べる人が増加している。

③ 新芽野菜は成長を全て終えた野菜のことをいう。

④ 新芽野菜は成長し切った野菜に比べて栄養がより良い。

[13~15] 다음을 순서대로 맞게 배열한 것을 고르십시오.

13. 正解：①(가)-(다)-(나)-(라)

解説：A. 最初の文は(가)または(다)だ。

B. (다)の-기 때문이다は前で言ったある事実に対する理由を言うとき使う表現なので、(다)は最初に来ることができず、(가)が最初の文だ。

C. 2番目に来る文は(다)または(라)だ。

D. (가)で夜間照明が健康を害するという研究結果を提示している。(다)はこの研究結果の内容の理由を説明する文なので、(가)の後ろに(다)がつながると自然だ。

E. 選択肢のうち、(가)-(다)の順に並んでいるのは①である。

F. (나)の따라서は前で言ったことが原因、理由、根拠となって後ろに結果や結論がくることを表す表現だ。すなわち、睡眠時に最も暗い状態にすることが重要な理由は、(다)にあるように夜も昼のように明るいと生体リズムが変化するためなので、(가)-(다)-(나)の順でつなげるといい。(라)の文は(나)に付いて睡眠の妨害になる別の状況を補充して提示したものなので、①(가)-(다)-(나)-(라)の順が論理的に自然だ。

[13~15] 次の文を順番通りに正しく並べたものを選びなさい。

13. (가) 夜間照明が健康を害するという研究結果がある。

(나) 従って、睡眠時には最も暗い状態にすることが重要だ。

(다) 夜も昼のように明るい状態が維持されると生体リズムが変わるからだ。

(라) また、寝る前はテレビの視聴や携帯電話の使用をしない方がいい。

14. 正解：③(다)-(가)-(라)-(나)

解説：A. 最初の文は(가)または(다)だ。

B. (가)の-기 위해서이다は、前で言ったある事実に対する理由を言うときに使う表現なので最初の文になれず、(다)が最初の文だ。

C. 2番目に来る文は(가)または(나)だ。

D. (가)は「日較差（1日の最高気温と最低気温の差）が大きい天気にうまく対処するため」となっており、(다)の春の登山で薄い服を重ね着するのがいいという内容の理由を説明する文なので、(다)の次に(가)の文がつながると自然だ。

E. 選択肢のうち、(다)-(가)の順に並んでいるのは③である。

F. (라)の文は春の登山で注意しなければならない別の事項について書いてあるので、(다)-(가)に続けて入れることができる。(라)のように山の所々に氷が残っていることがあるので、(나)のように登山靴と安全装備を着用しなければならないという内容につながると自然だ。すなわち、③(다)-(가)-(라)-(나)とつなげるのが論理的で自然だ。

---

14. (가) 日較差が大きい天気にうまく対処するためだ。
(나) 従って、登山靴と安全装備の着用も必須だ。
(다) 春に登山をするときは薄い服を何枚か重ね着するのがいい。
(라) また、暖かい3、4月にも山の所々にはまだ氷が残っていることがある。

15. 正解：④(라)-(다)-(나)-(가)

解説：A. 最初の文は(다)または(라)だ。

B. (다)の이들は前で話題にしていた人たちを指す表現なので、(다)の文は最初の文になれず、(라)の文が最初の文だ。

C. 2番目に来る文は(나)または(다)だ。

D. (다)の이들は、(라)の文の「簡単に食事を解決しようとする人」を指すので、(라)の次に(다)の文がつながると自然だ。

E. 選択肢のうち、(라)-(다)の順に並んでいるのは④である。

F. (나)は(다)の文で食品業者が単身世帯のための即席食品開発に力を入れている理由を話している文なので、(다)-(나)と続けることができる。最後に(가)の結論の文を置いて、④(라)-(다)-(나)-(가)の順で文をつなげると自然だ。

---

15. (가) 従って、今後はより多様な即席食品に出会えるだろう。
(나) 今後、一人暮らしをする人の比重がより増えるものと予想しているからだ。
(다) 食品業者はこのような人たちのための即席食品開発に力を入れている。
(라) 単身世帯の数が増加するにつれて簡単に食事を解決しようとする人が増えた。

[16~18] 다음을 읽고 (　　)에 들어갈 내용으로 가장 알맞은 것을 고르십시오.

16. 正解：③고객의 구매를 늘리기 위하여

解説：選択肢全てに**-기 위하여**（〜するために）とあるので、かっこの中にはマートが多様なマーケティング方法を使用する理由が入らなければならない。マートでレジの前に安い製品を陳列したり、一つ買うともう一つもらえるイベントをしたりする理由は、顧客の追加購入を誘導するためなので、③が正解だ。

> [16~18] 次の文章を読んで、かっこに入る内容として最も適切なものを選びなさい。
>
> 16.　マートのレジの前には、ガムや飲み物のように値段が負担にならない製品が陳列されている。これは顧客が会計を待ちながら追加で製品を購入できるようにしたものだ。一つ買うともう一つもらえるイベントもまた顧客の追加購入を誘導するためのものだ。このように（　　　　）マートでは多様なマーケティング方法を使っている。
> ① 会計の列を短くするため
> ② イベントを多様にするため
> ③ 顧客の購入を増やすため
> ④ 製品の陳列を追加するため

17. 正解：②손쉽게 즐길 수 있는 곳

解説：**바로**は前で説明したことが何であるか強調して言うときに使う表現で、かっこの中にはマッドフェスティバルを説明する内容が入らなければならない。後ろに、マッドフェスティバルではマッドマッサージなどの各種の遊びを楽しめるので、②が正解だ。

> 17.　水分が多い泥をマッドと言う。マッドは肌に弾力を与え、柔らかくする。このようなマッドを（　　　　）がある。まさにマッドフェスティバルだ。マッドフェスティバルではマッドを利用して、マッサージはもちろんマッド滑り台、一本橋渡りなどの各種の遊びを楽しむことができる。
> ① 安く購入できる所
> ② 手軽に楽しめる所
> ③ たくさん販売できる所
> ④ いつでも食べられる所

18. 正解：③명확하게 기록되어 있다.

解説：かっこの前の文には、ハングルは作った人や目的、動機が知られた唯一の文字とある。かっこの直前にある**역시**という表現は**또한**、**마찬가지로**などと同じ意味で、

481

ハングル製作の目的、動機が知られているのと同じく、その原理もまた明確に記録されているという内容になるので、③が正解だ。

18.　ハングルは作った人や目的、動機が明確に知られた世界唯一の文字だ。ハングルが作られた原理もまた（　　　）。ハングルの子音は人の発音器官の形にならって作られたので、ㄱ、ㅋ、ㄲのように同じ位置で発音される音は皆共通の要素を共に持っている。また、母音は天と地、人の形にならって作られたものと知られている。
①はっきりと知ることは難しい
②韓国でのみ知られている
③明確に記録されている
④全世界の注目を浴びた

[19~20] 다음 글을 읽고 물음에 답하십시오.

19. 正解：①만약
解説：~이라면はある状況を仮定するときに使う表現で、仮定する状況を強調する**혹시、만약**などの単語と一緒に使える。従って、①が正解だ。

[19~20] 次の文章を読んで、間いに答えなさい。
　尿の色からも健康状態を簡単に確認することができる。理想的な尿の色は薄い黄色だ。尿の色が水のように透明だったら水分を必要以上に摂取しているという意味で、明るい黄色だったらビタミンBが多いという意味だ。尿がこのような色であれば、心配する必要はない。しかし、（　　　）尿の色がだいだい色や緑色であれば必ず医者と相談しなければならない。

19. かっこに入る適切なものを選びなさい。
①もし　　　　②やはり　　　　③果たして　　　　④たぶん

20. 正解：①몸의 상태에 따라 소변의 색깔이 달라진다.
解説：尿の色によって健康状態を確認できる、すなわち健康なときと健康でないときの尿の色が違うという内容なので、①が正解だ。尿が明るい黄色だったらビタミンBが多いという意味で心配する必要はないので、②は間違い。尿の色がだいだい色だったら必ず医者に相談しなければならない状況なので、③も間違い。体にビタミンBが多いと尿の色は明るい黄色になるので、④も間違い。

20. この文章の内容と同じものを選びなさい。
①体の状態によって尿の色が変わる。

②尿が明るい黄色だったら病院に行かなければならない。
③尿の色がだいだい色だったら心配する必要はない。
④体にビタミンBが多いと尿の色は透明だ。

[21~22] 다음 글을 읽고 물음에 답하십시오.

21. 正解：② 귀가 따갑도록

解説：小言の効果が性別によって違うという内容だ。かっこの中には**継続해서、자주**などのような意味の表現が入ると自然だ。**귀가 따갑도록**は、ある話を耳が痛くなるほど「頻繁に(聞かされる)」という意味の表現なので、かっこの中に入るとつながりが自然だ。従って、②が正解だ。

[21~22] 次の文章を読んで、問いに答えなさい。
　性別によって小言の効果が違うことが分かった。ある研究結果によると、男性には「痩せろ」という相手の小言や批判が効果的であり、その強度が強いほどさらに効果的であることが確認された。しかし、女性はむしろストレスを受けるだけでその効果は小さかった。従って、女性には(　　　)痩せろと言うより一緒に運動をするなど、実質的な手助けをするのがいい。

21. かっこに入る適切なものを選びなさい。
　①口が重く　　　　　　　　②耳が痛いくらい
　③ぐでんぐでんになるまで　④誰も知らないうちに

22. 正解：④ 잔소리의 효과는 여성과 남성에게 다르게 나타난다.

解説：小言の効果が性別によって違うという内容で、痩せろという小言の事例を提示して説明しているので、④が正解だ。

22. この文章の主要な考えを選びなさい。
　①男性は小言が好きだ。
　②女性は痩せることが嫌だ。
　③女性も男性も皆、ぜい肉によってストレスを受けている。
　④小言の効果は女性と男性で違うように現れる。

[23~24] 다음 글을 읽고 물음에 답하십시오.

23. 正解：③ 감동적이다

解説：「私」は、優勝できないことが明らかな状況でも、順位に執着せず、最後まで最善を尽くしてマラソンに臨む選手の姿に感動している。従って、③が正解だ。

[23~24] 次の文章を読んで、問いに答えなさい。

　私はそんな表情を生まれて初めて見るように感じた。今までそのように正直に苦しそうな顔を、そのように正直に孤独な顔を見たことがない。胸が締め付けられてひどくどきどきした。彼は20位、30位を超えて偉大に見えた。今、全ての歓呼と栄光は優勝者にあり、彼は歓呼なしで走ることができるので偉大に見えた。

　私は彼のために何かしないといけないと思った。なぜなら、私が少し前に彼の20位、30位をばからしくかわいそうだと考えていたように、彼も自分の20位、30位をばからしくかわいそうだと考えながら「えい、知るか」とその場に座ってしまったらどうしようか、それで私がそれを見ることになったらどうしようかと思ったからだった。(中略) それまでは私はマラソンとは魅力のない愚直なスポーツだとしか思っていなかった。しかし、今後はもう少し好きになりそうだ。それが少しもごまかしが受け入れられない正直な運動だから。

　また、最後まで走ってゴールしたビリの走者も好きになりそうだ。あの恐ろしい苦痛と孤独に勝った意志の力があるから。

23. 下線を引いた部分に表れた「私」の心情として適切なものを選びなさい。
　　①残念だ　　　　　　　　　　②不安だ
　　③感動的だ　　　　　　　　　④気掛かりだ

24. 正解：④나는 꼴찌를 한 선수를 좋아하게 될 것 같다.

　　解説：たとえビリでも意志の力で最後まで諦めず走って競技を終えた選手も好きになりそうだとあるので、④が正解だ。「私」はそれまではマラソンとは魅力のない愚直なスポーツだと思っていたので、①は間違い。「私」がマラソン競技を初めて見たか、あるいは競技を見て苦痛に感じていたかどうかは文章からは分からないので、②、③は答えにならない。

24. この文章の内容と同じものを選びなさい。
　　①私はマラソン競技が好きだった。
　　②私はマラソン競技を初めて見た。
　　③私はマラソン競技を見て苦痛だった。
　　④私はビリになった選手を好きになりそうだ。

[25~27] 다음은 신문 기사의 제목입니다. 가장 잘 설명한 것을 고르십시오.

25. 正解：④낮에는 길거리 음식으로 유명한데 밤에는 쓰레기가 가득하다.

　解説：昼は屋台で食べ物をたくさん売っている通りが、夜は食べ物の代わりにごみでいっぱいになっているという内容の記事の見出し。~천국、~산などの表現は、あるものがとても多いということを表現するとき使う。

> [25~27] 次は新聞記事の見出しです。最もよく説明したものを選びなさい。
> 25. 昼は屋台天国、夜はごみの山
> ①昼は屋台の食べ物を売り、夜はごみを片付けなければならない。
> ②昼は屋台の食べ物がよく売れるが、夜は売れない。
> ③昼は屋台の食べ物がいっぱいだが、夜は食べ物が全部売れてない。
> ④昼は屋台の食べ物で有名だが、夜はごみがいっぱいだ。

26. 正解：③면역력 높이는 음식으로 독감에 걸릴 위험을 줄인다.

　解説：**조마조마**は、近寄ってくるものに対して心配になって気持ちが焦り不安な様子を意味する。インフルエンザの流行を怖がっている状況で、インフルエンザにかからないために免疫力を高める食べ物を取ろうという内容の記事の見出し。

> 26. インフルエンザ流行に「びくびく」、免疫力高める食べ物を取ろう
> ①免疫力を高める食べ物はインフルエンザを治療できる。
> ②インフルエンザにかかったら免疫力を高める食べ物が食べたくなる。
> ③免疫力を高める食べ物でインフルエンザにかかる危険を減らす。
> ④インフルエンザが流行したら免疫力を高める食べ物の消費が増える。

27. 正解：④경기 지방에 내린 많은 눈으로 인해 교통사고가 연이어 일어났다.

　解説：**펑펑**は、雪や水などが激しくたくさん降る様子のことをいう。京畿地方にぼたん雪がたくさん降ったせいで交通事故が相次いで起きたという内容の記事の見出しだ。

> 27. 京畿地方ぼたん雪「こんこん」、所々に交通事故相次ぐ
> ①交通事故が起きてすぐ、京畿地方に降った雪を片付けた。
> ②所々で発生した交通事故は京畿地方に降った雪と関係ない。
> ③京畿地方で発生した交通事故は暴風雨によるものだ。
> ④京畿地方に降ったたくさんの雪によって交通事故が相次いで起きた。

28. 正解：① 포기해야 하는 것

解説：즉は、前で話したことを別の表現で要約して整理するとき使う。選択できなかったことに対して、物足りなさや未練が憂鬱感をもたらすという内容から見て、前の文は選択の幅が多様なほど、一つを選択することによって諦めなければならないことが多くなるという内容になる。従って、①が正解だ。

[28~31] 次の文章を読んで、かっこに入る内容として最も適切なものを選びなさい。

28.　選択の幅が広いほど不幸になる現象を「選択の逆説」という。選択の幅が多様であるほど（　　）が多くなるからだ。すなわち、選択できなかったことに対して、物足りなさや未練が憂鬱感をもたらすということだ。従って、選択肢の数が多くなると、その分ある一方を選べなくて苦しむという「決定障害」もまた増加する。多くの情報と商品にさらされている現代人に、「決定障害」はともすると当然の結果かもしれない。

① 諦めなければならないこと　　　　② 購入しなければならないこと
③ 選択しなければならないこと　　　　④ 決定しなければならないこと

29. 正解：② 갈증을 없애기 위해서

解説：高カロリーの食べ物や砂糖、運動不足だけが肥満を引き起こす原因ではなく、塩辛い食べ物もまた肥満の原因になるという内容の文章だ。かっこが含まれる文は、塩辛い食べ物がどうして肥満の原因になるのかについての内容である。塩辛い食べ物を食べると喉の渇きを感じることになり、喉の渇きをなくすために結局、糖分がたくさん入っている飲み物を飲み、太ることになるということなので、②が正解だ。

29.　よく高カロリーの食べ物や砂糖、運動不足を肥満の原因と考える。しかし、「塩辛い味」もまた肥満を引き起こす主犯だ。塩辛い食べ物を食べると喉の渇きを感じることになり、この（　　）糖分が多く含まれている飲み物を欲しがるようになるということだ。実際に塩を1グラム多く摂取すると肥満の危険が25%以上増えるという研究結果が発表されてもいる。

① 塩をなくすために　　　　② 喉の渇きをなくすために
③ 肥満をなくすために　　　　④ 塩辛い味をなくすために

30. 正解：③ 할 일을 미뤘다는 생각으로 인해

解説：計画を先延ばしする習慣の問題点と解決方法についての内容だ。かっこが含まれる文は、先延ばしする習慣が健康に良くない理由を説明する文だ。計画を先延

ばししたという罪悪感によってストレスを受けて、胃や心臓、免疫などに良くない影響を与えるという内容にすると自然ので、③が正解だ。

> 30.　新年になると多くの人が1年の計画を立てるが、実際にその計画は数日たたずに守られないことが多い。先延ばしする習慣は健康にも良くない。（　　　）ストレスを受けるからだ。このようなストレスは胃や心臓、免疫などを弱くする。計画したことを周りの人たちに知らせることは先延ばしする習慣を直せる方法の一つだ。
> ①しなければならないことが多いので
> ②計画を立てなかったので
> ③することを先延ばししたという考えによって
> ④周りに計画が知られたことによって

31. 正解：④ 전통적인 연필과 물감에

解説：画家が既存の枠を拒否して独創的な作品世界を作っていくことについての内容だ。既存の枠に嫌気を感じた画家が異色な材料と方法で絵を描き始めたということなので、かっこの中には既存の方法が入ればいい。従って、④が正解だ。

> 31.　多くの芸術家は既存の枠を壊そうと試みる。（　　　）嫌気を感じたある画家は、ジャムを塗った食パンや化粧品で絵を描いたり、自分の舌で絵を描き始めた。この画家は、時々周囲から自分を好ましくない視線で眺める人もいるけれども自分の絵を見ながら楽しむ人がいるのならそれで十分だと言いながら、自分の独創的な作品世界を作り続けている。
> ①周りの視線に
> ②まずい食パンとジャムに
> ③新しい試みと挑戦に
> ④伝統的な鉛筆や絵の具に

[32~34] 다음을 읽고 내용이 같은 것을 고르십시오.

32. 正解：② 음악은 통증을 줄여 주는 데 도움을 준다.

解説：研究の結果、手術を受けた患者に音楽を聴かせると患者の苦痛が減少したとあるので、①は間違いで、②が正解だ。音楽は痛みを減少させる物質や快楽と関係のある物質を脳に出させるので、③は間違い。音楽を聴きながら運動をすると、運動をより簡単に面白くできるので、④も間違い。

32. 　音楽を聴くと心が穏やかになる気分を感じたことがあるだろう。実際に音楽は体が感じる苦痛を忘れさせてくれる効果がある。音楽の効果を研究したある研究チームは、手術を受けた患者に音楽を聴かせるや患者の苦痛が減少することを確認できた。さらに、運動をするときに音楽を聴くと、脳から痛みを減少させる物質や快楽と関係した物質がたくさん出て運動をより簡単に面白くできるそうだ。

① 音楽を聴いた患者は痛みが増加する。

② 音楽は痛みを減らすのに役立つ。

③ 音楽は脳に何の影響も与えない。

④ 音楽を聴きながら運動をすると運動がよりつらくなる。

33. 正解：② 생체 보안은 인간의 몸을 이용하는 보안 방법이다.

解説：指の指紋や目の虹彩のような人間の体をセキュリティーに活用するのが生体認証セキュリティーなので、②が正解だ。指紋や虹彩は複製不可能なので、①は間違い。今後の生体認証セキュリティーの開発の難しさについては言及がないので、③は答えにならない。虹彩の形は人によって違い、一生変わらないので、④は間違い。

33. 　パソコンやスマートフォンの使用が活発になるにつれて、情報セキュリティーが重要な問題として浮かんできた。これらの機器には写真や連絡先、銀行取引情報など敏感な個人情報が多数含まれているからだ。多くのセキュリティー技術の中でも、指の指紋や目の虹彩のように人間の体を活用する「生体認証セキュリティー」が注目されている。指紋や虹彩は人それぞれ形が違い、一生その形が変わらない。また、複製が不可能だ。このため、今後「生体認証セキュリティー」はより一層注目されるものと予想される。

① 指紋は他の人がまったく同じように作ることができる。

② 生体認証セキュリティーは人間の体を利用するセキュリティー方法だ。

③ 今後、生体認証セキュリティーは開発に困難を味わうだろう。

④ 虹彩の形が変わったら虹彩の形を再び登録できる。

34. 正解：④ 손 글씨 쓰기는 내용을 다시 구성하는 데에 도움을 준다.

解説：手書きすることが内容の記憶と再構成により効果的だと、ある研究が明らかにしたとあるので、④が正解だ。デジタル機器の使用はいいことばかりではないとあるので、①は間違い。編集技術を学ぶ時間を増やさなければならないというのは、一部の人の主張なので、②も間違い。別の研究では、手書きで作文をした学生がキーボードで作文をした学生より豊富な語彙を使ったことが確認されたとあるので、③も間違い。

34. パソコンなどのデジタル機器が発達するにつれて、手でじかに字を書くことが少なくなった。一部の人は手書きの字を書く時間の代わりに編集技術を覚える時間を増やさなければならないと主張する。しかし、ある研究では手書きの字を書くことが内容の記憶と再構成により効果的だということが明らかになった。また、別の研究ではペンで作文をした学生がキーボードで作文をした学生よりもより豊富な語彙を使用し、文章の完成度が高いことが確認された。素早く使えて便利なデジタル機器が手書きの字より常にいいことばかりではないのだ。
① デジタル機器の使用は長所だけがある。
② 編集技術を学ぶ時間が増えなければならない。
③ キーボードで作文をするとより多くの単語を使いやすい.
④ 手書きの字を書くことは内容を再構成するのに役立つ。

[35~38] 다음 글의 주제로 가장 알맞은 것을 고르십시오.

35. 正解：② 멧돼지의 위협을 피하기 위해 서식 환경을 보호해 주어야 한다.

解説：都心にイノシシが出現することについての内容だ。イノシシの生息地の減少および餌不足から、イノシシが都心に出現していろいろな被害が発生しており、これを予防するためにイノシシの生息地の環境を保護しなければならないというのがこの文章の主題なので、②が正解だ。

[35~38] 次の文章の主題として最も適切なものを選びなさい。

35. 最近、都心にイノシシが出現することが頻繁になるにつれ、これによる被害が発生している。サツマイモやジャガイモを育てる畑が掘り返されるのはもちろん、生ごみをまき散らしたり、突然道路に現れて交通事故を誘発したりもする。イノシシの都心出没が増加した主な理由はイノシシの生息環境が脅かされているからだ。生息地がだんだん減り、ドングリなどの餌が減って餌を求めて都心に下りてくるのだ。従って、イノシシによる被害を防ぐためには、イノシシが脅かされない環境を作ってやることが必要だ。
① イノシシの出現は都心の交通事故の主要な原因になっている。
② イノシシの脅威を避けるため、生息環境を保護してやらなければならない。
③ イノシシの生息地周辺のドングリの数や餌となる物がだんだん減っている。
④ 都心に現れるイノシシが増加しているので、道を作ってやらなければならない。

36. 正解：② 약의 유통기한은 꼼꼼히 살펴보아야 한다.

解説：製品の流通期限についての内容だ。薬は流通期限が過ぎると効能が落ちたり副作用が生じたりすることがあるので、よく確認してから使う方がいいというのがこ

の文章の主題なので、②が正解だ。

37. 正解：③신체적 접촉은 아이들의 정서적 안정에 중요하다.

　解説：親子のスキンシップが重要だという内容だ。子どもを抱きしめてあげたりなでてあげたりすると、皮膚の触感が直ちに脳に伝わり、子どもが平穏さや安心感を持つことになり、自尊心や挑戦意識が高い子に育つというのがこの文章の主題なので、③が正解だ。

38. 正解：④비타민 보충제의 효과는 과학적으로 입증되지 않았다.

　解説：サプリメントの摂取によって栄養の偏りを解決できるかという内容だ。ビタミンのサプリメントの効果についてはいろいろ議論があるが、まだ明確な研究結果は出ていないので消費者が慎重に選択するしかないというのがこの文章の主題なので、④が正解だ。

果はない。結局、消費者が慎重に選択する問題だ。
①ビタミンのサプリメントは食事の代わりとなる。
②ビタミンは私たちの体に絶対に必要な栄養素だ。
③ビタミンはサプリメントによってのみ摂取できる。
④ビタミンのサプリメントの効果は科学的に立証されていない。

[39~41] 다음 글에서 〈보기〉의 문장이 들어가기에 가장 알맞은 곳을 고르십시오.

39. 正解：①㉠

解説：中古製品の取引についての内容だ。〈보기〉の文の-기 때문이다（～するからである）はある事実の理由を言うときに使う表現だ。〈보기〉の文は中古製品の取引が活性化されている状況の背景または理由で、㉠の位置に入ると自然につながる。

[39~41] 次の文章で、〈보기〉の文が入るのに最も適切な場所を選びなさい。

39. 　中古製品の取引が活性化されている。（　㉠　）このため、消費者が直接自分が使っていた物を安い値段で販売するオンラインコミュニティーの人気が高い。（　㉡　）また、色合いの違いや傷などの問題で返品処理された製品だけを別途販売するサイトも生まれた。中古製品の取引は今後よりその規模が大きくなるものと予想される。（　㉢　）しかし、個人間の取引なので、万が一の被害を防止するために、購入前の製品の状態や販売者の情報などをきちんと検討しなければならない。（　㉣　）

　不況で合理的購入を求める消費者が増えており、中古品の取引サービスが拡大しているからだ。

40. 正解：②㉡

解説：主たる特徴に対する評価が他の特徴に対する評価に影響を及ぼすという「後光効果」についての内容だ。〈보기〉の文が㉡の位置に入る場合、前の「後光効果は、人を評価するときに目立つ」ということを説明する例として自然につながる。

40. 　「後光効果」は、一つの主たる特徴に対する評価のせいで他の特徴に対する評価が客観性を失う現象をいう。（　㉠　）このような後光効果は、人を評価するときに目立つ。（　㉡　）第一印象がいいと短所もあまり問題にならないが、第一印象が悪いと長所も短所のように見えることがあるからだ。（　㉢　）そのため、面接のような重要な出会いで第一印象の重要性を強調するのだ。（　㉣　）

　特に、人に対する第一印象は以降の関係に大きな影響を及ぼす。

41. 正解：③ⓒ

解説：新たに出した詩集を紹介する内容の文章だ。〈보기〉の文は今回の詩集を以前の作品と比較しながら説明している文で、以前の作品について話している文の後であるⓒの位置に入ると自然につながる。

> 41. 簡潔な文体で日常の話を盛り込んでいる詩人コ・ウンジョンが3作目の詩集を出版した。（ ⓐ ）新たに出した詩集『家』は暮らしの拠点である家を中心に日常生活で起きることについて、彼女だけの声で話している。（ ⓑ ）以前の作品で詩人コ・ウンジョンは平凡な単語を通じて主題を簡潔で奇抜に描き、多くの読者から人気を得た。（ ⓒ ）これは彼女の読者の痛みを癒やしたいという願いに由来するものだ。（ ⓓ ）
>
> しかし、今回の詩集は以前の作品より主題をもう少し真剣に眺めている感じだ。

[42~43] 다음 글을 읽고 물음에 답하십시오.

42. 正解：③당황스럽다

解説：ウリムちゃんが「私」に理由なく言い掛かりをつけてきた状況だ。理解できない理由で怒るウリムちゃんに対して、「私」は「ウリムちゃんは本当に理解できない子だ」と戸惑った気持ちを表現しているので、③が適切だ。

> [42~43] 次の文章を読んで、問いに答えなさい。
> ところが翌日の昼休みにウリムちゃんはまたウサギ小屋の前に立っていた。今度は私も話し掛けなかった。すると、ウリムちゃんの方から先に言い掛かりをつけてきた。
> 「あんた、なんでしょっちゅうこのウサギ小屋に来るの？ あんたのせいで私がここに来るのが嫌になるじゃない！」
> 「僕は昼休みはいつもウサギ小屋に来てる。君はどうして僕のせいでウサギ小屋に来るのが嫌になるというんだ？」
> 「それはあんたと一緒にいるのが嫌だからよ。」
> 「僕が何か間違ったことをしたからか？」
> 「理由はない！ ただ嫌だから。」
> 「そんなの言い掛かりだろ？」
> 「さあ、あんたがどくか、じゃなかったら私が行こうか？」
> 「一緒にいたらいいじゃん。」
> 「私は嫌！ そう、あんたは女の子のために席一つ譲れないってことね？ 分かったわ、ふん！ 野蛮人！」
> ウリムちゃんはまたすねて行ってしまった。やっていることを見ても、言葉遣いを見てもウリム

<u>ちゃんは本当に理解できない子だった。</u>

42. 下線を引いた部分に表れた「私」の心情として適切なものを選びなさい。
   ① 悔しい 　　　　　　　　　　② 名残惜しい
   ③ 戸惑っている 　　　　　　　④ 心配している

43. 正解：③ 나는 점심시간에 항상 토끼장에 간다.

解説：ウリムちゃんが「私」にどうしてしょっちゅうウサギ小屋に来るのか聞くと、「昼休みはいつもウサギ小屋に来てる」と答えたので、③が正解だ。「私」がウリムちゃんのことが好きかどうかは文章からは分からないので、①は答えにならない。「私」が「何か間違ったことをしたからか?」と尋ねたが、ウリムちゃんは「理由はない」と答えたので、②は間違い。ウリムちゃんはすねて行ってしまったので、④も間違い。

43. この文章の内容と同じものを選びなさい。
   ① 私はウリムちゃんが好きだ。
   ② 私はウリムちゃんに間違ったことをした。
   ③ 私は昼休みにいつもウサギ小屋に行く。
   ④ 私はウリムちゃんのために場所をどいてあげた。

[44~45] 다음을 읽고 물음에 답하십시오.

44. 正解：④ 딸바보 아버지가 딸의 인생에 긍정적인 영향을 미친다.

解説：「娘ばか」という造語についての話だ。娘ばかな父親が成功する娘を作るという研究結果を紹介し、娘ばかな父親の下で育った娘は肯定感を持ち、積極的に行動するというのがこの文章の主題なので、④が正解だ。

[44~45] 次の文章を読んで、問いに答えなさい。
「娘ばか」は、娘を格別に大事にする父親を意味する新しい造語だ。娘と深い絆を維持し、娘に対する愛を表現する娘ばかな父親が成功する娘を作るという研究結果が続々登場している。ある研究結果によると、家事に積極的で、妻と娘に対し情の深い父親の下で育った娘は、自分のことにより肯定的に臨むそうだ。父親から受けた（　　　）自分を自ら価値のある人間だと思い、他人に認められるために何事にも積極的に行動するということだ。ところで、ここで娘ばかの基準は、娘と一緒に過ごす時間とは関係がない。娘と多くの時間を一緒に過ごすかそうでないかではなく、どれくらい深い信頼関係を形成しているかがその基準になるのだ。

44. この文章の主題として適切なものを選びなさい。
　　①娘は父親に自分の成功を認めてもらいたがる。
　　②娘と多くの時間を過ごした父親が立派な娘を作る。
　　③娘ばかな父親の下で育った娘は家事をしっかりやる。
　　④娘ばかな父親が娘の人生に肯定的な影響を及ぼす。

45. 正解：③긍정적 영향을 통해

　　解説：かっこのある文章は、家事に積極的で情が深い父親の下で育った娘は、父親に
　　　　　受ける肯定的な影響を通じて何事にも積極的に行動するようになるという内容に
　　　　　なれば自然だ。従って、③が正解だ。

45. かっこに入る内容として最も適切なものを選びなさい。
　　①ストレスのせいで
　　②生まれ持った才能を通じて
　　③肯定的な影響を通じて
　　④否定的な認識によって

[46~47] 다음을 읽고 물음에 답하십시오.

46. 正解：①㉠

　　解説：製品の原材料や製造過程などについての多様な情報を確認できるアプリについ
　　　　　ての内容だ。下の文は冒頭の文にある、消費者が製品のデザインや品質だけでは
　　　　　なく原材料や製造過程にも関心を持つようになった背景または理由を説明する文
　　　　　なので、㉠の位置に入ると自然につながる。従って、①が正解だ。

[46~47] 次の文章を読んで、問いに答えなさい。
　製品のデザインや品質だけでなく、原材料や製造過程までも関心を持つ消費者が増えて
いる。（　㉠　）環境に優しい製品やフェアトレード製品の人気が高まるのもまさにこのため
だ。（　㉡　）しかし、製品を買うたびに原材料や製造過程を把握するのは、とても面倒なこ
とだ。そのため、最近はこれを簡単に確認できるアプリが開発されもした。（　㉢　）アプリで
製品を選択すると、原材料や製造過程はもちろん、製造過程で発生する汚染物質、労働者の
労働条件などまでも一目で見ることができる。（　㉣　）このようなアプリは消費者の賢明な
消費を助けるだけでなく、企業の態度までも肯定的に変化させるという点でその効果を得て
いる。

46. 次の文が入るのに最も適切な場所を選びなさい。

暮らしが豊かになるにつれて、値段が少し高くてもいい材料で正しく作った製品を好んで選ぶようになったのだ。

47. 正解：④앱을 사용하면 제품의 제조 과정까지도 쉽게 확인할 수 있다.

解説：アプリで製品を選択すると、原材料や製造過程、製造過程で発生する汚染物質、労働者の労働条件などまでも一目で見ることができるので、④が正解だ。企業が利潤だけを追求しようとしているかは文章からは分からないので、①は答えにならない。最近の消費者はデザインや品質だけでなく原材料や製造過程にも関心を持っているので、②は間違い。フェアトレード製品は人気が高まっているので、③も間違い。

47. この文章の内容と同じものを選びなさい。
　①企業は企業の利潤だけを追求しようとしている。
　②最近の消費者は製品の品質のみをじっくり調べる。
　③フェアトレード製品は値段が高くて購入者が減っている。
　④アプリを使えば製品の製造過程までも簡単に確認できる。

[48~50] 다음을 읽고 물음에 답하십시오.

48. 正解：④실질적인 출산 장려 정책의 필요성을 주장하기 위해

解説：少子化問題の解決のための実質的な制度の準備が必要だという内容の文章だ。筆者は少子化が引き起こす問題点を提示し、いくつかの解決方法を提示することによって実質的な出産奨励政策の必要性を主張している。従って、④が正解だ。

[48~50] 次の文章を読んで、問いに答えなさい。

少子化は人口減少を呼び、持続的な人口減少は経済活動を萎縮させる。生産活動をする若者は減る反面、医療技術の発達で若者が（　　　　）高齢者人口は増加するからだ。少子化を単純な社会的現象と見てはならない理由だ。出生率を増加させるために政府や各市・道自治体では妊娠と出産に関連した病院の費用支援や出産奨励金の支給、産婦と新生児の健康管理支援事業などを行っている。しかし、より実質的な制度の準備と意識改善が必要だという声が大きい。共働き家庭でも子どもを十分に養育できる環境を用意しなければならないということだ。勤務時間はもちろん残業などの変化する事柄にも子どもを信じて預けられる保育施設や環境が用意されなければならず、育児休暇後の復職時に受ける視線や差別がなくならなければならない。また、父親の家事や育児参加を引き出すために男性の育児休暇も積

極的に奨励しなければならないだろう。政府と自治体は単純に支援事業拡大と支援金引き上げなどに満足せず、事業施行過程で現れる問題点を持続的に補完していくようにしなければならない。

48. 筆者がこの文章を書いた目的を選びなさい。
　①男性の育児休暇の全面導入を再考するため
　②持続的な人口減少の問題点を説明するため
　③出産奨励金支給事業の重要性を支持するため
　④実質的な出産奨励政策の必要性を主張するため

49. 正解：①부양해야 하는
　解説：生産活動をする若者が減り、反対に生産能力のない高齢者人口が増えている状況は、若者が手助けして面倒を見なければならない高齢者人口が増えることを意味するので、①が正解だ。

49. かっこに入る内容として適切なものを選びなさい。
　①扶養しなければならない　　　②尊敬しなければならない
　③感謝しなければならない　　　④恐れなければならない

50. 正解：②저출산 문제에 대해 우려하고 있다.
　解説：下線を引いた部分で筆者は、少子化が実質的で積極的な対策を用意する必要がある深刻な状況だということを述べるため、単純な社会的現象を越えていることを強調して、少子化問題に対する心配な気持ちを表現している。従って、②が正解だ

50. 下線を引いた部分に表れた筆者の態度として適切なものを選びなさい。
　①少子化現象を仮定している。
　②少子化問題について憂慮している。
　③出産奨励政策に対して批判している。
　④老人人口増加現象に対して指摘している。

模擬テスト3

3회 모의고사

解答・解説・訳

聞き取り

1	①	2
2	②	2
3	①	2
4	③	2
5	①	2
6	④	2
7	③	2
8	④	2
9	②	2
10	①	2
11	④	2
12	④	2
13	③	2
14	③	2
15	②	2
16	③	2
17	②	2
18	①	2
19	②	2
20	③	2
21	②	2
22	③	2
23	①	2
24	④	2
25	③	2

26	④	2
27	④	2
28	③	2
29	④	2
30	②	2
31	④	2
32	①	2
33	②	2
34	①	2
35	②	2
36	③	2
37	④	2
38	③	2
39	④	2
40	①	2
41	④	2
42	③	2
43	③	2
44	②	2
45	④	2
46	①	2
47	③	2
48	①	2
49	③	2
50	④	2

読解

1	②	2
2	①	2
3	①	2
4	②	2
5	④	2
6	②	2
7	④	2
8	②	2
9	③	2
10	④	2
11	③	2
12	③	2
13	③	2
14	②	2
15	①	2
16	④	2
17	①	2
18	①	2
19	②	2
20	③	2
21	①	2
22	③	2
23	④	2
24	③	2
25	④	2

26	②	2
27	④	2
28	②	2
29	①	2
30	④	2
31	③	2
32	③	2
33	②	2
34	①	2
35	③	2
36	④	2
37	④	2
38	①	2
39	③	2
40	①	2
41	③	2
42	④	2
43	③	2
44	①	2
45	③	2
46	②	2
47	④	2
48	①	2
49	②	2
50	②	2

聞き取り

[1~3] 다음을 듣고 알맞은 그림을 고르십시오.

1. 남자 : 왜 문을 안 열었지?

　　 여자 : 그러게요. 이 가게는 일요일에도 항상 문을 여는데요.

　　 남자 : 아, 휴가 기간인가 봐요. 여기 안내문이 있어요.

　　 正解 : ①

　　 解説 : 男性と女性が開いていない店の前で会話をしている状況だ。男性がドアに貼って
　　　　　 ある案内文を発見して一緒に見ようとする状況なので、①が正解だ。店のドアが
　　　　　 閉まっている状況で交わす会話なので、②、③、④は間違い。

> [1~3] 次の音声を聞いて、適切な絵を選びなさい。
> 1. 男: どうして開いていないんだろう?
> 　 女: そうですね。この店はいつも日曜日もやっているのに。
> 　 男: あ、休暇期間のようです。ここに案内文があります。

2. 여자 : 이 차 좀 점검해 주세요. 다음 주에 여행을 갈 거거든요.

　　 남자 : 네, 전체적으로 점검을 하려면 이틀 정도 걸려요.

　　 여자 : 네, 그럼 이틀 후에 찾으러 올게요.

　　 正解 : ②

　　 解説 : 女性は自動車の持ち主で、男性は自動車整備工だ。整備工の格好をした男性が
　　　　　 描かれているのは②しかないので、②が正解だ。①、③は絵の中の場所が整備
　　　　　 工場ではないので間違い。④は男性が整備工の姿ではなく、女性が一緒に車を
　　　　　 直しているので間違い。

> 2. 女: この車、ちょっと点検してください。来週旅行に行くんです。
> 　 男: はい、全体的に点検をするには2日ほどかかります。
> 　 女: はい、それでは2日後に取りに来ます。

3. 남자 : 지난 한 해 지하철에서 가장 많이 분실된 물건은 휴대전화로 나타났습
　　　　 니다. 그 다음으로는 가방과 우산, 지갑이 뒤를 이었는데 가방은 지난
　　　　 해에 비해 분실 건수가 크게 줄어든 것으로 나타났습니다.

正解：①

解説：地下鉄での落とし物のうち、最も多いのが携帯電話で、その次にかばん、傘、財布だと言っているので、ドーナツ型グラフの欄の大きさが、携帯電話>かばん>傘>財布の順番となっている①が正解だ。②は順番が違うので、間違い。かばんの紛失件数は大きく減ったと言っているが、紛失件数に関するグラフである③、④の両方ともかばんの紛失件数を表す棒が昨年より長くなっているので間違い。

> 3. 男: この1年、地下鉄で最も多かった落とし物は携帯電話と分かりました。その次にはかばん、傘、財布が後に続きましたが、かばんは昨年に比べて紛失件数が大きく減ったことが分かりました。

[4~8] 다음 대화를 잘 듣고 이어질 수 있는 말을 고르십시오.

4. 여자 : 나 취업했어!

남자 : 우와! 축하해! 결국 해냈구나! 나도 빨리 취업하면 좋겠다.

正解 : ③ 너도 곧 좋은 결과 있을 거야.

解説 : 女性の就職が決まったと聞いて、男性が自分も早く就職できたらいいなと言っているので、続く女性の言葉としては男性の就職を応援する③が正解だ。

> [4~8] 次の会話をよく聞いて、続く言葉を選びなさい。
> 4. 女 : 私、就職決まったよ！
> 　　男 : うわあ！　おめでとう！　ついにやり遂げたんだな！　僕も早く就職できたらいいな。
> 　　① もっと努力しなければ合格できないわ。
> 　　② 試験はあまり難しくなかったよ。
> 　　③ あなたもすぐにいい結果があるはずよ。
> 　　④ だから最近、本当に気分いいの。

5. 남자 : 요새 날씨가 너무 덥네요. 더워서 아이스크림만 계속 먹게 돼요.

여자 : 그러게요. 날씨가 정말 더워요. 그런데 찬 음식을 많이 먹으면 배탈 날 수 있으니 조심하세요.

正解 : ① 네, 고마워요. 주의할게요.

解説 : 女性が男性に、冷たい物をたくさん食べるとおなかを壊すことがあるから気を付けてと注意をしている状況なので、①が正解だ。

5. 男：最近、とても暑いですね。暑くてずっとアイスクリームばかり食べてしまいます。

女：そうですね。本当に暑いです。でも、冷たい物をたくさん食べるとおなかを壊すことが
　　あるので気を付けてください。

①はい、ありがとうございます。注意します。

②扇風機もつけなければいけないと思います。

③私はアイスクリームが一番おいしいです。

④暑くてアイスクリームを食べようが食べまいが同じです。

6. 남자：원주 씨, 반찬 배달해서 먹는다면서요? 어때요?

여자：반찬 준비를 따로 안 해도 되니까 시간 여유가 있어서 좋아요. 제가 잘
　　　안 해 먹는 반찬도 먹게 되고요.

正解：④그럼 저도 이번 달에 배달시켜 봐야겠어요.

解説：おかずの配達について関心を持っている男性が、女性にどうか聞いたところ、女
　　　性がその長所について説明している。もともとおかずの配達に関心があった上に
　　　長所を教えてもらったことから、おそらく男性は自分も配達を頼むと考えられるの
　　　で、④が正解だ。

6. 男：ウォンジュさん、おかずを配達してもらって食べているそうですね？　どうですか？

女：おかずの準備を別途しなくてもいいので、時間の余裕があっていいです。私があまり
　　作って食べないおかずも食べるようになりますし。

①私は料理が上手なので大丈夫です。

②仕事をしているから、決まった時間にあまり食事できません。

③私も時間の余裕があったらと思います。

④それでは、私も今月配達を頼んでみなければいけませんね。

7. 남자：현하 씨도 정서 씨 전시회에 초대받았지요?

여자：네, 지난번에 못 가 봐서 이번엔 꼭 가 보려고요.

正解：③잘 됐네요. 그럼 저와 같이 가요.

解説：展示会に招待されたか聞く男性の質問に、女性が「はい」という肯定の返事と一緒
　　　に今回は必ず行くつもりだという計画を話したので、続く返事としては③が適切だ。

7. 男：ヒョナさんもチョンソさんの展示会に招待されましたよね？

女：はい、前回行けなかったので今回は必ず行こうと思っています。

①招待してくださりありがとうございます。

②私は前回行けませんでした。

③ちょうどよかったです。それじゃ、私と一緒に行きましょう。
④展示会の準備でとても忙しいでしょう。

8. 여자: 다음 달 판매 행사는 준비가 다 되어 가나요?

남자: 시간이 조금 더 필요할 것 같습니다.

正解: ④ 중요한 행사니 늦지 않게 준비하도록 하세요.

解説: イベント準備ははかどっているかと聞く女性の質問に、男性がもう少し時間が必要だと答えたので、④が適切な答えだ。①、②は準備が終わった状況で言える言葉で、③はイベントが終わった後に言える言葉なので、答えにならない。

8. 女: 来月の販売イベントの準備は全て順調ですか?

　　男: 時間がもう少し必要だと思います。

　　①準備のためにお疲れ様でした。

　　②準備が全部終わったとは、幸いですね。

　　③販売イベントが成功裏に終わりました。

　　④重要なイベントなので遅れずに準備するようにしてください。

[9~12] 다음 대화를 잘 듣고 여자가 이어서 할 행동으로 알맞은 것을 고르십시오.

9. 남자: 어서 오십시오!

여자: 이 버스 한국병원 방향으로 가나요?

남자: 한국병원에 가실 거면 길 건너서 타세요.

여자: 네, 감사합니다.

正解: ② 길을 건너 버스를 탄다.

解説: 女性が、バスがハングク病院の方向に行くかを聞いたところ、男性が道を渡ったところのバスに乗るように案内してあげたので、②が正解だ。

[9~12] 次の会話をよく聞いて、女性が続いてする行動として適切なものを選びなさい。

9. 男: さあ、どうぞ!

　　女: このバス、ハングク病院の方向に行きますか?

　　男: ハングク病院に行かれるのなら道を渡ったところから乗ってください。

　　女: はい、ありがとうございます。

　　①空席を探して座る。　　　　　②道を渡ってバスに乗る。

　　③ハングク病院に電話をかける。　④ハングク病院まで歩いて行く。

10. 여자 : 냉장고를 바꿔야 할 것 같아요.

남자 : 왜요? 서비스 센터를 불러서 고친다고 했잖아요.

여자 : 냉장고가 너무 오래돼서 딱 맞는 부품이 없대요. 고치는 데 비용도 많이 들고요.

남자 : 그래요? 그럼 점심 먹고 매장에 같이 가 볼까요?

正解 : ① 냉장고를 사러 간다.

解説 : 女性が男性に、冷蔵庫を買い直さなければならない理由を言うと、男性が売り場に一緒に行こうと提案した。冒頭で女性は冷蔵庫を買い替えるつもりだったことから、男性と一緒に冷蔵庫を買いに行くと考えられるので、①が正解だ。女性はすでにサービスセンターに電話をして、部品がないことと費用がかかることを確認しているので、②、③、④は間違い。

> 10. 女 : 冷蔵庫を替えなければいけないみたいです。
> 男 : どうしてですか？ サービスセンターを呼んで直すって言ったじゃないですか。
> 女 : 冷蔵庫が古すぎてちょうど合う部品がないそうです。直すのに費用もすごくかかりますし。
> 男 : そうですか？ それでは、お昼を食べて売り場に一緒に行きましょうか？
> ① 冷蔵庫を買いに行く。　② サービスセンターに電話をかける。
> ③ 冷蔵庫の部品を探しに行く。　④ 冷蔵庫の修理費用を調べる。

11. 남자 : 아까부터 뭘 그렇게 찾아요?

여자 : 지갑을 어디에 뒀는지 기억이 안 나요. 아까 분명히 거실에 둔 것 같은데…….

남자 : 혹시 슈퍼에서 계산하고 그냥 두고 온 거 아니에요? 슈퍼에 전화해 봐요.

여자 : 그래야겠어요. 고마워요.

正解 : ④ 슈퍼에 전화를 건다.

解説 : 財布を捜している女性に、男性がスーパーに電話してみるように提案したところ、女性はそうすると返事をしたので、④が正解だ。

> 11. 男 : さっきから何をそんなに捜しているんですか？
> 女 : 財布をどこに置いたか思い出せません。さっき確かにリビングに置いた気がするのに……。
> 男 : もしかして、スーパーでお金を払ってそのまま置いてきたんじゃないですか？ スーパーに電話してみてください。

12. 남자：기념식 준비가 잘 되어 가고 있나요?

여자：네. 그런데 태국 회사에서 세 분이 더 참석하신다고 합니다.

남자：그럼 기념품을 더 준비해야 하지 않나요?

여자：확인해 보고 부족하지 않게 준비하도록 하겠습니다.

正解：④ 준비된 기념품 수를 확인한다.

解説：タイの会社から来る客の数が増えた状況で、男性が女性に記念品をもっと準備し
なければならないのではないかと聞いたのに対し、女性が確認してみると答えた
ので、④が正解だ。

[**13~16**] 다음을 듣고 내용과 일치하는 것을 고르십시오.

13. 남자：누나, 나 수학 문제 좀 가르쳐 줘. 내일 시험인데 어려워서 잘 못 풀겠어.

여자：그래? 그럼 교과서 가지고 와.

남자：교과서? 아! 교과서를 학교에 두고 온 것 같아.

여자：그럼 빨리 학교 가서 가지고 와. 내일이 시험인데 책이 없다는 게 말이
되니?

正解：③ 남자는 수학책을 학교에 두고 왔다.

解説：男性が明日試験を受ける数学の教科書を学校に置いてきたみたいと言っている
ので、③が正解だ。男性は数学が難しくて姉に教えてくれと頼んだところを見ると、
少なくとも数学が得意とは考えられないので、①は間違い。女性が明日試験を受
けるかどうかは分からないので、②は答えにならない。女性に本を取りに学校に行
くように言われた男性が取りに行くと考えられるので、④は間違い。

[13~16] 次の音声を聞いて、内容と一致するものを選びなさい。

13. 男: 姉さん、ちょっと数学の問題を教えて。明日試験なのに難しくてうまく解けないんだ。

女: そう？　それじゃ、教科書持ってきて。

男: 教科書？　あ！　教科書を学校に置いてきたみたいだ。

女: それじゃ、早く学校に行って持ってきなさい。明日試験なのに本がないなんて話にならないでしょ？

① 男性は数学が得意だ。

② 女性は明日試験を受ける。

③ 男性は数学の本を学校に置いてきた。

④ 女性は本を取りに学校に行くだろう。

14. 여자 : 안내 말씀 드리겠습니다. 잠시 후 뮤지컬 '하늘'이 쉬는 시간 포함, 약 2시간가량 공연될 예정입니다. 즐거운 관람을 위하여 휴대전화의 전원은 꺼 주시기 바랍니다. 또한, 공연 내용의 촬영이나 녹음은 금지되어 있으니 협조해 주시기 바랍니다. 그럼 공연을 시작하겠습니다. 감사합니다.

正解 : ③ 공연하는 모습은 사진으로 찍을 수 없다.

解説 : 女性が公演内容の撮影や録音は禁止されていると言っている。つまり、講演内容を写真や映像として撮ることはできないので、③が正解だ。休憩時間を含めて2時間ほど公演される予定と案内があり、休憩があるということなので、①は間違い。公演内容は録音できないので、②も間違い。公演中は携帯電話の電源を切らなければならないので、通話はできず、④も間違い。

14. 女 : ご案内致します。間もなく、ミュージカル「ハヌル」が休憩時間を含めて2時間ほど公演される予定です。楽しい観覧のため、携帯電話の電源はお切りいただくようお願いします。また、公演内容の撮影や録音は禁止されておりますので、ご協力くださいますようお願いします。それでは、公演を始めます。ありがとうございます。

① ミュージカルは休憩を挟まず公演する。

② ミュージカルの歌は録音できる。

③ 公演する姿は写真で撮れない。

④ 公演中は静かな声で通話しなければならない。

15. 남자 : 다음은 사건 사고 소식입니다. 어제 저녁 7시쯤 송주시 한 아파트에서 불이 나 천여만 원의 재산 피해를 내고 30분 만에 꺼졌습니다. 다행히

집 안에는 사람이 없어 인명 피해는 없었습니다. 경찰과 소방 당국은 주방에서부터 불이 나기 시작했다는 목격자의 증언을 바탕으로 정확한 화재 원인을 밝히기 위해 조사 중에 있습니다.

正解 : ②화재 원인을 조사하고 있다.

解説 : 事件事故についてのニュースを伝えている。警察と消防当局が火災の原因を明らかにするために調査中と言っているので、②が正解だ。1000万ウォン余りの財産被害があったので、①は間違い。人命被害はなかったというのはけがをした人がいないということなので、③も間違い。目撃証言から台所から火が出始めたと言っているので、④も間違い。

---

15. 男 : 次は事件、事故のニュースです。昨日夜7時ごろ、ソンジュ市のあるマンションから火が出て1000万ウォン余りの財産被害を出し、30分後に消えました。幸い、家の中に人はおらず人命被害はありませんでした。警察と消防当局は台所から火が出始めたという目撃者の証言を基に正確な火災の原因を明らかにするために調査中です。

① 幸い財産被害はなかった。
② 火災の原因を調査している。
③ マンションの住民がけがをした。
④ 部屋から火が出たものと思われる。

---

16. 여자 : 이곳은 한 번 다녀오면 오래도록 기억에 남을 대구의 한 이색 카페입니다. 이곳 사장님께 그 인기 비결을 한번 들어 볼까요?

남자 : 이곳은 몸의 체질과 상태를 알아보고, 그에 맞는 차와 간식을 즐길 수 있도록 한 카페입니다. 저희 카페에는 실제로 한의사님이 계셔서 간단한 검진과 상담을 받아 보실 수 있어요. 한방차라고 하면 굉장히 쓸 거라 생각하시는 분들이 많은데, 평소에도 즐겨 드실 수 있도록 일상생활에서 자주 접할 수 있는 재료로 쉽게 마실 수 있는 차들을 다양하게 준비해 놓고 있습니다.

正解 : ③이 카페에서는 다양한 한방차를 판매한다.

解説 : 商売をする店で「物や食べ物を準備しておく」ということは、それらを提供するという意味だ。韓方茶のカフェの社長である男性がさまざまな韓方茶を準備してあると言っているので、③が正解だ。カフェを運営しているのはカフェの社長である男性であり、カフェには「実際に韓方医がいらっしゃって簡単な検診と相談を受けることができる」と言っているので、①は間違い。韓方茶は苦いと思われているが

簡単に飲めるお茶だと言っているので、②も間違い。話から検診費用が無料かどうかは分からないので、④は答えにならない。

16. 女：ここは一度訪れたら長く記憶に残る大邱のある異色カフェです。こちらの社長にその人気の秘訣(ひけつ)を一度聞いてみましょうか？

男：ここは体の体質と状態を調べて、それに合うお茶とおやつを楽しめるようにしたカフェです。当カフェには実際に韓方医がいらっしゃって簡単な検診と相談を受けることができます。韓方茶というととても苦いものと思われる方が多いんですが、普段も楽しく飲めるように、日常生活でよく接する材料で簡単に飲めるお茶をいろいろと準備してあります。

①このカフェは韓方医が運営している。
②韓方茶は体にいいが、とても苦い。
③このカフェではさまざまな韓方茶を飲むことができる。
④このカフェでは無料健康診断を受けられる。

[17~20] 다음을 듣고 남자의 중심 생각을 고르십시오.

17. 남자：자동차 정비 공부를 시작했다고? 어렵지는 않니?

여자：어려운 점도 있지만 재미있어요. 열심히 해 보려고요.

남자：그래, 재미있다니 다행이네. 요즘 직업에는 남녀 구분이 없으니 열심히 하기만 하면 좋은 결과가 있을 거야.

正解：② 직업에 성별은 문제 되지 않는다.

解説：男性が自動車整備の勉強を始めた女性を応援している。男性は職業に男女の区分はないから一生懸命やりさえすればいい結果があるだろうと考えているので、②が正解だ。①は女性の考えなので間違い。③、④は男性の主要な考えとは言えないので、答えにならない。

[17~20] 次の音声を聞いて、男性の主要な考えを選びなさい。

17. 男：自動車整備の勉強を始めたって？　難しくはないの？

女：難しいところもあるけど面白いです。一生懸命やろうと思います。

男：そうか、面白いなら良かった。最近、職業には男女の区分がないから一生懸命やりさえすればいい結果があると思うよ。

①自動車整備は面白い。
②職業に性別は問題にならない。
③成功するには一生懸命努力しなければならない。
④困難を克服してこそ成功できる。

18. 여자 : 어휴, 추워. 왜 이렇게 에어컨을 세게 틀었지? 모두들 추운 것 같은데 ······.

남자 : 그러게. 이렇게 에어컨을 세게 틀면 전기 요금도 많이 나오고, 쓸데없는 에너지가 낭비될 텐데······. 게다가 실내 온도가 실외 온도랑 많이 차이가 나면 건강에도 좋지 않다고. 여름에 냉방병 환자가 많잖아. 관리자에게 항상 적정 온도를 유지해 달라고 이야기해야겠어.

正解 : ① 실내 온도를 알맞게 유지해야 한다.

解説 : 男性はエアコンを強くするとエネルギーが浪費されて健康にも良くないと考えている。最後に管理者に適正温度を維持してくれと言わなければと言っているところから、①が正解だ。②は男性の主要な考えとは言えないので、答えにならない。③、④は会話の内容からずれているので、答えにならない。

---

18. 女：ああ、寒い。どうしてこんなにエアコンを強くしているの？　みんな寒そうだけど······。

男：そうだよ。こんなにエアコンを強くすると電気料金もたくさんかかるし、無駄なエネルギーが浪費されるのに······。その上、室内温度が室外温度と差が大きければ健康にも良くないんだ。夏は冷房病の患者が多いじゃないか。管理者に、常に適正温度を維持してくれと言わなくちゃ。

①室内温度を適切に維持しなければならない。

②エアコンを強くすると電気料金がとてもかかる。

③暑いときは室内温度をとても低くしなければならない。

④エネルギーの節約のためにエアコンを使わないようにしなければならない。

---

19. 남자 : 저 연예인 방송에 또 나오네. 한동안 안 나오다가 요새 자주 나오는 것 같아.

여자 : 아! 저 연예인이 찍은 새로운 영화가 곧 개봉을 한대. 그래서 영화 홍보하려고 여기저기 나오는 것 같아.

남자 : 방송 출연을 한다고 영화 관람객이 늘까? 영화가 재미있고, 잘 만들었으면 입소문이 저절로 날 텐데······.

여자 : 그래도 텔레비전 방송은 많은 사람들이 보는 매체니까 영화를 널리 알릴 수 있고, 영화 홍보 때문에 방송에 나오는 게 잘못된 건 아니잖아.

正解 : ② 방송에 출연한다고 영화 관람객이 증가하는 것은 아니다.

解説 : 男性は、テレビに出演することが映画の宣伝に役に立つという考えに疑問を感じていて、映画が面白ければ自然と口コミが広がって観覧客が増えるだろうと思っ

ているので、②が正解だ。③は女性の考えなので間違い。①、④は会話の内容からずれているので、答えにならない。

> 19. 男：あの芸能人、テレビにまた出てるね。しばらくの間出なくて、最近たくさん出ているようだね。
> 　　女：あ！　あの芸能人が撮った新しい映画が、もうすぐ封切られるんだって。だから映画の宣伝をしようと、あちこち出ているみたい。
> 　　男：テレビ出演したからって映画の観覧客が増えるかな？　映画が面白くて、ちゃんと作ったら口コミで自然と広がるだろうに……。
> 　　女：それでもテレビは多くの人が見るメディアだから、映画を広く知らせることができるし、映画の宣伝のためにテレビに出るのは間違ったことじゃないじゃない。
> ①新しい映画が封切られるとテレビ出演をしなければならない。
> ②テレビに出演したからといって映画の観覧客が増加するわけではない。
> ③映画の宣伝のためにテレビに出ることは間違ったことではない。
> ④一人の芸能人がいろいろな番組に出るのは望ましくない。

20. 여자 : 선생님, 선생님의 건축물은 전통과 현대적 요소가 조화를 이룬다는 평을 듣는데요, 선생님께서 평소 작업을 하시며 중요하게 생각하는 부분은 어떠한 것입니까?

남자 : 많은 분들이 제 건축물을 보시고 그렇게 평을 해 주셔서 감사하게 생각하고 있습니다. 제가 중요하게 생각하는 부분도 바로 전통과 현대의 조화입니다. 전통적인 것만을 따르다 보면 실제 건물을 이용하는 데에 있어 여러 불편함이 따르게 됩니다. 그러면 점점 사람들이 외면하게 되지요. 그렇다고 현대적인 것만을 좇다 보면 전통적인 것을 점점 잊게 됩니다. 그래서 제 건축물에는 전통적인 아름다움과 정신, 현대적인 감각과 편리성을 함께 나타내고자 하고 있습니다.

正解 : ③ 전통적인 것과 현대적인 것이 조화를 이루어야 한다.

解説 : 男性は、自分の建築物において重要だと考えるのは伝統と現代の調和であると言っているので、③が正解だ。

> 20. 女：先生、先生の建築物は伝統と現代的要素が調和を成しているという評価を聞きますが、先生が普段作業をしながら重要だと思う部分はどんなところですか？
> 　　男：多くの方が私の建築物をご覧になってそのように評価をしてくださって、ありがたく思っています。私が重要だと考える部分も、まさに伝統と現代の調和です。伝統的なもののみに従っていると、実際に建物を利用するにあたっていろいろな不便な点が付いて

くることになります。すると、だんだん人はそっぽを向くようになるでしょう。だからといって現代的なもののみを追い求めると、伝統的なものをだんだん忘れるようになります。そのため、私の建築物には伝統的な美しさと精神、現代的な感覚と利便性を一緒に表そうとしています。

① 現代的な利便性を強調しなければならない。

② 伝統的な美しさを最大限反映しなければならない。

③ 伝統的なものと現代的なものが調和を成さなければならない。

④ 他の人からいい評価を受ける建築物を作らなければならない。

[21~22] 다음을 듣고 물음에 답하십시오.

남자: 박 차장님, 이번 신제품 출시 준비는 잘 되어 가고 있나요? 출시 준비는 언제쯤 끝날 것 같습니까?

여자: 출시일이 다음 달 말로 예정되어 있어서 그때까지 모든 준비를 마치려고 합니다. 아직 시간적 여유가 있어서 천천히 준비해도 될 것 같아요.

남자: 신제품 출시는 출시일이 중요하다는 거 잘 알지 않습니까? 출시 예정일에 맞추어 준비하지 말고, 출시일을 당길 수 있도록 해 보세요. 경쟁사보다 늦게 출시되는 일이 있어서는 안 됩니다.

여자: 네, 잘 알겠습니다. 서둘러 준비하도록 하겠습니다.

21. 正解 : ② 신제품 출시는 경쟁사보다 빨라야 한다.

解説 : 男性が新製品を発売するときは発売日が重要で、ライバル会社より遅れないように発売日を前倒しするよう言っているところから、②が正解だ。③、④は女性の考えだ。**出시**は、新しい商品が市場に出回ること、また新しい商品を市場に送り出すこと。

[21~22] 次の音声を聞いて問いに答えなさい。

男: パク次長、今度の新製品の発売準備はうまくいっていますか？ 発売準備はいつごろ終わりそうですか？

女: 発売日が来月末に予定されており、その時までには全ての準備を終えようと思います。まだ時間的余裕があるのでゆっくり準備してもいいと思います。

男: 新製品の発売は発売日が重要だということ、よく分かっているでしょう？ 発売予定日に合わせて準備するのではなく、発売日を前倒しできるようにしてください。ライバル会社より遅れて発売することがあってはいけません。

女: はい、よく分かりました。急いで準備するようにします。

21. 男性の主要な考えとして合っているものを選びなさい。
　①新製品は消費者の反応がいい。
　②新製品の発売はライバル会社より早くなければならない。
　③新製品は予定日に合わせて発売されなければならない。
　④新製品の発売準備は余裕を持って進めてもいい。

22. 正解：③신제품 출시 예정일을 당기려고 한다.

解説：新製品の発売日を前倒しできるよう準備しろという男性の言葉に、女性が急いで
準備すると答えていることから、③が正解だ。新製品の発売準備について、女性
は発売日までに全ての準備を終えようと思うと言っているので、①は間違い。新製
品の発売予定日は来月末なので、②も間違い。新製品はまだ発売されていないの
で、④も間違い。

22. 聞いた内容として合っているものを選びなさい。
　①新製品の発売準備はほぼ終わっている。
　②新製品の発売予定日は今週末だ。
　③新製品の発売予定日を前倒ししようとしている。
　④新製品はライバル会社より遅く発売された。

[23~24] 다음을 듣고 물음에 답하십시오.
　남자：(전화벨 소리) 거기 구청이죠? 공원 축구장을 빌리려고 하는데요.
　여자：어떤 행사를 하시려고 하나요? 축구장에서 운동과 관련된 행사 이외
　　　에는 하실 수 없습니다.
　남자：저희는 조기 축구회이고요, 매주 토요일 아침에 축구장을 사용하려고
　　　합니다. 장기 예약도 가능한가요?
　여자：네, 그럼요. 장기 예약을 하시면 매우 저렴하게 이용하실 수 있어요.

23. 正解：①공원 축구장을 빌리려고 문의하고 있다.

解説：男性は、早起きサッカー会で使うために公園のサッカー場を借りようと区役所に
電話をかけて問い合わせしているので、①が正解だ。

[23~24] 次の音声を聞いて問いに答えなさい。
　男：(電話のベルの音) そちらは区役所ですよね？　公園のサッカー場を借りようと思うので
すが。

女：どんな行事をなさろうとしていますか？　サッカー場で運動と関連のある行事以外はできません。

男：私どもは早起きサッカー会で、毎週土曜日の朝、サッカー場を使おうと思います。長期予約も可能でしょうか？

女：はい、もちろんです。長期予約なされればとても安く利用できます。

23. 男性は何をしているのか、合っているものを選びなさい。
　　① 公園のサッカー場を借りようと問い合わせしている。
　　② 公園のサッカー場で行う行事を確認している。
　　③ 公園のサッカー場の使用時間について調べている。
　　④ 公園のサッカー場の使用禁止を区役所に要求している。

24. 正解：④남자는 토요일마다 축구를 할 예정이다.

解説：話の内容から、男性は毎週土曜日の朝に早起きサッカー会の人たちと一緒にサッカーをする予定と考えられるので、④が正解だ。区役所の職員と考えられるのは女性なので、①は間違い。公園のサッカー場は長期予約が可能なので、②も間違い。女性はサッカー場を長期予約すると安く利用できると言っていることから、公園のサッカー場は有料なので、③も間違い。

24. 聞いた内容として合っているものを選びなさい。
　　① 男性は区役所で勤務している。
　　② 公園のサッカー場は毎週予約しなければならない。
　　③ 公園のサッカー場は無料で利用できる。
　　④ 男性は毎週土曜日にサッカーをする予定だ。

[25~26] 다음을 듣고 물음에 답하십시오.

여자：선생님께서는 벌써 십 년째 매일 팔고 남은 빵을 모아 어려운 이웃을 돕고 계신데요, 어떻게 그런 일을 시작하시게 되었습니까?

남자：저희 빵집은 그날 만든 빵만 판매한다는 원칙이 있어요. 모든 음식이 그렇지만 빵도 만들었을 때 바로 먹는 것이 가장 맛있거든요. 물론 만든 지 하루 이틀 지났다고 빵을 못 먹는 것은 아닙니다. 전날 만든 빵을 팔지 못하니 매일 팔고 남은 빵들을 처리하는 게 큰 문제였죠. 남은 빵들은 가족들이 먹거나 주변 사람들에게 나누어 주었는데, 이왕이

면 더 필요한 사람들에게 주면 좋겠다는 생각을 했어요. 팔고 남은 빵을 나누는 것뿐인데 저에게는 필요 없는 것이 누군가에게는 꼭 필요할 수 있다는 것을 알게 되었어요. 나에게 불필요한 것을 필요한 사람들과 나누는 이런 움직임이 더 많이 일어났으면 좋겠습니다.

25. 正解：③나에게 필요 없는 것도 남에게는 필요할 수 있다.

解説：男性のパン屋では、その日に作ったパンのみを販売するという原則があって、売れ残りのパンを処理するのが問題だった。しかし、貧しい人に売れ残りのパンを分けてあげることで問題は解決することが分かった。自分にとっては必要のない物が、誰かにとっては間違いなく必要なことがあるということを知ったと言っているので、③が正解だ。

[25~26] 次の音声を聞いて問いに答えなさい。

女：先生はもう10年間、毎日売れ残りのパンを集めて生活が貧しい人を助けていらっしゃいますが、どうしてそのようなことを始めるようになったのですか?

男：私どものパン屋はその日に作ったパンのみを販売するという原則があります。全ての食べ物がそうですが、パンも作ったときにすぐ食べるのが一番おいしいんです。もちろん、作って1日、2日たったからといって、パンが食べられないわけではありません。前日作ったパンを売れないので、毎日売れ残りのパンを処理するのが大きな問題でした。残ったパンは、家族が食べたり、周りの人に分けてあげたりしてたのですが、どうせなら、もっと必要な人にあげたらいいだろうと思ったんです。売れ残りのパンを分けることだけですが、私にとっては必要のない物が、誰かにとっては間違いなく必要なことがあるということを知りました。自分にとって不要な物を、必要な人たちに分ける、このような動きがもっとたくさん起きたらいいと思います。

25. 男性の主要な考えとして合っているものを選びなさい。
①売れ残りのパンは全て捨てなければならない。
②その日に作ったパンはその日にのみ食べなければならない。
③自分にとって必要のない物も他の人にとっては必要なことがある。
④店を運営するときは原則を守ることが重要だ。

---

26. 正解：④남자가 빵을 나누어 준 지 10년이 되었다.

解説：女性が最初に、男性はもう10年間、貧しい人にパンをあげていると言っているので、④が正解だ。売れ残りのパンは、昔は家族が食べていたが、今は貧しい人にパンを分けてあげているので、①は間違い。変な形になったパンではなく、売れ残りのパンを分けてあげているので、②も間違い。貧しい人に無料でパンをあげている

が、パン屋で売っているパンは無料ではないので、③も間違い。

26. 聞いた内容として合っているものを選びなさい。
　①売れ残りのパンは家族が食べる。
　②変な形になったパンを分ける。
　③男性のパン屋は全てのパンがただだ。
　④男性がパンを分けてあげてから10年になった。

[27~28] 다음을 듣고 물음에 답하십시오.
　여자 : 이번 주말에 뭐 해? 나하고 음악 봉사 안 갈래?
　남자 : 음악 봉사? 그게 뭔데?
　여자 : 병원이나 노인정에 계신 분들과 같이 음악이 필요한 분들께 음악을 연
　　　　주해 드리는 거야. 음악이 치유의 힘이 있잖아. 너도 음악 좋아하니까
　　　　우리랑 같이 해 보면 좋을 것 같은데…….
　남자 : 난 음악을 좋아하기는 하지만 연주를 잘 할 수 있는 악기가 없어.
　여자 : 연주를 잘하고 못하고는 중요하지 않아. 즐거운 마음만 있으면 누구나
　　　　할 수 있어.

27. 正解 : ④ 음악 봉사에 함께할 것을 권유하기 위해
　解説 : 女性が男性に音楽ボランティアに一緒に行こうと誘いながら、音楽ボランティアに
　　　　ついて説明している。女性が使った안 갈래?や같이 해 보면 좋을 것 같은데
　　　　などの表現は、相手にある行動を誘うときに使う表現だ。

[27~28] 次の音声を聞いて問いに答えなさい。
女 : 今週末、何するの？　私と音楽ボランティアに行かない？
男 : 音楽ボランティア？　それ何？
女 : 病院やお年寄りセンターにいらっしゃる方のように、音楽が必要な方に音楽を演奏してあ
　　げるのよ。音楽には癒やしの力があるでしょ。あなたも音楽が好きだから、私たちと一緒
　　にやってみたらいいと思うんだけど……。
男 : 僕は音楽は好きではあるけど、上手に演奏できる楽器はないよ。
女 : 演奏が上手かどうかは重要じゃないわ。楽しむ気持ちさえあれば誰でもできるの。

27. 女性が男性に話している意図を選びなさい。
　①音楽ボランティアの反応を報告するため
　②音楽ボランティアの重要性を強調するため

③音楽ボランティアの方法について助言をするため
④音楽ボランティアに参加することを勧誘するため

28. 正解：③여자는 주말에 음악 봉사를 갈 예정이다.

> 解説：女性が最初に、男性に週末何をするのか予定を聞いた後で、一緒に音楽ボランティアに行こうと言っていることから、女性は週末に音楽ボランティアに行く予定と分かるので、③が正解だ。男性は上手に演奏できる楽器はないので、①は間違い。男性は音楽ボランティアについてよく知らないので、②も間違い。音楽ボランティアは、楽器を扱えなくても楽しむ気持ちさえあれば誰でも参加できるので、④も間違い。

28. 聞いた内容として合っているものを選びなさい。
　①男性は上手に楽器を演奏する。
　②男性は音楽ボランティアについてよく知っている。
　③女性は週末に音楽ボランティアに行く予定だ。
　④音楽ボランティアは楽器を上手に扱ってこそ参加可能だ。

[29~30] 다음을 듣고 물음에 답하십시오.

여자：여행업에 종사하시니 아무래도 여행 기회가 잦을 것 같은데요, 실제로도 그런가요?

남자：제가 하는 일이 여행 상품을 기획하고 개발하는 일이지만 생각만큼 여행을 자주 가지는 못해요. 새로운 여행지를 찾는 것보다는 기존의 정보로 이용 가능한 교통수단이나 비용 등을 계획하기 때문이지요. 물론, 새로운 정보가 필요할 경우에는 출장 형식으로 여행을 다녀오기도 합니다.

여자：아, 그렇군요. 그럼 새로운 상품을 개발하실 때 가장 중요하게 생각하는 것은 무엇인가요?

남자：이 상품이 누구를 위한 상품인가를 항상 염두에 두면서 개발합니다. 여행지의 경치를 즐기며 쉼을 원하는 소비자들을 위한 것인지, 다양한 체험 활동을 원하는 소비자를 위한 것인지에 따라 같은 여행지에서도 다른 상품이 개발될 수 있으니까요.

3回 모의고사　聞き取り　解答・解説・訳

515

29. 正解：④여행 상품을 기획하는 사람

解説：男性は女性に、自分がしている仕事は旅行商品を企画して開発する仕事だと言っているので、④が正解だ。

[29~30] 次の音声を聞いて問いに答えなさい。

女：旅行業に従事されているので、やはり旅行の機会が頻繁にありそうですが、実際にもそうですか？

男：私がしている仕事は、旅行商品を企画して開発する仕事ですが、思うほど頻繁には旅行に行けません。新しい旅行地を訪ねるよりは、既存の情報で利用可能な交通手段や費用などを計画するからです。もちろん、新しい情報が必要な場合は出張形式で旅行に行くこともあります。

女：あ、そうなんですね。それでは、新しい商品を開発されるときに最も重要と考えることは何でしょうか？

男：この商品が誰のための商品であるかを、常に念頭に置いて開発します。旅行地の景色を楽しみながら休むことを望む消費者のためのものなのか、多様な体験活動を望む消費者のためのものなのかによって、同じ旅行地でも違う商品が開発できるからです。

29. 男性は誰か、合っているものを選びなさい。
①旅行地を案内する人
②旅行地で通訳する人
③旅行商品を体験する人
④旅行商品を企画する人

---

30. 正解：②남자는 소비자를 생각하며 상품을 개발한다.

解説：女性が男性に、旅行商品を開発するときに最も重要と考えることは何かと聞くと、男性は商品が誰のための商品であるか、消費者が望むことが何であるかを考えながら開発すると答えているので、②が正解だ。男性は思っているほど頻繁に旅行には行けないと言っているので、①は間違い。③と④は、会話の内容からは分からないので、答えにならない。

---

30. 聞いた内容として合っているものを選びなさい。
①男性は出張のため、旅行によく行く。
②男性は消費者のことを考えながら商品を開発している。
③男性は新しい旅行地を探す仕事が負担である。
④体験活動を望む消費者が増加している。

[31~32] 다음을 듣고 물음에 답하십시오.

여자 : 국민들이 최소한의 문화생활을 누리고 안정적으로 살기 위해서는 최저 임금을 인상하는 것이 옳다고 생각합니다.

남자 : 네, 물론 최저 임금을 인상하면 당장은 많은 근로자들에게 도움이 될 수는 있을 것입니다. 그러나 장기적으로는 최저 임금 인상이 오히려 더 큰 문제를 가져올 수 있다고 봅니다.

여자 : 어떠한 문제인지 구체적으로 말씀해 주시겠습니까? 저는 잘 이해가 안 되는데요.

남자 : 최저 임금을 인상하게 되면 인건비가 증가하게 되고, 인건비 증가는 다시 물가 상승으로 이어지게 될 것입니다. 또, 기업에서 인건비에 부담을 느껴 신규 채용을 하지 않거나 기존에 근무하던 사람들을 줄일 수도 있습니다.

31. 正解 : ④ 최저 임금을 올리는 것은 경제에 안 좋은 영향을 줄 수 있다.

解説 : 男性は、最低賃金を上げるのはその場しのぎでしかなく、長期的にはより大きな問題をもたらし得ると考えているので、④が正解だ。

[31~32] 次の音声を聞いて問いに答えなさい。

女 : 国民が最小限の文化生活を享受して安定的に暮らすためには、最低賃金を引き上げることが正しいと思います。

男 : はい、もちろん最低賃金を引き上げれば、当面は多くの勤労者にとって助けになり得るでしょう。ですが、長期的には最低賃金の引き上げがむしろより大きな問題をもたらし得ると思います。

女 : どのような問題なのか、具体的におっしゃっていただけますか？　私はよく理解できないのですが。

男 : 最低賃金を引き上げることになると人件費が増加することになり、人件費の増加はまた物価の上昇につながることになります。また、企業が人件費に負担を感じ、新規採用をしないとか、それまで勤務していた人を減らすこともあります。

31. 男性の考えとして合っているものを選びなさい。
①新規採用が拡大すると経済が活性化する。
②人件費が増加すると勤労者が安定した暮らしができる。
③最低賃金の引き上げが勤労者の人権保護のための最善の方法だ。
④最低賃金を上げることは経済に良くない影響を与え得る。

32. 正解：① 근거를 들어 상대 의견을 반박하고 있다.

解説：女性が国民の安定的な暮らしのために最低賃金を上げなければならないと主張しているのに対し、男性は最低賃金を上げると物価上昇につながり、結局企業が新規採用を減らしたりリストラしたりすることになるという根拠を提示して反論している。従って、①が正解だ。

> 32. 男性の態度として合っているものを選びなさい。
> ① 根拠を挙げて相手の意見に反論している。
> ② 多様な事例を提示して主題を説明している。
> ③ 資料を分析しながら相手の意見を支持している。
> ④ 直接的な経験を話しながら勤労者の立場を代弁している。

[33~34] 다음을 듣고 물음에 답하십시오.

여자：최근에는 빠른 길을 안내해 주는 여러 기계들이 있어 예전보다 더욱 빠르게 목적지를 찾아갈 수 있습니다. 그러나 목적지에 빠르게 도착하는 것만이 좋은 것일까요? 고속도로는 길이 곧게 나 있어서 목적지까지 빠르게 갈 수 있지요. 그러나 고속도로를 가다 보면 보이는 것이라고는 길과 휴게소, 다른 차들 정도입니다. 반면 국도는 어떤가요? 길이 구불구불하기도 하고, 오르막길도 있고, 내리막길도 있어 고속도로만큼 빠르게 달릴 수 없습니다. 하지만 천천히 가는 만큼 주위를 둘러볼 수도 있지요. 거기에는 마을이 있기도 하고, 예쁜 꽃과 나무가 있기도 하고, 가끔은 산이나 바다를 볼 수도 있습니다. 우리의 인생도 이런 것 아닐까요? 때로는 목적지를 향해 빨리 가는 것이 중요할 때도 있겠지만, 속도만을 생각하다 주변의 아름다움과 여유를 잊고 있는 것은 아닌지 생각해 볼 때입니다.

33. 正解：② 과정을 즐기며 사는 인생

解説：女性は、高速道路と国道の違いを例に、「われわれの人生もこういうものではないでしょうか?」と問い掛けている。速度が重要なときもあるが、周りの美しさや余裕を忘れているのではないかと考え、人生はその過程を楽しみながら生きることが重要だという内容なので、②が正解だ。

[33~34] 次の音声を聞いて問いに答えなさい。

女：最近は早い道を案内してくれるいろいろな機械があって、以前よりさらに早く目的地を訪れることができます。ですが、目的地に早く到着することだけがいいことでしょうか？　高速道路は道が真っすぐになっていて目的地まで早く行けるでしょう。でも、高速道路で行ってみると、見える物といえば道とサービスエリア、他の車くらいです。一方、国道はどうでしょうか？　道がくねくねしていたりもして、上り坂もあり、下り坂もあり、高速道路ほど速く走れません。しかし、ゆっくり行く分、周りを見回すこともできるでしょう。そこには村があったり、きれいな花と木があったりして、時々山や海を見ることもできます。われわれの人生もこういうものではないでしょうか？　時には目的地に向かって、早く行くことが重要なときもあるでしょうが、速度だけを考えていて周りの美しさや余裕を忘れているのではないかと考えてみる時です。

33. 何についての内容か、合っているものを選びなさい。
　①高速道路の長所
　②過程を楽しみながら生きる人生
　③高速道路と国道の違う点
　④早く目的地に到着する方法

34. 正解：①국도로 달리면 주변 풍경을 볼 수 있다.

解説：国道は道が真っすぐではないので高速道路ほど速く走れないが、ゆっくり走る代わりに周りを見回すことができると言っているので、①が正解だ。高速道路より国道を行くのがいいと言っているので、②は間違い。③、④は話の内容からは分からないので、答えにならない。

34. 聞いた内容として合っているものを選びなさい。
　①国道を走ると周りの風景を見ることができる。
　②高速道路で速く走るのが一番いい。
　③早い道を案内してくれる機械も間違えるときがある。
　④最近は国道でも高速道路と同じくらい速度を出せる。

[35~36] 다음을 듣고 물음에 답하십시오.

남자：신입 사원 여러분, 안녕하십니까? 먼저 우리 한국기업의 새 가족이 된 것을 환영합니다. 이제 여러분들은 사회인으로 당당히 첫걸음을 내딛게 되었습니다. 새로운 시작을 앞둔 여러분께 당부 말씀을 드리겠습니

다. 회사는 개인 혼자의 능력으로 발전해 나가는 곳이 아니라는 것을
명심하시기 바랍니다. 야구 경기를 하기 위해서 타자와 투수, 포수가
모두 각자의 역할을 해야 하듯 여러분도 여러분 자리에서 각자의 역할
을 다하고 서로 협동해야만 우리 한국기업이 앞으로 나아갈 수 있습니
다. 한국기업은 올해로 창립 50주년을 맞았습니다. 지난 반세기 동안
선배들이 잘 이끌어 온 우리 한국기업을 앞으로는 여러분들이 새롭게
이끌어 주시기 바랍니다.

35. 正解：② 협동의 중요성을 강조하고 있다.

解説：男性は、会社の新入社員に対し、会社の発展のために各自の役割を果たして互い
に協力することが重要だと強調しているので、②が正解だ。

[35~36] 次の音声を聞いて問いに答えなさい。

男：新入社員の皆さん、こんにちは。まず、わがハングク企業の新しい家族になったことを歓迎
します。今、皆さんは社会人として堂々と初めの一歩を踏み出すことになりました。新しい
始まりを前にした皆さんにお願いをしたいと思います。会社は個人一人の能力で発展して
いく場所ではないということを肝に銘じるようお願いします。野球の試合をするために打
者や投手、捕手が皆各自の役割を果たさなければならないように、皆さんも皆さんの場所
で各自の役割を全うして互いに協力しなければわがハングク企業は前に進んで行けませ
ん。ハングク企業は今年で創立50周年を迎えました。去る半世紀の間、先輩たちがしっか
り引っ張ってきたわがハングク企業をこれからは皆さんが新しく引っ張ってくださるようお
願いします。

35. 男性は何をしているのか、合っているものを選びなさい。
① 挑戦の価値を論議している。
② 協力の重要性を強調している。
③ 発展の必要性を主張している。
④ 社員の能力を評価している。

---

36. 正解：③ 한국기업은 50년 전에 만들어졌다.

解説：男性が、ハングク企業は今年で創立50周年を迎えたと言っているので、③が正解
だ。会社に野球チームがあるかどうかは分からないので、①は答えにならない。男
性が冒頭で「新入社員の皆さん」と呼び掛けたことによって、新入社員を対象とし
たスピーチと分かるので、②は間違い。会社は個人一人の能力で発展していく場
所ではないと言っているので、④も間違い。

36. 聞いた内容として合っているものを選びなさい。
　　① ハングク企業には野球チームがある。
　　② 全社員を対象にしたスピーチだ。
　　③ ハングク企業は50年前に作られた。
　　④ 会社は優秀な個人が引っ張っていける。

[37~38] 다음은 교양 프로그램입니다. 잘 듣고 물음에 답하십시오.

　　남자 : 최근 들어 '분자 요리'가 주목을 받고 있는데요, 그래도 많은 분들에
　　　　　게는 '분자 요리'가 좀 생소할 것 같네요. '분자 요리'에 대해 설명을 해
　　　　　주시겠어요?

　　여자 : 분자 요리는 '음식을 분자 단위까지 분석한다'는 뜻에서 붙여진 이름인
　　　　　데, 이름처럼 음식의 조리 과정이나 식감 등을 분석해서 새롭게 변형시
　　　　　킨 요리를 뜻합니다. 혹시 '질소 아이스크림'을 드셔 보셨나요? 요즘 인
　　　　　기를 얻고 있는 '질소 아이스크림'도 분자 요리의 한 형태이지요. 액화
　　　　　질소를 이용해서 아이스크림을 급속 냉각시키면 기존의 아이스크림과
　　　　　는 다른 식감을 느낄 수 있어요. 크림소스를 가루 형태로 만든 것도 분
　　　　　자 요리라고 할 수 있습니다. 분자 요리는 오감을 만족시켜 줄 수 있기
　　　　　때문에 소비자들의 호응이 좋습니다. 요리사들은 앞으로 소비자들을
　　　　　사로잡기 위한 다양한 분자 요리 개발에 힘써야 할 것입니다.

37. 正解 : ④ 소비자의 만족을 위해 분자 요리 개발을 계속해야 한다.

　　解説 : 女性は、料理の調理過程や食感を分析して新しく変形させた分子料理について
　　　　　説明している。消費者のいい反応を得ていることから、今後、料理人はさまざまな
　　　　　分子料理の開発のために尽力しなければならないと言っているので、④が正解
　　　　　だ。②、③は会話の内容からは分からないので、答えにならない。①は分子料理
　　　　　の定義には合うが、女性の主要な考えではないので、答えにならない。

　　[37~38] 次は教養番組です。よく聞いて問いに答えなさい。
　　男 : 最近になって「分子料理」が注目を浴びていますが、それでも多くの方には「分子料理」
　　　　はちょっとよく分からないと思います。「分子料理」について説明していただけますか?
　　女 : 分子料理は「料理を分子単位まで分析する」という意味から付けられた名前ですが、名
　　　　前のように料理の調理過程や食感などを分析して新しく変形させた料理を意味します。も
　　　　しかして、「窒素アイスクリーム」を召し上がったことはありますか?　最近人気を得ている

「窒素アイスクリーム」も分子料理の一つの形態です。液化窒素を利用してアイスクリームを急速冷却させると、既存のアイスクリームとは違う食感を感じることができます。クリームソースを粉の形態にした物も分子料理と言えます。分子料理は五感を満足させることができるので、消費者の反応もいいです。料理人は今後、消費者をつかまえるためのさまざまな分子料理開発に尽力しなければならないでしょう。

37. 女性の主要な考えとして合っているものを選びなさい。
　①分子料理は調理過程を変化させたものだ。
　②消費者の要求を分析して料理を開発しなければならない。
　③窒素アイスクリームは既存のアイスクリームより味が秀でている。
　④消費者の満足のために分子料理の開発を続けなければならない。

38. 正解：③가루 형태의 크림소스도 분자 요리의 한 종류이다.

解説：女性がクリームソースを粉の形態にした物も分子料理と言えると言っているので、③が正解だ。①は話の内容からは分からないので、答えにならない。窒素アイスクリームは一般のアイスクリームと食感が違う物なので、②は間違い。分子料理は調理過程や食感を変形させる料理なので、④も間違い。

38. 聞いた内容と一致するものを選びなさい。
　①分子料理の開発方法はとても簡単だ。
　②窒素アイスクリームは窒素の味を感じることができる。
　③粉の形態のクリームソースも分子料理の一種だ。
　④分子料理は料理をとても小さな単位まで変形させるという意味だ。

[**39~40**] 다음은 대담입니다. 잘 듣고 물음에 답하십시오.
여자：머리 모양에 따라 어울리는 선글라스가 따로 있다니 재미있네요. 그럼 혹시 얼굴형에 따라서도 다른 모양의 선글라스를 고르는 것이 좋을까요?
남자：네, 물론이지요. 만약 얼굴이 조금 길다면 가로 길이가 긴 선글라스나 안경테에 무늬가 들어간 선글라스가 좋습니다. 또, 동그란 얼굴형이라면 안경테가 각진 선글라스나 화려한 색상의 선글라스를 끼는 것이 좋고요. 반대로 얼굴이 조금 각진 분들이라면 부드러운 인상을 전하기 위해서 안경테가 동그란 선글라스를 선택하는 것이 좋습니다. 선글라

스는 자외선으로부터 눈을 보호해 주기 때문에 햇빛이 강한 여름에는 꼭 착용하는 것이 좋은데요, 이왕이면 자신의 스타일과 잘 어울리는 것을 선택하는 것이 좋겠지요?

39. 正解：④ 머리 모양과 어울리는 선글라스를 선택하는 것이 좋다.

解説：女性が、髪型によって合うサングラスがそれぞれあるなんて面白いと言っていることから、この会話の前の内容は、髪型と合うサングラスを選択するのがいいという内容だったと考えられるので、④が正解だ。

[39~40] 次は対談です。よく聞いて問いに答えなさい。

女：髪型によって合うサングラスがそれぞれあるなんて、面白いですね。では、もしかして顔の形によっても違う形のサングラスを選ぶのがいいのでしょうか?

男：はい、もちろんです。もし顔が少し長いなら、横の長さが長いサングラスやフレームに模様が入ったサングラスがいいです。また、丸顔ならフレームが角張ったサングラスや派手な色合いのサングラスをかけるのがいいです。反対に、顔が少し角張った方なら柔らかい印象を伝えるためにフレームが丸いサングラスを選ぶのがいいです。サングラスは紫外線から目を守ってくれるので、日差しが強い夏には必ず着用するのがいいのですが、どうせなら自分のスタイルとよく合う物を選ぶのがいいでしょう?

39. この対話の前の内容として適切なものを選びなさい。
　　① サングラスと合う服を着なければならない。
　　② 顔の形に合うサングラスを探さなければならない。
　　③ おしゃれしたいならサングラスを着用するのがいい。
　　④ 髪型に合うサングラスを選択するのがいい。

---

40. 正解：① 선글라스는 자외선을 차단해 눈을 보호해 준다.

解説：男性が、サングラスは紫外線から目を守ってくれると言っているので、①が正解だ。角張った顔にはフレームが丸いサングラスがいいので、②は間違い。③は会話の内容からは分からないので、答えにならない。丸顔には角張ったフレームや派手な色合いのサングラスがいいので、④も間違い。

---

40. 聞いた内容と一致するものを選びなさい。
　　① サングラスは紫外線を遮断して目を守ってくれる。
　　② 角張った顔には派手な色合いのサングラスがいい。
　　③ 野外では常にサングラスを着用するのがいい。
　　④ 丸顔にはフレームが丸いサングラスがいい。

[**41~42**] 다음은 강연입니다. 잘 듣고 물음에 답하십시오.

남자 : 인간의 능력은 사용할수록 더 발달합니다. 꾸준히 운동을 하면 근력이 증가하고, 공부를 하면 뇌가 발달합니다. 그런데 최근에는 생활이 편리해지면서 인간의 능력이나 감각이 약해지는 경우가 많습니다. '디지털 치매'라는 말 들어 보셨나요? 컴퓨터나 휴대폰 등에 의존하면서 기억력이나 계산 능력이 떨어지는 것을 뜻하는데요, 가족이나 친구의 전화번호도 못 외우고 계신 경우 많죠? 또, 자동차가 보편화되면서 걷는 시간이 줄어 예전보다 체력이 약해지는 경우도 많고요. 가끔씩은 우리의 건강을 위해 기계의 편리함에 의존하기보다 우리 스스로의 능력을 활용해 보는 것은 어떨까요?

41. 正解 : ④기계에 지나치게 의존하는 것은 좋지 않다.

解説 : 男性は、最近多くの人がデジタル機器や車などに依存するようになって生活は便利になったが、人間の能力や体力が弱くなっていると話している。健康のために、時々は機械の便利さに依存するより、私たち自らの能力を活用してみようと勧めながら話を終えているので、④が正解だ。

> [**41~42**] 次は講演です。よく聞いて問いに答えなさい。
>
> 男 : 人間の能力は使うほど、より発達します。たゆまず運動をすれば筋力が増加し、勉強をすれば脳が発達します。ところで、最近は生活が便利になって人間の能力や感覚が弱くなるケースがたくさんあります。「デジタル認知症」という言葉を聞いたことがありますか？ パソコンや携帯電話などに依存して記憶力や計算能力が落ちることを意味しますが、家族や友達の電話番号も覚えられずにいらっしゃることが多いですよね？ また、自動車が普遍化して歩く時間が減り、昔より体力が弱くなるケースも多いです。時々は、私たちの健康のために機械の便利さに依存するより、私たち自らの能力を活用してみるのはどうでしょうか？
>
> 41. 男性の主要な考えとして合っているものを選びなさい。
>   ①人間の能力は無限だ。
>   ②持続的に体力管理をしなければならない。
>   ③機械を積極活用できなければならない。
>   ④機械に過度に依存するのは良くない。

42. 正解 : ③전자기기에 의존하면 기억력이 감소할 수 있다.

解説 : 「デジタル認知症」の説明の中で、パソコンや携帯電話などに依存して記憶力や

計算能力が落ちると言っているので、③が正解だ。運動機器の発達については話の中で触れていないので、①は答えにならない。デジタル認知症は記憶や計算能力が落ちることなので、②は間違い。勉強をたゆまずすると脳が発達すると言っているので、④も間違い。

42. 聞いた内容と一致するものを選びなさい。
①運動機器の発達で、歩く時間が増加した。
②体力が弱くなることはデジタル認知症の症状だ。
③電子機器に依存すると記憶力が減少し得る。
④勉強をたゆまずすることは脳に無理を与え得る。

[43~44] 다음은 다큐멘터리입니다. 잘 듣고 물음에 답하십시오.

남자: 세종대왕 하면 한글 창제를 가장 먼저 떠올리지만 세종대왕은 과학 기술과 예술 분야에서도 많은 발전을 이뤄냈다. 해시계와 물시계는 물론, 비의 양을 측정하는 측우기와 천체의 움직임을 관측할 수 있는 혼천의, 농민들의 실제 경험을 바탕으로 만든 농업 서적은 모두 농사를 짓는 백성들에게 실질적인 도움을 주기 위한 것이었다. 또 궁중에서 전해 내려오는 전통 음악을 정리하고 조선에 적합한 음악을 만들기도 하였다. 세종대왕의 모든 업적은 백성을 사랑하는 마음에서 비롯된 것이다. 그래서 이 시기는 백성들이 경제적으로, 문화적으로 가장 풍요로움을 누릴 수 있었던 시기이기도 하였다.

43. 正解 : ③세종대왕은 다양한 분야에서 업적을 쌓았다.

解説 : 世宗大王はハングル創製だけでなく、科学技術、芸術、農業など多様な分野で発展を成し遂げ、民が経済的にも文化的にも豊かさを享受できたと言っているので、③が正解だ。

[43~44] 次はドキュメンタリーです。よく聞いて問いに答えなさい。

男: 世宗大王といえば、ハングルの創製を最初に思い浮かべるが、世宗大王は科学技術や芸術分野でも多くの発展を成し遂げた。日時計と水時計はもちろん、雨の量を測定する測雨器や天体の動きを観測できる渾天儀、農民の実際の経験を基に作った農業書は全て農業を行う民に実質的な助けを与えるためのものだった。また、宮中で伝わってきた伝統音楽を整理して朝鮮に適した音楽を作りもした。世宗大王の全ての業績は民を愛する心に由来するものだ。そのため、この時期は民が経済的に、文化的に最も豊かさを享受できた

時期でもあった。

43. この話の中心となる内容として合っているものを選びなさい。
　　① 世宗大王は音楽に関心が高かった。
　　② 世宗大王は民を直接手伝った。
　　③ 世宗大王はさまざまな分野で業績を積んだ。
　　④ 世宗大王は農業技術を飛躍的に発展させた。

44. 正解：② 세종대왕은 백성을 가장 먼저 생각하였다.

　　解説：世宗大王の全ての業績は民を愛する心に由来するものだと言っているので、②が
　　　　　正解だ。世宗大王は伝統音楽を創造したのではなく、伝統音楽を整理して朝鮮
　　　　　に適した音楽を作ったので、①は間違い。③、④は、会話の内容からは分からな
　　　　　いので、答えにならない。

44. 世宗大王についての説明として合っているものを選びなさい。
　　① 世宗大王は伝統音楽を創造した。
　　② 世宗大王は民を一番に考えた。
　　③ 世宗大王は農民に会って話を聞いた。
　　④ 世宗大王は農業を体験しながら科学の道具を作った。

[45~46] 다음은 강연입니다. 잘 듣고 물음에 답하십시오.

　　여자：따뜻한 봄이 되면 몸이 피곤해지고, 자주 졸음이 쏟아지는 경험을 다
　　　　　들 해 보셨을 겁니다. 이런 증상을 '춘곤증'이라 하지요? 계절의 변화
　　　　　에 우리 몸이 적응을 잘 못해서 생기는 증상인데 주로 봄철에 많이 느
　　　　　낀다고 하여 '춘곤증'이라 이름이 붙었습니다. 봄이 되어 날씨가 따뜻
　　　　　해지면 몸이 봄의 환경에 적응하기 위해 2, 3주가량의 시간이 필요한
　　　　　데 이 기간에 쉽게 피로를 느끼는 것이지요. 또 낮의 길이가 길어지면서
　　　　　겨울보다 더 활발한 활동을 하게 되는 것도 피로의 원인이 될 수 있습
　　　　　니다. 입학이나 취업과 같은 환경의 변화도 주로 봄에 이루어지기 때문
　　　　　에 이로 인한 심리적 불안이나 스트레스도 춘곤증의 원인이 될 수 있
　　　　　고요.

45. 正解：④ 춘곤증은 봄에 주로 느끼는 증상이다.

解説：春困症は、暖かい春に体が疲れてよく眠くなる症状のことで、主に春に多く感じる
　　　ことからこの名前が付いたと言っているので、③は間違いであり、④が正解だ。ス
　　　トレスも春困症の原因になり得ると言っているが、春困症がストレスの原因とは言
　　　っていないので、①は間違い。春困症は2、3週ほど続くので、②も間違い。

[45~46] 次は講演です。よく聞いて問いに答えなさい。
女：暖かい春になると体が疲れて、しょっちゅう眠くなる経験を、誰もがしたことがあると思い
　　ます。このような症状を「春困症」と言うでしょう？　季節の変化に私たちの体がうまく適
　　応できなくて生じる症状ですが、主に春に多く感じることから「春困症」という名前が付
　　きました。春になって暖かくなると体が春の環境に適応するために2、3週ほどの時間が
　　必要ですが、この期間に疲労を感じやすくなるのです。また、昼の長さが長くなるにつれて、
　　冬よりもっと活発な活動をするようになるのも疲労の原因になり得ます。入学や就職のよう
　　な環境の変化も主に春に行われるので、これによる心理的不安やストレスも春困症の原
　　因になり得るのです。

45. 聞いた内容と一致するものを選びなさい。
　　①春困症はストレスの原因だ。
　　②春困症は2、3カ月ほど続く。
　　③春困症は冬により活発に現れる。
　　④春困症は春に主に感じる症状だ。

46. 正解：①春곤증의 원인을 설명하고 있다.
　　解説：季節の変化によって体がうまく適応できずに感じる疲労や、昼の長さが長くなって
　　　　より活発に活動をすることになって感じる疲労、入学や就職のような環境の変化に
　　　　よる不安、ストレスなど、春困症の原因を具体的に説明しているので、①が正解だ。

46. 女性の態度として最も適切なものを選びなさい。
　　①春困症の原因を説明している。
　　②春困症の症状を羅列している。
　　③春困症の予防法を紹介している。
　　④春困症の治療法を分析している。

[47~48] 다음은 대담입니다. 잘 듣고 물음에 답하십시오.
　　여자 : 외국어 학습에 대한 관심이 점차 늘어가고 있습니다. 외국어 능력이 현
　　　　대 사회의 경쟁력 중 하나가 되었기 때문이기도 하지만, 다양한 매체를

통해 세계 각국의 문화와 친구를 만날 수 있는 기회가 많아졌기 때문이기도 합니다. 그래서 많은 분들이 '어떻게 하면 외국어를 쉽고 재미있게 배울 수 있을까'에 대해 궁금해하실 텐데요. 선생님께서는 어떠한 방법을 제안해 주시겠습니까?

남자: 먼저, 외국어를 학습하는 이유와 목표를 분명하게 해야 한다고 봅니다. 막연히 '외국어를 잘 해야지'라고 생각하는 것보다 '매일 단어를 10개씩 외워야지'처럼 구체적인 것이 좋습니다. 요즘은 외국어를 접할 수 있는 매체가 예전보다 훨씬 다양해졌기 때문에 이를 적극적으로 이용하면 더 재미있게 배울 수 있지요. 드라마건, 라디오이건, 자신이 좋아하는 매체와 주제를 찾아 꾸준히 보고 들으면, 그게 모두 자신의 것이 됩니다. 자신의 관심사이기 때문에 공부한다는 느낌 없이 가볍게 즐길 수 있겠죠. 그러기 위해서는 먼저 여러 정보를 찾아보고 자신에게 맞는 것을 찾는 것이 필요합니다.

47. 正解: ③ 예전보다 다른 나라 친구를 만날 기회가 많아졌다.

解説: 多様なメディアを通じて世界各国の文化や友達と出会える機会が多くなっていると言っているので、③が正解だ。単語10個を覚えるというのは、それが重要ということではなく、外国語学習の具体的な理由と目標が重要だということを強調するために例として挙げたものなので、①は間違い。外国語に接することができるメディアは以前よりはるかに多様になったので、②も間違い。外国のドラマだろうとラジオだろうと、自分が好きなメディアとテーマを見つけて絶えず見て聞けば、全て身に付くと言っているので、④も間違い。

[47~48] 次は対談です。よく聞いて問いに答えなさい。

女: 外国語学習に対する関心が次第に高まっています。外国語の能力が現代社会の競争力の一つになったからでもありますが、多様なメディアを通じて世界各国の文化や友達と出会える機会が増えたからでもあります。そのため、たくさんの方が「どうすれば外国語を簡単に面白く学ぶことができるか」について気になっていると思うのですが。先生はどのような方法を提案してくださいますか?

男: まず、外国語を学習する理由と目標をはっきりさせなければいけないと思います。漠然と「外国語が上手じゃなきゃ」と考えることより、「毎日単語を10個覚えなきゃ」というように具体的なことがいいです。近ごろは外国語に接することができるメディアが以前よりはるかに多様になったので、これを積極的に利用すればより楽しく学ぶことができるでしょう。ドラマだろうと、ラジオだろうと、自分が好きなメディアとテーマを見つけて絶えず見て聞けば、それが全て自分のものになります。自分の関心事なので勉強するという感じがなく、軽

く楽しめるでしょう。そのためには、まずいろいろな情報を探して自分に合うものを見つけることが必要です。

47. 聞いた内容と一致するものを選びなさい。
① 毎日単語10個を覚えることが重要だ。
② 外国語に接することができるメディアは限定的だ。
③ 以前より他の国の友達に出会う機会が多くなった。
④ 外国のドラマを見ることは外国語の勉強の大きな助けにはならない。

48. 正解 : ① 외국어 학습 방법을 제시하고 있다.

解説 : 女性が、外国語を簡単に面白く学べる方法を提案してほしいと言ったのに対し、男性は好きなメディアとテーマの活用などの学習方法を提示しているので、①が正解だ。

48. 男性の態度として最も適切なものを選びなさい。
① 外国語の学習方法を提示している。
② 外国語学習の目標を設定している。
③ 外国語学習の必要性を強調している。
④ 外国語学習の重要性に反論を提起している。

[49~50] 다음은 강연입니다. 잘 듣고 물음에 답하십시오.

남자 : 햇빛을 피하는 사람들이 많습니다. 산책을 하거나 가까운 거리를 나갈 때에도 모자나 긴팔 등으로 몸을 가리고 자외선 차단제를 발라 햇빛에 노출되는 부위를 최소화합니다. 햇빛에 과도하게 노출되면 백내장이나 피부암 같은 질병에 걸릴 수 있기 때문입니다. 그러나 햇빛 노출이 부족해도 건강에 안 좋은 영향을 미칠 수 있습니다. 대표적인 것이 비타민 D의 부족입니다. 비타민 D는 대부분 피부가 햇빛에 노출되어 만들어집니다. 그런데 햇빛에 충분히 노출되지 않으면 비타민 D가 만들어지지 못하고, 비타민 D가 부족하면 몸속의 칼슘을 제대로 활용하지 못해 뼈가 약해집니다. 또한 햇빛은 뇌 건강과도 관련이 있습니다. 햇빛은 기분을 좋게 만드는 호르몬을 나오게 하여 우울증 예방에도 효과적입니다. 현대를 살아가는 대부분의 사람들은 햇빛 노출 시간이 부족합니다. 햇빛으로 인해 생길 수 있는 질병보다는 햇빛이 부족하여

생기는 질병에 더 신경 써야 하는 것입니다.

49. 正解：③ 햇빛에 충분히 노출되지 못하면 건강에 여러 문제가 발생한다.

解説：十分に日差しを浴びないとビタミンD不足で骨が弱くなるなど、健康に良くない影響を与えると言っているので、③が正解だ。現代人のほとんどは日差しを浴びる時間が不足していると言っているので、①は間違い。過度に日差しを浴びると白内障や皮膚がんなどの疾病になり得るので、②も間違い。日差しを避けることで生じる疾病にもっと神経を使わなければならないと言っているので、④も間違い。

[49~50] 次は講演です。よく聞いて問いに答えなさい。

男：日差しを避ける人がたくさんいます。散歩をしたり近所に出掛けたりするときにも、帽子や長袖などで体を隠して日焼け止めクリームを塗って、日差しを浴びる部位を最小限にします。過度に日差しを浴びると白内障や皮膚がんなどの病気になり得るからです。ですが、日差しを浴びることが不足しても健康に良くない影響を与えることがあります。代表的なものがビタミンDの不足です。ビタミンDはほとんどが皮膚が日差しを浴びることで作られます。ところが十分に日差しを浴びないとビタミンDが作られず、ビタミンDが不足すると、体内のカルシウムをきちんと活用できず骨が弱くなります。さらに、日差しは脳の健康とも関連があります。日差しは気分を良くするホルモンを出させてうつ病予防にも効果的です。現代を生きるほとんどの人は日差しを浴びる時間が足りません。日差しによって生じ得る疾病よりは、日差しが足りなくて生じる疾病により神経を使わなければならないのです。

49. 聞いた内容と一致するものを選びなさい。
　① 現代人のほとんどは日差しを十分に受けている。
　② 過度に日差しを浴びることは健康と関係ない。
　③ 十分に日差しを浴びないと健康にいろいろな問題が発生する。
　④ 日差しを避けるために外出時には帽子や長袖の服で体を隠さなければならない。

---

50. 正解：④ 햇빛에 충분히 노출될 것을 제안하고 있다.

解説：男性は、過度に日差しを浴びるのは健康に良くないが、日差しを浴びなくても健康に良くない影響を及ぼし得ることをビタミンDを例に挙げて説明し、日差しを浴びることを提案しているので、④が正解だ。

---

50. 男性の態度として最も適切なものを選びなさい。
　① 疾病の原因を分析している。
　② 現代人の健康状態を診断している。
　③ 紫外線を浴びることの危険性を証明している。
　④ 十分に日差しを浴びることを提案している。

[51~52] 다음을 읽고 ㉠과 ㉡에 들어갈 말을 한 문장씩 쓰십시오.

51. 解答例 : ㉠ 신발이 작습니다   ㉡ 답변을 기다리겠습니다

解説 : 買った靴のサイズが合わなかったので、交換について問い合わせる内容の文章だ。

㉠が含まれる文は、交換の問い合わせをすることになった背景について説明する内容で、すぐ次の文を見るとサイズ交換を願い出ている。従って、この文ではサイズが合わないことを伝える文になる。上記解答例の他にも、**사이즈가 맞지 않습니다**(サイズが合いません)、**신발이 맞지 않습니다**(靴が合いません) などの表現が入ればいい。

㉡が含まれる文は、問い合わせた内容に対する返事をお願いする内容になる。上記解答例の他にも、**답변 부탁합니다**(お返事お願いします)、**연락을 기다리겠습니다**(連絡お待ちしています) などの表現が入ればいい。

> **[51~52]** 次の文章を読んで㉠と㉡に入る言葉を1文ずつ書きなさい。
>
> 51.
> > **問い合わせ掲示板**
> >
> > 靴を交換したいです。
> > 先週土曜日に靴を買いました。
> > 今日宅配で受け取って履いてみたら (㉠   )。
> > 1サイズ大きい物に交換したいです。
> > 色とデザインは同じ物がいいので、サイズのみ交換してください。
> > よろしくお願いします。
> > それでは、(㉡   )。
> > さようなら。
>
> ㉠ 靴が小さいです
> ㉡ お返事お待ちしています

52. 解答例 : ㉠ 좋지 않은 영향을 미친다   ㉡ 하지 않는 것이 좋다

解説 : 悪口は、悪口を言う人の行動と言葉に良くない影響を及ぼすので、言わない方がいいという内容の文章だ。

㉠が含まれる文の後ろに、悪口がそれを言う人自身に否定的な影響を及ぼす具体例が挙げられていることから、㉠には、良くない影響を及ぼすという内容が入る。上記解答例の他にも、**나쁜 영향을 미친다**(悪い影響を及ぼす)、**부정적인 영향을 미친다**(否定的な影響を及ぼす) などの表現が入ればいい。

㉡が含まれる文は、文章の結論の文で、悪口を言わない方がいいという内容が入る。

上記解答例の他にも、**안 하는 것이 좋다**（言わないのがいい）、**하지 말아야 한다**（言ってはいけない）などの表現が入ればいい。

---

52. 気分が悪いとき、悪口を言うとすっきりした気持ちになったりもする。だから習慣のように悪口を言う人がいる。しかし、悪口は私たちの行動と言葉にも（ ⑤ ）。実際に悪口をよく言う人は、そうでない人より衝動的に行動をすることが分かった。さらに、使う語彙が制限されて語彙力が弱くなる。従って、悪口は（ ⑥ ）。

⑤ 良くない影響を及ぼす
⑥ 言わないのがいい

---

[53] 최근 한국 사회에서는 가임 여성 1명당 출산율이 지속적으로 감소하고 있습니다. 다음 자료를 참고하여 출산율 감소의 원인과 현황을 설명하는 글을 200~300자로 쓰십시오.

53. 解答例 :　최근에 한국 사회에서 출산율이 지속적으로 감소하는 현황이 사람들의 눈길을 잡고 있다. 2000년에 여성 1명 당 출산율이 1.47명이며, 2015년에 1.24명으로 상당히 감소되었다고 볼 수 있다. 이는 주로 3가지의 원인이 있다고 본다. 첫째, 여성의 결혼 연령이 많이 높아져서 출산을 포기하는 여성이 많아지기 때문이다. 둘째, 여성들이 출산과 육아를 준비하기 위해서 직장에서 떠날 수밖에 없는 불안이 크기 때문이다. 셋째, 스트레스가 넘치는 현대사회에서 아이들의 보육과 교육 비용이 젊은 사람들에게 큰 부담이 될 수 있기 때문이다.

解説 : 提示した現象の原因と現状を説明する文章を書けという問題だ。文章を読む人が出生率が低下している現象についてよく理解できるように、客観的で論理的な文章を書かなければならない。

　解答例は、図表で提示した出生率低下の現状とその原因をしっかり説明している。語彙と文法においても、**사람들의 눈길을 잡고 있다**（人々の視線を集めている）のような表現や、**첫째**（一つ目）、**둘째**（二つ目）、**셋째**（三つ目）などの表現を適切に使って、文章をきちんと完成させている。

[53] 最近、韓国社会では妊娠可能な女性1人当たりの出生率が持続的に低下しています。次の資料を参考にして、出生率低下の原因と現状を説明する文章を200～300字で書きなさい。

出生率低下の原因	出生率の現状
①結婚年齢の上昇 ②出産、育児による雇用不安 ③保育、教育の負担	2000年 1.47人 ↓ 2015年 1.24人

　最近、韓国社会で出生率が持続的に低下している現状が人々の視線を集めている。2000年には女性1人当たりの出生率は1.47人で、2015年には1.24人となり、相当低下したと見ることができる。これは主に三つの原因があると思う。一つ目は、女性の結婚年齢がとても高くなって出産を諦める女性が多くなっているためだ。二つ目は、女性が出産と育児を準備するために職場を離れるしかない不安が大きいからだ。三つ目は、ストレスがあふれる現代社会で子どもの保育と教育費用が若い人にとって大きな負担になり得るからだ。

[54] 다음을 주제로 하여 자신의 생각을 600~700자로 글을 쓰십시오.

54. 解答例：　세계 사람들의 교류가 편리해지면서 외국어 공부를 하는 사람이 많아지고 있다. 그러나 외국어 공부를 시작하는 시기는 사람마다 다르다. 내가 생각하는 외국어를 공부하기 가장 좋은 시기는 성인이 된 후이다. 다음과 같은 이유가 있다.

　첫째, 외국어 공부를 통해서 그 나라의 사람, 문화 및 경제 등 모든 것을 알 수 있다. 그러나 이 모든 것을 알려면 어느 정도의 이해력을 가져야 한다. 사람들은 성인이 되어야 사물에 대한 판단력과 이해력 등을 어느 정도 갖춘다. 이는 외국어 공부에 중요한 능력이라고 본다.

　둘째, 성인이 되기 전에 외국어보다 자기 나라의 언어를 공부하는 것이 더 좋다. 성인이 되기 전에 외국어와 자기 나라의 언어를 같이 공부하게 되면 장점도 있지만 두 가지 언어를 다 잘 습득하지 못할 가능성도 있다. 또한 어렸을 때는 외국어를 빨리 습득할 수 있지만 쉽게 잊을 수도 있다.

　셋째, 성인은 자기 나라의 언어와 비교하면서 외국어를 배울 수 있다. 외국어를 배우는 방법도 다양하게 찾을 수 있다. 그리고 대부분 성인은 외국어를 배우는 목적이 다 분명하다. 이런 목적을 가지고 외국어를 배우면 더 성과 있게 습득할 수 있다.

사람들이 성장하는 과정 중에 외국어를 공부할 때 단점과 장점이 다 있다는 것은 사실이다. 그러나 성인의 이해 능력, 성인의 공부 능력 그리고 공부 동기 등의 이유로 성인이 된 후에 외국어를 공부하는 것이 좋다고 생각한다.

解説：外国語の勉強を始めるのにいい時期について、自分の意見を叙述する問題だ。賛成と反対のうちどちらか一方の立場を主張する文章ではなく、適切な時期がいつなのかについて叙述する問題なので、自分の意見をしっかり整理して文章を構成する必要がある。韓国語または他の外国語を勉強している自分の経験を例に挙げて説明するのも、内容構成を豊かにするためのいい方法だ。

解答例は、序論、本論、結論がしっかりある文章だ。序論部分で、外国語を勉強するのにいい時期は成人になった後だという意見を提示し、本論部分で、具体的な理由を三つ挙げて意見を支えている。結論部分では、文章全体の内容について簡単に整理することによって、文章をきちんと締めくくっている。

---

[54] 次をテーマにして自分の考えを600～700字で文章を書きなさい。

外国語の勉強をする人がたくさんいます。外国語を勉強すると、その言語だけでなく、その国の文化と思考を学ぶことができるからでしょう。それでは、皆さんは外国語の勉強を始める最もいい時期はいつだと思いますか？　また、そのように考えた理由は何ですか？　これについて書きなさい。

世界の人々の交流が便利になるにつれて、外国語の勉強をする人が多くなっている。しかし、外国語の勉強を始める時期は人それぞれ違う。私が考える外国語を勉強するのに一番いい時期は成人になった後だ。次のような理由がある。

一つ目、外国語の勉強を通じてその国の人、文化および経済など全てのことを知ることができる。しかし、この全てのことを知るにはある程度の理解力を持っていなければならない。人は成人にならないと物事に対する判断力や理解力などをある程度持てない。これは外国語の勉強に重要な能力だと思う。

二つ目、成人になる前に、外国語より自分の国の言葉を勉強した方がいい。成人になる前に外国語と自分の国の言葉を一緒に勉強することになると、長所もあるが二つの言葉を両方ともきちんと習得できない可能性もある。さらに、小さいころは外国語を速く習得できるが、簡単に忘れることもある。

三つ目、成人は自分の国の言葉と比較しながら外国語を学ぶことができる。外国語を学ぶ方法もいろいろと探すことができる。そして、ほとんどの成人は外国語を学ぶ目的がはっきりしている。このような目的を持って外国語を学べば、より成果が出るように習得できる。

人が成長する過程で外国語を勉強するとき、短所と長所の両方があるというのは事実だ。しかし、成人の理解能力、成人の学習能力、そして勉強の動機などの理由から、成人になった後に外国語を勉強するのがいいと思う。

[1~2] (　　)에 들어갈 가장 알맞은 것을 고르십시오.

1. 正解：②하다가는

解説：−다가는（〜していると）は、ある動作をすると後ろに良くない結果が来ることになるという意味で、その前の動作に気を付けるように注意をするとき使う。

> [1~2] かっこに入る最も適切なものを選びなさい。
> 1. 毎日遅くまで仕事を（　　　）健康でなくなることがある。
> ①しても 　　　　　　　　　②していると
> ③して 　　　　　　　　　　④するために

2. 正解：①차례대로

解説：〜대로（〜の通りに）はある様子や状態と全く同じにするということを表す。すなわち、**차례대로**は順番通りにという意味だ。

> 2. 今日、授業時間に学生たちが（　　　）発表をした。
> ①順番通りに 　　　　　　　②順番なので
> ③順番くらい 　　　　　　　④順番にしては

[3~4] 다음 밑줄 친 부분과 의미가 비슷한 것을 고르십시오.

3. 正解：①가깝지만

解説：−은 반면에（〜である反面）は、前に来る言葉と後ろに来る言葉の内容が互いに反対であることを表す。選択肢の中では、−지만（〜だけど）がほぼ同じ意味だ。

> [3~4] 次の下線を引いた部分と意味が似ているものを選びなさい。
> 3. うちはバス停と近い反面、地下鉄の駅とは遠い。
> ①近いけど 　　　　　　　　②近くにいようと
> ③近いように 　　　　　　　④近いほど

4. 正解：②신선한 데다가

解説：−ㄹ 뿐만 아니라は、「前で言ったことだけでなく後ろで言うことまでも」を意味する表現で、前の動作や状態に後ろの動作や状態が加わって起こることを表し、−ㄴ 데다가（〜な上に）と入れ替え可能だ。これらの二つの表現は、前の内容が

535

肯定的な意味なら後ろの内容も肯定的な意味の内容が来る。

> 4. このリンゴは<u>新鮮なだけでなく</u>値段も安い。
> ① 新鮮だが   ② 新鮮な上に
> ③ 新鮮な代わりに   ④ 新鮮なせいで

[5~8] 다음은 무엇에 대한 글인지 고르십시오.

5. 正解：④ 선풍기

解説：**산들바람**は涼しくて軽く吹く風を意味し、**솔솔**は風が柔らかく吹く様子を表す。**바람、솔솔、상쾌하다、시원하다**などの表現を見ると、扇風機の販売のための宣伝文だと分かる。

> [5~8] 次は何についての文か、選びなさい。
>
> 5.
> > 家の中で出合うそよ風
> > 爽快で涼しい風がそよそよ～！
>
> ① 水着   ② 登山服   ③ 浄水器   ④ 扇風機

6. 正解：② 식당

解説：**손맛、가족이 먹는다는 생각으로、만들겠습니다**などの表現を見ると、食堂の宣伝文であることが分かる。

> 6.
> > おふくろの味で！
> > 家族が食べるという気持ちで真心込めて作ります。
>
> ① ホテル   ② 食堂   ③ コンビニ   ④ 幼稚園

7. 正解：④ 인사 예절

解説：隣人間のあいさつを勧める宣伝文だ。

> 7.
> > 「こんにちは」
> > 温かいあいさつの一言が隣人愛の始まりです。
>
> ① 資源の節約   ② 交通安全   ③ 環境保護   ④ あいさつのマナー

8. 正解：② 注意事項

解説：摂取方法を説明する文と、「医師と相談してください」という内容から、薬の服用についての注意事項であることが分かる。

8.
> ・1日1回、十分な水と一緒に摂取してください。
> ・体に異常が現れたら医師と相談してください。

①商品案内　　　②注意事項　　　③材料案内　　　④問い合わせ方法

[9~12] 다음 글 또는 도표의 내용과 같은 것을 고르십시오.

9. 正解：③ 8명이 가면 단체 할인을 받을 수 없다.

解説：団体割引を受けるには10人以上が一緒に行かなければならず、8人では団体割引を受けられないので、③が正解だ。観覧券は買った当日のみ使用可能なので、①は間違い。団体割引は平日のみ可能なので、②も間違い。特別券を買うと演劇2編を見ることができるが、好きなだけ見ることができるとは書いていないので、④も間違い。

[9~12] 次の文章または図表の内容と同じものを選びなさい。

9.

第15回ソウル国際演劇祭

区分	観覧料
一般	15,000ウォン
団体（10人以上）	12,000ウォン
特別券	20,000ウォン

＊観覧券は買った当日のみ利用可能です。
＊団体料金は平日のみ可能です。
＊特別券購入時、演劇2編を観覧できます。

①観覧券は次の日使用可能だ。
②土曜日には団体割引を受けられる。
③8人で行ったら団体割引を受けられない。
④特別券を買えば、見たい演劇を好きなだけ見ることができる。

10. 正解：④ 소고기를 좋아하는 사람은 오리고기를 좋아하는 사람보다 많다.

解説：この円グラフでは、占める部分の大きさが回答者の多さを意味する。牛肉が好きな人は35％、鴨肉が好きな人は6％で、牛肉が好きな人が鴨肉を好きな人より多いので、④が正解だ。一番少ないのは鴨肉が好きな人なので、①は間違い。豚肉が

好きな人は40%で全体の半分よりは少ないので、②も間違い。鴨肉が好きな人は6%で鶏肉が好きな人の19%より少ないので、③も間違い。

10.

最も好きな肉は？

- 豚肉
- 牛肉
- 鶏肉
- 鴨肉

①鶏肉が好きな人が一番少ない。
②豚肉が好きな人は全体の半分を超える。
③鴨肉が好きな人は鶏肉が好きな人より多い。
④牛肉が好きな人は鴨肉が好きな人より多い。

11. 正解：③모인 쌀로 이웃을 도울 수 있다.

解説：集められた米は助けが必要な人に寄付することができるので、③が正解だ。花の装飾は数時間たつとじきに捨てられるので、①は間違い。米専門の業者ではなく、米にお祝いのメッセージを付けて一緒に配送してくれる業者が増えているので、②も間違い。花の代わりに米で祝いの気持ちを伝える人が増えているので、④も間違い。

11.　最近、花の装飾の代わりに米でお祝いの気持ちを伝える人が増えている。結婚式場や公演会場前の花の装飾は数時間たつとじきに捨てられるが、これを米で代わりをするのだ。このようにして集められた米は助けが必要な人に寄付することができる。浪費を減らし、隣人を助ける意味ある日を作ることができて、徐々に多くの人が参加している。これに、米と一緒にお祝いのメッセージを配送してくれる業者も増えている。
①花の装飾は長く保管される。
②米専門の業者が生まれるだろう。
③集まった米で隣人を助けることができる。
④人は花の装飾の方が好きだ。

12. 正解：③물에 들어가기 전에는 팔과 다리에 먼저 물을 적셔야 한다.

解説：水に入る前に必ず準備運動をして、心臓から遠い腕や脚などの部分をまず水にぬらさなければならないので、③が正解だ。水の中では自分の思い通りに体を動か

すのが難しいので、①は間違い。水泳がうまい下手に関係なく必ず準備運動をしなければならないので、②も間違い。水中で危険に瀕したときは周りの人に積極的に助けを要請しなければならないので、④も間違い。

12. 　水の中では自分の思い通りに体を動かすのが難しい。そのため、危険な状況が起きたときでも自ら対処するのが難しい。水に入る前には必ず準備運動をして、心臓から遠い部分から水にぬらして体を適応させなければならない。さらに、水の中で皮膚が引っ張られる感じがするときは体を温かくして休息を取らなければならない。もし危険な状況に陥ったときは、周辺の人に積極的に助けを求めなければならない。
　①水の中では陸地のように体を動かせる。
　②水泳が上手なら準備運動をしなくても大丈夫だ。
　③水に入る前には腕と脚をまず水にぬらさなければならない。
　④水の中ではできるだけ自ら問題を解決しようと努力しなければならない。

[13~15] 다음을 순서대로 맞게 배열한 것을 고르십시오.

13. 正解：③(나)-(가)-(라)-(다)

解説：A. 最初の文は(가)または(나)だ。

　　　B. (가)の-기 때문이다は前で言ったある事実についての理由を言うときに使う表現なので、(가)は冒頭には置けない。従って、(나)が最初の文だ。

　　　C. 2番目に来る文は(가)または(라)だ。

　　　D. (나)の次に(가)が続くと、人が夜にコーヒーを飲むのを避ける理由が夜眠れなくなるのではないかと心配するからだということで内容がつながるので、自然だ。

　　　E. 選択肢のうち、(나)-(가)の順に並んでいるのは③である。

　　　F. (라)のユ러나は互いに意味が反対となる二つの文をつなげるとき使う表現で、이러한 걱정は(가)の夜に眠れなくなるのではないかという心配を指す。よって、(가)-(라)とつながり、そのためデカフェを求める消費者が増加したという内容(다)につながる。すなわち、③(나)-(가)-(라)-(다)の順が論理的に自然だ。

[13~15] 次の文を順番通りに正しく並べたものを選びなさい。

13. (가) 夜、あまり眠れなくなるのではないかと心配するからだ。
　　(나) 多くの人は夜にコーヒーを飲むのを避ける。
　　(다) そのためか、最近はデカフェ（カフェインレス）コーヒーを求める消費者が増加した。
　　(라) しかし、カフェインを90％以上除去したデカフェ（カフェインレス）コーヒーはこのような心配を減らしてくれる。

14. 正解：②(가)-(라)-(다)-(나)

解説：A. 最初の文は(가)または(라)だ。

B. (라)の-기 때문이다は前で言ったある事実についての理由を述べるときに使う表現なので、(라)は冒頭に置けない。従って、(가)が最初の文だ。

C~E. (가)の子どもをきちんと育てることが難しい理由は、(라)にあるように一つの命が健康で正しく育つことに責任を負うことだからだ。(가)-(라)に続いて来る三つ目の文は(나)または(다)だ。(다)の하지만は互いに反対となる二つの文をつなげるときに使う表現で、子どもを育てることのやりがいと幸せについて話している文だ。すなわち、(다)の文の前には反対となる内容の文が来なければならないので、(가)-(라)-(다)の順につなげると論理的に自然だ。選択肢のうち、(가)-(라)-(다)の順に並んでいるのは②である。

F. (나)の文は(다)の文の補充説明なので、②(가)-(라)-(다)-(나)の順に並べればいい。

> 14. (가) 子どもをきちんと育てることは難しいことだ。
> (나) 子どもの笑顔を見ると、大変でつらいことは忘れてしまう。
> (다) しかし、子どもを育てるやりがいと幸せは何物にも比べられない。
> (라) 一つの命が健康で正しく育つことができるように責任を負うことだからだ。

15. 正解：①(가)-(나)-(다)-(라)

解説：A. 最初の文は(가)または(라)だ。

B. (라)の-ㄴ다는は言葉や考えの内容などを引用するときに使う表現で、しばしば바로 -ㄴ다는 것이다と바로を一緒に使って、前で言ったある内容についての説明を提示する役割をする。すなわち、(라)は冒頭の文で使えないので、最初の文は(가)だ。

C. 2番目に来る文は(나)または(다)だ。

D~F. (다)の그러나は前の内容と反対となる内容の文をつなげるときに使う表現だ。(다)であまり知られていない汗の機能があると言っているので、(다)の前では(다)とは反対に知られている汗の機能についての話がなければならない。すなわち、(가)-(나)でよく知られている機能について話して、(다)-(라)で知られていない機能について話せば自然につながる。すなわち、①(가)-(나)-(다)-(라)の順が論理的に自然だ。

15. (가) 汗は体温を調節する役割をする。

(나) よく知られているように、体内の老廃物を体の外に出す役割もする。

(다) しかし、よく知られていない汗の機能がさらにある。

(라) それは汗がにおいを通じて感情を伝えるということだ。

[16~18] 다음을 읽고 (　　)에 들어갈 내용으로 가장 알맞은 것을 고르십시오.

16. 正解：④낮아질 수 있다

解説：週末の睡眠時間と疲労解消との関係についての文章だ。かっこの前には「また」「～も」とあるので、週末にたくさん寝ると疲労やストレスが減少する効果と同様の良い効果があるという内容になると自然につながる。従って、④が正解だ。

[16~18] 次の文章を読んで、かっこに入る内容として最も適切なものを選びなさい。

16.　週末に朝寝坊する人が多い。不足している睡眠を補充して疲労を取りたがっているからだ。実際に週末にたくさん寝ると疲労やストレスが減少するという研究結果がある。また、肥満の危険も（　　　）。しかし、普段より2時間以上多く寝ると、かえって体のリズムが崩れてより疲れることがある。従って、疲労を取るためには普段と同じくらいの時間に眠りにつき、2時間以上遅く起きないことが重要だ。

①診断できる
②確認できる
③高くなり得る
④低くなり得る

17. 正解：①시각의 문제가 아니라

解説：物の姿が実際の姿とは違って見える錯視現象についての文章だ。錯視現象は、かっこの前で述べた単純な視覚的側面の問題ではなく、過去の経験の影響という側面もあるとつなげると自然だ。従って、①が正解だ。

17.　人は自分が見たことをそのまま信じる傾向がある。しかし、目に見えることが事実ではないことがある。その代表的な例がまさに錯視現象だ。錯視現象は視覚が起こす錯覚で、形や長さ、色などが実際と違って見えるものだ。錯視は単純に（　　　）過去の経験などが認識に影響を与えて現れることもある。

①視覚の問題ではなく
②形の問題ではなく
③認識の問題ではなく
④経験の問題ではなく

18. 正解：① 일사병을 막기 위해서는

解説：真夏になりやすい日射病を服装で予防する方法についての文章だ。かっこの後ろは日射病を防ぐための服装についての説明なので、①が正解だ。

> 18.　真夏の蒸し暑い時期に服装をきちんとするだけでも日射病になる危険を防ぐことができる。熱くて強烈な日差しを長時間浴びるとき、日射病になりやすいが、これは汗をたくさん流すと私たちの体内の塩分と水分が足りなくなるためだ。（　　　）できるだけつばが広い帽子をかぶって日差しを遮り、薄い素材の長袖の服を着て素肌が直接日差しを浴びることを避けるのがいい。
> ① 日射病を防ぐためには
> ② 塩分を補充するためには
> ③ 夏服をきちんと着るためには
> ④ しっかり日差しを浴びるためには

[19~20] 다음 글을 읽고 물음에 답하십시오.

19. 正解：② 또한

解説：かっこがある文は果物と野菜の色による多様な効果について羅列している文のうちの一つだ。**또한**は前の内容に続けて付け加えるときに使う表現で、赤色と白色の果物・野菜に続いて、緑色の果物・野菜の効果を付け加えている。

> [19~20] 次の文章を読んで、問いに答えなさい。
> 　果物や野菜は色によって成分が違う。トマトやイチゴのように赤色の果物や野菜は老化を防いで血をきれいにする。白色のタマネギやニンニクは呼吸器疾患に効果的だ。（　　　）ブロッコリーのように緑色の果物や野菜の場合は、体内の老廃物を排出して血管をきれいにする。そのため、健康な人生のためにはいろいろな色の食べ物を満遍なく摂取しなければならない。
>
> 19. かっこに入る適切なものを選びなさい。
> 　①やはり　　　　②さらに　　　　③特に　　　　④ひとまず

20. 正解：③ 딸기는 피를 깨끗하게 한다.

解説：トマトやイチゴのように赤い果物や野菜は老化を防いで血をきれいにするので、②は間違いで、③が正解だ。タマネギは呼吸器疾患に効果的なので、①は間違い。ブロッコリーは老廃物を排出するので、④も間違い。

20. この文章の内容と同じものを選びなさい。
　　①タマネギは老化を防止する。
　　②トマトは呼吸器疾患にいい。
　　③イチゴは血をきれいにする。
　　④ブロッコリーは老廃物をためておく。

[21~22] 다음 글을 읽고 물음에 답하십시오.

21. 正解：①귀가 얇은

　　解説：飲む水の量が人の健康に及ぼす影響についての話だ。他の人の主張を聞いて水を特別たくさん飲もうとしたり水を飲まないようにしようと努力したりする人を修飾する言葉として適切なのは①である。選択肢はいずれも慣用句で、①귀가 얇다（直訳：耳が薄い）と③발이 넓다（直訳：足が広い）は日本語にはない慣用句なので注意が必要だ。

> [21~22] 次の文章を読んで、問いに答えなさい。
> 　私たちの体の70%は水で構成されている。体の水が不足すると皮膚が乾燥してきて、疲労を感じやすくなるなど健康に良くない影響を及ぼし得る。そのため、1日に2リットル以上の十分な水を飲むことがいいという。しかし、もう一方ではあまりにも多くの量の水を飲むのも健康に害があると主張する。水を過度に摂取すると体温が下がり、体の機能が落ちるということだ。（　　　）人は他の人の主張によって水を特別たくさん飲もうとしたり水を飲まないようにしようと努力したりする。しかし、他人の言葉を簡単に受け入れるよりは、自分の健康状態を把握して適切な量の水を摂取することが重要だ。
>
> 21. かっこに入る適切なものを選びなさい。
> 　　①信じやすい　　　　　　②見る目がある
> 　　③顔が広い　　　　　　　④口が重い

22. 正解：③자신의 몸 상태에 맞게 물을 마셔야 한다.

　　解説：十分な量の水は健康を維持するのに役に立つが、水を過度に摂取すると健康に良くないという内容だ。結局、自分の体に適した量の水を摂取しなければならないという結論なので、③が正解だ。

> 22. この文章の主要な考えを選びなさい。
> 　　①2リットル以上の水を毎日飲まなければならない。

②私たちの体のほとんどは水で構成されている。
③自分の体の状態に合わせて水を飲まなければならない。
④水を摂取し過ぎると健康に良くない。

[23~24] 다음 글을 읽고 물음에 답하십시오.

23. 正解：④신이 나다

解説：「僕」とマンスはハーモニカが好きで、時間がたつのも忘れて一緒にハーモニカを吹いて楽しんだという内容だ。下線を引いた部分は、息が切れて両頬が痛いことにも気付かず何回も繰り返しハーモニカを吹いていることから、④が適切だ。

[23~24] 次の文章を読んで、問いに答えなさい。

マンスはハーモニカを上手に吹いた。僕もその頃ハーモニカが好きだったので、二人は一緒に吹いた。ちゃんと楽譜の本を置いて吹くのではなかった。マンスも僕のように楽譜の本を置いて習ったハーモニカではないように、二人は手当たり次第に、まさに手当たり次第に学校で習った歌だろうと道で聞いた流行歌だろうと、知っている歌であればやみくもに吹きまくった。

どちらかが先にある歌の出だしを吹き始めようものなら、もう一人がそれに合わせて吹いた。息が切れて両頬が痛いことにも気付かずそのまま吹きまくった。少し前に吹いた曲を何回も繰り返しもした。このまだ少年期を完全に抜けていない、盛りの年頃の二人の少年は、まるで自分たちの情熱といおうか、精力をこれですり減らそうとでもしているかのように、吹いてまた吹いた。

23. 下線を引いた部分に表れた「僕」の心情として適切なものを選びなさい。
　　①うれしい　　　　　　　　　②緊張する
　　③恥ずかしい　　　　　　　　④楽しい

24. 正解：③나와 민수는 하모니카를 함께 불었다.

解説：マンスと「僕」はハーモニカが好きで、二人で一緒に吹いている様子を表した文章なので、③が正解だ。少し前に吹いた曲を何回も繰り返しもしたので、①は間違い。マンスがハーモニカを学校で習ったかどうかは文章からは分からないので、②は答えにならない。僕は楽譜なしでハーモニカを吹いたので、④は間違い。

24. この文章の内容と同じものを選びなさい。
　　①僕はいつも新しい曲を吹いた。
　　②マンスはハーモニカを学校で習った。

③僕とマンスはハーモニカを一緒に吹いた。
④僕は楽譜を見ながらハーモニカを吹いた。

[25~27] 다음은 신문 기사의 제목입니다. 가장 잘 설명한 것을 고르십시오.

25. 正解 : ④ 운전하면서 휴대전화를 사용하는 것은 술을 마시고 운전하는 것보다 위험하다.

解説 : 運転をしているときに携帯電話を使用することが、酒を飲んで運転する飲酒運転より危険だという内容の記事の見出しだ。

[25~27] 次は新聞記事の見出しです。最もよく説明したものを選びなさい。
25. 運転中の携帯電話の使用、飲酒運転より危険
①運転しながら携帯電話を使用するのは酒を飲んで運転するのと同じだ。
②運転しながら携帯電話を使用するのが酒を飲んで運転するよりましだ。
③運転しながら携帯電話を使用するのは酒を飲んで運転するのと同じくらい危険だ。
④運転しながら携帯電話を使用するのは酒を飲んで運転するより危険だ。

26. 正解 : ② 소비자가 고정관념을 깬 상품들을 많이 구매한다.

解説 : 「消費者の財布を開く」というのは、消費者が物を買うのに財布からお金を出すという意味だ。固定観念を破った異色の商品を、消費者がたくさん買っているという内容の記事の見出しだ。

26. 固定観念を破った異色の商品、消費者の財布を開く
①異色の商品間の競争のせいで消費者が楽しい。
②消費者が固定観念を破った商品をたくさん買っている。
③消費者は固定観念を破った商品が好きではない。
④異色商品の値段が上がって消費者が買うのが負担だ。

27. 正解 : ④ 수출이 3개월 연속 줄어들어 경기가 나빠지고 있다.

解説 : 輸出が3カ月間減ったことにより景気に悪い影響を及ぼしているという内容の記事の見出しだ。

27. 3カ月間輸出減少、景気に悪影響
①輸出が4カ月間減って景気が良くない。
②輸出が4カ月連続で変化なく景気が不安だ。

③輸出が3カ月間増加して景気が良くなっている。
④輸出が3カ月連続で減って景気が悪くなっている。

[28~31] 다음을 읽고 (　　) 에 들어갈 내용으로 가장 알맞은 것을 고르십시오.

28. 正解 : ② 침대에 누운 상태에서도

解説 : ベッドで横になって携帯電話や本を読んだりするなど、寝る以外の行動をすることが習慣になると、ベッドに横になっても眠気が覚めることが体に染み込み眠れなくなるという内容だ。従って、②が正解だ。

[28~31] 次の文章を読んで、かっこに入る内容として最も適切なものを選びなさい。

28.　体が疲れていてもベッドに横になると眠気が覚める人がいる。このような人のほとんどは、疲れた状態にもかかわらずベッドに横になって携帯電話を見たり本を読んだりするなど、他の行動をしている。そうすると（　　）寝ないことが体になじんで眠くならないのだ。従って専門家は、必ず寝るときにだけベッドに横にならなければならないと助言している。
①眠くなる状態でも
②ベッドに横になっている状態でも
③体が疲れた状態でも
④たくさん寝た状態でも

29. 正解 : ① 다양한 주제

解説 : 韓国の代表的な民謡であるアリランの特性についての内容だ。アリランは繰り返されるリフレイン部分以外、地域によって違う内容で発展してきたので、①が正解だ。

29.　アリランは韓国の代表的な民謡として、いくつかの世代を経てきた。アリランは繰り返されるリフレイン部分と地域によって違う内容で発展してきた歌詞で構成されている。（　　）を込めている反面、構造が単純なので誰でも簡単に熟練することができ、一緒に歌うのによく、さまざまな音楽ジャンルと一緒に演奏できるという長所がある。
①多様なテーマ
②複雑な歌詞
③簡単な拍子
④斬新なジャンル

30. 正解：④냉장고 문을 연 후에

解説：磁石の特性と日常生活での磁石の活用についての内容だ。かっこがある文は冷蔵庫のドアの内側に磁石が入っているために起こる現象についての説明になるので、④が正解だ。

30.　磁石は、鉄を引き付ける性質がある。鉄などの物質には、磁石と同じ性質を持った原子があるからだ。このような磁石は私たちの生活でも有益に使われている。代表的なものが、まさに冷蔵庫だ。冷蔵庫はドアだけでなく本体も鉄でできている。また、冷蔵庫のドアの内側には磁石が入っている。そのため、（　　　）本体に近づけると冷蔵庫のドアがひとりでに閉まるのだ。
①磁石を引き付けて
②磁石を鉄と一緒に
③冷蔵庫のドアを閉めて
④冷蔵庫のドアを開けた後に

31. 正解：③미술 작품을 감상하는

解説：デジタルイメージによる美術作品の特徴について述べた文章だ。かっこがある文は、最近は、動かない材料で何かを表す美術作品ではなく、デジタルイメージを通した美術作品を鑑賞する展示が増えているという内容になるので、③が正解だ。

31.　美術作品は、動かない材料で何かを表すものだという認識が支配的だった。しかし、最近はデジタルイメージを通じて（　　　）展示が増えている。デジタルイメージは音や動画などを通じて、既存の作品に新しい面白さを加える。ゴッホやモネなどの有名画家の作品もデジタルイメージを通せば、実際の作品よりはるかに大きく多様に表現することができる。このようなデジタルイメージは他の国の美術館から作品を借りてくる必要がなく、場所や期間に制限なく展示できるという長所もある。
①動かない
②作品を借りてくる
③美術作品を鑑賞する
④有名画家を表現する

[32~34] 다음을 읽고 내용이 같은 것을 고르십시오.

32. 正解：③음식물 쓰레기에는 식물의 성장을 돕는 영양분이 있다.

解説：生ごみには食べ物の栄養分がそのまま残っていて、植物の成長を助ける肥料として使えるので、③が正解だ。生ごみおよび生ごみから使った肥料は化学肥料と違

い、環境を汚染させず人体にも害がないので、①と②は間違い。生ごみを肥料にするための費用については文章からは分からないので、④は答えにならない。

[32~34] 次の文章を読んで、内容が同じものを選びなさい。

32.　生ごみは処理するのに費用がかかるだけでなく、環境を汚染させる。しかし、生ごみには食べ物の栄養分がそのまま残っており、これを有益に使用することもできる。代表的な方法は、生ごみを植物がよく育つように助ける肥料にするものだ。生ごみから作った肥料は化学肥料と違って環境を汚染させず、人体にも害がないので安心して使うことができる。
①生ごみは化学肥料と成分が同じだ。
②生ごみから作った肥料は環境を汚染させる。
③生ごみには植物の成長を助ける栄養分がある。
④生ごみを肥料にするにはたくさん費用がかかる。

33. 正解：②サンドアニメーションは連続的な場面を示す。

解説：サンドアニメーションはいろいろな場面を連続的に描いては消すことを繰り返しながら1編の話を導いていくものなので、②が正解だ。サンドアニメーションは絵が描かれては消える過程を通じて話が進められるので、①は間違い。また、その過程を観客が全てリアルタイムで見ることができるので、③と④も間違い。

33.　内側に照明が設置された箱の上で、砂を使って描く絵をサンドアニメーションという。サンドアニメーションは、いろいろな場面を連続的に描いては消すことを繰り返しながら1編の話を導いていく。絵が描かれては消える過程は全てリアルタイムで観客に伝えられるので、観客は砂が作り出す新しい場面だけでなく、砂をまく手の動きまでも興味深く観覧できる。
①サンドアニメーションは動かない絵だ。
②サンドアニメーションは連続的な場面を見せる。
③サンドアニメーションは作家があらかじめ作業しておかなければならない。
④サンドアニメーションが作られる過程は観客が見ることができない。

34. 正解：①第一印象は短い時間の中に形成される。

解説：人に初めて会うとたったの数秒でその人に対する印象を持つことになる。すなわち、人の第一印象は短い時間で形成されるので、①が正解だ。無理に作った表情は相手に見抜かれやすいので、②は間違い。いい印象を残すために最も重要なのは顔の表情なので、③も間違い。普段楽しく正しい考えをしていると「印象的な表情」ではなく「自然な表情」を作れるので、④も間違い。

34.　人に初めて会うと、たったの数秒でその人に対する印象を持つことになる。このため、面接を上手に受けるためには短い時間の中で面接官にいい印象を与えなければならない。そうであるなら、面接官にいい印象を残すためには何が重要だろうか？　きちんとした身なりや化粧、しゃべり方などいろいろ要因があるだろうが、最も重要なのは顔の表情だ。表情を通じて性格や本心などが現れることがあるからだ。無理に作った表情は相手に見抜かれやすい。従って、普段から楽しく正しい考えを習慣化して自然な表情が顔に現れるようにしなければならない。

①第一印象は短い時間の中で形成される。

②無理に表情を作ると本心を隠すことができる。

③いい印象を残すためには身なりが最も重要だ。

④普段楽しい考えをすると印象的な表情を作りやすい。

[35~38] 다음 글의 주제로 가장 알맞은 것을 고르십시오.

35. 正解：③선글라스는 눈 보호를 위한 도구이다.

解説：サングラスは強い紫外線から目を保護するための道具なので、買うときはデザインやスタイルよりも自分の目の状態と用途に合う物を選ぶのがいいという内容の文章だ。従って、③が正解だ。

[35~38] 次の文章の主題として最も適切なものを選びなさい。

35.　サングラスをおしゃれのための道具と考える人が多いが、実際にはサングラスは強い紫外線から目を保護するための道具だ。目が紫外線を浴びると、目にやけどを負ったり炎症が起きたりすることがあるが、サングラスはこのような危険を減らしてくれる。紫外線は真夏にのみ危険なのではない。雪原での紫外線は真夏の海辺での紫外線よりもっと強い。このため、スキー場や雪原で活動をするときも必ずサングラスを着用しなければならない。さらに、サングラスを買うときはデザインやスタイルをまず考えるより、自分の目の状態と用途に合う物を買うのがいい。

①サングラスを掛けるとよりおしゃれだ。

②冬にもサングラスを着用しなければならない。

③サングラスは目の保護のための道具だ。

④紫外線を浴びると目に異常が生じることがある。

36. 正解：④엘리베이터에 갇힌 경우, 구조대원이 올 때까지 기다려야 한다.

解説：エレベーターに閉じ込められた場合、無理にドアを開けようとしたり抜け出そうとしたりするなどの行動をすると、より大きな事故につながるので、救助隊員が来る

まで待たなければならないという内容だ。従って、④が正解だ。

36.　エレベーターが急に止まったら、どのようにしなければならないだろうか？　エレベーターに閉じ込められたら、人はドアを無理に開けようとしたり飛び跳ねてエレベーターを動かそうとしたりする。しかし、このような行動はとても危険だ。エレベーターに衝撃を与える場合、エレベーターが勝手に動くこともあるからだ。さらに、無理して抜け出そうとして、誤ってより大きなけがをすることもある。エレベーターは基本的に数段階の安全装置が働いているので、故障した場合も安全だ。従って、エレベーターが止まった場合は、非常ボタンを押して助けを要請した後、救助隊員が来るまで待つのが最も安全な方法だ。
①エレベーターが故障した場合、できる限り早く抜け出さなければならない。
②エレベーターが止まった場合、ドアを無理に開けてはならない。
③エレベーターに衝撃を与えると、エレベーターがまた動くことがある。
④エレベーターに閉じ込められた場合、救助隊員が来るまで待たなければならない。

37. 正解：④밤에도 매미가 우는 것은 환경의 변화 때문이다.
　　解説：昼に活動する昆虫であるセミが、夜も明るい明かりや昼と同じ気温のせいで夜を昼と錯覚して、昼夜なく鳴いて騒音を作り出しているという内容だ。すなわち、人間による環境の変化が、セミが夜鳴くのにいい環境を提供しているので、④が正解だ。

37.　セミは、遠くにいるメスを近くに来るようにしたり敵を威嚇したりするときに鳴き声を出す。セミは昼に活動する昆虫なので主に昼に鳴くが、最近は夜遅くまでうるさく鳴いて、セミの騒音で被害を訴える人が多くなった。セミが夜も鳴く理由は、夜でも明るい明かりのせいだ。セミはこの明かりのせいで夜を昼と錯覚するのだ。さらに、夜も気温が下がらずセミが鳴くのにいい環境が提供されているのだ。すなわち、人間による環境の変化がセミを昼夜なく鳴くようにしたのだ。
①セミはもともと昼にのみ活動する昆虫だ。
②セミは危険な状況に陥ったとき、大きく鳴く。
③セミは明かりのせいで夜を昼と考える。
④夜もセミが鳴くのは環境の変化のせいだ。

38. 正解：①단시간의 낮잠은 업무의 효율을 높인다.
　　解説：短時間の昼寝が頭脳の機能を向上させ、コーヒーを飲んだ後に昼寝をした場合、暗記力と集中力がより高まったという研究結果から、昼寝は成果を高める効果的な方法の一つと考えなければならないという内容だ。従って、①が正解だ。

38. これまで昼寝は怠惰な人のものと考えられてきた。しかし、1日10分から20分の間の昼寝は、創意性と集中力を高めてくれるという研究結果が発表された。短い時間の昼寝が頭脳の機能を向上させるということだ。昼寝をする20分前にコーヒーを飲むと、昼寝の効果をより高めることができる。コーヒーを飲んだ後に昼寝をした場合、そうでない場合より暗記力と集中力においてより良い結果を得たのだ。従って、昼寝はもはや怠惰の象徴ではなく、体と心の休息を通じて成果を高める効果的な方法の一つと認識されなければならないだろう。

①短時間の昼寝は業務の効率を高める。
②昼寝をすることは集中力と関連が高い。
③昼寝をするときは必ずコーヒーを飲まなければならない。
④怠惰な人が昼寝をよくすることが分かった。

[39~41] 다음 글에서 〈보기〉의 문장이 들어가기에 가장 알맞은 곳을 고르십시오.

39. 正解：③ⓒ

解説：来月開かれるテリョンワカサギ祭りを広報する内容の文章だ。〈보기〉の文はワカサギ祭りでのみ感じることができる特別な感動についての内容の文だが、冒頭に「その他に」を意味する또という副詞があるので、〈보기〉の文の前にもワカサギ祭りでのみ感じられることについての内容の文がなければならない。よって、〈보기〉の文はⓒの位置に入る。

[39~41] 次の文章で、〈보기〉の文が入るのに最も適切な場所を選びなさい。

39. 　来月6日から「テリョンワカサギ祭り」が開催される。(㉠)ワカサギはきれいで冷たい水にすむので、きれいな都市「テリョン」で真冬にのみ出会える。(㉡)厚く凍った氷に穴を開けてワカサギを取る面白さは「テリョンワカサギ祭り」でなければ楽しめない面白さだ。(㉢)今年で10回目を迎えている「テリョンワカサギ祭り」では、自分で取ったワカサギを料理して食べることができるのはもちろん、氷のそりや氷サッカーなども楽しむことができる。(㉣)今年の冬を十分に楽しみたいなら「テリョンワカサギ祭り」に出掛けるのはどうだろうか。

　また、雪や氷に取り囲まれた自然と共にする感動もやはり「テリョンワカサギ祭り」でのみ感じることができる。

40. 正解：①㋐

解説：洗濯の方法や洗濯時の注意点などについての内容だ。〈보기〉の文はいろいろな洗濯の方法を提示する前の導入文として適切だ。㋐の後ろにいろいろな洗濯の方法が並べられているので、〈보기〉の文は㋐の位置に入ると文章が自然につながる。

40. 毎日着る衣類や私たちが使っている全ての繊維製品は、汚れたら洗濯をしなければならない。（ ㋐ ）まず、襟、袖など汚れた部分が表面に出るように服を裏返してボタンを留めておかないと、汚い部分の洗濯がうまくいかない。（ ㋑ ）さらに、染みができたときは本洗いの前に下洗いをしないと洗濯の効果を高められない。（ ㋒ ）水の温度もやはり重要だが、あまりにも高い温度は服の形の変形や脱色の危険があるのでぬるい水がいい。（ ㋓ ）そして、洗濯するときに洗剤を溶かした水に長時間浸しておくと汚れがしっかり落ちると思われているが、かえって汚れが奥深く染み込むので10分〜20分くらいで十分だ。

洗濯をするとき、きちんとした洗濯方法を知っているとよりきれいに洗濯できる。

41. 正解：③㋒

解説：歴史関連の本を紹介する内容の文章だ。〈보기〉の文の이러한 이야기は前で言及した話に再び言及するために使っている表現で、前では過去に生きていたある人物についての話と関連した内容が提示されたはずだ。〈보기〉の文が㋒の位置に入る場合、이러한 이야기が世宗大王や李舜臣の話だと分かるので、自然につながる。

41. パク・チュウォン教授の『再び見る歴史』は、歴史が現代を生きる私たちに与える教えを伝えている。（ ㋐ ）歴史学者である作家が、現代人の目線で歴史をのぞくことによって、その中から私たちが学ばなければならない知恵と教訓を説明している。（ ㋑ ）この本では、出身より能力を尊重した世宗大王の話や、最初に決心したことを最後まで守った李舜臣の話などを扱っている。（ ㋒ ）この本を通して歴史を見るようになれば、歴史をより簡単に理解できるだろう。（ ㋓ ）さらに、私たちの人生の姿を振り返る機会も得ることになるだろう。

このような話を単純に過去に生きていたある人物の話として終えるのではなく、今日を生きる私たちに生きる方向を提示してくれる。

[42~43] 다음 글을 읽고 물음에 답하십시오.

42. 正解：④ 실망스럽다

解説：「僕」はわが家ができてとても興奮したが、その興奮に応えられない家だったために失望したという内容なので、④が正解だ。下線を引いた部分につながる文では、「僕」の目に見える汚くてボロボロな家の様子を描写している。

[42~43] 次の文章を読んで、問いに答えなさい。

「さあ、まさにここがわが家だ。」

父さんは肩に担いだ布団の包みをどすんと音が出るように下ろしながら、僕たちの方に振り返った。その顔には自負心がいっぱいににじんでいた。母さんも子どものように明るく笑いながら住む家を眺めた。黒いルーフィングで覆っている屋根の上に日差しが熱く降り注いでいた。

まさにここがわが家だ。父さんのこの言葉は妙な感動を与えた。「わが家」は僕にとってそれほどなじみのある単語ではなかった。これまで、僕たちは父さんの友達の家でかなり長い間居候しなければいけなかった。その家はわが家ではなかった。わが家とは、もう誰の視線も気にしなくてもいいことを意味する。僕はこの事実に、とても興奮していたようだ。僕は素早く走っていってわが家をくまなく調べ始めた。

だけど、わが家は僕の興奮に応えるほど、ずばぬけて立派な方ではなかった。僕は家の壁のブロックの割れ目にセメントがいいかげんに塗られていることがとても気になった。ある日突然がらがらと崩れるような気がしたし、崩れはしなくてもその割れ目から風がすかすか漏れるような気がした。部屋のドアを開けてみるともっとぶざまだった。部屋の中はカビの悪臭に浸っていたし、壁紙として張ってあった新聞紙は所々剥がれたままだらりと垂れていた。まるでお化けが出る化け物屋敷のようなありさまだった。

42. 下線を引いた部分に表れた僕の心情として適切なものを選びなさい。
　　① うれしい　　　　　　　　② 慌てている
　　③ 煩わしい　　　　　　　　④ 失望している

43. 正解：③ 어머니는 이사를 와서 기분이 좋았다.

解説：父さんと母さんは引っ越してきたことで気分が良く、特に母さんは子どものように明るく笑いながら家を眺めていたので、③が正解だ。わが家はお化けが出そうな古い家だったので、①は間違い。「僕」たちが父さんの友達の家で長い間暮らしていたので、②も間違い。父さんの顔は自負心に満ちていたので、④も間違い。

43. この文章の内容と同じものを選びなさい。
　　① わが家は新しい家だった。
　　② 父さんの友達はわが家で暮らしていた。

3회 모의고사

読解　解答・解説・訳

553

③母さんは引っ越してきて気分が良かった。
④父さんは引っ越してきた家が気に入らなかった。

[44~45] 다음을 읽고 물음에 답하십시오.

44. 正解：① 혼자 집 고치기를 할 때는 여러 가지를 고려해야 한다.

解説：一人で家を直すと、家を自分が望む通りに変えることができて費用が節約できる
長所があるが、失敗に終わったり小さな部分まで調べられずいろいろな問題が
現れたりする困難があるので、慎重に考えなければならないという内容だ。従って、
①が正解だ。

[44~45] 次の文章を読んで、問いに答えなさい。

最近、単身世帯が増加するにつれて、自分で家を直して飾る人が増えている。一人だけの空
間を持つようになって、自分にぴったり合う空間と製品を望むからだ。自分で家を直せば自分
が望む通りに変えることができ、専門業者に任せるより費用をはるかに節約できる長所があ
る。また、自分が直接直しているので、より大きなやりがいと満足を感じることができる。しか
し、（　　　　）一人で作業を始めることになると失敗に終わりやすい。小さな部分までしっかり
調べないと、作業が終わった後いろいろな問題が現れることがあるからだ。それだけでなく、
家を直すためにはある程度作業に熟練していなければならないため、初めて家を直す人は困
難を味わうことがある。さらに、自分の家でない場合、引っ越すときに元の状態に戻さなけれ
ばならない場合があるため、やみくもに家を直すことに手を出しては駄目だ。

44. この文章の主題として適切なものを選びなさい。
①一人で家を直すときはいろいろなことを考慮しなければならない。
②一人で家を直すのは一人暮らしをする人に一番適している。
③専門業者を利用して家を直すのが最も望ましい。
④一人で家を直すことの長所は一人で家を直すことの短所よりも多い。

45. 正解：③ 구체적인 계획 없이

解説：かっこがある文から後ろの部分は、一人で家を直すためには小さな部分までしっ
かり調べなければならず、作業に熟練していなければならないが、そうでない場
合困難を味わうことになるという内容だ。つまり、やみくもに家を直すことに手を出
すと失敗するということなので、③が正解だ。

45. かっこに入る内容として最も適切なものを選びなさい。
　　　①費用を節約しながら
　　　②満足を感じるくらい
　　　③具体的な計画なく
　　　④自分が望む通りに

[46~47] 다음을 읽고 물음에 답하십시오.

46. 正解：②ⓒ

解説：この文は、パソコンや携帯電話を長時間使うときに目が疲れる理由について書かれた文の後に入らなければならない。ⓒの位置に入ると、パソコンや携帯電話のように何かに集中するときまばたきする回数が減って目が疲れることになるとつなげることができるので、②が正解だ。

[46~47] 次の文章を読んで、問いに答えなさい。

　　まばたきをする理由は、涙を目に均等に付けて目を乾燥しないようにし、目に入ってきたほこりを洗い流すためだ。（　㋐　）しかし、何かに集中するときにはまばたきする回数が減る。（　㋑　）涙が不足して目が疲れたりちくちくしたりする感じがするようになったら、すでにドライアイを患っているのだ。ドライアイはほとんどの現代人が患っているありふれた疾病だが、これをそのままにした場合、他の疾病につながり得るので適切な治療が必要だ。（　㋒　）普段からドライアイを予防するためには、パソコンや携帯電話を長く使う場合に、途中で目をしばらく閉じていたり遠い所を眺めたりしながら目を休ませるのがいい。（　㋓　）また、水をしょっちゅう飲んで、意識的にまばたきをするのもいい。

46. 次の文が入るのに最も適切な場所を選びなさい。
　　私たちがパソコンや携帯電話を長く使うとき、目が疲れる理由だ。

47. 正解：④ 물을 자주 마시는 것은 안구 건조증 예방에 도움이 된다.

解説：ドライアイを予防するためには、長い集中の途中で目をしばらく閉じていたり遠い所を眺めたりしながら目を休ませること、水をしょっちゅう飲んで意識的にまばたきすることなどがいいので、④が正解だ。ドライアイはほとんどの現代人は患っているありふれた疾病なので、①は間違い。ドライアイは他の疾病につながり得るので適切な治療が必要とあるので、③も間違い。②は文章からは分からないので、答えにならない。

47. この文章の内容と同じものを選びなさい。
　　①一部の人のみドライアイを患っている。
　　②しょっちゅうまばたきするのは疾病の一つだ。
　　③ドライアイは軽い疾病なのでそのままにしても大丈夫だ。
　　④水をしょっちゅう飲むことはドライアイの予防に役立つ。

[48~50] 다음을 읽고 물음에 답하십시오.

48. 正解：①무인 자동차의 문제점을 지적하기 위해
　　解説：筆者は、最近になって関心が高まっている無人自動車が持つ限界点を、具体的な
　　　　例を挙げて説明している。従って、①が正解だ。

[48~50] 次の文章を読んで、問いに答えなさい。
　　最近、無人自動車に対する関心が高まっている。無人自動車は、運転者なしで自ら走行が
可能な自動車のことをいう。世界的に有名なIT企業が無人自動車開発に熱心に参加するの
に伴い、遅かれ早かれ無人自動車時代が来るだろうという（　　　　）いるのだ。しかし、無
人自動車は最近、限界点がたくさん現れている状況だ。まだ無人自動車は重要な交通状況
での判断力がとても不足している。運転をするときには道路の上の物理的な状況だけでなく、
瞬間的に倫理的判断を下さなければならないさまざまな状況に置かれることになるが、無人
自動車はまだこれに対する判断能力が足りないということだ。例えば、無人自動車は車両に乗
っている人の安全と数十人の歩行者の安全が対立する状況の場合、どちらの命が優先かと
いう倫理的な状況では判断が不可能だ。このような状況で無人自動車を道路の上で使うのは
まだ早いといえる。

48. 筆者がこの文章を書いた目的を選びなさい。
　　①無人自動車の問題点を指摘するため
　　②無人自動車の必要性を主張するため
　　③無人自動車の被害事例を提示するため
　　④無人自動車の使用方法を提案するため

49. 正解：②기대감이 높아지고
　　解説：かっこの前では、無人自動車に対する関心が高まっていること、世界的に有名な
　　　　企業が無人自動車開発に参加することになったことが述べられている。それが遅
　　　　かれ早かれ無人自動車時代が来るだろうという期待感につながっているというこ
　　　　となので、②が正解だ。

50. 正解：②무인 자동차의 안전성에 대해 회의적이다.

　解説：筆者は、無人自動車が持つ限界点について、具体的な事例を挙げて説明し、そのような限界点がまだ解決されていない状況で無人自動車を道路の上で使うことは時期尚早だと考えている。すなわち、無人自動車の安全性について懐疑的なので、②が正解だ。

50. 下線を引いた部分に表れた筆者の態度として適切なものを選びなさい。
　①無人自動車の必要性に共感している。
　②無人自動車の安全性に対して懐疑的だ。
　③無人自動車開発者に対して批判的だ。
　④無人自動車による交通渋滞を憂慮している。

- 復習テストの解答用紙として、切り取って、あるいは本に付けたままお使いください。
- 「メモ欄」は、答え合わせで気付いたことや、次回の受験までの課題などをメモするのにお使いください。

聞き取り

問題	解答
1	
2	
3	
4	
5	
6	
7	
8	
9	
10	

問題	解答
11	
12	
13	
14	
15	
16	
17	
18	
19	
20	

読解

問題	解答
1	
2	
3	
4	
5	
6	
7	
8	
9	
10	

問題	解答
11	
12	
13	
14	
15	
16	
17	
18	
19	
20	

メモ

✂ 切り取り ✂

切り取って、お使いください。正解と配点は各模擬試験の「解答・解説・訳」の冒頭を、級ごとの合格得点ラインについてはP.12をご覧ください。

聞き取り

問題	解答	得点	問題	解答	得点
1			26		
2			27		
3			28		
4			29		
5			30		
6			31		
7			32		
8			33		
9			34		
10			35		
11			36		
12			37		
13			38		
14			39		
15			40		
16			41		
17			42		
18			43		
19			44		
20			45		
21			46		
22			47		
23			48		
24			49		
25			50		

小計（　　）点

読解

問題	解答	得点	問題	解答	得点
1			26		
2			27		
3			28		
4			29		
5			30		
6			31		
7			32		
8			33		
9			34		
10			35		
11			36		
12			37		
13			38		
14			39		
15			40		
16			41		
17			42		
18			43		
19			44		
20			45		
21			46		
22			47		
23			48		
24			49		
25			50		

小計（　　）点

聞き取り　　　点 ＋ 書き取り　　　点 ＋ 読解　　　点 ＝　　　点

※書き取りの点数は目安の数字をご記入ください。

切り取り線

切り取って、お使いください。正解と配点は各模擬試験の「解答・解説・訳」の冒頭を、級ごとの合格得点ラインについてはP.12をご覧ください。

聞き取り

問題	解答	得点	問題	解答	得点
1			26		
2			27		
3			28		
4			29		
5			30		
6			31		
7			32		
8			33		
9			34		
10			35		
11			36		
12			37		
13			38		
14			39		
15			40		
16			41		
17			42		
18			43		
19			44		
20			45		
21			46		
22			47		
23			48		
24			49		
25			50		

小計（　　）点

読解

問題	解答	得点	問題	解答	得点
1			26		
2			27		
3			28		
4			29		
5			30		
6			31		
7			32		
8			33		
9			34		
10			35		
11			36		
12			37		
13			38		
14			39		
15			40		
16			41		
17			42		
18			43		
19			44		
20			45		
21			46		
22			47		
23			48		
24			49		
25			50		

小計（　　）点

聞き取り □点 ＋ 書き取り □点 ＋ 読解 □点 ＝ □点

※書き取りの点数は目安の数字をご記入ください。

模擬テスト3　解答用紙　　　　受験日　　／　／

切り取って、お使いください。正解と配点は各模擬試験の「解答・解説・訳」の冒頭を、級ごとの合格得点ラインについてはP.12をご覧ください。

聞き取り

問題	解答	得点
1		
2		
3		
4		
5		
6		
7		
8		
9		
10		
11		
12		
13		
14		
15		
16		
17		
18		
19		
20		
21		
22		
23		
24		
25		

問題	解答	得点
26		
27		
28		
29		
30		
31		
32		
33		
34		
35		
36		
37		
38		
39		
40		
41		
42		
43		
44		
45		
46		
47		
48		
49		
50		

小計（　　）点

読解

問題	解答	得点
1		
2		
3		
4		
5		
6		
7		
8		
9		
10		
11		
12		
13		
14		
15		
16		
17		
18		
19		
20		
21		
22		
23		
24		
25		

問題	解答	得点
26		
27		
28		
29		
30		
31		
32		
33		
34		
35		
36		
37		
38		
39		
40		
41		
42		
43		
44		
45		
46		
47		
48		
49		
50		

小計（　　）点

聞き取り　□点 ＋ 書き取り　□点 ＋ 読解　□点 ＝ □点

※書き取りの点数は目安の数字をご記入ください。

■著者プロフィール

オ・ユンジョン（오윤정）
・梨花女子大学校国際大学院韓国学科博士
・台湾国立政治大学韓国語文学科助教
『S-TOPIK 실전문제집 한 번에 패스하기 중급 1교시: 표현』（共著）
『S-TOPIK 실전문제집 한 번에 패스하기 중급 2교시: 이해』（共著）
『딱! 3주 완성 TOPIK Ⅰ·Ⅱ』（共著）
『Il coreano per gli italiani - Corso intermedio. Milano: Hoepli』（共著）

ユン・セロム（윤새롬）
・梨花女子大学校国際大学院韓国学科博士
・明知大学校邦牧基礎教育学部客員教授
『한글이 나르샤』（共著）
『딱! 3주 완성 TOPIK Ⅰ·Ⅱ』（共著）

新装版 韓国語能力試験 TOPIK II 徹底攻略
出題パターン別対策と模擬テスト3回

2018年10月21日　初版発行
2023年 4月11日　新装版初刷発行

著　者	オ・ユンジョン、ユン・セロム
翻　訳	HANA韓国語教育研究会
編集協力	用松美穂、辻仁志
カバーデザイン	木下浩一（アングラウン）
ＤＴＰ	金暎淑（mojigumi）
印刷・製本	シナノ書籍印刷株式会社

発行人　裵 正烈

発　行　株式会社 HANA
〒102-0072 東京都千代田区飯田橋 4-9-1
TEL：03-6909-9380　FAX：03-6909-9388
E-mail：info@hanapress.com

発行・発売　株式会社インプレス
〒101-0051 東京都千代田区神田神保町一丁目105番地

ISBN978-4-295-40831-4 C0087　©HANA 2023　Printed in Japan